工程法案例教程

高 歌 主编

东南大学出版社
·南京·

图书在版编目(CIP)数据

工程法案例教程/高歌主编. —南京:东南大学出版社,2018.9
ISBN 978-7-5641-8005-8

Ⅰ.①工… Ⅱ.①高… Ⅲ.建筑法—案例—中国—高等学校—教材 Ⅳ.①D922.297.5

中国版本图书馆 CIP 数据核字(2018)第 215706 号

工程法案例教程

出版发行:东南大学出版社
社　　址:南京四牌楼 2 号　邮编:210096
出 版 人:江建中
网　　址:http://www.seupress.com
照　　排:南京星光测绘科技有限公司
经　　销:全国各地新华书店
印　　刷:兴化印刷有限责任公司
开　　本:787mm×1092mm　1/16
印　　张:22.25
字　　数:560 千字
版　　次:2018 年 9 月第 1 版
印　　次:2018 年 9 月第 1 次印刷
书　　号:ISBN 978-7-5641-8005-8
定　　价:58.00 元

本社图书若有印装质量问题,请直接与营销部联系。电话(传真):025-83791830

序 言

现代市场经济中，工程建设在国民经济中具有举足轻重的地位，不仅与市场经济运行、城市建设等紧密相连，而且与国民生命、财产权利休戚相关。工程建设因其投资大、周期长、技术复杂、不确定性强等特点，在运行、实施过程中因涉及多方利益而极易产生纠纷，牵涉多重法律关系，处理时需要工科思维与法学思维的交叉运用。因此，加强对工程建设领域法律问题的研究，将法律知识寓于工程建设之中，可以有效避免法律风险，减少工程纠纷，对实现工程规划、建设的法治化具有重要意义。

为顺应工程建设的实践需求，东南大学法学院依托优势的工科院校背景，通过与本校土木工程学院、建筑学院等院系合作，于2008年在全国率先成立了"东南大学工程法研究所"，并于2010年出版了全国第一本工程法学教材《工程法学》，备受业界好评。适逢中国人民大学出版社要求《工程法学》再版之机，我们编写了这本《工程法案例教程》，希望通过案例分析的直观性、应用性特点来加强读者对工程法律知识的理解和运用。

在内容编撰上，本书根据工程建设涉及的不同法律关系，分为"行政篇""民事篇"和"刑事篇"三部分。"行政篇"讲述了工程项目运行中涉及的工程招投标、政府采购等法律问题，深挖工程建设司法纠纷背后的行政执法问题并提出应对策略。"民事篇"对工程项目立项、施工、结项全过程中涉及的合同效力、履行与违约、担保、保险、侵权、融资等问题进行了介绍，明确各方的权责义务，有助于读者利用法律规避商业交易风险、维护自己的合法权益。"刑事编"详述工程领域案发率比较高的事故类犯罪、欺诈类犯罪、腐败类犯罪等在定罪量刑中的争议焦点，明确工程建设行为的入罪边界，以提醒读者不要随意触碰法律的底线并做好被害预防。

在体例安排上,本书采用了"基本案情→诉讼过程及裁判理由→关联法条→争议问题→简要评论"的逻辑结构,将案情、法条和法理有机结合。其中,"基本案情"选取了近5年来各部门法的真实案例并略陈案情;"诉讼过程及裁判理由"通过对真实案例的审理过程进行加工、整理,阐明一审、二审的判决结果及其异同;"关联法条"罗列了该案在诉讼过程中涉及的最新法律法规以及相关司法解释;"争议问题"提炼了该案在诉讼过程中产生的实体法或程序法的争议焦点;"简要评论"统观全案对争议焦点进行分析、评价,通过个案分析向读者提供可供借鉴的工程法律知识,以增强本书的实用性和指导性。本书在写作中尽量避免大量理论知识的空洞研究,力求以问题为导向,紧密结合当前工程建设领域的各类法律纠纷进行剥茧抽丝的分析,通过深入浅出的方式使读者获得系统深入的专业知识和实践经验。

在编写人员安排上,本书由在法学界颇具威望的全国十大中青年法学家、长江学者、东南大学法学院周佑勇教授牵头,依托于法学专业和工程专业优秀的师资队伍,将工程领域的法律前沿问题与社会现实相结合,确保本书出版的权威性和专业性。

相信本书的出版,能推动当前工程法学科的发展和复合型工程管理人员的培养,满足不同院校开设"工程法学"的教学需求,并向司法机关提供可供借鉴的判例研究资源。同时,也恳请广大读者积极提出宝贵意见,献言献策,以便我们不断改进工作!

目 录

行 政 篇

第一章 政府采购的法律问题 3

第一节 政府采购质疑投诉疑难问题 3
第二节 政府采购招投标疑难问题 13
第三节 政府采购行政处罚疑难问题 23

第二章 工程招投标的法律问题 39
第一节 工程招投标合同未经备案的疑难问题 39
第二节 工程招投标后非法分包的疑难问题 43
第三节 工程未经招投标程序的疑难问题 48

民 事 篇

第三章 工程合同的效力与变更 65

第一节 工程合同的效力 65
第二节 工程合同的内容及变更 94

第四章 工程合同的履行与解除 111
第一节 工程合同的履行 111
第二节 工程合同的解除与违约责任 131

第五章 工程融资的法律问题 157
第一节 工程中以信托方式融资的法律问题 157
第二节 工程中私募基金主要法律风险及防控 164
第三节 工程中融资担保的法律问题 168

第四节　工程中资金纠纷的法律性质问题　172
第五节　工程中的民间借贷问题　174

第六章　工程侵权的法律问题　178
第一节　工程侵权的认定　178
第二节　工程侵权的主体　195
第三节　工程侵权的赔偿　219

第七章　工程担保与保险的法律问题　236
第一节　工程担保　237
第二节　工程保险　265

刑事篇

第八章　工程事故类犯罪　295
第一节　重大责任事故罪疑难问题　295
第二节　重大劳动安全事故罪疑难问题　301

第九章　工程欺诈类犯罪　314
第一节　串通投标罪疑难问题　314
第二节　合同诈骗罪疑难问题　319
第三节　非法转让、倒卖土地使用权罪疑难问题　321

第十章　工程环境类犯罪　325
第一节　污染环境罪疑难问题　325
第二节　非法占用农用地罪疑难问题　327

第十一章　工程腐败类犯罪　331
第一节　贪污罪疑难问题　331
第二节　受贿罪疑难问题　333

第十二章　工程渎职类犯罪　336
第一节　滥用职权罪疑难问题　336
第二节　玩忽职守罪疑难问题　338
第三节　环境监管失职罪疑难问题　340
第四节　非法批准占用土地罪疑难问题　342
第五节　非法低价出让国有土地罪疑难问题　345

行政篇

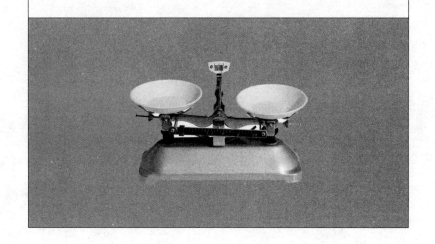

第一章 政府采购的法律问题

第一节 政府采购质疑投诉疑难问题

山东奥特体育设施有限公司与枣庄市薛城区政府采购管理办公室行政合同、行政处罚案

一、基本案情

2014年4月,原告奥特体育设施有限公司参加枣庄市薛城区教育局塑胶场地建造工程项目的竞标,2014年5月4日,代理机构山东华伟招标有限公司向原告发放了中标通知书。招标期间,上海田栅体育设施工程有限公司对原告中标提出质疑。2014年5月14日,因不满山东华伟招标有限公司作出的质疑答复,上海田栅体育设施工程有限公司向被告薛城区政府采购办提出投诉。被告受理投诉后,于2014年5月24日作出投诉处理决定书。该处理决定认为,奥特公司存在投标文件制作不规范、采购合同资料中采购人(招标人)与采购公告和中标公告公示的采购人(招标人)不一致、采购合同金额与中标通知书金额不符、采购合同签订逾期等问题,由于上述问题的出现,影响了中标、成交结果,出现了违法、违规行为。上诉人山东奥特体育设施有限公司(以下简称奥特公司)与被上诉人枣庄市薛城区政府采购管理办公室(以下简称薛城区政府采购办)行政处理一案,山东省滕州市人民法院于2014年8月25日作出(2014)滕行初字第50号行政裁定。上诉人奥特公司不服,提起上诉。枣庄市中级人民法院受理后,依法组成合议庭审理了本案,现已审理终结。[(2015)枣行终字第4号]

二、诉讼过程及裁判理由

原审法院庭审中,原告对被告的行政权限提出异议,认为被告无权处理投诉人的投诉事项,超越了其职权,更无权废标。原审法院认为,2000年3月8日《最高人民法院关于执行〈中华人民共和国行政诉讼法〉若干问题的解释》(以下简称《执行〈行政诉讼法〉解释》)第十二条规定:"与具体行政行为有法律上利害关系的公民、法人或者其他组织对该行为不服的,可以依法提起行政诉讼。"原告系本案政府采购项目的中标人,被告作出投诉处理决定,将采购项目作废标处理,直接影响了原告的权益,因此原告与被告的投诉处理行为具有法律上的利害关系,具备本案诉讼主体资格。《执行〈行政诉讼法〉解释》第二十一条规定:"行政机关在没有法律、法规或者规章规定的情况下,授权其内设机构、派出机构或者其他组织行使行政职权的,应当视为委托。当事人不服提起诉讼的,应当以该行政机关为被告。"依据上述规定,枣庄市薛城区财政局是处理相关投诉的职能部门,其授权被告薛城区政府采购办处理涉案投诉事宜,应当视为委托。原告不服投诉处理决定,应以枣庄市薛城区财政局为被告。原审法院依照《执行〈行政诉讼法〉解释》第二十三条第一款之规定,裁定驳回原告山东奥特体育设施有限公司的起诉。

奥特公司不服一审裁定,向枣庄市中级人民法院提起上诉。

被上诉人薛城区政府采购办辩称,被上诉人作为一审被告,主体不适格。被上诉人执法主体资格,来源于授权,按照有关授权权限,依法定程序所作出的处理决定正确。如果被上诉人所作处理决定有问题的话,也应由委托行政机关对该处理决定的后果承担法律责任。原审裁定认定事实清楚,程序合法,请求予以维持。

枣庄市中级人民法院认为,枣庄市薛城区财政局授权被上诉人薛城区政府采购办处理涉案投诉事宜,符合法律规定,应当视为委托。上诉人不服投诉处理决定,应以枣庄市薛城区财政局为被告。被上诉人薛城区政府采购办公室不是本案的适格主体。原审法院予以释明并明确告知上诉人变更被告,上诉人坚持不变更本案一审的不适格被告,原审法院依法裁定驳回起诉并无不当。原审裁定认定事实清楚,适用法律正确,依法应予维持。上诉人上诉理由缺乏法律依据,本院不予支持。依照《执行〈行政诉讼法〉解释》第二十三条第一款、第四十四条第一款第三项的规定,裁定如下:驳回上诉,维持原判。

三、关联法条

1.《最高人民法院关于执行〈中华人民共和国行政诉讼法〉若干问题的解释》第十二条:与具体行政行为有法律上利害关系的公民、法人或者其他组织对该行为不服的,可以依法提起行政诉讼。

2.《最高人民法院关于执行〈中华人民共和国行政诉讼法〉若干问题的解释》第七条:复议决定有下列情形之一的,属于行政诉讼法规定的"改变原具体行政行为":(一)改变原具体行政行为所认定的主要事实和证据的;(二)改变原具体行政行为所适用的规范依据且对定性产生影响的;(三)撤销、部分撤销或者变更原具体行政行为处理结果的。

3.《最高人民法院关于执行〈中华人民共和国行政诉讼法〉若干问题的解释》第二十一条:行政机关在没有法律、法规或者规章规定的情况下,授权其内设机构、派出机构或者其他组织行使行政职权的,应当视为委托。当事人不服提起诉讼的,应当以该行政机关为被告。

4.《最高人民法院关于执行〈中华人民共和国行政诉讼法〉若干问题的解释》第二十三条:原告所起诉的被告不适格,人民法院应当告知原告变更被告;原告不同意变更的,裁定驳回起诉。应当追加被告而原告不同意追加的,人民法院应当通知其以第三人的身份参加诉讼。

四、争议焦点

本案争议焦点为：政府采购中不服投诉处理决定应如何确定被告。

五、简要评论

《政府采购供应商投诉处理办法》第七条规定："供应商认为采购文件、采购过程、中标和成交结果使自己的合法权益受到损害的，应当首先依法向采购人、采购代理机构提出质疑。对采购人、采购代理机构的质疑答复不满意，或者采购人、采购代理机构未在规定的期限内作出答复的，供应商可以在答复期满后15个工作日内向同级财政部门提起投诉。"行政诉讼首先需要判断行政行为作出的主体，依据新修订的《中华人民共和国行政诉讼法》已经将传统的具体行政行为的表述统一修正为行政行为。公民提起行政诉讼首先应当确定自己是否为适格的原告，其次对于行政行为作出的主体应当明确。《执行〈行政诉讼法〉解释》第二十一条规定："行政机关在没有法律、法规或者规章规定的情况下，授权其内设机构、派出机构或者其他组织行使行政职权的，应当视为委托。当事人不服提起诉讼的，应当以该行政机关为被告。"

本案涉及行政委托，原审法院已经依法行使释明权的前提下，原审原告坚持不变更被告，原审法院从行政诉讼的程序上驳回起诉属于合法。《执行〈行政诉讼法〉解释》第二十一条规定："行政机关在没有法律、法规或者规章规定的情况下，授权其内设机构、派出机构或者其他组织行使行政职权的，应当视为委托。当事人不服提起诉讼的，应当以该行政机关为被告。"需要当事人在诉讼路径的选择上作出相应的判断，否则会产生不必要的诉累。在行政机关的体系之中，为了实现某些特殊公共管理或提供公共服务，政府机关会设立特定的组织形式，对外表现为指挥中心，领导小组等。判断这些组织是否在行政诉讼程序之中成为适格的被告，需要从这些组织是否能够独立承担责任的实质标准出发，不能仅仅从名称上或者行使职权的角度认定。也就是本案之中，出现行政委托与行政授权的关系，至于行政委托与行政授权的相关内容，很多行政法学的教材之中已经做了详尽的论述。行政机关委托行政处罚的组织只能是事业组织，行政机关不得委托其他组织或者个人实施行政处罚。行政的公共性和企业组织的营利性是水火不容的，所以被委托的组织不能是企业组织。但是，企业组织可以被授权，这是在迫不得已的情况下，比如行政机关改制为企业，遗留下来的行政权，或者是特大型企业内部有一些公共的事务。

认定行政主体主要可以有如下三个标准："权"，行政机关自己享有并行使行政职权，实现公共管理及提供公共服务，否则可能是民事主体。"名"，行政机关以自己名义实施行政活动，判断标准可以看具体的文件上的签名盖章上体现。"责"，行政机关必须能够独立承担因行政活动而产生的法律责任。注意：三个标准中，"责"才是实质必要性标准，有权、有名，但不能独立承担责任，仍然不是行政主体。

上海华丰工业控制技术工程有限公司与上海市财政局政府采购投诉处理决定案

一、基本案情

2007年9月14日,上海市财政局作出沪财库〔2007〕23号投诉处理决定书。该决定书载明:投诉人上海华丰工业控制技术工程有限公司(以下简称华丰公司);被投诉人机电公司。该决定书认定:一、招标文件中规定了采用德国变频电机的要求,标明了产品的生产产地,存在对潜在投标人构成了限制,违反了财政部××年第18号令第二十一条第二款。关于招标文件提出了国家标准没有要求的,与质量没有联系的特定要求,以排斥优秀产品进入的问题。二、关于招标人曲解国家标准的问题。三、关于在招标文件中对系统节能、运行成本没有作出要求的问题。华丰公司向中华人民共和国财政部(以下简称财政部)申请行政复议。财政部于2008年2月3日作出财复议〔2008〕1号行政复议决定书,决定维持市财政局作出的上述投诉处理决定。华丰公司仍不服,遂诉至法院。上诉人因政府采购投诉处理决定一案,不服上海市徐汇区人民法院(2008)徐行初字第28号行政判决,向上海市第一中级人民法院提起上诉。〔(2008)沪一中行终字第374号〕

二、诉讼过程及裁判理由

2007年9月14日,上海市财政局作出沪财库〔2007〕23号投诉处理决定书。该决定书载明:投诉人华丰公司;被投诉人机电公司。2006年11月6日以沪动检站(06)003号文对华丰公司就GB 14925—2001标准提出问题的答复中也作出了同样解释。经请专家重新复审,专家认为,中标企业的投标文件对标书的要求作出了响应。关于在招标文件中对系统节能、运行成本没有作出要求的问题。专家在重新复审的评审意见中表明,国家标准中没有对全系统节能、整体运行成本提出强制性要求。关于中标公司与上海实验动物质检站有利害关系的问题。经查,未发现中标公司冯氏公司与上海实验动物质检站之间有利害关系。关于评审中有无干扰评标过程的问题。经查,未发现有干扰评标专家评审的现象。根据上述认定,市财政局依据《中华人民共和国政府采购法》(以下简称《政府采购法》)及有关法律法规作出如下决定:因招标文件中有采用德国变频电机的要求,违反了财政部《政府采购货物和服务招标投标管理办法》(以下简称《招投标管理办法》)第二十一条第二款的规定,根据财政部《政府采购供应商投诉处理办法》(以下简称《投诉处理办法》)第十八条第三款的规定,此采购活动为违法,由被投诉人按照有关法律规定承担相应的赔偿责任。华丰公司对市财政局作出的上述投诉处理决定不服,向中华人民共和国财政部(以下简称财政部)申请行政复议。华丰公司仍不服,遂诉至法院。

上海市第一中级人民法院认为,根据《政府采购法》第五十五条、第五十六条,《投诉处理办法》第三条、第二十条之规定,被上诉人依法具有作出本案被诉投诉处理决定的职责。《招投标管理办法》第七十一条亦规定,有本办法第六十八条、第六十九条违法行为之一,并且影响或者可能影响中标结果的,应当按照下列情况分别处理:其中第三项规定,采购合同已经履行的,给采购人、投标人造成损失的,由责任人承担赔偿责任。《投诉处理办法》第十八条规定第(三)项规定,采购活动已经完成,并且已经签订政府采购合同的,决定采购活动违法,由被投诉人按照有关法律规定承担相应的赔偿责任。被上诉人作出的被诉投诉处理决定认定系争招标文件中规定了采用德国变频电机的要求,存在对潜在投标人构成了限制,违反了《招投标管理办法》第二十一条第二款的规定,被上诉人根据《投诉处理办法》第十八条第(三)项的规定作出被诉投诉处理决定,决定系争采购活动违法,由被投诉人按照有关法律规定承担相应的赔偿责任的主要证据充分、适用法律并无不当。本案上诉人对被诉投诉处理决定确认系争采购活动违法的结论并无异议,但认为被上诉人对上诉人的其他投诉事项未作审查认定。本院认为,上诉人在向被上诉人的投诉中反映了包括采购文件违法在内的多项问题,但上诉人反映的除被诉投诉处理决定已认定的招标文件违法该项外,其余投诉事项均非《政府采购法》第七十三条、《招投标管理办法》第七十一条和《投诉处理办法》第十八条列明的违法行为之一,故不属于被上诉人在投诉处理决定中应当审查认定的事实。对于具有上述法律规范规定的违法情形的,并非被上诉人在投诉处理决定中能够全部审查认定并作出处理的。刑事责任与行政责任,投诉处理决定与行政处罚、行政处分属于不同法律关系,法律亦规定了不同的审查要件及处理程序。综上所述,上诉人的上诉请求,缺乏依据,上海市第一中级人民法院不予支持。原审判决驳回上诉人的诉讼请求并无不当,上海市第一中级人民法院应予维持。

三、关联法条

1.《政府采购法》第五十五条:质疑供应商对采购人、采购代理机构的答复不满意或者采购人、采购代理机构未在规定的时间内作出答复的,可以在答复期满后十五个工作日内向同级政府采购监督管理部门投诉。

2.《政府采购法》第七十一条:采购人、采购代理机构有下列情形之一的,责令限期改正,给予警告,可以并处罚款,对直接负责的主管人员和其他直接责任人员,由其行政主管部门或者有关机关给予处分,并予通报:(一)应当采用公开招标方式而擅自采用其他方式采购的;(二)擅自提高采购标准的;(三)委托不具备政府采购业务代理资格的机构办理采购事务的;(四)以不合理的条件对供应商实行差别待遇或者歧视待遇的;(五)在招标采购过程中与投标人进行协商谈判的;(六)中标、成交通知书发出后不与中标、成交供应商签订采购合同的;(七)拒绝有关部门依法实施监督检查的。

3.《政府采购法》第七十二条:采购人、采购代理机构及其工作人员有下列情形之一,构成犯罪的,依法追究刑事责任;尚不构成犯罪的,处以罚款,有违法所得的,并处没收违法所得,属于国家机关工作人员的,依法给予行政处分:(一)与供应商或者采购代理机构恶意串通的;(二)在采购过程中接受贿赂或者获取其他不正当利益的;(三)在有关部门依法实施的监督检查中提供虚假情况的;(四)开标前泄露标底的。

4.《政府采购法》第七十三条:有前两条违法行为之一影响中标、成交结果或者可能影响中标、成交结果的,按下列情况分别处理:(一)未确定中标、成交供应商的,终止采购活动;(二)中标、成交供应商已经确定但采购合同尚未履行的,撤销合同,从合格的中标、成交候选人中另行确定中标、成交供应商;(三)采购合同已经履行的,给采购人、供应商造成损失的,由责任人承担赔偿责任。

四、争议焦点

本案争议焦点为:政府采购过程中采购人与供应商的违法行为是否导致采购结果及相应违法行为的处理程序及规定。

五、简要评论

根据《政府采购法》第七十三条、《招投标管理办法》第七十一条及《投诉处理办法》第十八条的规定,有上述法条规定的违法行为之一,并且影响或者可能影响中标结果,给投诉人或者其他供应商合法权益造成或者可能造成损害的,由被上诉人根据采购活动是否已经完成的情况依法作出投诉处理决定,决定依法重新招标;或是从合格的中标、成交候选人中另行确定中标、成交供应商;或是决定采购活动违法、由被投诉人按照有关法律规定承担相应的赔偿责任。政府采购程序应当严格依据法律、行政法规的要求进行,采购程序之中的任何违法行为供应商均有权请求监督部门进行依法查处。本案之中对于违法行为的审查,应当依据相应的违法事实进行查处。供应商投诉的违法事实应当依据各自不同的法律要求进行审查。

值得注意的是《政府采购法》第七十三条规定的"(二)中标、成交供应商已经确定但采购合同尚未履行的,撤销合同",《政府采购法》目前明确政府采购合同适用《合同法》,上述法条之中的撤销合同与《合同法》的关联性与合法性是有待研究。《政府采购法》第四十三条规定:"政府采购合同适用合同法。采购人和供应商之间的权利和义务,应当按照平等、自愿的原则以合同方式约定。"《政府采购法》第五十条规定:"政府采购合同的双方当事人不得擅自变更、中止或者终止合同。"《合同法》第三条规定:"合同当事人的法律地位平等,一方不得将自己的意志强加给另一方。"政府采购虽采用合同方式,但实务中采购人在采购合同的订立、履约争议的处理之中拥有法律或事实上的优势地位。例如政府采购方式、采购资金受财政预算及审计部门监管等。政府采购合同是否已经履行是撤销合同的前提条件,这种规定有悖于合同法的可撤销合同的一般原理。鉴于政府采购合同的特殊属性,在我国尚未正式制定《行政程序法》的前提下,七十三条的该规定在未来的政府采购活动之中是可能存在司法实务问题的。《政府采购法》第四十三条规定:"政府采购合同适用合同法。采购人和供应商之间的权利和义务,应当按照平等、自愿的原则以合同方式约定。"政府采购合同当事人享有平等法律地位,然而政府采购停权针对同样的违法行为规定不同的法律后果,值得商榷。

《政府采购法》第七十七条规定:"供应商有前款第(一)至(五)项情形之一的,中标、成交无效。"从法理上是适用《合同法》第五十二条规定恶意串通损害国家利益的、违反法律、行政法规的强制性规定情形合同无效的规定。但是《政府采购法》第七十三条规定采购人的违法行为如果已经确定供应商的情形下,首先区分该合同是否履行,从而有不同的处理模式。如果采购合同尚未履行,应当撤销合同,已经履行的,承担赔偿损失。《政府采购法》第七十三条的规定与《合同法》法理相悖。

首先,《政府采购法》与《合同法》在法律位阶上均属于法律。政府采购合同适用《合同法》,在政府采购合同领域并非特殊法,采购合同当然包括适用合同效力的相关规定。其次,无效合同与可撤销合同不同,毕竟只是对无撤销权人有拘束力。对于撤销权人,至少在撤销权除斥期间届满前,是没有这种完全的拘束力的,撤销权人通过其撤销权,可使合同归于消灭或发生变更。采购人与供应商相同的违法行为依据《合同法》第五十二条规定应属于无效情形。《政府采购法》第七十三条规定"撤销合同"的情形也并非《合同法》第五十四条规定的可变更可撤销的合同情形。立法表述上对采购人的无效合同情形采用"撤销合同"的规定值得商榷。《合同法》第五十六条前半段规定:"无效的合同或者被撤销的合同自始没有法律约束力"。王泽鉴教授认为法律行为之撤销,与法律行为之无效同,均不发生法律行为上之效果。《政府采购法》针对采购过程的不法行为针对采购人与供应商作不同的法律效果规定,实有违公平原则。第三,合同的法律效力主要指合同成立当时的情形判断,依据《民法通则》第五十五条规定:"民事法律行为应当具备下列条件:(一)行为人具有相应的民事行为能力;(二)意思表示真实;(三)不违反法律或者社会公共利益。"合同也是一种法律行为,该合同是否履行不应对合同的效力产生影响。因此,《政府采购法》第七十三条对采购人相同的违法行为视采购合同是否履行而决定撤销合同的规定与法理相悖。

上海缘硕科技有限公司与江苏省财政厅行政合同、行政处罚案

一、基本案情

江苏省省政府采购中心受南京医科大学的委托,决定就其所需的旋转通风笼具采购项目进行公开招标采购,并于2014年2月26日发布招标文件,评标日期为2014年3月19日。上海缘硕科技有限公司(以下简称缘硕公司)作为供应商参与了此次招标。2014年3月10日,缘硕公司向省政府采购中心递交《对于招标文件的质疑书》,在省政府采购中心的要求下,缘硕公司对质疑书的格式等内容进行完善后,于2014年3月17日再次递交《质疑书》,提出质疑。2014年3月20日,省政府采购中心向缘硕公司出具《关于上海缘硕科技有限公司质疑书的复函》(省采购〔2014〕5号),针对缘硕公司对采购项目招标文件的质疑作出回复。2014年3月19日,省政府采购中心出具评标报告,评标结果

为因投标人不足3家而废标。当日,省政府采购中心发布了《南京医科大学旋转通风笼具采购中标候选人公示》,中标信息的公示内容为:"第一包,废标,投标人不足三家;第二包,废标,投标人不足三家。"2014年3月25日,缘硕公司向省政府采购中心提交质疑书。2014年4月1日,省政府采购中心向缘硕公司出具《关于上海缘硕科技有限公司质疑书的复函》(省采函〔2014〕6号),针对缘硕公司对采购项目的中标结果的质疑作出回复。2014年4月14日,缘硕公司向省财政厅递交投诉书,投诉。省财政厅于2014年4月21日向缘硕公司出具《政府采购供应商投诉受理通知书》,2014年5月16日,省财政厅出具《投诉处理决定书》。该决定认为:投诉人的投诉缺乏事实依据,根据《政府采购供应商投诉处理办法》(财政部令第20号)第十七条之规定,驳回投诉。缘硕公司不服,提起诉讼。[(2015)苏行终字第00406号]

二、诉讼过程及裁判理由

原审法院认为,本案所涉政府采购项目为省政府采购中心受南京医科大学的委托,决定就其所需的旋转通风笼具采购项目进行公开招标采购。省财政厅于2014年4月15日收到缘硕公司的投诉书,于同年5月16日作出投诉处理决定并以书面形式告知缘硕公司,符合《政府采购法》第五十六条、《政府采购投诉处理办法》第二十条规定的程序要求。缘硕公司对于标书编号为JSZC—G2014—019招标文件的质疑书于2014年3月10日首次提交,省政府采购中心的答复期满日为2014年3月19日,缘硕公司若对省政府采购中心的回复不服或省政府采购中心未作出答复的,缘硕公司至迟应于2014年4月9日向同级财政部门提起投诉,而缘硕公司却于2014年4月14日向省财政厅递交投诉书,故该公司对此招标文件质疑答复已超出供应商可以提起投诉的法定期限。故原审法院依照2000年3月8日《最高人民法院关于执行〈中华人民共和国行政诉讼法〉若干问题的解释》第五十六条第(四)项的规定,判决驳回缘硕公司的诉讼请求。因省政府采购中心未对上诉人针对招标文件进行质疑时,提出的招标文件货物和服务的追加、减少和添购条款违反了《政府采购法》第三十一条规定的情况进行处理,省财政厅未对省政府采购中心的上述不予处理行为进行处理亦属于行政不作为行为。省政府采购中心在JSZC—G2013—196采购项目中违法开标,故上诉人于2014年3月24日发现后提出质疑合理合法。上诉人在2014年3月10日首次提交质疑书,在2014年3月17日收到省政府采购中心要求补正的电话通知后,省政府采购中心于次日即收到上诉人的补正材料,因此,上诉人于2014年4月14日向省财政厅递交投诉书时,并未超过投诉的法定期限。二审法院认为:关于省财政厅对缘硕公司就涉案政府采购投诉进行处理的职责范围问题。财政部《加强政府采购投诉工作通知》第三条第3款规定,财政部门经审查,供应商投诉事项与质疑事项不一致的,超出质疑事项的投诉事项应当认定为无效投诉事项,即财政部门对政府采购供应商投诉的审查不应超出供应商在质疑阶段所提出的质疑事项范畴。

省财政厅作出的《投诉处理决定书》是否合法的问题。《政府采购法》第二条、第四条规定,政府采购是指各级国家机关、事业单位和团体组织,使用财政性资金采购依法制定的集中采购目录以内的或者采购限额标准以上的货物、工程和服务的行为。政府采购工程进行招标投标的,《政府采购法》第三十六条第一款第(一)项规定,在招标采购中,符合专业条件的供应商或者对招标文件作实质响应的供应商不足3家的,应予废标。本案中,缘硕公司亦认可JSZC—G2014—019采购项目只有两家供应商参加,故省政府采购中心将该标确定为废标符合上述法律规定,省财政厅在《投诉处理决定书》中对此予以确认并无不当。因该标为废标,故该标未进行《政府采购法》等相关法律规范中的开标、评标、定标程序并不违反法律规定。据此,省财政厅依据《政府采购投诉处理办法》第十七条规定,驳回缘硕公司的投诉,结果并无不当。

三、关联法条

1.《政府采购法》第三十六条:在招标采购中,出现下列情形之一的,应予废标:(一)符合专业条件的供应商或者对招标文件作实质响应的供应商不足三家的;(二)出现影响采购公正的违法、违规行为的;(三)投标人的报价均超过了采购预算,采购人不能支付的;(四)因重大变故,采购任务取消的。废标后,采购人应当将废标理由通知所有投标人。

2.《政府采购法》第五十二条:供应商认为采购文件、采购过程和中标、成交结果使自己的权益受到损害的,可以在知道或者应知其权益受到损害之日起7个工作日内,以书面形式向采购人提出质疑。

3.《政府采购法》第五十三条:采购人应当在收到供应商的书面质疑后7个工作日内作出答复,并以书面形式通知质疑供应商和其他有关供应商,但答复的内容不得涉及商业秘密。

4.《政府采购法》第五十五条:质疑供应商对采购人、采购代理机构的答复不满意或者采购人、采购代理机构未在规定的时间内作出答复的,可以在答复期满后15个工作日内向同级政府采购监督管理部门投诉。

5.《政府采购法》第五十六条:政府采购监督管理部门应当在收到投诉后30个工作日内,对投诉事项作出处理决定,并以书面形式通知投诉人和与投诉事项有关的当事人。

6.《政府采购信息公告管理办法》第十条:公开招标公告应当包括下列内容:(一)采购人、采购代理机构的名称、地址和联系方式;(二)招标项目的名称、用途、数量、简要技术要求或者招标项目的性质;(三)供应商资格要求;(四)获取招标文件的时间、地点、方式及招标文件售价;(五)投标截止时间、开标时间及地点;(六)采购项目联系人姓名和电话。

四、争议问题

本案争议焦点为:投诉处理机关对超出质疑事项的投诉事项是否必须作出处理

决定。

五、简要评论

本案之中的政府采购活动采用招标投标的方式,除了应当依法适用《政府采购法》以外,还应当适用《招标投标法》,在满足条件的供应商不足三家的情形下,应当依法重新采取招标行为,如果再次招标以后满足条件的供应商仍然不足三家,采购程序上应当依法报请政府采购行政主管部门,一般是地方政府财政部门对于更换采购方式的申请进行审批。审批通过以后可以依法变更具体的采购方式。值得注意的是政府采购方式都是严格按照法律规定进行。缘硕公司在庭审中解释了其理由,即省政府采购中心以供应商不足三家而废标实际是为偏袒对方,故意不开标,但省政府采购中心的做法符合《政府采购法》的上述规定,缘硕公司的该项投诉内容没有事实依据。因此,省财政厅依据《政府采购投诉处理办法》第十七条规定,依法驳回缘硕公司的投诉符合法律规定。

《政府采购法》第二十六条规定:"政府采购采用以下方式:(一)公开招标;(二)邀请招标;(三)竞争性谈判;(四)单一来源采购;(五)询价;(六)国务院政府采购监督管理部门认定的其他采购方式。公开招标应作为政府采购的主要采购方式。"《政府采购竞争性磋商采购方式管理暂行办法》依据《中华人民共和国政府采购法》(以下简称《政府采购法》)第二十六条第一款第(六)项规定,制定竞争性磋商程序。竞争性磋商采购方式,是指采购人、政府采购代理机构通过组建竞争性磋商小组(以下简称磋商小组)与符合条件的供应商就采购货物、工程和服务事宜进行磋商,供应商按照磋商文件的要求提交响应文件和报价,采购人从磋商小组评审后提出的候选供应商名单中确定成交供应商的采购方式。目前,正在我国公共工程领域广泛推广的政府与社会资本合作(PPP)项目之中就广泛采用了竞争性磋商程序。

《政府采购法》明确了政府采购活动的监管部门是各级政府财政部门,这就明确了供应商进行投诉的主体单位,也明确了如果主张行政诉讼的被告。但行政诉讼的标的是投诉处理决定,因此审查是否满足投诉程序的相关规定是本案的一个关键点。另外,政府采购过程之中如果涉及采购方式是采用招标投标,那么应当依法适用《招标投标法》的法律规定,供应商在日常的采购过程之中应注意上述法律规范的适用问题。评审委员会成员和评审工作有关人员不得干预或者影响正常评审工作,不得明示或者暗示其倾向性、引导性意见,不得修改或细化采购文件确定的评审程序、评审方法、评审因素和评审标准,不得接受供应商主动提出的澄清和解释,不得征询采购人代表的倾向性意见,不得协商评分,不得记录、复制或带走任何评审资料。

申请信息公开应当符合《政府信息公开条例》的有关规定,对于依法不予公开事项无权请求公开。《政府采购信息公告管理办法》第十二条第(六)项规定,中标公告应当包括评标委员会成员名单。因上述规定并未规定政府采购中标公告中公开评标委员会评委名单的同时,需公布评委的工作单位等个人信息,故省政府采购中心于2014年3月19

日发布 JSZC—G2014—019 采购项目中标公告时,只公布评标委员会评委名单,而未公布评委的工作单位等情况并无不当。申请政府信息公开除了依法定程序申请以外,在实践之中往往涉及是否属于依法公开的事项的认定,招标投标的行为公开,但是评标的具体工程以及评标的某些事实可能涉及商业秘密或评标程序,因此在选择依法公开及商业秘密的保护之中应当做严格判断,依申请公开为原则,但是要考虑到法律禁止公开的事项规定。

第二节 政府采购招投标疑难问题

中铁上海工程局集团有限公司诉芜湖市人民政府违法行政处罚案

一、基本案情

上诉人中铁上海工程局集团有限公司因不服芜湖市中级人民法院于 2015 年 6 月 4 日作出的(2015)芜中行诉初字第 00008 号行政裁定,向本院提起上诉。本院依法组成合议庭,审理了本案。〔(2015)皖行终字第 00127 号〕

二、诉讼过程及裁判理由

一审起诉人中铁上海工程局集团有限公司诉称:2013 年 10 月 15 日,公司参与芜湖市荆山桥改建工程项目投标。同年 11 月 13 日,芜湖市招标采购中心发布了预中标公示,确定公司为预中标人。12 月 3 日芜湖市政府第一招标采购代理处向公司下达了《关于芜湖市荆山桥改建工程的函》(芜政采一〔2013〕54 号)认定公司在投标过程中违反了《芜湖市招标采购活动投标人(供应商)诚信制度》第四条第二十五项之规定,依据投标诚信保证合同,已预缴的投标诚信保证金不予返还,由其代缴国库。公司认为芜湖市政府第一招标采购代理处超越其职权作出的芜政采一〔2013〕54 号行政处罚行为违法,人民法院应依法判决予以撤销,并判令芜湖市人民政府返还投标诚信保证金 600 万元及利息损失。一审法院审查后,告知中铁上海工程局集团有限公司列芜湖市人民政府为被告错误。芜湖市政府第一招标采购代理处已被撤销,要求其变更芜湖市公共资源交易管理局为被告。但中铁上海工程局集团有限公司仍坚持以芜湖市人民政府为被告起诉。

一审法院审查认为:根据芜编〔2014〕1 号文件及《芜湖市人民政府第 54 号令》第八条"财政、住房和城乡建设、交通运输、水务、国土资源、信息化等行政监督部门依法对本行业公共资源交易活动实施监督,主要履行下列职责……(二)调查处理投诉事项,对项目单位、竞价人(投标人)、交易代理机构、评标专家的违法违规行为进行处理、处罚",可见承继该行政监督职能的行政机关为政府相关职能部门,亦非芜湖市人民政府,故诉人以芜湖市人民政府为被告错误,在本院告知该情况后,起诉人拒绝变更,故其起诉不符合法定条件。原审法院裁定对起诉人中铁上海工程局集团有限公司的起诉不予立案。

二审法院认为,《芜湖市招标采购活动投标人(供应商)诚信制度》第三条规定,投标人(供应商)应当在提交投标文件时与政府采购代理机构签订书面诚信保证合同,并按要求交足投标诚信保证金。否则,其投标文件即被拒绝,作废标处理。芜湖市政府第一招标采购代理处作为芜湖市的采购代理机构取得投标人签订书面诚信保证合同并收取保证金以及违约处理的职权,是基于芜湖市人民政府在上述文件中的赋予,并非相关法律、法规或者规章的授权。中铁上海工程局集团有限公司对芜湖市政府第一招标采购代理处《关于芜湖市荆山桥改建工程的函》(芜政采一〔2013〕54号)不服,以芜湖市人民政府作为本案被告提起行政诉讼符合上述规定。上诉人中铁上海工程局集团有限公司的上诉理由依法成立。一审法院以中铁上海工程局集团有限公司起诉不符合法定条件为由裁定对起诉人中铁上海工程局集团有限公司的起诉不予立案错误。依照《中华人民共和国行政诉讼法》第八十九条第一款第(二)项之规定,裁定如下:一、撤销芜湖市中级人民法院(2015)芜中行诉初字第00008号行政裁定;二、本案指令芜湖市中级人民法院予以立案。本裁定为终审裁定。

三、关联法条

1.《行政诉讼法》第二十六条:公民、法人或者其他组织直接向人民法院提起诉讼的,作出行政行为的行政机关是被告。

经复议的案件,复议机关决定维持原行政行为的,作出原行政行为的行政机关和复议机关是共同被告;复议机关改变原行政行为的,复议机关是被告。

复议机关在法定期限内未作出复议决定,公民、法人或者其他组织起诉原行政行为的,作出原行政行为的行政机关是被告;起诉复议机关不作为的,复议机关是被告。

两个以上行政机关作出同一行政行为的,共同作出行政行为的行政机关是共同被告。

行政机关委托的组织所作的行政行为,委托的行政机关是被告。

行政机关被撤销或者职权变更的,继续行使其职权的行政机关是被告。

2.《行政诉讼法》第五十一条:人民法院在接到起诉状时对符合本法规定的起诉条件的,应当登记立案。

对当场不能判定是否符合本法规定的起诉条件的,应当接收起诉状,出具注明收到日期的书面凭证,并在七日内决定是否立案。不符合起诉条件的,作出不予立案的裁定。裁定书应当载明不予立案的理由。原告对裁定不服的,可以提起上诉。

起诉状内容欠缺或者有其他错误的,应当给予指导和释明,并一次性告知当事人需要补正的内容。不得未经指导和释明即以起诉不符合条件为由不接收起诉状。

对于不接收起诉状、接收起诉状后不出具书面凭证,以及不一次性告知当事人需要补正的起诉状内容的,当事人可以向上级人民法院投诉,上级人民法院应当责令改正,并对直接负责的主管人员和其他直接责任人员依法给予处分。

3.《行政诉讼法》第八十九条：人民法院审理上诉案件，按照下列情形，分别处理：

（一）原判决、裁定认定事实清楚，适用法律、法规正确的，判决或者裁定驳回上诉，维持原判决、裁定；

（二）原判决、裁定认定事实错误或者适用法律、法规错误的，依法改判、撤销或者变更；

（三）原判决认定基本事实不清、证据不足的，发回原审人民法院重审，或者查清事实后改判；

（四）原判决遗漏当事人或者违法缺席判决等严重违反法定程序的，裁定撤销原判决，发回原审人民法院重审。

原审人民法院对发回重审的案件作出判决后，当事人提起上诉的，第二审人民法院不得再次发回重审。

人民法院审理上诉案件，需要改变原审判决的，应当同时对被诉行政行为作出判决。

4.《最高人民法院关于执行〈中华人民共和国行政诉讼法〉若干问题的解释》第二十六条：2015年5月1日前起诉期限尚未届满的，适用修改后的行政诉讼法关于起诉期限的规定。

2015年5月1日前尚未审结案件的审理期限，适用修改前的行政诉讼法关于审理期限的规定。依照修改前的行政诉讼法已经完成的程序事项，仍然有效。

对2015年5月1日前发生法律效力的判决、裁定或者行政赔偿调解书不服申请再审，或者人民法院依照审判监督程序再审的，程序性规定适用修改后的行政诉讼法的规定。

5.《政府采购法》第十四条：政府采购当事人是指在政府采购活动中享有权利和承担义务的各类主体，包括采购人、供应商和采购代理机构等。

6.《政府采购法》第十六条：集中采购机构为采购代理机构。设区的市、自治州以上人民政府根据本级政府采购项目组织集中采购的需要设立集中采购机构。

集中采购机构是非营利事业法人，根据采购人的委托办理采购事宜。

四、争议问题

本案争议焦点为：政府采购中供应商交纳的投标保证金的法律性质如何认定。

五、简要评论

政府采购过程之中，供应商提交的投标保证金的法律性质在实务之中多有争议，起源来自于很多政府采购机构或者其招标代理机构的不严谨。政府采购招标文件之中常见出现某种违反招标文件约定的条件时，没收供应商的招标保证金条款，如此表述通常使得供应商理解为行政处罚。芜湖市政府第一招标采购代理处的性质为代理中介机构，根据起诉人提交的《关于芜湖市荆山桥改建工程的函》，该代理处系根据芜湖市行政监督部门的举报处理意见,对起诉人的投标诚信保证金不予返还,由该代理处代缴国库。

政府采购行为法律性质学说有私法行为说、公法行为说、双阶理论说。无论何种学说,均不得不承认政府采购行为之中公法争议与私法争议并存的样态。针对政府采购行为之中公私法性质研究实益在于厘清公、私法二元体制中政府采购领域有关法律适用、损害赔偿、强制执行程序及争讼法院管辖等问题。如果投标保证金一律被理解成行政处罚的担保措施,供应商的未来救济途径将变得复杂。投标保证金本是为担保未来的投标行为的合法性,作为政府采购合同成立之中的一种担保措施,为投标供应商的缔约过失责任进行担保。如果供应商没有中标,投标保证金应退还供应商。如果供应商中标则相应转变为履约保证金。

政府采购行为在目前的法律体系之中,是采用民事法律规范去实施政府采购行为,只有在供应商对采购过程之中侵害自己权利且履行了质疑投诉程序以后,针对行政机关的答复不满意的行为才能够提起行政诉讼的救济。因此投标保证金依然应作为民事合同或者是政府采购合同的一种担保方式,不是一种行政处罚的性质。

根据2000年3月8日《最高人民法院关于执行〈中华人民共和国行政诉讼法〉若干问题的解释》第二十一条规定,行政机关在没有法律、法规或者规章规定的情况下,授权其内设机构、派出机构或者其他组织行使其行政职权的,应当视为委托。当事人不服提起诉讼的,应当以该行政机关为被告。行政机关在没有法律、法规或者规章规定的情况下,授权其内设机构、派出机构或者其他组织行使其行政职权的,应当视为委托。因此寻求行政诉讼被告时应将委托单位作为被告。

东莞市德境清洁服务有限公司与东莞市财政局、中国远东国际招标公司东莞招标中心、东莞市家宝园林绿化有限公司财政行政监督纠纷案

一、基本案情

中国远东国际招标公司东莞招标中心(以下简称远东招标中心)受东莞市塘厦公用事业服务中心的委托,对东莞市塘厦镇中心区垃圾清运服务采购项目进行公开采购。远东招标中心发布了采购公告,德境公司及家宝公司等公司参与了该采购项目的投标。2013年12月13日,远东招标中心将采购人确认的采购结果在东莞市政府采购网进行公告,家宝公司以第一中标候选人的身份中标该采购项目。德境公司以家宝公司向远东招标中心提交的合同及荣誉证书存在弄虚作假的情形,以家宝公司所提供的虚假合同及荣誉证书是东莞市大岭山镇公用事业服务中心(以下简称大岭山公用事业中心)协助其提供为由,向远东招标中心提出质疑并向大岭山镇纪委办公室反映相关情况。德境公司不服,2014年1月16日向东莞市财政局提起政府采购投诉。综合所有资料的审查及调查取证情况,东莞市财政局认定德境公司的投诉事项缺乏事实依据,于2014年2月25日作出了东财采决定书〔2014〕3号《政府采购投诉处理决定书》,驳回其投诉的处理决定。德境公司仍不服,向原审法院提起诉讼。一审宣判后,德境公司不服原审判决,向东莞市中级人民法院提起上诉。[(2014)东中法行终字第170号]

二、诉讼过程及裁判理由

2014年4月21日,德境公司向原审法院提起诉讼,请求判令:1. 撤销东莞市财政局于2014年2月25日作出的东财采决定书〔2014〕3号《政府采购投诉处理决定书》;2. 东莞市财政局重新作出具体行政行为,具体如下:(1)依法对东莞市塘厦镇中心区垃圾清运服务采购项目(项目编号为:GW2013—09)进行废标处理;(2)依法取消家宝公司之中标资格对其进行处罚;(3)本案诉讼费由东莞市财政局承担。

东莞市财政局受理德境公司的投诉后,向被投诉人发送了投诉书副本,要求其以书面形式向东莞市财政局作出说明,并提交相关证据、依据和其他有关资料。东莞市财政局认为:家宝公司在投标文件中提供了由大岭山公用事业中心颁发的荣誉证书,证书表明家宝公司2007年至2012年连续6年被该中心评为大岭山镇环卫先进承包单位。该证书是由大岭山公用事业中心颁发的,荣誉证书复印件与原件一致,东莞市财政局认定的上述事实证据确凿。故远东招标中心辩称的上述意见不成立,原审法院不予采纳。东莞市财政局作出的案涉《政府采购投诉处理决定书》认定事实清楚、适用法律正确,原审法院依法予以维持。本案审查对象是东莞市财政局于2014年2月25日作出的东财采决定书〔2014〕3号《政府采购投诉处理决定书》驳回德境公司的投诉是否合法。对此,主要涉及以下两个问题:

1. 关于家宝公司在本次投标文件中提交荣誉证书是否属虚假材料的问题。德境公司在《质疑函》和《投诉书》均主张,家宝公司在案涉政府采购投标文件中提供由大岭山公用事业中心颁发的2007年度至2012年度"大岭山环卫先进承包单位"的荣誉证书系虚假材料,从而骗取中标,故应作废标处理。首先,大岭山公用事业中心在2013年12月20日对远东招标中心的《关于协助核实"大岭山镇中心区垃圾清运承包"合同情况的回复函》中,对其于2007年至2013年分别与家宝公司、德境公司签订承包合同的真实性均予以认可。虽然中共大岭山镇纪委办公室于2013年12月31日出具《情况反馈》,认为大岭山公用事业中心颁发荣誉证书的过程不够严谨、程序不够规范,并建议收回该荣誉证书,但该办公室同时亦核实确认前述承包合同以及荣誉证书颁发的真实性。荣誉证书,系其考虑到该公司在服务大岭山镇垃圾服务工作期间的表现而颁发。因荣誉证书系事后补发,2007年度荣誉证书以变更后公司名称"东莞市家宝园林绿化有限公司"颁发也存在现实可能性,并不能据此认定为是虚假。

2. 关于东莞市财政局作出涉案投诉处理决定是否程序违法的问题。参照《政府采购供应商投诉处理办法》第十四条"财政部门处理投诉事项原则上采取书面审查的办法。财政部门认为有必要时,可以进行调查取证,也可以组织投诉人和被投诉人当面进行质证"的规定,东莞市财政局在处理投诉过程中,委派其派出机构塘厦财政分局及大岭山财政分局对相关事项进行调查,并无不当。综上所述,东莞市财政局经过调查核实作出的东财采决定书〔2014〕3号《政府采购投诉处理决定书》,认为德境公司的投诉事项缺乏事实依据,从而驳回其投诉,符合财政部《政府采购供应商投诉处理办法》第十七条第一款第(二)项的规定。德境公司的上诉请求不成立,依法予以驳回。原审判决结果正确,东莞市中级人民法院予以维持。

三、关联法条

1.《政府采购法》第五十二条:供应商认为采购文件、采购过程和中标、成交结果使自己的权益受到损害的,可以在知道或者应知其权益受到损害之日起七个工作日内,以书面形式向采购人提出质疑。

2.《政府采购法》第五十五条:质疑供应商对采购人、采购代理机构的答复不满意或者采购人、采购代理机构未在规定的时间内作出答复的,可以在答复期满后十五个工作日内向同级政府采购监督管理部门投诉。

3.《政府采购供应商投诉处理办法》第十四条:财政部门处理投诉事项原则上采取书面审查的办法。财政部门认为有必要时,可以进行调查取证,也可以组织投诉人和被投诉人当面进行质证。

4.《政府采购供应商投诉处理办法》第十七条第一款第(二)项:财政部门经审查,对投诉事项分别作出下列处理决定:……(二)投诉缺乏事实依据的,驳回投诉。

四、争议问题

本案的争议焦点为:1. 关于家宝公司在本次投标文件中提交荣誉证书是否属虚假材料的问题。2. 关于东莞市财政局作出涉案投诉处理决定是否程序违法的问题。

五、简要评论

(一)关于东莞市财政局作出涉案投诉处理决定是否程序违法的问题

本案主要提示在政府采购程序之中,供应商如果认为自己的权利受到损害,首先要提请政府采购的主管部门进行投诉处理。依据《政府采购供应商投诉处理办法》第三条"县级以上各级人民政府财政部门负责依法受理和处理供应商投诉"的规定,东莞市财政局作为本市财政部门,为受理和处理供应商投诉的行政部门,现德境公司对东莞市财政局作出的投诉处理决定不服,向法院起诉,东莞市财政局的主体资格适格。《行政诉讼法》第二十九条规定:公民、法人或者其他组织同被诉行政行为有利害关系但没有提起诉讼,或者同案件处理结果有利害关系的,可以作为第三人申请参加诉讼,或者由人民法院通知参加诉讼。人民法院判决第三人承担义务或者减损第三人权益的,第三人有权依法提起上诉。远东招标中心称其不符合本案行政诉讼第三人的问题,由于德境公司向东莞市财政局投诉时将远东招标中心列为被投诉人，德境公司不服东莞市财政局作出投诉处理决定，向法院起诉，将远东招标中心列为第三人并无不当。针对投诉处理决定可以提请行政复议或者行政诉讼。政府采购过程对于采购人无法直接提请行政诉讼，这是目前中国大陆地区的政府采购救济的一个特殊性。德境公司质疑案涉东莞市塘厦镇中心区垃圾清运服务项目的采购活动使其合法权益受损，并对远东招标中心作出的质疑答复不满意，从而向东莞市财政局提出投诉，东莞市财政局作为东莞市政府采购监督部门，依法具有对投诉事项作出处理决定的法定职责。本案提示当事人在遇到政府采购的程序及救济均应遵守《政府采购法》及《政府采购供应商投诉处理办法》的程序性规定。

（二）关于家宝公司在本次投标文件中提交荣誉证书是否属虚假材料的问题

家宝公司向远东招标中心提交的荣誉证书是否真实，是本案争议的焦点。因为，德境公司质疑和投诉主张家宝公司提供虚假材料谋取中标、成交，缺乏充分的事实证据，其主张应作废标处理的理由不足，依法予以驳回。我国《政府采购法》第七十七条规定："供应商有下列情形之一的，处以采购金额千分之五以上千分之十以下的罚款，列入不良行为记录名单，在一至三年内禁止参加政府采购活动。"《政府采购法》第七十七条第一款规定不良供应商的停权处分，第二款规定不良供应商采购合同的效力问题。首先，从文义解释，《政府采购法》第七十七条第一款分别规定了行政责任与刑事责任，停权处分规定在第七十七条第一款的罚款与工商部门吊销营业执照之间，因此可以判断性质上属于行政责任，而民事责任规定在第七十七条第二款。由于《政府采购法》第七十七条规定的违法情形不同，法律效果的停权时间因情形之不同而有一至三年的停权处分。因此不良行为记录名单应依据《行政处罚法》第三十九条规定记载违法事项、处罚依据和救济权利等事项。《行政处罚法》第四条规定对违法行为给予行政处罚的规定必须公布。因此不良行为记录名单应该公布，具体的公布方式《政府采购法》未作明确规定。在采购过程之中如果涉嫌伪造相关信息，是有可能被遭受政府采购主管部门的行政处罚，主要是在一至三年之内禁止参加政府采购，由于中国大陆地区政府采购分别独立，一般停权制度的实施范围在某一个省份之内，如果特别情况下涉及多个省份均被停权处罚，有可能导致全国范围禁止参加政府采购，这是作为政府采购供应商必须注意的问题。综上所述，停权处分的性质应定位行政处罚。基于"国家尊重和保障人权"之宪法原理，我们应当设置一个较为严格的行政程序加以规范，以及有一个具有独立法律地位的法院对此种行政权力行使有效的司法审查权，以期不良供应商停权制度不至沦为采购人侵害供应商之手段。

广西南宁桂泰科技开发有限公司与灌阳县财政局等政府采购纠纷上诉案

一、基本案情

2011年9月30日，第三人与采购人灌阳县中医院签订《政府采购项目委托代理协议书》,约定由第三人采用竞争性谈判方式代理采购项目编号为 CJZB2011—23091J 的医疗设备。2011 年 10 月 17 日广西南宁桂泰科技开发有限公司向广西创建工程招投标造价咨询有限责任公司提出质疑,认为广西创建工程招投标造价咨询有限责任公司对购买竞争性谈判文件需提供的资料、售价、信息不对等,对其他竞争者构成歧视;竞争性谈判文件编制不科学、不合理;竞争性谈判文件中的技术参数设置带有明显倾向性。灌阳县财政局根据《中华人民共和国政府采购法》第三十六条第一款第(一)项的规定,本项目废标。本项目将重新进行采购。原告对处理决定不服,于 2012 年 2 月 21 日向法院提起诉讼,认为灌阳县财政局没有依据《政府采购供应商投诉处理办法》对原告的投诉作出处理和依据《政府采购法》对相关违法责任人作出处理,是行政不作为、乱作为,请求法院责令被告履行职责,重新作出符合法律规定的处理决定。上诉人广西南宁桂泰科技开发有限公司因政府采购一案,不服灌阳县人民法院 2012 年 4 月 17 日作出的(2012)灌行初字第 2 号行政判决,向上一级法院提起上诉。[(2012)桂市行终字第 57 号]

二、诉讼过程及裁判理由

2011 年 9 月 30 日,第三人与采购人灌阳县中医院签订《政府采购项目委托代理协议书》,约定由第三人采用竞争性谈判方式代理采购项目编号为 CJZB2011—23091J 的医疗设备。该协议未明确付款方式。第三人接受委托后,于 2011 年 10 月 12 日在中国政府采购网等相关网站上发布了采购公告,公布了竞标项目名称及内容、竞标人资格、竞标截止时间、截标地点和谈判地点、购买竞争性谈判采购文件的时间及地点等内容,编制了竞争性谈判采购文件。竞争性谈判文件未明确付款方式。2011 年 10 月 17 日原告向第三人提出质疑,认为第三人对购买竞争性谈判文件需提供的资料、售价、信息不对等,对其他竞争者构成歧视;竞争性谈判文件编制不科学、不合理;竞争性谈判文件中的技术参数设置带有明显倾向性。原告对第三人的答复不满意,于 2011 年 10 月 21 日向被告投诉,认为第三人的答复未就付款方式作出任何解答。被告在 2011 年 10 月 24 日收到投诉后,向原告发出了《关于限期补正政府采购投诉相关材料的通知》。原告于 2011 年 10 月 31 日补正了投诉材料。被告对原告的投诉进行审查后,认为第三人编制的竞争性谈判采购文件,没有公布采购人的付款方式,影响了政府采购的公平竞争。2011 年 11 月 29 日下午,第三人组织本项目的原评标委员会,在被告的监督下,依法对该项目带"★"的参数以及付款方式进行复评。原告对处理决定不服,于 2012 年 2 月 21 日向本院提起诉讼,认为被告没有依据《政府采购供应商投诉处理办法》对原告的投诉作出处理和依据《政府采购法》对相关违法责任人作出处理,是行政不作为、乱作为,请求法院责令被告履行职责。

一审判决认为:对政府采购活动进行监督和管理,是各级财政部门的法定职责。本案被告在收到原告认为第三人编制的采购文件没有明确付款方式等内容的投诉后,对投诉事项及时进行了审查,并依据《政府采购供应商投诉处理办法》第十八条第二项规定:

采购活动已经完成,但尚未签订采购合同的,决定采购活动违法,责令重新开展采购活动,作出了灌财采〔2011〕1号政府投诉处理决定书。同时,被告在第三人申请复评时,监督第三人进行了复评核查。被告在收到原告投诉书后的法定期限内对投诉事项作出处理决定,符合《政府采购供应商投诉处理办法》有关财政部门处理投诉事项的相应规定,程序合法。原告的投诉主要针对《竞争性谈判文件》缺少"付款方式"这一条款,而被告在查实这一事实后,已依据法律规定作出了处理,而原告投诉的其他事项,未能提供相关证据予以证实。一审判决后,上诉人广西南宁桂泰科技开发有限公司不服,上诉称,一审判决认定事实不清,证据不足,适用法律错误,程序违法。

二审法院认为,被上诉人灌阳县财政局在收到上诉人广西南宁桂泰科技开发有限公司提交被上诉人广西创建工程招投标造价咨询有限责任公司编制的采购文件没有明确付款方式等内容的投诉后,对投诉事项及时依法进行审查,并根据《政府采购供应商投诉处理办法》第十八条第(二)项规定:"采购活动已经完成,但尚未签订采购合同的,决定采购活动违法,责令重新开展采购活动",作出了灌财采〔2011〕1号《灌阳县财政局政府采购投诉处理决定书》。该处理决定认定《竞争性谈判采购文件》没有公布采购人的付款方式,影响了政府采购的公平竞争。由此可见,《灌阳县财政局政府采购投诉处理决定书》既有事实根据,也符合法律规定,是正确的。综上所述,原审判决认定的事实基本清楚,适用法律正确,程序合法,本院予以维持。上诉人主张被上诉人灌阳县财政局作出的灌财采〔2011〕1号政府采购投诉处理决定没有事实依据和法律依据的上诉理由不能成立,本院不予支持。根据《中华人民共和国行政诉讼法》第六十一条第(一)项之规定,判决如下:驳回上诉,维持原判。

三、关联法条

1.《政府采购法》第三十六条:在招标采购中,出现下列情形之一的,应予废标:
(一)符合专业条件的供应商或者对招标文件作实质响应的供应商不足三家的;
(二)出现影响采购公正的违法、违规行为的;
(三)投标人的报价均超过了采购预算,采购人不能支付的;
(四)因重大变故,采购任务取消的。

2.《最高人民法院关于执行〈中华人民共和国行政诉讼法〉若干问题的解释》第五十六条:有下列情形之一的,人民法院应当判决驳回原告的诉讼请求:
(一)起诉被告不作为理由不能成立的;
(二)被诉具体行政行为合法但存在合理性问题的;
(三)被诉具体行政行为合法,但因法律、政策变化需要变更或者废止的;
(四)其他应当判决驳回诉讼请求的情形。

四、争议问题

本案的争议焦点为:政府采购活动中采购合同的成立与生效,政府采购合同与行政处罚的法律规制问题。

五、简要评论

本案之中的政府采购行为采用竞争性谈判方式，采购行为的完成并不能代表采购合同的签订。本案值得供应商注意的是采购方式。在投诉处理阶段，采购人需采购的医疗设备已由广西壮族自治区中医药管理局统一招标采购，委托人灌阳县中医院已无重新采购的必要。但是，在庭审中上诉人提出，即使取消该采购项目，也要尊重（及时通知）参与人，这是正确的。两位被上诉人在今后的工作中应当改进。其他的政府采购方式例如招投标，采购行为的完成有一个明显的判断标志就是中标通知书的发出。因采购公告在法律性质上属于要约邀请，供应商的投标文件在法律性质上属于要约，而采购人发出的中标通知书是承诺，要约与承诺一致合同就成立，至于实务之中所称的合同尚未签订，具体而言是指合同协议书，合同协议书一般作为采购合同的一个附件而已，并不影响整个采购合同的成立，如无特别约定，依法成立的合同自成立时生效。被上诉人灌阳县财政局在代理机构申请复评时，监督代理机构进行了复评核查。因为在代理机构组织原评标的专家评委对中标人有质疑的问题进行复查核实中，专家评委核查确定，满足本项目的有效竞标不足三家。依据《政府采购法》及《招标投标法》的规定，投标不足三家的应当依法重新组织招标或者履行相应的报批手续之后采用其他的采购方式进行。

原告认为被告的处理决定认定第三人影响政府采购的公平竞争，但未对这一影响公平竞争的行为进行调查和追究当事人的责任，也没有作出赔偿原告的具体措施。在招标文件之中是否明确付款方式。因为付款方式在政府采购合同缔结过程之中属于实质性条款，为了实现政府采购的目的及实现政府采购的效能，应当允许当事人对于该条款依法提出澄清的要求。在招标文件满足了相应的澄清以后，供应商依法进行投标，参与政府采购活动即可。至于在采购活动之中，是否存在违法事实，违法事实是否影响采购合同的效力，我国对于政府采购投诉处理决定与行政处罚、行政处分属于不同的法律关系，法律亦规定了不同的审查要件及处理程序，原告的这一诉称缺乏事实和法律依据。如果涉及政府采购的投诉处理决定，这是政府采购采取行政诉讼救济的前提条件，未经投诉处理决定，供应商不能就采购的行政管理机关财政部门直接诉讼到人民法院。由于新修订的《行政诉讼法》将行政协议纳入到行政诉讼的受案范围之中。今后政府采购合同之中如果涉及行政法上权利与义务关系的争议，供应商可以直接诉讼到行政审判庭之中。如果普通的政府采购合同之中没有涉及行政法上的权利与义务关系，那么未来在诉讼路径上选择可能需要到民事审判庭之中。结合本案法院查明的事实，灌阳县财政局作出的处理决定认定事实清楚，证据确实充分，程序合法，适用法律正确，一审判决维持该决定是正确的，二审应维持原判。上诉人的请求违背本案事实，也没有法律依据，应予驳回。

第三节 政府采购行政处罚疑难问题

重庆陈氏清洁服务有限公司与重庆北部新区管理委员会行政处罚案

一、基本案情

重庆北部新区环境卫生管理处（以下简称北部新区环卫处）即采购人2014年3月作出政府采购招标文件，并发布采购公告，采购项目名称：2014年北部新区市政道路清扫保洁作业服务项目。在公示期内，重庆高建环境绿化工程有限公司（以下简称高建公司）于2014年4月9日向采购人提出政府采购质疑书。北部新区财政局针对高建公司的投诉作出《政府采购投诉不予受理通知书》，认定为无效投诉事项，作出投诉不予受理通知书。北部新区政府采购中心、卓越公司发布《关于取消2014年北部新区市政道路清扫保洁作业服务项目招标结果的通知》并公示，内容如下："各投标人：经重庆北部新区财政局调查核实，2014年北部新区市政道路清扫保洁工作服务项目（14c0002）招标评审程序存在瑕疵，可能影响招标程序的公正及招标结果……"陈氏清洁公司对处理通知中关于三标段的处理决定不服，提起诉讼。上诉人重庆陈氏清洁服务有限公司（以下简称陈氏清洁公司）诉被上诉人重庆北部新区管理委员会（以下简称北部新区管委会）财政行政处理决定一案，不服重庆市渝北区人民法院（2014）渝北法行初字第00205号行政判决，向上一级法院提起上诉。[（2015）皖行终字第00127号]

二、诉讼过程及裁判理由

一审法院经审理查明以下事实：重庆北部新区环境卫生管理处（以下简称北部新区环卫处）即采购人、重庆卓越招标代理有限公司（现变更登记为重庆驰久卓越工程管理有限公司，以下简称卓越公司）即采购代理机构于2014年3月作出政府采购招标文件，并发布采购公告，采购计划编号：14c0002，采购项目名称：2014年北部新区市政道路清扫保洁作业服务项目。该项目分为6个分包标段。2014年4月2日，由采购代理机构组织评标委员会对该项目进行了开、评标。该评标结果于2014年4月3日发布公告。同年4月21日，北部新区环卫处、卓越公司向陈氏清洁公司发出成交通知书。高建公司于2014年5月5日以卓越公司、重庆北部新区公共资源交易服务中心（即北部新区政府采购中心）为被投诉人向北部新区财政局提出政府采购投诉书。同月23日，北部新区财政局针对高建公司的投诉作出《关于进一步提供投诉相关资料的函》。同月26日，高建公司提供了政府采购投诉书补充材料。同月28日，北部新区财政局针对高建公司的投诉作出编号为2014—001的《政府采购投诉不予受理通知书》。北部新区财政局在处理高建公司的投诉时对本次项目采购活动的评标过程的监控视频资料进行了调取，北部新区财政局对该项目监督调查后，于2014年5月30日作出渝新财发〔2014〕25号《关于2014

年北部新区市政道路清扫保洁工作服务项目政府采购活动的处理通知》(以下简称渝新财发〔2014〕25号处理通知)根据《政府采购供应商投诉处理办法》(财政部令第20号)第十九条第一款之规定,重庆北部新区财政局作出了处理决定。陈氏清洁公司对渝新财发〔2014〕25号处理通知中关于三标段的处理决定不服,提起诉讼,请求撤销北部新区管委会的职能部门北部新区财政局作出的关于取消2014年北部新区市政道路清扫保洁作业服务项目招标结果的决定中关于分包三标段的处理决定。

一审法院经审理认为,北部新区财政局在处理高建公司的投诉过程中,经调取评标委员会在评审过程的视频资料,认定其采购人代表与评标专家的对话行为可能影响中标结果。依照《关于执行若干问题的解释》第五十六条第(四)项的规定,判决驳回陈氏清洁公司的诉讼请求,本案诉讼费50元,由陈氏清洁公司负担。

陈氏清洁公司不服一审判决,向本院提起上诉。北部新区财政局作出渝新财发〔2014〕25号处理通知的依据是《政府采购供应商投诉处理办法》第十九条。该办法第二条规定:"供应商依法向财政部门提起投诉,财政部门受理投诉、作出处理决定,适用本办法。"因此,在第三标段没有质疑、投诉的情况下,北部新区财政局作出的通知适用法律错误。《中华人民共和国政府采购法》第十三条、第三十六条、第五十九条至第八十三条对财政部门行使监督检查职能作出处理决定有相应的规定。财政部门行使监督职能只能适用《中华人民共和国政府采购法》,不能适用《政府采购供应商投诉处理办法》。行政管理相对人对行政权力的正当合理信赖应当予以保护。综上,上诉人的上诉请求和理由不能成立,请求驳回上诉人的上诉请求。本院认为,本案被诉行为是被上诉人北部新区管委会的内设机构重庆市北部新区财政局于2014年5月30日作出渝新财发〔2014〕25号处理通知中涉及第三标段的处理决定。

渝新财发〔2014〕25号处理通知中认定了以下事实:在商务部分的评审过程,评审专家已查验了由投标人提供的经采购人组织验收后出具的《企业自有机械设备验收表》,在该验收表上载明了设备所属单位名称,而在之后的暗标评审时,投标人的技术方案中又出现了相同的机械设备,因此评审专家可以由此判断出该技术方案可能是对应的投标人。因此,虽然招标程序中明标和暗标的评审顺序法律并无明确规定,但是,本案涉及的政府采购项目的招投标中,由于投标人在明标评审和暗标评审程序中提交的材料中均出现了相同的企业自有机械设备配置情况的描述,先明标后暗标的评审程序事实上可能导致暗标评审可能变成明标评审,从而影响招标程序的公正及招标结果。故渝新财发〔2014〕25号处理通知中的该认定并无不当。上诉人称该通知事实不清、证据不足的上诉理由不能成立,二审法院不予支持。

综上判决如下:驳回上诉,维持原判。

三、关联法条

1.《政府采购法》第十三条:各级人民政府财政部门是负责政府采购监督管理的部

门,依法履行对政府采购活动的监督管理职责。

各级人民政府其他有关部门依法履行与政府采购活动有关的监督管理职责。

2.《政府采购法》第十九条:采购人可以委托经国务院有关部门或者省级人民政府有关部门认定资格的采购代理机构,在委托的范围内办理政府采购事宜。

采购人有权自行选择采购代理机构,任何单位和个人不得以任何方式为采购人指定采购代理机构。

3.《政府采购供应商投诉处理办法》第一条:为了防止和纠正违法的或者不当的政府采购行为,保护参加政府采购活动供应商的合法权益,维护国家利益和社会公共利益,建立规范高效的政府采购投诉处理机制,根据《中华人民共和国政府采购法》(以下简称政府采购法),制定本办法。

4.《政府采购供应商投诉处理办法》第十九条:财政部门经审查,认定采购文件、采购过程影响或者可能影响中标、成交结果的,或者中标、成交结果的产生过程存在违法行为的,按下列情况分别处理:

(一)政府采购合同尚未签订的,分别根据不同情况决定全部或者部分采购行为违法,责令重新开展采购活动;

(二)政府采购合同已经签订但尚未履行的,决定撤销合同,责令重新开展采购活动;

(三)政府采购合同已经履行的,决定采购活动违法,给采购人、投诉人造成损失的,由相关责任人承担赔偿责任。

5.《行政诉讼法》第八十九条:人民法院审理上诉案件,按照下列情形,分别处理:

(一)原判决、裁定认定事实清楚,适用法律、法规正确的,判决或者裁定驳回上诉,维持原判决、裁定;

(二)原判决、裁定认定事实错误或者适用法律、法规错误的,依法改判、撤销或者变更;

(三)原判决认定基本事实不清、证据不足的,发回原审人民法院重审,或者查清事实后改判;

(四)原判决遗漏当事人或者违法缺席判决等严重违反法定程序的,裁定撤销原判决,发回原审人民法院重审。

原审人民法院对发回重审的案件作出判决后,当事人提起上诉的,第二审人民法院不得再次发回重审。

人民法院审理上诉案件,需要改变原审判决的,应当同时对被诉行政行为作出判决。

四、争议问题

本案争议焦点为:政府采购评审专家对于评标过程的公平、公正行为是否影响中标结果及当事人的救济。

五、简要评论

政府采购活动应当遵循竞争性及透明性原则,在《政府采购法》已经设置了相应的采购规则的前提下,采购人或者采购人的代理机构委托的评标专家也应当遵守。这也是政府采购活动之中,规定任何供应商只要认为采购活动的行为侵害到他的权益,均可以依据《政府采购法》的规定去提起质疑与投诉程序,如果供应商对结果不满意还可以去提起行政诉讼的救济途径。法院认为,本案涉及的政府采购项目的招投标采用的是先明标评审后暗标评审的程序。在明标评审时,投标人提交的《企业自有机械设备验收表》上记载了设备所属单位名称及配置情况,而在之后的暗标评审时,投标人提交的技术方案中又出现了相同的机械设备配置情况的描述。且开标监控视频资料等证据亦证明评审专家可以由此判断出该技术方案可能对应的投标人。我们认为应当严格遵守政府采购招标文件的要求,对于评标办法及细则应当严格执行。财政部门经审查,认定采购文件,采购过程影响或者可能影响中标、成交结果的,或者中标、成交结果的产生过程存在违法行为的,依据政府采购法的规定去进行依法处理。本案提示作用在于,供应商如果有充分证据证明采购过程之中的专家及投标供应商的违法行为应当依法进行收集,既有助于政府采购财政管理部门及时依法处理采购投诉,也有利于人民法院审查行政机关行政行为合法性的审理。《中华人民共和国政府采购法》第十三条第一款规定:"各级人民政府财政部门是负责政府采购监督管理的部门,依法履行对政府采购活动的监督管理职责。"

本案涉及的政府采购项目,虽然分六个分包标段,但各标段均采取相同的招标文件并适用相同的招标方法和程序同时进行,北部新区财政局收到投标人高建公司针对其中第一、二标段的投诉后,发现评审程序瑕疵不仅影响第一、二标段的评审公正性,而且影响了本次政府采购项目其他分包标段的评审公正性,遂根据《政府采购供应商投诉处理办法》第十九条第(一)项的规定作出渝新财发〔2014〕25号通知,符合《政府采购供应商投诉处理办法》第一条的立法宗旨,适用法律正确。上诉人称适用法律错误的上诉理由不能成立,本院不予支持。政府采购活动之中,由于采购标的的特殊性,通常会依据具体的采购类型区分为不同的标段,供应商可以依据招标文件的要求分别或者单独参与其中的标段投标。采购人发现招标文件存在问题以后,应当及时进行纠正。本案为了保证采购行为的正常进行,通过其中的两个标段及时发现了其他的问题,进行纠正是符合法律规定的。北部新区财政局依据《政府采购供应商投诉处理办法》第十九条关于"财政部门经审查,认定采购文件,采购过程影响或者可能影响中标、成交结果的,或者中标、成交结果的产生过程存在违法行为的,按下列情况分别处理:(一)政府采购合同尚未签订的,分别根据不同情况决定全部或者部分采购行为违法,责令重新开展采购活动"的规定,于2014年5月30日作出的渝新财发〔2014〕25号处理通知是符合法律规定的。1. 北部新区财政局是法律授权的政府采购监督机构,有权对政府采购程序的执行情况进行监督,其作出的渝新财发〔2014〕25号处理通知有法律依据,调查程序也合法。2. 渝新财发

〔2014〕25号处理通知有事实根据。北部新区财政局接投诉人高建公司的投诉后,因高建公司投诉形式不合法,北部新区财政局作出不予受理的决定。

湖南龙运交通运输集团有限公司与常德市财政局财政行政处罚案

一、基本案情

2014年9月26日前,原告湖南龙运公司是湖南省龙运国际旅游集团有限公司的控股股东,原告占该公司87.5%的股份(股本金额2828万元),湖南省龙运国际旅游集团有限公司又是湖南昌和公共客运集团有限公司控股股东,占该公司87.5%股份(股本金额3500万元)。原告持有该公司50%以上股份。2014年9月2日,湖南国方工程建设咨询有限公司(以下简称湖南国方公司)接受常德市交通运输局委托,代理常德市城区新增出租汽车特许经营权有偿使用采购项目,2014年9月2日,常德市交通运输局与湖南国方公司签订政府采购项目委托代理协议书。2014年9月5日,湖南国方公司在中国湖南政府采购网上发布了招标公告,并于2014年9月26日在常德市公共资源交易中心组织了开标、评标。该采购项目分A包和B包,A包共有9家供应商参与投标,递交了投标文件。2014年9月28日,湖南国方公司在中国湖南政府采购网上发布了中标公告,A包中标候选人有:常德中兴出租汽车有限公司、湖南龙运公司、湖南昌和公共客运集团有限公司、常德市政德出租汽车有限公司。2014年10月8日,湖南国方公司分别收到常德市安骏出租汽车有限公司、湖南永隆出租汽车有限公司、常德市五星投资有限公司、常德市迎宾出租汽车有限公司对该采购项目提交的质疑书,湖南国方公司于2014年10月13日分别作出《质疑答复书》,认定其质疑事实不成立,该四家公司不服,于2014年10月28日向市财政局书面投诉,对该项目提出了6项投诉,市财政局于2014年10月28日依法予以受理,经审理,市财政局根据《政府采购供应商投诉处理办法》(财政部令第20号)第十七条第(三)项和第十九条第(一)项规定,于2014年12月4日分别作出常财检〔2014〕6、7、8、9号《政府采购投诉处理决定书》,决定采购项目A包采购行为违法,责令重新开展采购活动。原告湖南龙运公司对决定不服,于2015年3月9日向原审法院提起行政诉讼。[(2015)常行终字第70号]

二、诉讼过程及裁判理由

原审法院认为,根据《中华人民共和国政府采购法》第十三条"各级人民政府财政部门是负责政府采购监督管理的部门,依法履行对政府采购活动的监督管理职责"的规定,被告市财政局依法具有负责本行政区域内政府采购监管的行政管理职权。本案争议的焦点是:1.被告市财政局受理常德市安骏出租汽车有限公司等四家公司政府采购招投标投诉,是否程序违法;2.原告湖南龙运公司与湖南昌和公共客运集团有限公司是否存在控股管理关系;3.被告市财政局作出的行政处理决定书认定事实是否清楚;4.被告市财政局作出的行政处理决定书,适用法律是否错误。

关于焦点1,经查,《政府采购供应商投诉处理办法》第十条规定:投诉人提起投诉应符合下列规定:(一)投诉人是参与所投诉政府采购活动的供应商;(二)提起投诉前已依法进行质疑;(三)投诉书内容符合本办法的规定;(四)在投诉有效期内提起投诉;(五)属于本财政部门管辖;(六)同一投诉事项未经财政部门投诉处理。本案四家投诉公司在项目开展起就参与了采购活动,并按文件规定程序进行维权活动,即质疑、投诉,符合《政府采购供应商投诉处理办法》第十条的规定。被告市财政局作出的行政处理决定,已遵循了依投诉受理、调查、核实、作出行政处理决定、送达等程序,符合行政处理程序规定,故被告作出的行政处理决定程序合法。

关于焦点2,依据《常德市城区新增出租汽车特许经营权有偿使用招标项目招标文件》(以下简称《招标文件》)第3.3条款规定,存在控股、管理关系的两个以上供应商,不得参加同一政府采购项目投标;该文件第9.2条款规定,若有偏离,在评标时将视为无效条款。根据查明的案件事实,原告持有湖南龙运国际旅游集团有限公司87.5%的股份,湖南龙运国际旅游集团有限公司持有湖南昌和公共客运集团有限公司87.5%的股份,原告间接持有湖南昌和公共客运集团有限公司50%以上的股份,存在控股管理关系。在该项政府采购中,原告与湖南昌和公共客运集团有限公司同时参与了投标,有违《招标文件》第3.3条款的规定。被告作出的《政府采购投诉处理决定书》所认定的基本事实与该院查明的事实吻合,被告作出的《政府采购投诉处理决定书》事实清楚,程序合法,适用法律正确。依照《中华人民共和国行政诉讼法》第六十九条之规定,判决驳回原告湖南龙运公司的诉讼请求。本案受理费50元,由原告湖南龙运公司负担。上诉人湖南龙运公司不服该判决,向常德市中级人民法院提起上诉。

常德市中级人民法院认为:根据《中华人民共和国政府采购法》第十三条"各级人民政府财政部门是负责政府采购监督管理的部门,依法履行对政府采购活动的监督管理职责"的规定,被上诉人市财政局依法具有本行政区域内政府采购监管的行政管理职权。

一审判决认定事实清楚,证据确实充分,适用法律正确,应予以维持。依照《中华人民共和国行政诉讼法》第八十九条第一款第(一)项之规定,判决如下:驳回上诉,维持原判。

三、关联法条

1.《政府采购法》第十三条:各级人民政府财政部门是负责政府采购监督管理的部门,依法履行对政府采购活动的监督管理职责。

2.《政府采购供应商投诉处理办法》第十条:投诉人提起投诉应当符合下列条件:(一)投诉人是参与所投诉政府采购活动的供应商;(二)提起投诉前已依法进行质疑;(三)投诉书内容符合本办法的规定;(四)在投诉有效期限内提起投诉;(五)属于本财政部门管辖;(六)同一投诉事项未经财政部门投诉处理;(七)国务院财政部门规定的其

他条件。

3.《行政诉讼法》第六十九条：行政行为证据确凿，适用法律、法规正确，符合法定程序的，或者原告申请被告履行法定职责或者给付义务理由不成立的，人民法院判决驳回原告的诉讼请求。

四、争议问题

本案争议焦点为：1. 被上诉人市财政局受理常德市安骏出租汽车有限公司等四家公司政府采购招投标投诉，是否存在程序违法。2. 上诉人湖南龙运公司与湖南昌和公共客运集团有限公司是否存在控股管理关系。3. 被上诉人市财政局作出的行政处理决定书认定事实是否清楚；4. 被上诉人市财政局作出的行政处理决定书，适用法律是否正确。

五、简要评论

关于争议焦点1，被上诉人市财政局受理常德市安骏出租汽车有限公司等四家公司政府采购招投标投诉，是否存在程序违法。

《政府采购供应商投诉处理办法》第十条规定，投诉人提起投诉应符合下列规定：（一）投诉人是参与所投诉政府采购活动的供应商；（二）提起投诉前已依法进行质疑；（三）投诉书内容符合本办法的规定；（四）在投诉有效期内提起投诉；（五）属于本财政部门管辖；（六）同一投诉事项未经财政部门投诉处理。本案四家投诉公司在项目开展起就参与了采购活动，并按文件规定程序进行维权活动，即质疑、投诉，符合《政府采购供应商投诉处理办法》第十条的规定，被上诉人市财政局作出的行政处理决定，已遵循了依投诉受理、调查、核实、作出行政处理决定、送达等程序，故被上诉人作出的行政处理决定程序合法。原审法院依法认定原告主张被告受理四家投诉公司的投诉程序违法，且原告未对湖南昌和公共客运集团公司控股、管理，被告作出的《政府采购投诉处理决定书》程序违法，原审法院认定事实清楚、适用法律准确。政府采购程序之中的投诉程序是否合法属于行政诉讼之中必备审查的要件。行政程序的合法性除了实体合法之外，对于行政程序的要求也很高。在我国尚未制定《行政程序法》的前提下，目前现有的《政府采购法》规定的质疑投诉程序都是行政机关应当遵循的相应程序性规定。因此，常见的政府采购争议之中均会出现程序性的审查，本案的审查符合相关法律规定。

关于争议焦点2，上诉人湖南龙运公司与湖南昌和公共客运集团有限公司是否存在控股管理关系。

原审法院在审查是否存在控股管理关系的事实，应当依据行政诉讼庭审程序原被告的举证去审理查明。争议焦点2的认定在本案十分重要，因为这属于《招标文件》所明示的实质性响应条款。如果采取公开招标的采购方式，应当遵循招投标的法律规范。在招标文件之中明确披露的实质性响应条款实践之中多数作为废标条款，因此供应商在选择投标的时候需要特别注意招标文件之中的实质性响应条款。至于投标人之间是否存在交叉持股或者代持股等多种股权架构,都是需要投诉人自己举证证明,或者是相关证据如确因无法获得,投诉人可以申请人民法院依职权进行调查。依据本次《招标文件》3.3条款规定,存在控股、管理关系的两个以上供应商,不得参加同一政府采购项目投标;《招标文件》9.2 条款规定,若有偏离,在评标时将视为无效条款。根据查明的案件事实,上诉人持有湖南龙运国际旅游集团有限公司 87.5%的股份,湖南龙运国际旅游集团有限公司持有湖南昌和公共客运集团有限公司 87.5%的股份,即上诉人间接持有湖南昌和公共客运集团有限公司 50%以上的股份,两者存在控股关系。在该项政府采购中,上诉人与湖南昌和公共客运集团有限公司同时参与了投标,有违《招标文件》第 3.3 条款的规定。被上诉人作出的《政府采购投诉处理决定书》,事实清楚,程序合法,适用法律正确。原审法院对上诉人认为被上诉人受理常德市安骏出租汽车有限公司等四家投诉公司的投诉程序违法,被上诉人作出的《政府采购投诉处理决定书》程序违法,认定事实清楚、适用法律准确。本案值得注意的是政府采购的具体采购方式有:(一)公开招标;(二)邀请招标;(三)竞争性谈判;(四)单一来源采购;(五)询价;(六)竞争性磋商。在其他的政府采购方式之中,有关的采购文件要求的实质性响应条款,均属于供应商在参与政府采购活动之时应当明知,而且属于必须遵守的条款,否则将会导致采购结果。当事人因为没有实质性响应采购文件而导致的不利后果,均应由供应商自行承担。

深圳市华闻文化发展有限公司与深圳市财政委员会行政处罚案

一、基本案情

2014 年 3 月 19 日,深圳市规划和国土资源委员会"龙华新区 2013 地质灾害防治知识宣传项目(编号 0851—1361SZOICL23)"在广东采联采购招标有限公司公开招标。深圳市软沟通文化发展有限公司、深圳市联恒达信息咨询有限公司、深圳市玉松堂广告有限公司以及深圳市华闻文化发展有限公司等四家公司参与了该项目的投标。2014 年 8 月 4 日,深圳市财政委员会认为,"深圳市华闻文化发展有限公司投标文件中的《关于蒋某在深圳市购买社会保险的参保证明》显示,蒋某的社会保险由深圳市勘察研究院有限公司购买。故深圳市华闻文化发展有限公司把蒋某列为其投标文件中的项目负责人,与其关于'项目负责人、项目主要技术人员,由我司代缴社会保险'的投标承诺并不相符,深圳市财政委员会据此认定深圳市华闻文化发展有限公司在政府采购中隐瞒真实情况、提供虚假资料。"深圳市财政委员会作出深财书〔2014〕144 号《深圳市财政委员会行政处罚决定书》,决定对深圳市华闻文化发展有限公司作出一年内禁止参与深圳市政府采购、记入供应商诚信档案以及罚款 4 000 元的处罚。上诉人深圳市华闻文化发展有限公司因诉被上诉人深圳市财政委员会行政处罚决定一案,不服深圳市福田区人民法院(2014)深福法行初字第 1959 号行政判决,向深圳市中级人民法院提起上诉。深圳市中级人民法院院依

法组成合议庭,对案件进行了审理,现已审理终结。[(2015)深中法行终字第 445 号]

二、诉讼过程及裁判理由

深圳市华闻文化发展有限公司在其投标文件中承诺,"我公司的法定代表人、主要经营负责人、项目投标授权代表人、项目负责人、项目主要技术人员,由我司代缴社会保险";经综合评分,深圳市软沟通文化发展有限公司以金额 38.925 万元中标,深圳市华闻文化发展有限公司名列第二。2014 年 5 月 4 日,深圳市软沟通文化发展有限公司向深圳市财政委员会反映深圳市华闻文化发展有限公司此次投标的项目负责人和主要技术人员蒋某并非深圳市华闻文化发展有限公司的全职工作人员,违反了投标承诺函,涉嫌弄虚作假,要求予以查处。深圳市财政委员会审查上述材料后,于 2014 年 6 月 6 日向深圳市华闻文化发展有限公司发出深财书〔2014〕73 号《行政处罚告知通知书》,告知深圳市华闻文化发展有限公司拟对其作出的行政处罚以及深圳市华闻文化发展有限公司享有陈述和申辩权利。深圳市华闻文化发展有限公司收到后于当月 16 日提交了《关于对深财书〔2014〕73 号行政处罚告知书的申辩》等陈述申辩材料。2014 年 8 月 4 日,深圳市财政委员会作出深财书〔2014〕144 号《深圳市财政委员会行政处罚决定书》,决定对深圳市华闻文化发展有限公司作出一年内禁止参与深圳市政府采购、记入供应商诚信档案以及罚款 4 000 元的处罚。深圳市华闻文化发展有限公司不服,遂提起行政诉讼。再查,深圳市华闻文化发展有限公司在诉讼中提交了中止执行涉案行政处罚行为的申请。深圳市华闻文化发展有限公司投标文件中的《关于蒋某在深圳市购买社会保险的参保证明》显示,蒋某的社会保险由深圳市勘察研究院有限公司购买。依照《深圳经济特区政府采购条例》和《深圳经济特区政府采购条例实施细则》第七十六条、第八十一条的规定,于 2014 年 8 月 4 日作出深财书〔2014〕144 号《深圳市财政委员会行政处罚决定书》,并不违反法律规定,原审法院予以支持。深圳市华闻文化发展有限公司虽主张深圳市财政委员会在上述处罚决定书中没有明确的法律条文项、目,但该情形并不属于适用法律错误,原审法院仅予指正。

上诉人深圳市华闻文化发展有限公司不服原审判决向本院提出上诉,请求:1. 撤销一审行政判决书;2. 撤销深财书〔2014〕144 号《行政处罚决定书》;3. 本案一、二审诉讼费用由被上诉人承担。上诉人认为,被上诉人据此作出行政处罚的证据不足,上诉人参加深圳市规划和国土资源委员会龙华新区 2013 年地质灾害防治知识宣传采购项目(招标号:0851—1361SZOICL23)的投标,招标文件共分两册,其中第二册第五章用户需求书第三条项目管理要求第一项人员安排中没有明确要求项目负责人不允许外聘。因此被上诉人据此而得出"隐瞒真实情况,提供虚假资料"没有证据支持,也是完全错误的。除认定的主要证据不足外,被上诉人的行政行为也违反法定程序。通观本案的实际过程,根本没有调查程序,仅仅凭借软沟通公司提交的《情况说明函》,就草率作出《行政处罚决定书》,实属违反法定程序。其次,被上诉人对上诉人作出行政处罚决定之前,应当告知有要求举行听证的权利。《行政处罚法》第四十二条规定是不完全列举条款，因有"等"字的存在，所以不仅仅限定在责令停产停业、吊销许可证或者执照、较大数额罚款三种情形，只要行政处罚行为对当事人的利益有严重的影响，均应依法举行听证，这才符合该法条的立法本意。但被上诉人违反法定程序，未给予上诉人听证的权利。

深圳市中级人民法院认为，本案中，涉案项目的招标文件"三、项目管理要求"中明确要求项目主要负责人应为水工环地质工程专业或岩土工程类。上诉人在投标文件中将蒋某列为项目负责人，并明确职责为技术负责，而且其提交的项目主要负责人之中也只有蒋某符合招标文件上述要求。同时，上诉人在提交的《承诺函》中明确承诺"我公司的……项目负责人、项目主要技术人员属于我公司全职工作人员，由我公司代缴社会保险"。鉴此，被上诉人据此认定上诉人在政府采购中隐瞒真实情况、提供虚假资料，并依照《深圳经济特区政府采购条例》和《深圳经济特区政府采购条例实施细则》第七十六条、第八十一条的规定，作出被诉处罚决定，认定事实、适用法律及处罚幅度均无不当，本院予以确认。有关处罚程序，被上诉人在作出被诉处罚决定前履行了调查、处罚告知程序，保障了上诉人的陈述申辩权。经查，本案中，具体收受罚款的是交通银行深圳分行营业部，只是户口名为深圳市财政委员会，此做法符合《中华人民共和国行政处罚法》第四十六条第三款及《罚款决定与罚款收缴分离实施办法》第六条的规定，故上诉人该项主张，本院亦不予支持。综上，上诉人的上诉请求不能成立，本院予以驳回。原审判决认定事实清楚、适用法律正确、审判程序合法，应予维持。

三、关联法条

1.《行政处罚法》第四十二条：行政机关作出责令停产停业、吊销许可证或者执照、较大数额罚款等行政处罚决定之前，应当告知当事人有要求举行听证的权利；当事人要求听证的，行政机关应当组织听证。当事人不承担行政机关组织听证的费用。听证依照以下程序组织：

（一）当事人要求听证的，应当在行政机关告知后三日内提出；

（二）行政机关应当在听证的七日前，通知当事人举行听证的时间、地点；

（三）除涉及国家秘密、商业秘密或者个人隐私外，听证公开举行；

（四）听证由行政机关指定的非本案调查人员主持；当事人认为主持人与本案有直接利害关系的，有权申请回避；

（五）当事人可以亲自参加听证，也可以委托一至二人代理；

（六）举行听证时，调查人员提出当事人违法的事实、证据和行政处罚建议；当事人有权进行申辩和质证；

（七）听证应当制作笔录；笔录应当交当事人审核无误后签字或者盖章。

当事人对限制人身自由的行政处罚有异议的，依照《治安管理处罚法》有关规定执行。

2.《行政处罚法》第四十六条：作出罚款决定的行政机关应当与收缴罚款的机构

分离。

除依照本法第四十七条、第四十八条的规定当场收缴的罚款外，作出行政处罚决定的行政机关及其执法人员不得自行收缴罚款。

当事人应当自收到行政处罚决定书之日起十五日内，到指定的银行缴纳罚款。银行应当收受罚款，并将罚款直接上缴国库。

3.《行政诉讼法》第八十九条：人民法院审理上诉案件，按照下列情形，分别处理：

（一）原判决、裁定认定事实清楚，适用法律、法规正确的，判决或者裁定驳回上诉，维持原判决、裁定；

（二）原判决、裁定认定事实错误或者适用法律、法规错误的，依法改判、撤销或者变更；

（三）原判决认定基本事实不清、证据不足的，发回原审人民法院重审，或者查清事实后改判；

（四）原判决遗漏当事人或者违法缺席判决等严重违反法定程序的，裁定撤销原判决，发回原审人民法院重审。

原审人民法院对发回重审的案件作出判决后，当事人提起上诉的，第二审人民法院不得再次发回重审。

人民法院审理上诉案件，需要改变原审判决的，应当同时对被诉行政行为作出判决。

4.《深圳市行政听证办法》第二十二条：具有下列情形之一的，行政机关应当根据行政相对人或者利害关系人的申请组织听证；行政机关认为有必要的，也可以依法提起听证：

（一）拟作出责令停产停业、吊销许可证或者执照、较大数额罚款等行政处罚的；

（二）拟作出的行政许可直接涉及行政相对人与他人之间重大利益关系的；

（三）法律、法规或者规章规定的其他情形。

5.《深圳市行政听证办法》第四十七条：本办法中所称"较大数额罚款"，是指对个人处以 5 000 元以上、对法人或者其他组织处以 50 000 元以上罚款。

四、争议问题

本案争议焦点为：被诉行政处罚决定是否合法，即认定事实是否清楚、适用法律是否正确、处罚程序是否合法。

五、简要评论

本案争议焦点是被诉行政处罚决定是否合法，即认定事实是否清楚、适用法律是否正确、处罚程序是否合法。行政处罚的法定要求程序性合法，要严格依据法定职权，履行相应的法定程序，应保证相对人充分发表意见。至于行政处罚的合法性审查，人民法院首先应当注重形式上的合法审查。依据《行政处罚法》第三十六条和第三十七条的规定，行政机关除可以当场作出的行政处罚外，必须进行全面、客观、公正地调查、询问当事人并制作笔录，调查终结对调查结果进行审查，根据不同情况作出决定。根据《深圳经济特区政府采购条例》第四条规定，被上诉人作为市财政部门是政府采购主管部门，负责政府采购活动的监督和管理。有关认定事实和适用法律。采购供应商参与政府采购时依法负有如实提供采购相关资料的义务。判断行政处罚的合法性，应当依法查明相关违法事实，依据相关法律规定进行处罚，处罚程序是否合法也应当属于依法审查的对象。采购供应商参与政府采购时依法负有如实提供采购相关资料的义务。《深圳市行政听证办法》第二十三条也规定：行政机关在作出具体行政行为前，应当依法书面告知行政相对人、利害关系人有要求举行听证的权利。从上述法律和规章中可以看出，举行听证是行政机关的法定义务，是行政相对人的法定权利。本案虽罚款数额不满足法律和规章的条件，但一年内禁止参与深圳市政府采购活动，将公司记入供应商诚信档案等具体行政处罚决定，对上诉人的利益已产生了实质性的严重影响，依法是否应给予上诉人要求听证的权利。有关处罚程序，被上诉人在作出被诉处罚决定前履行了调查、处罚告知程序，保障了当事人申辩权。行政处罚在处罚金额较大或者对当事人利益影响较大的时候，依法应当赋予当事人申请听证的权利。本案不属于依职权应当举行听证的情形，但是当事人可以依法自己申请举办听证会，是否允许则由行政机关进行具体的依法判定。法律上对于行政处罚的听证程序要求除了在《行政处罚法》之中加以原则性规定之外，在很多的行政处罚领域也有特别规定，例如在证券领域，中国证监会《中国证券监督管理委员会行政处罚听证规则》第七条规定："当事人要求听证的，应当在《行政处罚事先告知书》送达后3日内提出听证要求。当事人逾期未提出听证要求的，视为放弃听证权利。行政处罚涉及多个当事人，部分当事人放弃听证权利的，不影响其他当事人要求听证。"第八条规定："同一案件中，符合本规则第五条规定情形的当事人要求听证的，其他当事人可以在《行政处罚事先告知书》送达后3日内提出一并参加听证的申请，是否准许，由中国证监会或其派出机构决定。"这是在具体的行政处罚领域，听证程序的要求。

最后，在本案之中，上诉人提出了一个法律适用的问题。上诉人亦主张《深圳经济特区政府采购条例实施细则》第八十一条与上位法相违背，不应参照适用。《行政诉讼法》第六十三条规定："人民法院审理行政案件，参照国务院部、委根据法律和国务院的行政法规、决定、命令制定、发布的规章以及省、自治区、直辖市和省、自治区的人民政府所在地的市和经国务院批准的较大的市的人民政府根据法律和国务院的行政法规制定、发布的规章。人民法院认为地方人民政府制定、发布的规章与国务院部、委制定、发布的规章不一致的，以及国务院部、委制定、发布的规章之间不一致的，由最高人民法院送请国务院作出解释或者裁决。人民法院审理行政案件，参照规章。"实践之中，人民法院会主动适用法律、行政法规。对于规章仅仅是参照适用，至于其他规范性文件的合法性问题一般不予审查。当事人可以提起附带审查其他一般规范性文件的合法性要求。但实践中很少见到相关的案例。原审法院认定细则该规定系对《深圳经济特区政府采购条例》第五十七条规定的细化和具体化,也并未超越条例规定的处罚幅度是正确的。

深圳市精艺文化发展有限公司与深圳市福田区财政局行政处罚案

一、基本案情

深圳市福田区政府采购中心于2012年10月22日发布招标公告(招标文件编号:FTCG2012028985),就福田区外国语学校学生乐团乐器采购(以下简称福外乐团项目)进行公开招标。深圳市兴源盛贸易有限公司(以下简称深圳兴源盛公司)作为剩余合格投标人之一认为深圳精艺文化发展有限公司(以下简称深圳精艺公司)的行为侵害其合法权益,存在串通投标嫌疑,因此向福田区政府采购中心提出质疑。福田财政局于2013年1月23日作出深福财罚〔2013〕1号《行政处罚决定书》,决定依据《深圳经济特区政府采购条例》第五十七条第(五)项之规定,对深圳精艺公司处两年内禁止参与深圳市政府采购,记入供应商诚信档案,并处以人民币1万元罚款的处罚决定。上述处罚决定书于2013年1月25日送达给深圳精艺公司。深圳精艺公司对该处罚决定不服,故向原审法院提起行政诉讼。上诉人深圳市精艺公司因与被上诉人深圳市福田区财政局(以下简称福田财政局)、原审第三人广州市和谐乐器有限公司(以下简称广州和谐公司)行政处罚决定纠纷一案,不服深圳市福田区人民法院(2013)深福法行初字第454号行政判决,向本院提起上诉。本院依法组成合议庭,对本案进行了审理,现已审理终结。[(2013)深中法行终字第587号]

二、诉讼过程及裁判理由

深圳市福田区政府采购中心于2012年10月22日发布招标公告(招标文件编号:FTCG2012028985),就福田区外国语学校学生乐团乐器采购(以下简称福外乐团项目)进行公开招标,投标时间为2012年10月22日至2012年11月5日9时30分。至报名截止,共有五家公司报名参加投标。深圳精艺公司和第三人广州和谐公司均参与了该项目的投标。其中深圳精艺公司提交的投标文件中包含一份《解决深圳户籍人口就业的情况介绍》,该介绍称深圳精艺公司现有在编人员38人,深圳户籍10人,全部购买社会保险及住房公积金。根据招标文件要求,各供应商应当提供样品进行现场演奏。在样品演奏阶段,本案第三人广东和谐公司的委托人彭×娟表示其样品小提琴是向深圳精艺公司借用的,而深圳精艺公司在样品演示前已经将出借的样品小提琴拿走,故不能现场演奏样品。根据招标文件规定,不能提供样品的将被废标,由此该项目因合格投标人不足三家而流标。深圳市兴源盛贸易有限公司(以下简称深圳兴源盛公司)作为剩余合格投标人之一认为深圳精艺公司的行为侵害其合法权益,存在串通投标嫌疑,因此向福田区政府采购中心提出质疑。福田区政府采购中心接投诉后于2012年11月26日向福田区政府采购中心去函要求该中心作出说明并提交相关证据、依据和其他材料。福田区政府采购中心于2012年12月3日向福田财政局复函并向福田财政局提交了《招标文件》、《评标报告》及《情况说明》、《投标人演示签到表》、《关于造成"福田区外国语学校学生乐器采购"(招标编号：FTCG2012028985)项目流标的质疑》、《复函》等材料。此外,福田财政局还于2012年11月26日向深圳精艺公司及第三人广州和谐公司发出了《政府采购投诉案件转达函》,要求深圳精艺公司和第三人广州和谐公司以书面形式作出说明并提供证据材料。深圳精艺公司在《答复》中称,深圳精艺公司法定代表人曾接第三人广州和谐公司秦伟电话,要求借用深圳精艺公司的小提琴并为第三人广州和谐公司提供演奏者参与此次投标,深圳精艺公司法定代表人表示同意。深圳精艺公司并没有和第三人广州和谐公司串通。此次投标的项目该公司不再参加。福田财政局于2012年12月13日向深圳市社保基金管理局福田分局发函要求调取彭×娟的社保关系材料。福田财政局综合审查上述材料于2013年1月7日向深圳精艺公司发出深福财告〔2013〕1号《行政处罚告知通知书》,告知深圳精艺公司拟对其进行的处罚及深圳精艺公司享有陈述和申辩的权利。福田财政局于2013年1月23日作出深福财罚〔2013〕1号《行政处罚决定书》,决定依据《深圳经济特区政府采购条例》第五十七条第(五)项之规定,对深圳精艺公司处两年内禁止参与深圳市政府采购,记入供应商诚信档案,并处以人民币1万元罚款的处罚决定。上述处罚决定书于2013年1月25日送达给深圳精艺公司。深圳精艺公司对该处罚决定不服,故向原审法院提起行政诉讼。另外深圳精艺公司还申请证人吴×杰出庭作证,吴×杰当庭出具证人证言称,2012年开标前,第三人广州和谐公司打电话给他,要代第三人广州和谐公司出席投标,在开标前几天,因另有工作安排,他便告知第三人广州和谐公司的秦伟会另行安排人员代表第三人广州和谐公司参加投标,之后秦伟找到彭×娟代表第三人广州和谐公司参加投标。原审法院认为,《深圳经济特区政府采购条例》第四条规定："市、区政府财政部门是政府采购主管部门,负责政府采购活动的监督和管理。"因此,本案福田财政局依法有权对发生在本辖区内的政府采购行为进行监督和管理。

三、关联法条

1.《深圳经济特区政府采购条例》第四条：市、区政府财政部门是政府采购主管部门(以下简称主管部门),负责政府采购活动的监督和管理。

监察、审计、市场监管以及其他有关部门依其职责对政府采购进行监督和管理。

市、区政府的政府集中采购机构负责组织实施集中采购事务和其他相关工作。

2.《深圳经济特区政府采购条例》第五十七条：供应商在政府采购中,有下列行为之一的,一至三年内禁止其参与本市政府采购,并由主管部门记入供应商诚信档案,处以采购金额千分之十以上千分之二十以下的罚款；情节严重的,取消其参与本市政府采购资格,处以采购金额千分之二十以上千分之三十以下的罚款,并由市场监管部门依法吊销其营业执照；给他人造成损失的,依法承担赔偿责任；涉嫌犯罪的,依法移送司法机关处理：

（一）在采购活动中应当回避而未回避的；
（二）未按本条例规定签订、履行采购合同，造成严重后果的；
（三）隐瞒真实情况，提供虚假资料的；
（四）以非法手段排斥其他供应商参与竞争的；
（五）与其他采购参加人串通投标的；
（六）恶意投诉的；
（七）向采购项目相关人行贿或者提供其他不当利益的；
（八）阻碍、抗拒主管部门监督检查的；
（九）其他违反本条例规定的行为。

四、争议问题

本案争议焦点为：福田财政局所作出的行政处罚行为是否合法的事实认定，主要是证据认定是否错误。

五、简要评论

根据《深圳经济特区政府采购条例》第五十七条第（五）项的规定，供应商在政府采购中与其他采购参加人串通投标的，一至三年内禁止其参与本市政府采购，并由主管部门记入供应商诚信档案，处以采购金额千分之十以上千分之二十以下的罚款；情节严重的，取消其参与本市政府采购资格，处以采购金额千分之二十以上千分之三十以下的罚款，并由市场监管部门依法吊销其营业执照；给他人造成损失的，依法承担赔偿责任；涉嫌犯罪的，依法移送司法机关处理。本案福田财政局依据《员工参加社会保障清单》等证据材料，认定精艺公司在参加涉案项目招标采购活动中，同时委派其单位员工彭×娟充当涉案项目另一投标人广州和谐公司的投标代表，并且代为提供演奏样品。而广州和谐公司投标代表彭×娟具有的特殊身份，以及深圳精艺公司与广东和谐公司在开标前后及开标过程中的一系列异常表现，形成完整的证据链，足以认定深圳精艺公司与广东和谐公司串通投标的违法事实。因此，福田财政局认定彭×娟属于深圳精艺公司员工并据此确认涉案项目招标采购活动中彭×娟与深圳精艺公司存在特殊利害关系，事实依据充分。在针对本案投诉事项调查处理过程中，深圳市社会保险基金管理局福田分局于2012年12月14日向福田财政局提供了彭×娟的《员工参加社会保险清单》，该清单显示深圳精艺公司自2009年6月开始持续不间断地为彭×娟缴纳社保金（本项目开标时间包含在内）。结合上述《员工参加社会保险清单》，彭×娟也属于深圳精艺公司声明的"在编人员"。故深圳精艺公司关于彭×娟不是其公司员工、与其不存在利害关系的上诉主张事实依据不足，原审法院不予采信是值得肯定的。

政府采购活动如果采购方式确定为招投标，应当严格依据《招投标法》的规定依法进行，供应商应当严格依据招标文件的规定参与采购活动。禁止串通投标，该违法行为不但会影响政府采购活动的采购合同效力,也会遭到政府采购监管部门的行政处罚,具体表现为在一定的时间内,通常是一到三年禁止参加政府采购活动,并会将供应商的不良行为记录在法定的媒体进行公告停权。《政府采购法》第七十七条第一款规定不良供应商的停权处分,第二款规定不良供应商采购合同的效力问题。立法将停权处分与合同效力分别规定,基本上采取分别观察、处理的看法。采购合同当事人同时面临停权公法处分及合同民事争议双重法律规制,停权处分亦应斟酌私法争议效果。串标的行为情节恶劣的还可能会导致承担刑事责任。

《行政处罚法》第四条规定对违法行为给予行政处罚的规定必须公布。因此不良行为记录名单应该公布,具体的公布方式《政府采购法》未作明确规定。国务院法制办公布的《中华人民共和国政府采购法实施条例(征求意见稿)》第二十八条规定:"县级以上人民政府财政部门应当在指定的媒体上公布列入不良行为记录名单的供应商的名称及禁止参加政府采购活动的期限。"但在指定媒体上公布名单及禁止期限并不能实质取代政府采购停权处分的相应程序。

第二章 工程招投标的法律问题

第一节 工程招投标合同未经备案的疑难问题

北安市巨源房地产开发有限公司与绥化铁龙建筑工程有限公司建设工程施工合同纠纷案

一、基本案情

北京市巨源房地产开发有限公司(以下简称巨源公司)与绥化铁龙建筑工程有限公司(以下简称铁龙公司)于2008年7月15日签订了北安市锦天华苑小区一期工程四标段《建设工程施工合同》,该合同经招投标程序签订,并经北安市建设局备案。后因情势发生了变更,双方于2010年5月25日签订了《补充协议书》,但未经备案。在合同履行过程中,巨源公司未按《建设工程施工合同》的约定在开工前3日向铁龙公司支付工程预付款6 402 900.00元。巨源公司在2008年8月29日支付给铁龙公司工程款50万元,直至2009年4月9日陆续支付完毕合同约定的工程预付款。2008年铁龙公司只完成了A8#和A10#住宅楼的主体施工。巨源公司没有按合同约定支付工程预付款、进度款,工程延期至2010年5月末基本完工。[(2012)民申字第754号]

二、诉讼过程及裁判理由

原审法院认为巨源公司与铁龙公司于2008年7月15日签订的《建设工程施工合同》系经招投标程序签订,且经北安市建设局备案,合同有效。2010年5月25日双方签订的《补充协议书》,双方当事人经协商一致后签订,其中关于价款的结算方式并无根本变化,《补充协议书》合法有效。二审法院认为,巨源公司与铁龙公司签订的《建设工程施工合同》原审判决认定合法有效正确,双方当事人对此亦不持异议。当事人在签订合同后,对合同内容进行变更,是法律赋予合同双方当事人的基本权利,正常的合同变更应受到法律的保护。本案双方当事人在经过招投标程序签订备案合同后,随即于2008年7月26日签订《建筑工程施工补充协议书》,系在客观情况未发生根本性变化的情况下,对关于工期、工程价款确定、工程款拨付方式等内容作出与备案合同不同的约定,系对备案合同进行了实质上的变更,违反了《中华人民共和国招标投标法》第四十六条的规定,依据《中华人民共和国合同法》第五十二条第一款第(五)项的规定,该协议应为无效合同。而《补充协议书》是在备案合同签订后近两年,双方当事人根据合同履行的实际情况,经协商确定了材料价格、人工费调整等主要内容,该《补充协议书》系双方的真实意思表示,并不违反法律行政法规的效力性强制性规定,原审判决认定该《补充协议书》合法有效,并无不当。

三、关联法条

1.《最高人民法院关于审理建设工程施工合同纠纷案件适用法律问题的解释》第十六条:当事人对建设工程的计价标准或者计价方法有约定的,按照约定结算工程价款。因设计变更导致建设工程的工程量或者质量标准发生变化,当事人对该部分工程价款不能协商一致的,可以参照签订建设工程施工合同时当地建设行政主管部门发布的计价方法或者计价标准结算工程价款。建设工程施工合同有效,但建设工程经竣工验收不合格的,工程价款结算参照本解释第三条规定处理。

2.《招标投标法》第四十六条第一款:招标人和中标人应当自中标通知书发出之日起三十日内,按照招标文件和中标人的投标文件订立书面合同。

3.《合同法》第五十二条第一款第(五)项:有下列情形之一的,合同无效:……(五)违反法律、行政法规的强制性规定。

四、争议问题

本案主要争议焦点为:巨源公司与铁龙公司因情势发生了变更,补充签订了未经备案的《补充协议书》的效力问题。但由于我国招投标制度以及合同备案制度存在一定的缺陷,导致司法判决只能依据现有的法律法规进行裁判。此案的典型意义在于如何在当前法制状况下,妥当解决未经备案的建设工程合同效力问题。

五、简要评论

建设工程案件中补充协议的签订,虽然普遍情况下存在没有备案的情形,但这种补充协议效力的认定应当依据《中华人民共和国招标投标法》以及《合同法》之规定,严格进行。如果签订的补充协议系在工程客观情形未发生根本性变化下签订的,且当事人对工期、工程价款等内容做出与备案合同不同的约定时,应当认定系对主合同进行了实质性地变更,违反了《中华人民共和国招标投标法》与《合同法》的相关规定,应当认定无效。反之,如果签订的补充协议经双方当事人意思表示一致达成,且未违反上述规定,应当认定其并未违反法律、行政法规的强制性规定,应为有效合同。

导致本案无效合同产生的根本原因在于建筑市场的准入制度混乱与无序,虽然有《建筑法》《中华人民共和国招标投标法》等基本法律作为建设工程领域法制的保障,但关于资质以及市场准入方面的规定却差强人意,导致建筑市场签订"黑白合同"的现象频繁发生。我国在关于这部分理论层面的研究已经日臻完善,但是在立法以及实践中却亟待改进和加强,真实的意思表示往往无法得到现有建筑市场法规的认可,导致建设承包双方需要以尚未备案的合同来表达意思表示，而由所谓合法备案的合同得到市场认可进行建设施工，在逻辑上和法理上均存在一定的问题和弊端。

因此本案在现有司法环境以及法制状况下的判决并无异议，但背后的法律逻辑和实践状况却有待司法工作者以及立法者进一步的深思和改进，而且现有的司法解释并无法满足当下复杂多变的建筑市场之发展，尤其需要进一步完善修订《建筑法》《中华人民共和国招标投标法》等相关法规，亦需要对建筑市场的资质制度进行大幅度的删减和完善。

湖南弘欣置业发展有限公司与湖南双江建设工程有限公司建设工程施工合同纠纷案

一、基本案情

湖南弘欣置业发展有限公司（以下简称弘欣公司）于2009年4月5日做出招标编号为2009—04的《弘欣公寓一期工程第3、5标段施工招标文件》。湖南双江建设工程有限公司（以下简称双江公司）于2009年4月29日做出《投标文件》，投标报价为27 815 634元，工期为370天。弘欣公司于2009年4月29日做出的《评标报告》，确定中标人为双江公司。弘欣公司于2009年4月30日做出的《中标通知书》，证明杨海波挂靠双江公司参加案涉工程的内部招标并中标。弘欣公司与双江公司于2009年7月20日签订的《弘欣公寓项目建设工程承包合同书》，杨海波挂靠双江公司按照内部招标确定的工程价款及工期等条件签订了实际履行合同。[（2014）民申字第306号]

二、诉讼过程及裁判理由

法院认为本案核心在于关于案涉工程价款是否应该以备案合同为结算依据的问题。关于本案是否存在招投标方相互串通预先内定双江公司中标的情况。2009年4月15日，经长沙市发展和改革委员会批准，弘欣公司作为招标人，以邀请招标的方式分别向双江公司、湖南九峰建设工程有限公司、长沙众星建筑工程有限公司发出《投标邀请书》。2009年4月16日，双江公司向弘欣公司出具《投标确认函》，承诺将依法参加此次投标。2009年5月20日，双江公司提交了投标文件。2009年5月25日，经湖南华新建设项目管理有限公司公开开标、评标，向中标人下发了《中标通知书》，确定双江公司为案涉项目的中标人。2009年5月30日，双江公司与弘欣公司就案涉工程签订了备案合同。虽然双江公司也曾于2009年4月29日在弘欣公司组织的内部招标中向其递交过报价为27 815 634元，工期为370天投标文件，但是弘欣公司的内部招标与上述经备案的招标虽针对同一工程，工程价款与工期均不相同，不能否认经备案的招标行为的法律效力。此外，虽然弘欣公司在申请再审时提交了所谓内部招标的《中标通知书》，但其上只加盖了弘欣公司的印章，没有证据证明其与双江公司按照该《中标通知书》的要求在五日内签订了施工合同，故该证据亦不足以证明本案存在双方相互串通预先内定双江公司中标的情形,相关行政机关亦未对上述招投标行为进行过处罚,二审判决对弘欣公司的该项主张不予支持并无不当。

因本案中备案合同与非备案合同在工程造价及工期的约定上存在较大差距,而弘欣公司又未提交充分证据证明备案合同存在无效情形,二审判决依据2004年10月25日最高人民法院颁布的《最高人民法院关于审理建设工程施工合同纠纷案件适用法律问题的解释》第二十一条关于"当事人就同一建设工程另行订立的建设工程施工合同与经过备案的中标合同实质性内容不一致的,应当以备案的中标合同作为结算工程价款的根据"的规定,认定案涉工程价款应以备案合同为结算依据,并判令弘欣公司向双江公司额外支付室外工程造价款2 055 630.19元以及材料价差款500 348.68元,适用法律并无不当。

三、关联法条

《最高人民法院关于审理建设工程施工合同纠纷案件适用法律问题的解释》第二十一条:当事人就同一建设工程另行订立的建设工程施工合同与经过备案的中标合同实质性内容不一致的,应当以备案的中标合同作为结算工程价款的根据。

四、争议问题

本案主要争议为案涉工程价款是否应以备案合同为结算依据,由于本案的备案合同和未备案的合同在工程价款约定上存在较大出入,如果单一判定以某个合同为准则容易对当事人造成不公。

五、简要评论

本案在认定是否存在杨海波挂靠双江公司施工的情况是一个重要事实,关于如何从法律上确认是否存在挂靠情况,本案给出了指导性意见以及主要认定标准。首先,从合同签订过程来看,参与案涉工程投标的为双江公司,且2009年5月30日签订的备案合同与2009年7月20日签订的非备案合同,签字盖章的均为双江公司,而无杨海波个人签名。其次,从合同履行情况来看,双江公司于2009年7月20日出具双建发〔2009〕0720号《任命书》,任命杨海波为案涉工程的项目负责人,任命喻晓明为项目经理。尽管监理公司在该任命书下方注明杨海波为实际承包人,任命书上其余人员从未到过工地参加管理,但监理公司与建设单位存在一定的利益关系,其后来在《任命书》上添加的内容证明力较弱。且在长沙市城市建设档案馆备案的《工程材料报审表》中,双江公司均由其项目经理翁世海签字,案涉工程竣工验收备案资料提交者及验收手续办理者亦为翁世海。虽然弘欣公司对于项目经理由原来的喻晓明变为翁世海表示不清楚也不认可,但喻晓明与翁世海的一级建造师注册证书上都载明其聘用企业为双江公司,可以说明双江公司的项目经理参与了案涉工程的管理。因杨海波被聘任为案涉工程的项目负责人,其有权在案涉工程建设期间的工作联系单、会议纪要等文件上签字,该签字行为也不能说明其挂靠双江公司施工。最后,从款项给付情况来看,弘欣公司分别于2009年4月14日与2009年5月27日出具的两份收据显示投标保证金及履约保证金均由双江公司缴纳,施工过程中弘欣公司也是根据杨海波的付款申请将款项打入双江公司的账户或是代其付款。在弘欣公司没有提交其他证据证明杨海波挂靠双江公司施工的情况下,二审判决对该项主张未予支持。因此,法院通过以上事实论证了该个人并未存在挂靠事实,也否定了其作为实际施工人与承包商存在合同的法律关系。

另一方面,在本案合同效力的认定上,建设工程项目经过招投标程序而中标并经备案的合同具有法律效力,应为双方当时所遵守。本案是亦是典型的黑白合同案件,而未经招投标备案的合同与备案合同在关于工程价款的约定上相差甚大,应当在具体案件审查中审慎处理。而且在本案后续举证过程中,弘欣公司又未提交充分证据证明备案合同存在无效情形,无法推翻备案合同的真实有效性,因此在法院在处理该案过程中于法有据,而案件当事人也只能承担对其不利的判决结果。但是,法院在审理过程中为了证明本案双方不存在相互串通预先内定双江公司中标的情形,而提及了相关行政机关未对上述招投标行为进行过处罚作为论据,单从行政机关的行政处罚行为来看,其行为的存在与否与案件当事人双方有无事先串通并无直接因果关系,法院这一论述略显多余。

第二节　工程招投标后非法分包的疑难问题

江苏弘盛建设工程集团有限公司与沧州市天成房地产开发有限公司、河北方泽建筑工程集团有限公司、河北天昕建设集团有限公司建设工程施工合同纠纷案

一、基本案情

申请再审人江苏弘盛建设工程集团有限公司(以下简称弘盛公司)因与被申请人沧州市天成房地产开发有限公司(以下简称天成公司)以及一审第三人河北方泽建筑工程集团有限公司(以下简称方泽公司)、一审第三人河北天昕建设集团有限公司(以下简称天昕公司)建设工程施工合同纠纷一案,不服河北省高级人民法院(2010)冀民一终字第106号民事判决,向最高院申请再审。主要纠纷系工程款的支付以经招投标的合同为准还是以另外签订的合同为准。[(2012)民申字第430号]

二、诉讼过程及裁判理由

最高人民法院认为:(一)关于工程价款结算依据的问题。本案共涉及两类合同,一类为经过备案的中标合同,包括2006年6月天成公司与方泽公司之间签订的建设工程施工合同及2007年3月天成公司与天昕公司之间签订的建设工程施工合同;另一类为未经备案的三方合同,包括2007年3月天成公司、天昕公司与弘盛公司之间签订的建设工程施工合同,及2007年5月6日天成公司、方泽公司与弘盛公司之间签订的建设工程施工合同。因此,弘盛公司关于二审法院在工程价款结算依据问题上存在适用法律错误的主张,不应予以支持。

(二)关于二审法院适用2004年10月25日公布的《最高人民法院关于审理建设工程施工合同纠纷案件适用法律问题的解释》(以下简称《施工合同解释》)第二条之规定是否正确的问题。根据《中华人民共和国建筑法》以及《施工合同解释》的有关规定,承包人非法转包、违法分包建设工程的行为无效。该条文的立法本意在于保护转包人在建设工程施工合同无效时免于承担较大风险损失,而非赋予其选择权以谋求高于合同约定的更大利益,故弘盛公司提出的《施工合同解释》第二条是赋予实际承包人以选择权,法院不能主动适用的主张,本院不予支持。

(三)如前所述,弘盛公司与天成公司之间工程价款结算的依据应为备案合同之后签订的实际施工合同,二审法院依据实际施工合同的约定,将决算总价款下调4%、扣减按一类取费增加的1 091 936.52元、扣减6号楼人工费475 040.45元并无不当。关于一、二审法院对临时停电停水费用等11项施工项目施工量及造价的认定是否有误的问题。一审法院对相关项目施工量及造价的认定均为依据鉴定单位意见、双方提交证据所做出的综合考量,弘盛公司并未申请重新鉴定,且弘盛公司在二审及申请再审过程中,均未提出新证据推翻原鉴定结论,故弘盛公司提出应增加有关项目施工量及造价的主张,本院不予支持。

(四)关于弘盛公司的施工设备损失是否应由天成公司给予赔偿的问题。因弘盛公司已就设备损失撤回上诉,并另行起诉,二审法院对该问题未予审理并无不当。

三、关联法条

1.《最高人民法院关于审理建设工程施工合同纠纷案件适用法律问题的解释》第二十一条:当事人就同一建设工程另行订立的建设工程施工合同与经过备案的中标合同实质性内容不一致的,应当以备案的中标合同作为结算工程价款的根据。

2.《招标投标法》第四十六条:招标人和中标人应当自中标通知书发出之日起三十日内,按照招标文件和中标人的投标文件订立书面合同。招标人和中标人不得再行订立背离合同实质性内容的其他协议。招标文件要求中标人提交履约保证金的,中标人应当提交。

四、争议问题

本案争议焦点为:1.从文义上对《施工合同解释》的条款进行理解,另行签订的合同与备案合同的主体应一致,对"另行订立"如何做出相应的解释。2.《施工合同解释》第二十一条中所指的"当事人",是否应当扩大解释到转包人、非法分包人、实际施工人等。

五、简要评论

本案可以作为建设工程施工合同无效后如何处理的典型案例,首先在合同效力的认定上,最高人民法院严格按照《合同法》关于合同效力的认定规则进行论证,在未经招投标签订的施工合同效力认定上,并未完全严格以"一刀切"的方式全盘否定效力,而是结合上述《施工合同解释》以及合同的解释规则,从"另行订立"文义及体系解释上出发,认定这种"另行"签订的合同系指合同实质内容的变更,而非合同主体的变更,并且在认定合同效力过程中进一步结合《中华人民共和国招标投标法》,对《中华人民共和国招标投标法》所规定的"合同实质性内容"进一步做出解读。其认为《施工合同解释》第二条的立法本意在于保护转包人在建设工程施工合同无效时免于承担较大风险损失,而非赋予其选择权以谋求高于合同约定的更大利益,因此司法实践中通常的做法是由法院主动适用该条款,以无效合同所"约定"的计价方式适用现有状况下的恢复以及返还。

但是这种直接以司法解释作为裁判基准的做法,显然没有遵照意思自治和契约之精神,或者说在现有的司法状况和法制背景下一种妥协的做法。例如在本案中,法院认为,根据《施工合同解释》第二十一条之规定,当事人就同一建设工程另行订立的建设工程施工合同与经过备案的中标合同实质性内容不一致的,应当以备案的中标合同作为结算工程价款的根据。首先,从文义上对上述条款进行理解,另行签订的合同与备案合同的主体应一致,"另行订立"是指合同实质内容的变更,而非合同主体的变更。第二,结合《中华人民共和国招标投标法》第四十六条,招标人和中标人不得再行订立背离合同实质性内容的其他协议,可见,《施工合同解释》第二十一条的立法本意之一系避免招标人利用优势地位,迫使中标人在价款等方面做出让步,从而保护中标人的合法权益不受侵犯。对于非法转包、违法分包等行为,法律是予以禁止的,不应过分保护,因此《施工合同解释》第二十一条中所指的"当事人",不应扩大解释到转包人、非法分包人、实际施工人等。第三,从合同相对性上看,弘盛公司并非备案合同的签订主体,而只是两份三方合同的当事人,故两份备案合同在天成公司与弘盛公司之间就不会形成法律约束力,两份备案合同不能成为工程价款的结算依据。至于二审判决中关于"相同主体就同一建设工程另行订立的建设工程施工合同与经过备案的中标合同实质性内容不一致"的表述,系对法条进行适用的阐述,并非对法条的直接引用,不构成对法条内容擅自篡改。另外,最高人民法院还否定了实际承包人的选择权,认为法院应当主动适用《施工合同解释》第二条,以保障实际承包人的切身权益。

显然地,法院并未完全遵照法条以及司法解释的条文规定直接裁判,而是在论证过程中解释并适用了法条背后的立法本旨,而这种精神是否完全符合立法精神抑或实践现状却值得商榷。建筑市场非法分包转包的乱象由来已久,而且实际承包人的切身利益并不因为得以适用《施工合同解释》第二条而能够明显地得到解决,这些均需要立法进一步地完善和更新,借鉴国际上对于建筑法律以及市场准入制度的先进经验和做法,而不是简单地通过一个司法解释就可以全局性地解决当下问题。

许建平、陈建云与大理通泰建筑装饰安装工程有限公司、云南大通大理房地产开发有限公司建设工程施工合同纠纷案

一、基本案情

发包人云南大通大理房地产开发有限公司(以下简称大通公司)在招标之前就已经把1、2、3号楼工程发包给实际施工人许建平、陈建云施工,在招标之前已经形成事实上的施工关系。许建平、陈建云与大通公司和大理通泰建筑装饰安装工程有限公司(以下简称通泰公司)2008年5月28日共同签订的《大通花韵蓝湾一标段1、2、3号楼工程结算协议书》,大通公司为3个项目部共代缴噪声费2万元,由3个项目部分摊2万元噪声费,后因合同纠纷诉至法院。[(2015)民申字第1219号]

二、诉讼过程及裁判理由

再审法院认为:(一)关于二审法院依据98定额鉴定的工程造价是否正确的问题。张云贵与通泰公司签订的《项目承包经营合同》中虽未约定计价标准,但明确载明"双方根据花韵蓝湾小区i地块工程施工合同书,施工1、2、3号楼"。而通泰公司与大通公司据以签订《建设工程施工合同》的招标文件中明确涉案工程按照《全国统一建筑工程基础定额云南省预算基价》(土建部分99修订版),即"98定额"进行工程计价。故二审法院在许建平、陈建云承建案涉工程系基于张云贵的转包情况下,参考张云贵所明确认同的通泰公司与大通公司签订施工合同中的98定额计价标准,确定案涉工程造价,符合客观情况。至于许建平、陈建云主张,有新的证据能够推翻二审法院的上述认定,因其新证据不符合《最高人民法院关于适用〈中华人民共和国民事诉讼法〉审判监督程序若干问题的解释》第十条规定中所述新证据的情形,故本院不予采信。

(二)关于噪音费及税费的负担是否正确问题。二审庭审中,许建平、陈建云当庭认可大通公司已经交纳的2万元噪声费不应计入工程款中。故对于该部分噪音费,二审法院判决应从工程款中予以扣减,并无不当。许建平、陈建云主张二审法院扣减错误的理由,同其二审中的自认不符,本院不予采信。

(三)关于大通公司应否承担连带责任的问题。2004年10月25日最高人民法院颁布的《最高人民法院关于审理建设工程施工合同纠纷案件适用法律问题的解释》(以下简称《施工合同解释》)第二十六条规定:"实际施工人以转包人、违法分包人为被告起诉的,人民法院应当依法受理。实际施工人以发包人为被告主张权利的,人民法院可以追加转包人或者违法分包人为本案当事人。发包人只在欠付工程价款范围内对实际施工人承担责任。"本案中,发包人大通公司与承包人通泰公司在一、二审中均共同确认,大通公司已经按照双方的结算付清全部工程价款,大通公司对通泰公司不存在工程欠款,故大通公司在本案中不应承担责任。许建平、陈建云关于大通公司应承担连带清偿责任的再审申请,无事实及法律依据,本院不予采信。

三、关联法条

《最高人民法院关于审理建设工程施工合同纠纷案件适用法律问题的解释》第二十六条:实际施工人以转包人、违法分包人为被告起诉的,人民法院应当依法受理。实际施工人以发包人为被告主张权利的,人民法院可以追加转包人或者违法分包人为本案当事人。发包人只在欠付工程价款范围内对实际施工人承担责任。

四、争议问题

本案争议焦点为:1. 二审法院依据98定额鉴定的工程造价是否正确;2. 鉴定费的负担是否正确;3. 噪音费及税费的负担是否正确;4. 大通公司应否承担连带责任。

五、简要评论

该案的争议焦点并不全部在于招投标程序的瑕疵,而是在于建设工程施工合同履行的本身。当前,我国建筑市场的运作存在大量不规范之处,其中非法转包、违法分包现象尤为严重,许多承包人取得工程之后并不进行施工,而是将工程再次转包或违法分包。由于这些承包人已经获得了相当数额的管理费,工程完工后他们往往不积极向发包人主张工程款。2004年10月25日最高人民法院《最高人民法院关于审理建设工程施工合同纠纷案件适用法律问题的解释》(以下简称《施工合同解释》)出台之前,法律未对实际施工人问题作出规定,大量实际完成了工程施工的建筑企业和施工队因为与发包人没有合同关系,无法直接向发包人索要工程款,也因此无力向农民工支付工资。这一问题引起了各级政府和社会各界的强烈关注。为有效保护农民工的合法权益,《施工合同解释》第二十六条突破合同相对性原则,规定实际施工人可以将发包人作为被告,发包人在欠付工程款范围内承担责任。这一规定的出台,为实际施工人向发包人主张权利提供了法律依据,审判实践中,各地法院依据《施工合同解释》第二十六第二款判决发包人对转包人、违法分包人欠付实际施工人的工程款承担责任的案例不在少数,本案即是典型案例。

但是,并非所有参与了工程施工的主体都可以适用《施工合同解释》第二十六第二款向发包人主张权利。违法分包是建设工程领域一个非常普遍的现象,也是现今建设工程领域惯常的做法。由此引出的一个概念即是"实际施工人",本案在招投标程序之前便由"实际施工人"进行施工建设,由此后续签订的施工合同因违反《中华人民共和国招标投标法》之规定当然地被法院认定无效,而实际施工人由此并不得基于合同向发包人索要工程款。针对这种情况,最高人民法院《施工合同解释》第二十六条规定:"实际施工人以转包人、违法分包人为被告起诉的,人民法院应当依法受理。实际施工人以发包人为被告主张权利的,人民法院可以追加转包人或者违法分包人为本案当事人。发包人只在欠付工程价款范围内对实际施工人承担责任。"本案法院采纳之,而且目前建设工程领域的类似纠纷,法院均以此为依据进行裁判。似乎该《施工合同解释》保障了实际施工人的基本权益,保障了该部分群体及时获得工程款,但该司法解释出台后的具体实践状况并未发生太大改观,且建设工程领域仍然存在大量违法分包、挂靠的情形。

第三节 工程未经招投标程序的疑难问题

呼伦贝尔市联华房地产开发有限责任公司与广厦建设集团有限责任公司建设工程施工合同纠纷案

一、基本案情

2005年8月20日,发包人呼伦贝尔市联华房地产开发有限责任公司(以下简称联华公司)与承包人广厦建设集团有限责任公司(以下简称广厦公司)签订《建设工程施工合同》(以下简称《施工合同》)约定,广厦公司承建联华公司开发的位于内蒙古自治区海拉尔市东区胜利大街诺敏路交叉口的华联商厦5号楼(三层、砖混、3 378平方米)、6号楼(四层、框架、7 786平方米)、7号楼(四层、框架、33 600平方米)的土建、水、电、暖及外墙装修工程。后续因联华公司与政府有关部门没有协调好,致使土方工程不能正常作业而停工,导致一系列履约障碍而诉至法院。[(2013)民一终字第1号]

二、诉讼过程及裁判理由

一审法院对于双方争议问题,做出如下认定:(一)本案不存在"重复起诉"。(二)联华公司的赔偿请求数额可以超过234.5万元。(三)最高人民法院在发回反诉裁定中的"工期",应当是指合同中约定的工期,240天的工期应当有效。(四)联华公司迟延交付施工图纸的事实存在。(五)根据联华公司所举的证据,可以证明在2006年4月15日广厦公司进场施工到2006年7月前,存在"有时现场作业面劳力投入不足,窝工,有时因广厦公司自身的原因出现返工、工程被整改,广厦公司曾经因使用无合格证的钢筋被暂停施工"的情况。(六)关于截至2007年7月11日三方交接工程时,广厦公司延期竣工天数问题。(七)《中华人民共和国招标投标法》是国家规范建筑施工行业的重要法律,建设方和施工方都应当认真遵守,所以因未经招投标造成合同无效,双方均有责任。一审法院于2012年8月31日作出(2010)内民一初字第7号民事判决:(一)广厦公司赔偿联华公司2 790 000元;(二)驳回联华公司的其他诉讼请求。一审案件受理费306 000元,由广厦公司负担16 000元,联华公司负担290 000元。二审法院认为,广厦公司的上诉请求依据充分,应予支持;联华公司的上诉主张事实依据和法律依据不足,不予支持。一审法院在认定事实和适用法律方面错误,应予纠正。本院根据《中华人民共和国民事诉讼法》第一百七十条第一款第(二)项之规定,判决撤销原审判决。

三、关联法条

1.《房地产管理法》第四十五条：商品房预售，应当符合下列条件：（一）已交付全部土地使用权出让金，取得土地使用权证书；（二）持有建设工程规划许可证；（三）按提供预售的商品房计算，投入开发建设的资金达到工程建设总投资的百分之二十五以上，并已确定施工进度和竣工交付日期；（四）向县级以上人民政府房产管理部门办理预售登记，取得商品房预售许可证明。

2.《建设工程质量管理条例》第五条：从事建设工程活动，必须严格执行基本建设程序，坚持先勘察、后设计、再施工的原则。

3.《建筑法》第七条：建筑工程开工前，建设单位应当按照国家有关规定向工程所在地县级以上人民政府建设行政主管部门申请领取施工许可证。

4.《招标投标法》第三条：在中华人民共和国境内进行下列工程建设项目包括项目的勘察、设计、施工、监理以及与工程建设有关的重要设备、材料等的采购，必须进行招标：（一）大型基础设施、公用事业等关系社会公共利益、公众安全的项目；（二）全部或者部分使用国有资金投资或者国家融资的项目；（三）使用国际组织或者外国政府贷款、援助资金的项目。前款所列项目的具体范围和规模标准，由国务院发展计划部门会同国务院有关部门制定，报国务院批准。

5.《招标投标法》第九条：招标项目按照国家有关规定需要履行项目审批手续的，应当先履行审批手续，取得批准。招标人应当有进行招标项目的相应资金或者资金来源已经落实，并应当在招标文件中如实载明。

四、争议问题

本案主要争议焦点为：未经招投标签订的合同，在违约责任分担时的过错分配。需结合本案事实以及签订合同的全过程，来界定双方当事人的具体过错，从而分配违约责任。

五、简要评论

案涉《施工合同》已被最高人民法院(2009)民一终字第39—1号民事判决以违反《中华人民共和国招标投标法》效力性强制性规定为由认定无效。《合同法》第五十八条规定，合同无效的"有过错的一方应当赔偿对方因此所受到的损失，双方都有过错的，应当各自承担相应的责任"。至于如何在本案中具体划分过错从而确定各自的违约责任，需要从三个方面进行审查：一是导致《施工合同》无效的过错；二是在履约中当事人诚实信用义务违反的程度；三是所主张款项能否列入无效合同过错赔偿范围。这也是所有建设工程合同中因未经招投标而导致违约的基本审查方面，应当将该过错分配原则设定为今后建设工程合同无效后的认定责任标准。

就无效合同签订的过错责任分配而言,法院认为,《建设工程质量管理条例》第二章"建设单位质量责任和义务"中第八条规定"建设单位应当依法对工程建设项目的勘察、设计、施工、监理以及与工程建设有关的重要设备、材料等的采购进行招标"。该条规定建设单位应当依法通过招标方式确定施工单位,且根据《中华人民共和国招标投标法》第三条、《工程建设项目招标范围和规模标准规定》之规定,案涉建设工程应属强制招标,即法律规定必须通过招标进行,否则建设单位要承担法律责任,而本案中联华公司并未将案涉工程进行招标。另外,《中华人民共和国招标投标法》第九条规定招标项目按照国家有关规定需要履行项目审批手续的,应当先履行审批手续,取得批准。就本案而言,签订《施工合同》时间为 2005 年 8 月 20 日,而建设单位联华公司取得《建设工程规划许可证》的时间为 2006 年 4 月 24 日,即签订合同时联华公司并未完全履行项目审批手续,亦不符合《中华人民共和国招标投标法》规定的条件。所以,案涉《施工合同》招标主体为建设单位联华公司,合同因违反《中华人民共和国招标投标法》被确认无效,联华公司应当承担主要过错。

然而,施工合同的签订属于双方行为,是由建设方和承包方意思表示一致的结果,虽然法院在论证建设方违反招投标之强制性规定具有过错时理由充分,但考虑到承包方亦是有经验的施工方,应当足以认识到签订该未经招投标合同的法律效果,但承包方亦不顾合同无效的风险而直接签订,亦应当认定其存在一定的过错,而这种过错责任在双方之间的分配,法院并未在量上控制得十分妥当。

福建融港侨装饰设计工程有限公司与新疆天山实业发展有限公司建筑装饰工程施工合同纠纷案

一、基本案情

2005 年 7 月 25 日,福建融港侨装饰设计工程有限公司(以下简称融港侨公司)与新疆天山实业发展有限公司(以下简称天山实业公司)签订《建设工程施工合同》,2005 年 7 月 25 日,融港侨公司与天山实业公司又签订《天山大酒店装饰装修工程补充合同》,融港侨公司按照双方《施工合同》及《补充合同》的约定,向天山实业公司支付了 500 万元定金,后天山实业公司向融港侨公司退还定金 1 644 200 元,尚欠 3 355 800 元未退。2009 年 5 月 23 日融港侨公司将《新疆天山大酒店装饰装修及安装工程结算书》送交天山实业公司签收,该结算书记载总造价为 60 915 969.13 元;2009 年 8 月 16 日,天山实业公司向融港侨公司承诺,在 60 天内将审核结果递交给融港侨公司,如届时未审核确认,即视为认可该结算结果。但承诺期届满后,天山实业公司未做出审核。2010 年 1 月 26 日,融港侨公司与天山实业公司经协商就案涉工程进行结算并签署了《确认书》,确认工程总造价为 5 080 万元。该《确认书》双方于 2010 年 1 月 26 日签字盖章,截至本案立案时间 2011 年 5 月 26 日止,天山实业公司尚未提出行使撤销权。[(2013)民一终字第 12 号]

二、诉讼过程及裁判理由

法院认为,在融港侨公司与天山实业公司签订的合同中,双方明确约定融港侨公司承包范围是装饰装修工程,签订合同时天山大酒店土建部分主体工程已经竣工验收并具备了装饰装修条件。加之双方在实际履行过程中,发生了大量的设计变更、增加工程量等情形,足以说明案涉工程并非是由融港侨公司对新疆二建合同承包工程的简单承继。双方就"天山大酒店"的装饰装修工程签订了合同价款为2 100万元的《施工合同》及《补充合同》等一系列协议,无论从酒店作为事关社会公共利益、公共安全的项目角度考虑,还是单项合同估算价超过200万元的实际情况,一审法院依据《中华人民共和国招标投标法》及《最高人民法院关于审理建设工程施工合同纠纷案件适用法律问题的解释》(以下简称《施工合同解释》)等规定,认定案涉合同属于必须进行招标而未招标,所签合同无效、双方对造成合同无效后果均有责任,是正确的,应予维持。

关于融港侨公司实际完成的工程造价如何认定以及双方工程款的实际支付情况。虽然双方当事人所签合同为无效合同,但是鉴于融港侨公司垫资施工且工程已经实际交由天山实业公司使用,故天山实业公司应当就其实际接收的工程向融港侨公司支付工程价款。一审法院采信《确认书》作为确认工程造价依据,支持融港侨公司的主张,理据充分,应予维持。天山实业公司已经支付的工程款以及尚欠工程款数额问题。一审法院将其认定为是天山实业公司向融港侨公司的付款,并无不当。关于天山实业公司所称应当折抵的5 079 209.58元款项问题,融港侨公司称案涉项目由融港侨公司垫资施工,涉及空调、电梯等三大项施工问题,双方已经通过三方协议解决,且该相关款项双方已经结算并体现在《确认书》内容中,现在天山实业公司再次主张抵扣,缺乏事实依据。综上,双方对一审法院就已付工程款数额认定所提异议,理由均不能成立,本院不予支持。此外,一审法院已经对案件受理费、保全费如何负担作出处理。融港侨公司对其自行发生的20万元担保费用,要求由天山实业公司负担,因该主张缺乏法律依据,一审法院未予支持,并无不当。关于工程欠款的利息问题,由于一审判决已经在主文中予以确认,故在执行过程中并不会产生争议。融港侨公司该项上诉理由,亦不能成立。

三、关联法条

《合同法》第二百八十六条:发包人未按照约定支付价款的,承包人可以催告发包人在合理期限内支付价款。发包人逾期不支付的,除按照建设工程的性质不宜折价、拍卖的以外,承包人可以与发包人协议将该工程折价,也可以申请人民法院将该工程依法拍卖。建设工程的价款就该工程折价或者拍卖的价款优先受偿。

四、争议问题

双方当事人二审期间的争议焦点是:案涉合同的效力应当如何认定,合同无效之后关于融港侨公司已实际完成的工程造价如何认定,以及双方工程款的实际支付情况。

五、简要评论

本案的焦点在于合同效力的认定,终审法院认为:第一,在融港侨公司与天山实业公司签订的合同中,双方明确约定融港侨公司承包范围是装饰装修工程,签订合同时天山大酒店土建部分主体工程已经竣工验收并具备了装饰装修条件。加之双方在实际履行过程中,发生了大量的设计变更、增加工程量等情形,足以说明案涉工程并非是由融港侨公司对新疆二建合同承包工程的简单承继。天山实业公司关于其与新疆二建是就土建进行发包、本案所涉系装饰装修工程,二者并不相同的答辩理由成立。第二,《中华人民共和国招标投标法》于2000年实施,无论项目初期1994年时的发包情况如何,天山实业公司与融港侨公司于2005年签订合同理应受其调整。一审法院依据《中华人民共和国招标投标法》认定合同无效并无不当。第三,融港侨公司与新疆二建是两个完全不同、各自独立的民事主体,新疆二建与天山实业公司之间的合同关系已经终止,其所签合同效力不属本案审理范围,亦不能成为融港侨公司据以主张合同有效的依据。基于前述理由,对融港侨公司关于合同应为有效的主张,本院不予支持。双方就"天山大酒店"的装饰装修工程签订了合同价款为2 100万元的《施工合同》及《补充合同》等一系列协议,无论从酒店作为事关社会公共利益、公共安全的项目角度考虑,还是单项合同估算价超过200万元的实际情况,一审法院依据《中华人民共和国招标投标法》及《施工合同解释》等规定,认定案涉合同属于必须进行招标而未招标,所签合同无效、双方对造成合同无效后果均有责任,是正确的,应予维持。

我国《合同法》对于合同无效的法律后果的规制原则上双方当事人间因无效合同发生的财产变动应当"恢复原状";因缔约过失造成对方损失的,有过错的一方应当予以赔偿。所谓的恢复原状,法律上即要求合同双方当事人的财产应当不以合同的无效而有所变动,应当恢复到无效合同签订行为发生前的状态。值得一提的是,此处的时间节点是合同"签订前"而不是"签订时";如果在合同签订时或者签订后,双方财产已经发生变化,那么就要求双方恢复缔约前的财产状况,由于劳务并不属于实质财产的范畴,因此亦包括物的恢复和价值的恢复。如此方能显示出无效合同的当然、自始、确定不发生的效力的原理。就《施工合同解释》关于无效按有效处理的条款规定而言,仅仅是赋予了承包人一个得以选择的权利,抑或是请求参照原合同,抑或是请求司法鉴定重新估价,无论怎样,立法本意都是意欲使实际施工人尽快解决纠纷获得工程款,这想必与此条司法解释出台的背景有关。但是从实际操作层面上来说,此条司法解释不仅扰乱了传统民法对于无效合同处理原则的理论基础,也在实务中使得一些法官、律师等司法工作者得以操作的空间,给司法实践造成了一定的困扰。

河北卓隆房地产开发有限公司与江苏省建工集团有限公司建设工程施工合同纠纷案

一、基本案情

2011年9月,原被告分别就栾城县汪家庄新民居"盛德庄园"D区1♯—15♯15栋楼签署《施工合同补充协议》及《施工合同补充协议二》,B区1♯、6♯、7♯、8♯4栋楼签署《施工合同补充协议》及《施工合同补充协议二》。协议签署后,江苏省建工集团有限公司(以下简称江苏建工)向河北卓隆房地产开发有限公司(以下简称河北卓隆)支付保证金150万元。2011年11月8日,建工公司就涉案D区工程中标。2011年10月24日,卓隆公司向建工公司发出进场通知,要求其于2011年11月8日进场施工。建工公司进场后,涉案工程后来停工。为此,卓隆公司曾多次向建工公司主张误工费等损失,但双方未达成一致意见。2012年3月4日,双方召开会议,并形成会商纪要,会议协商退回卓隆公司交纳的保证金150万元;就卓隆公司所产生的窝工费及定位放线、清槽、钎探等工程量费用于2012年3月16日之前上报。2013年4月9日,双方签署《付款协议》。协议约定,双方就现场围墙费用达成一致,建工公司就257 103元围墙费于2013年10月10日前一次性支付卓隆公司。[(2015)民申字第708号]

二、诉讼过程及裁判理由

法院认为,当事人签订案涉《施工合同补充协议》及《施工合同补充协议二》的时间是2011年9月,而建工公司于同年11月8日才就案涉D区工程中标,故案涉《施工合同补充协议》及《施工合同补充协议二》签订于招投标程序确定中标人之前。双方在招投标程序完成之前签订合同的行为,是对招标投标法强制性规定更为严重的违反。因此,案涉《施工合同补充协议》及《施工合同补充协议二》应认定为无效,一审、二审判决认定正确。其次,不论合同是否有效,合同当事人在履行合同发生纠纷时应本着诚实信用的原则协商处理。对于因故导致建设工程停工的,停工时间及停工后的处理等事项应当按照合同约定执行。未约定停工事项的,当事人应当本着诚实信用的原则进行协商,当事人之间达不成协议的,发包方对于何时停工、是否撤场应当有明确的意见,并应当给予承包方合理的赔偿;承包方也不应盲目等待而放任停工损失的扩大,本案中,建工公司提交的证据能够证明卫星定位放线费、塔吊租赁定金、钎探费等费用损失为51 000元,根据建工公司提交的人工费用证据,虽无法区分系正常施工而产生的人工费还是停工导致的窝工费,并且难以确定建工公司主张的人工费用中哪些属于合理的窝工费用,但案涉工程停工导致了一定的损失,故一审、二审法院基于公平原则酌定卓隆公司应赔偿人工费用40万元,上述合计451 000元,并无明显不当。

三、关联法条

1.《招标投标法》第四十三条:在确定中标人前,招标人不得与投标人就投标价格、投标方案等实质性内容进行谈判。

2.《最高人民法院关于审理建设工程施工合同纠纷案件适用法律问题的解释》第一条：建设工程施工合同具有下列情形之一的,应当根据《合同法》第五十二条第(五)项的规定,认定无效:(一)承包人未取得建筑施工企业资质或者超越资质等级的;(二)没有资质的实际施工人借用有资质的建筑施工企业名义的;(三)建设工程必须进行招标而未招标或者中标无效的。

3.《民法通则》第一百一十四条:当事人一方因另一方违反合同受到损失的,应当及时采取措施防止损失的扩大;没有及时采取措施致使损失扩大的,无权就扩大的损失要求赔偿。

4.《合同法》第一百一十九条：当事人一方违约后,对方应当采取适当措施防止损失的扩大;没有采取适当措施致使损失扩大的,不得就扩大的损失要求赔偿。当事人因防止损失扩大而支出的合理费用,由违约方承担。

四、争议问题

本案争议焦点为:《施工合同补充协议》及《施工合同补充协议二》签订于通过招投标程序确定中标人之前,《中华人民共和国招标投标法》没有明确规定此种行为是否属于禁止行为。

五、简要评论

再审法院认为本案合同应当认定无效,根据一审、二审查明的案件事实,当事人签订案涉《施工合同补充协议》及《施工合同补充协议二》的时间是2011年9月,而建工公司于同年11月8日才就案涉D区工程中标,故案涉《施工合同补充协议》及《施工合同补充协议二》签订于通过招投标程序确定中标人之前。对于双方在招投标程序完成之前签订合同的行为,《中华人民共和国招标投标法》第四十三条规定,在确定中标人前,招标人不得与投标人就投标价格、投标方案等实质性内容进行谈判,与该条禁止的行为相比,在进行招标投标之前就在实质上先行确定了中标人,无疑是对招标投标法强制性规定更为严重的违反。而《最高人民法院关于审理建设工程施工合同纠纷案件适用法律问题的解释》第一条规定:"建设工程施工合同具有下列情形之一的,应当根据合同法第五十二条第(五)项的规定,认定无效：(三)建设工程必须进行招标而未招标或者中标无效的。"因此,案涉《施工合同补充协议》及《施工合同补充协议二》应认定为无效,一审、二审判决认定正确。

《合同法》所规定的违反强制性法规的合同无效,是众多建设工程合同确认无效的根本依据,但是这种强制性法规散见于建设工程各个领域,而且在具体的法规范中并未明确载明此种法规的根本性质,因此需要司法进行定性。就本案而言,焦点聚集在未经招投标程序就事先签订的建设工程施工合同是否有效的问题上。基本的法律依据即是《中华人民共和国招标投标法》第四十三条以及相应的司法解释,《中华人民共和国招标投标法》其禁止性条款也明确规定在招投标程序进行之前不得就合同进行实质性谈判,根据举轻明重的基本解释规则,当然更不得签订实质性的施工合同,这应当是符合立法者的基本立法目的的,也符合合同解释之基本规则。

内蒙古尚华置业集团有限公司与河南红旗渠建设集团有限公司建设工程施工合同纠纷案

一、基本案情

2009年9月18日,河南红旗渠建设集团有限公司(以下简称红旗渠公司)(甲方)与内蒙古尚华置业集团有限公司(以下简称尚华公司)(乙方)签订《建设工程施工合同》。合同签订后,红旗渠公司开始施工。2011年9月5日,红旗渠公司与尚华公司签订《补充协议》,双方共同协商,一致认定,就红旗渠公司承建的"鄂尔多斯市义乌小商品批发市场B区工程"达成一致。在原建设工程施工合同依然有效的情况下,只对合同第一部分第二条工程承包范围进行了相应的调整。2012年5月10日,双方当事人又签订了《协议》。2012年6月30日,该工程在当地建设部门进行了备案。随后,尚华公司在当地房屋产权管理部门办理了房屋产权证。尚华公司提供了红旗渠公司未完成工程项目的总造价为36 246 907元。红旗渠公司对尚华公司主张的未施工的工程项目及工程内容、无法确定由谁施工的工程项目、承包项目内尾留的未完工工程项目及内容均不认可,并认为其已完成了约定的全部工程内容;对尚华公司主张的未完成工程项目的总造价为36 246 907元亦不认可,该造价与其无关,不属于其承包工程的范围。红旗渠公司提起诉讼,请求判令尚华公司支付工程款36 480 050元、违约金7 296 010元,以及所欠工程款的利息及本案诉讼费。[(2014)民一终字第00015号]

二、诉讼过程及裁判理由

终审法院认为:首先,尚华公司与红旗渠公司在未进行招标投标的情况下签订了《建设工程施工合同》及《补充协议》,违反了《中华人民共和国招标投标法》第三条之规定,根据2004年10月25日最高人民法院颁布的《最高人民法院关于审理建设工程施工合同纠纷案件适用法律问题的解释》(以下简称《施工合同解释》)第一条之规定,上述合同均应认定为无效。

其次,关于尚华公司与红旗渠公司之间工程款结算的方式和标准。虽然案涉《建设工程施工合同》及《补充协议》无效,但均系当事人的真实意思表示,根据《施工合同解释》第二条的规定,故案涉工程价款的结算和支付仍应参照上述合同的约定进行。

再次,关于尚华公司是否尚欠红旗渠公司工程款及欠款数额。尚华公司主张红旗渠公司存在未施工及未完工的工程项目及工程内容而应在工程款中扣除,其中:第一项门窗工程。依据《补充协议》,红旗渠公司只承包窗体工程,又依据2011年8月6日双方签字认可的"门窗为甲供,只取规费、税费"的约定,该项工程施工所需材料由尚华公司提供,在具备施工条件时,尚华公司可以要求红旗渠公司继续施工,故一审判决本案就该项工程的施工费不作扣减并无明显不当。第二项涂料工程、第三项屋面防水、第四项室内装修、第六项室外台阶、第七项地面工程、第八项采暖工程。依据《建设工程施工合同》及《补充协议》,均不属于红旗渠公司承包工程的范围,尚华公司亦未能提供其他充分证据证明上述工程项目应由红旗渠公司施工,故不存在从尚华公司应付红旗渠公司工程款中扣减的问题,一审判决认定正确。第五项外墙保温工程。尚华公司提供的证据无法证明哪些费用属于B区的维修费,并且尚华公司主张的是红旗渠公司未完工程,其提交的证据亦不能证明红旗渠公司在该工程项目上存在未完工的情况,故一审判决对于尚华公司的该项抗辩理由不予采纳,但保留其另行向红旗渠公司主张的权利并无不当。第九项照片证明红旗渠公司没有完成的工程量。因尚华公司未申请鉴定,又无工程量签证单等证据加以证明,故其该主张缺乏充分证据支持。综上,一审判决对尚华公司的前述主张没有支持并无不当,二审法院予以维持。

三、关联法条

1. 《招标投标法》第三条：在中华人民共和国境内进行下列工程建设项目包括项目的勘察、设计、施工、监理以及与工程建设有关的重要设备、材料等的采购,必须进行招标：(一)大型基础设施、公用事业等关系社会公共利益、公众安全的项目；(二)全部或者部分使用国有资金投资或者国家融资的项目；(三)使用国际组织或者外国政府贷款、援助资金的项目。前款所列项目的具体范围和规模标准,由国务院发展计划部门会同国务院有关部门制订,报国务院批准。

2. 《最高人民法院关于审理建设工程施工合同纠纷案件适用法律问题的解释》第一条：建设工程施工合同具有下列情形之一的,应当根据合同法第五十二条第(五)项的规定,认定无效：(一)承包人未取得建筑施工企业资质或者超越资质等级的；(二)没有资质的实际施工人借用有资质的建筑施工企业名义的；(三)建设工程必须进行招标而未招标或者中标无效的。

3. 《最高人民法院关于审理建设工程施工合同纠纷案件适用法律问题的解释》第二条：建设工程施工合同无效,但建设工程经竣工验收合格,承包人请求参照合同约定支付工程价款的,应予支持。

四、争议问题

本案的争议焦点为：司法解释所规定的"无效合同按有效处理"的司法逻辑和法律解释,案件当事人的真实意思无法透过"无效合同"予以真正体现,这也是当下建设工程领域对该司法解释的困境和模糊地带。

五、简要评论

在本案中,虽然法院对双方当事人所签订的合同认定为无效,但双方当事人提交的《建设工程施工合同》文本在是否存在"每平方米不低于1 800元"的内容上存在差异。法院认为,尚华公司提交的在达拉特旗建设局备案的合同文本与尚华公司提交的自己留存的合同文本相同。由于案涉工程没有进行招投标,故在达拉特旗建设局备案的合同的效力并不优先于当事人所持合同的效力,无法证明当事人之间是否就删除"每平方米不低于1 800元"的内容达成了一致。尚华公司提交的合同文本系对合同内容作了变更,其应当证明该变更经过当事人协商同意,但尚华公司不能证明,故应承担举证不能的不利后果,一审判决在此问题上对尚华公司的主张不予支持,而采信了红旗渠公司提交的合同文本有法律依据。根据案涉《建设工程施工合同》的约定,当事人就结算工程款达成的合意是在执行鄂尔多斯市定额标准(降8点)结算工程款的基础上,每平方米的工程造价不低于1 800元。而根据《补充协议》,当事人就工程款结算达成的合意应解释为无论工程量增减,均不调整《建设工程施工合同》中对于结算工程款的约定。因此,在当事人就案涉工程结算未协商一致,在本案一审中又均不申请进行鉴定的情况下,一审法院采纳了红旗渠公司按照每平方米1 800元的单价结算工程款的主张,并依据案涉工程验收后在当地建设局备案的《建设工程竣工验收备案表》上载明的建筑面积38 404平方米,计算出案涉工程造价为69 127 200元并无不当。尚华公司上诉称一审判决认定事实不清的理由不能成立。法院在关于这一点的论述上,显然严守司法解释关于无效合同参照有效合同的指导精神,甚至在这个工程价款方面不是"参照"而是完全"依照"无效合同办理,显然有违合同法的基本原则,当然正如前述案例所分析的,这也是当下司法困局与建筑市场的窘境。

另一方面,《中华人民共和国招标投标法》规定投标人不得以低于成本的报价竞标,《建设工程质量管理条例》第十条第一款规定建设单位不得迫使承包方以低于成本的价格竞标。但是此处"成本"是指什么成本,未予以明确,又是否与我国《合同法》规定无效合同折价返还的成本一致,不无疑问。就本案而言,其成本未必是在被法院认定无效合同中约定的那样,承包商会依照自己的成本控制方案来对合同计价进行磋商、谈判。当然,承包商依据上述定额标准进行鉴定所得出的结论,也不是其"真正的成本"。所谓"定额",是指在合理的劳动组织和合理地使用材料和机械的条件下,完成单位质量合格产品所需消耗的资源和数量的标准。因此,定额标准所反映只是社会平均劳动的一个标准,并不是某个特定的建筑产品的成本计价标准,承包商在其所建工程项目下,是按其个人劳动成本来计算工程成本的。在无效的建设工程施工合同的处理时,双方依照何种"成本"标准来计价便是现在司法实务所应解决的问题,而不是一味地追求效率,直接"参照"原无效合同约定的计价标准,这与工程依照定额鉴定计价结果的差额,正如本案所呈现的,是一个非常之大的数目,关乎当事人利益甚巨。无效合同的处理原则已列明于《合同法》,且有相当之学者理论可供支撑。《合同法》第六十二条第二项规定,价款或者报酬不明确的,按照订立合同时履行地的市场价格履行;依法应当执行政府定价或者政府指导价的,按照规定履行。因此,在本案中,虽然当事人所签订的《协议》虽然无效,但如果其中有关当事人所约定之计价条款是以当地市场价或者政府指导价来进行计量的,依据上述法律之规定,应有适用之余地。

新疆维吾尔自治区交通建设管理局、甘肃宏伟建设集团有限公司及中国银行股份有限公司定西分行建设工程施工合同纠纷案

一、基本案情

2004年12月,交通管理局以新疆维吾尔自治区高等级公路建设指挥部项目执行办公室的名义与甘肃宏伟建设集团有限公司(以下简称宏伟公司)签订了施工合同,约定的开工时间为2004年8月25日,进场施工时间为2004年7月。因合同效力问题产生纠纷,其中有争议部分工程造价为1 699 539.59元。[(2014)民一终字第76号]

二、诉讼过程及裁判理由

就涉案合同效力的问题,一审法院认为,2004年12月,交通管理局以新疆维吾尔自治区高等级公路建设指挥部项目执行办公室的名义与宏伟公司签订了施工合同。因该工程为世界银行贷款项目,故采用了菲迪克合同条款形式。依据《中华人民共和国招标投标法》第三条第一款第(一)项、第(三)项的规定,大型基础设施、公用事业等关系社会公共利益、公众安全的项目,以及使用国际组织或者外国政府贷款、援助资金的项目,为必须进行招标的项目。本案工程为涉及公共利益的公路建设,且为世界银行贷款,故涉案工程应当为必须进行招标的项目。一审判决虽然并未载明工程招投标的时间,但施工合同签订时间为2004年12月,而双方约定的开工时间为2004年8月25日,进场施工时间为2004年7月。由此,从约定的时间和内容即可以看出,在工程招投标之前,双方当事人就涉案工程由宏伟公司承建,已达成合意。依据《中华人民共和国招标投标法》第四十三条、第五十五条之规定,在确定中标人前,招标人与投标人就实质性内容进行谈判,影响中标结果的,中标无效。另依据2004年10月25日最高人民法院颁布的《最高人民法院关于审理建设工程施工合同纠纷案件适用法律问题的解释》(以下简称《施工合同解释》)第一条第一款第(三)项的规定,建设工程必须进行招标而未招标或者中标无效的,合同应当认定无效。因此,涉案施工合同应为无效合同。

二审法院认为:(一)一审审理期间,新疆高院委托新疆正衡工程造价咨询有限公司对宏伟公司已完部分工程造价进行鉴定,其中有争议部分工程造价为1 699 539.59元。该部分工程分为八项,对于每一项工程造价是否予以认定,应当依据当事人的举证、质证,结合法院查明的事实,逐一阐明。而一审判决对有争议的工程造价未予认定,且对未予认定的依据并未分析论述。(二)关于宏伟公司所主张的机械台班停滞费的损失,宏伟公司在一审期间提供了证据,证明存在设计不合格或施工过程中发生设计变更的情况。即使没有交通管理局的签证资料,鉴定单位亦应对照图纸进行现场勘验,以确定是否存在设计变更。(三)依据2006年4月20日业主、监理和宏伟公司会议说明,可以认定至2005年9月6日征地拆迁工作方得以完成,事实上存在交付工程场地与合同约定的交付工地的时间不一致的情况,一审判决以宏伟公司提出的机械台班停滞费所依据的证据未经交通管理局签字为由不予认定,确有不当。

三、关联法条

1.《最高人民法院关于审理建设工程施工合同纠纷案件适用法律问题的解释》第一条:建设工程施工合同具有下列情形之一的,应当根据合同法第五十二条第(五)项的规定,认定无效:(一)承包人未取得建筑施工企业资质或者超越资质等级的;(二)没有资质的实际施工人借用有资质的建筑施工企业名义的;(三)建设工程必须进行招标而未招标或者中标无效的。

2.《招标投标法》第四十三条:在确定中标人前,招标人不得与投标人就投标价格、投标方案等实质性内容进行谈判。

四、争议问题

本案争议焦点为当事人之间的合同效力问题,本案以合同签订时点在招投标程序之前而严格适用《中华人民共和国招标投标法》作为判断合同效力的根本依据应当值得商榷。

五、简要评论

建设工程施工合同的效力问题是招投标程序的法效力之体现,在本案中,二审法院指出"一审判决虽然并未载明工程招投标的时间,但施工合同签订时间为2004年12月,而双方约定的开工时间为2004年8月25日,进场施工时间为2004年7月。由此,从约定的时间和内容即可以看出,在工程招投标之前,双方当事人就涉案工程由宏伟公司承建,已达成合意。"但是,就从法院该段论述来看,并不能完全证明《中华人民共和国招标投标法》"影响中标结果"之规定,而仅仅是符合该法前半段"在确定中标人前,招标人与投标人就实质性内容进行谈判"。因此法院在论证上欠缺充分的事实依据与理由,应当在判决书中进一步补充论证该项内容。该案的判决在逻辑上并无太大问题,基本法律关系亦是建设工程领域常见的因招投标程序而导致的合同无效,因此在判决结果上亦属正确。

浙江东阳建筑实业工程有限公司与西安市康福房地产开发有限公司建设工程施工合同纠纷案

一、基本案情

2003年9月8日,西安市康福房地产开发有限公司(以下简称康福公司)与浙江东阳建筑实业工程有限公司(以下简称东阳公司)协商签订了〔2003〕第18号《建设工程施工合同》。2004年8月31日,东阳公司与康福公司签订《修改合同》,将东阳公司垫资金额由2 000万元调为1 900万元。2004年9月8日工程开工。2004年9月10日,东阳公司向康福公司支付了工程保证金200万元。实际施工中,康福公司多次对工程进行了变更、增加。2004年10月15日,西安市城乡建设委员会因涉案工程违反《中华人民共和国建筑法》、《中华人民共和国招标投标法》等法律法规,未办理施工许可证等建审手续,向康福公司下发违法建设工程停工通知。2005年1月8日,双方和监理公司对东阳公司停工损失进行了会议协商,康福公司承认停工系由自身建设手续不全造成,同意承担东阳公司2004年11月17日至2005年1月9日停工期间损失11万元。2005年6月27日,双方为办理竣工备案手续需要,补办了招投标手续。2006年4月29日东阳公司接到监理公司下发的暂停施工通知书,同年11月14日双方对二次停工损失数额及工程款利息进行了计算,康福公司确认停工损失44万元,十层封顶应垫资金1200万元,相关工程款900万元计算利息,按年息10%计算为44.98万元。2007年5月16日,双方达成补充协议,载明因规划原因造成停工,对停工损失和拖欠工程款事宜达成一致,停工时间从2006年4月28日开始,算至复工之日,康福公司赔偿东阳公司停工费用100万元,东阳公司于2006年1月31日前已按照合同约定完成垫资1 900万元,康福公司按约定应在2006年2月15日前支付垫资部分工程款500万元未支付,应按合同约定支付违约金,康福公司应完善规划手续,取得规划局许可复工的书面通知。2007年11月5日,东阳公司再次向康福公司主张从2007年9月5日至9月28日,共计24天的停工损失。2008年3月17日,东阳公司通过陕西省西安市汉唐公证处以公证方式向康福公司送达了要求支付余下的工程欠款及索赔的函件。[(2014)民一终字第108号]

二、诉讼过程及裁判理由

二审法院认为:(一)一审判决认定两份《建设工程施工合同》及其补充协议无效是正确的。首先,案涉新城国际大厦项目属于我国《中华人民共和国招标投标法》第三条规定的必须进行招投标的项目。建设单位本应依法通过公开招标确定施工单位,但康福公司没有进行招投标,而是直接与东阳公司协商签订了03合同后即开始施工。由于没有进行招投标,案涉工程无法办理相关的报建审批手续。建设单位康福公司应负主要责任。东阳公司作为建筑施工企业,明知案涉新城国际大厦项目属于应当招投标的项目,对于该合同无效亦有过错。东阳公司上诉主张03合同、05合同均为有效合同,请求改判解除双方当事人之间两份《建设工程施工合同》的诉讼请求，缺乏法律依据，本院不予支持。

（二）在案涉两份《建设工程施工合同》均无效的情况下，确认当事人之间有关工程款给付的标准时，应当以2004年10月25日最高人民法院颁布的《最高人民法院关于审理建设工程施工合同纠纷案件适用法律问题的解释》（以下简称《施工合同解释》）第二条"建设工程施工合同无效，但建设工程经竣工验收合格，承包人请求参照合同约定支付工程款的，应予支持"的规定为据。本案中，虽然03合同被确认无效，但双方当事人均同意按照该合同结算，并在诉前签署了总决算书，确定了工程价款。

（三）根据《合同法》第五十八条的规定，合同无效或者被撤销后，因该合同取得的财产，应当予以返还；不能返还或者没有必要返还的，应当折价补偿。有过错的一方应当赔偿对方因此所受到的损失，双方都有过错的，应当各自承担相应的责任。案涉03合同属于无效合同，康福公司据此取得的200万元工程质量保证金应予返还。东阳公司请求康福公司返还200万元工程质量保证金是基于合同无效而不是双方当事人在03合同中约定的保证金返还条件已经成就。

（四）工程价款优先受偿权是《合同法》第二百八十六条赋予建设工程施工方的一项法定优先权，目的是保障施工方能够及时取得工程款。《建设工程施工合同》被认定无效，并非排除适用《合同法》第二百八十六条的条件。只要工程款数额确定且不违反法律规定，施工方的工程价款优先受偿权即受法律保护。

三、关联法条

1.《合同法》第五十八条：合同无效或者被撤销后，因该合同取得的财产，应当予以返还；不能返还或者没有必要返还的，应当折价补偿。有过错的一方应当赔偿对方因此所受到的损失，双方都有过错的，应当各自承担相应的责任。

2.《招标投标法》第三条：在中华人民共和国境内进行下列工程建设项目包括项目的勘察、设计、施工、监理以及与工程建设有关的重要设备、材料等的采购，必须进行招标：（一）大型基础设施、公用事业等关系社会公共利益、公众安全的项目；（二）全部或者部分使用国有资金投资或者国家融资的项目；（三）使用国际组织或外国政府贷款、援助资金的项目。

3.《合同法》第二百八十六条：发包人未按照约定支付价款的，承包人可以催告发包人在合理期限内支付价款。发包人逾期不支付的，除按照建设工程的性质不宜折价、拍卖的以外，承包人可以与发包人协议将该工程折价，也可以申请人民法院将该工程依法拍卖。建设工程的价款就该工程折价或者拍卖的价款优先受偿。

4.《最高人民法院关于审理建设工程施工合同纠纷案件适用法律问题的解释》第二条：建设工程施工合同无效，但建设工程经竣工验收合格，承包人请求参照合同约定支付工程款的，应予支持。

四、争议问题

本案争议焦点为：1. 双方当事人所签订的两份《建设工程施工合同》及其补充协议等的效力如何；如合同有效，是否应当解除；2. 康福公司向东阳公司返还200万元保证金是否应当支付利息，如果支付利息，起息日如何确定；3. 东阳公司是否就案涉工程享有工程款的优先受偿权。

五、简要评论

建设工程施工合同无效是招投标程序违法的最为严厉的法律效果，而合同无效之后对过错方的处理方式按照《合同法》之规定应当是"赔偿损失"，双方当事人应如何就"赔偿损失"达成一致。"赔偿损失"中"损失"的具体内容，应综合合同内容观之。承包人所受的损失应为合同约定价格与生产成本之差。在合同无效或被撤销场合，如果因一方当事人的过错造成对方当事人遭受损害，则过错方还应当承担损害赔偿的责任，这种责任在性质上属于缔约过失责任，而缔约过失责任以信赖利益之返还为限，而信赖利益赔偿范围不应超过有效合同期待利益之赔偿范围。在本案中，当事人所受之损失仅限于返还成本和合同约定之间的差价。如果合同约定价款高于实际返还成本，则其差额应属承包人信赖利益损失的范围，根据引起合同无效的过错大小确定应由发包人具体赔偿的数额，反之亦然。只有这种将当事人签订合同时合意所定之价款与实际返还成本之间的差价视为当事人之损失，并根据过错原则在双方当事人间公平、合理地分配损失，才能在既不违背民法理论与我国现行法律规定，又充分保护当事人利益的情况下，公正地对无效建设工程施工合同之损失分配作出处理。

民事篇

第三章 工程合同的效力与变更

现代建设工程项目风险大、环境复杂、参与方多、投资规模巨大,所签订的合同种类繁多。局限于我国目前经济社会发展的现状和立法、执法体系的不完善,建设工程市场的恶性竞争导致工程的立项审批、工程的招投标、工程合同的备案、竣工验收等环节的违法行为频频出现,如串标、无资质的施工主体违法承包、转包、违法分包、借用资质等现象频发。在这种情况下,对建设工程合同所涉法律问题,尤其是工程合同的效力、解除及违约责任等进行分析具有实际意义。

第一节 工程合同的效力

南通鸿基市政工程有限公司与如皋西部投资开发有限公司建设工程施工合同纠纷案

一、基本案情

2007年4月6日,南通鸿基市政工程有限公司(以下简称鸿基公司)(乙方)与如皋西部投资开发有限公司(以下简称西部公司)(甲方)签订《如皋西部工业区城西大道工程项目投资建设合同》(B方式)。合同的主要内容如下:鸿基公司建设如皋市城西大道工程;项目的运作模式采"企业投资建设,政府一次回购"的BT方式;工程竣工决算报如皋市审计局审计后确定;工程决算编制采用2004年版《江苏省市政工程计价表》及相配套的省市有关文件等;乙方自愿将工程施工费按本合同约定决算后,按审定价让利下浮3%;鸿基公司的前期投资款为500万元;工程造价约为2400万元;案涉工程的总工期为210日历天;工期提前1天奖励10 000元,拖延1天罚款10 000元;回购款为乙方先期支付前期款及其利息、全部工程结算造价(以审计结果为准),上述两项之和作为回购基数;回购期限自本合同项下全部工程竣工验收通过并办理移交手续之日起分4年回购完毕,4年期回购比例为3、3、2、2;4年回购期内每次结算在给付应付回购款的同时按央行3年期项目贷款基准利率上浮10%结算利息作为乙方的投资回报;若甲方未按合同条款如期支付回购金,每逾期1天,甲方须向乙方支付回购款的万分之五作为滞纳金。合同签订后,鸿基公司给付西部公司前期投资款400万元,并完成全部工程施工。案涉工程的竣工日期为2008年7月9日,2008年7月19日案涉工程通过验收。

2012年1月20日,双方达成《城西大道工程延期还款协议》,该协议主要内容为:根据原投资建设合同约定,甲方应于2012年1月9日全部付清工程款、前期投资款及其利息 35 135 891.66 元,截至 2012 年 1 月 20 日共计已付工程款 26 967 850 元,尚欠剩余工程款 8 168 041.66 元。经协商将工程款延期还款。甲方保证于 2013 年 1 月 9 日前付清全部剩余工程款,并同时向乙方支付剩余工程款利息,年利率 14%,自 2012 年 1 月 10 日起计算。甲方也可以提前支付剩余工程款,并按照实际延期期间支付利息。甲方若按照本协议约定付清上述剩余工程款及利息,乙方对原合同中约定的滞纳金表示自愿放弃,甲方若不能按照本协议约定付清上述剩余工程款以及利息,乙方保留原合同中的约定追要滞纳金。本协议甲乙双方签字盖章之日起生效,本协议与原建设合同具有同等法律效力。另查明,案涉工程未取得国有土地使用权证以及规划许可证,亦未办理招投标手续。庭审中,西部公司陈述,该公司的实际控制人为如皋市如城镇人民政府。[(2015)通中民初字第 00002 号]

二、诉讼过程及裁判理由

审理法院认为,本案所涉工程为道路工程,需要办理规划许可证和国有土地使用权证,而案涉工程未取得合法手续,违反了我国法律的强制性规定。此外,根据我国有关法律规定,在中华人民共和国境内进行大型基础设施、公用事业等关系到社会公共利益、公众安全的以及全部或者部分使用国有资金投资或者国家融资的工程建设项目均需要进行招投标。本案所涉及的工程为基础设施工程,双方订立合同时预估的造价为 2 400 万元,故属于必须进行招投标的工程项目,双方当事人的行为还违反了我国《招标投标法》的强制性规定。此外,双方约定延期还款协议与建设合同具有同等效力。因此,从当事人真实意思看,双方对延期还款协议设定了效力性条件,即该补充合同与建设工程施工合同效力应保持一致。故法院在确认建设合同无效的情况下,亦不能单独认定延期还款协议有效。综上,双方当事人签订的案涉工程的相关合同,无论是基础的建设合同还是属于补充合同的延期还款协议,均属于无效合同。根据最高人民法院相关司法解释的规定,对于无效的建设工程施工合同所涉工程竣工验收的,法院可以参照合同约定确定工程价款。案涉工程的工程价款双方约定以审计结果为准,同时双方还约定鸿基公司自愿将工程施工费按审定价让利 3%。故参照上述约定确定案涉工程的工程价款。

至于双方当事人约定的先期支付的前期款及其利息、以审计确定的全部工程结算造价,两者之和作为回购基数,再以央行三年期项目贷款基准利率上浮 10% 作为投资回报。法院认为,对于建设工程而言,工程承包方所能获得的应为工程价款,而上述所谓投资回报的约定实际体现了鸿基公司垫资所取得的相应利息。最高人民法院相关司法解释规定,垫资利率不能超过央行同类同期贷款利率;对于垫资利息没有约定,则不得收取垫资利息。最高人民法院建设工程司法解释中仅明确规定建设工程价款可参照合同约定予以支持,此规定亦为保护实际施工人的合法权益。而对于垫资利息并不属于工程价款范畴,相关司法解释并没有规定可以参照无效合同予以支持。案涉合同对于垫资利息的约定无效,该约定不产生任何法律效力。

综上，无论是从合同无效、双方口头约定还是公平角度而言，鸿基公司的诉讼请求均缺乏事实和法律依据，本院不予支持。据此，依照《中华人民共和国民法通则》第八十四条、《中华人民共和国合同法》第二百七十三条、《中华人民共和国招标投标法》第三条、《最高人民法院关于审理建设工程施工合同纠纷案件适用法律问题的解释》第一条、第二条、第六条之规定，判决驳回原告南通鸿基市政工程有限公司对被告如皋西部投资开发有限公司的诉讼请求。

三、关联法条

1.《招标投标法》第三条：在中华人民共和国境内进行下列工程建设项目包括项目的勘察、设计、施工、监理以及与工程建设有关的重要设备、材料等的采购，必须进行招标：（一）大型基础设施、公用事业等关系社会公共利益、公众安全的项目；（二）全部或者部分使用国有资金投资或者国家融资的项目；（三）使用国际组织或者外国政府贷款、援助资金的项目。前款所列项目的具体范围和规模标准，由国务院发展计划部门会同国务院有关部门制订，报国务院批准。法律或者国务院对必须进行招标的其他项目的范围有规定的，依照其规定。

2.《最高人民法院关于审理建设工程施工合同纠纷案件适用法律问题的解释》第一条：建设工程施工合同具有下列情形之一的，应当根据合同法第五十二条第（五）项的规定，认定无效：（一）承包人未取得建筑施工企业资质或者超越资质等级的；（二）没有资质的实际施工人借用有资质的建筑施工企业名义的；（三）建设工程必须进行招标而未招标或者中标无效的。

3.《最高人民法院关于审理建设工程施工合同纠纷案件适用法律问题的解释》第二条：建设工程施工合同无效，但建设工程经竣工验收合格，承包人请求参照合同约定支付工程价款的，应予支持。

4.《最高人民法院关于审理建设工程施工合同纠纷案件适用法律问题的解释》第六条：当事人对垫资和垫资利息有约定，承包人请求按照约定返还垫资及其利息的，应予支持，但是约定的利息计算标准高于中国人民银行发布的同期同类贷款利率的部分除外。当事人对垫资没有约定的，按照工程欠款处理。当事人对垫资利息没有约定，承包人请求支付利息的，不予支持。

四、争议问题

本案的争议焦点为：1.关于欠缺应具备的许可手续建设工程合同效力问题；2.关于必须进行招标而未招标的建设工程合同效力问题；3.关于建设工程合同中垫资条款的效力认定及利息处理问题。

五、简要评论

（一）关于欠缺应具备的许可手续建设工程合同效力问题

本案审理法院裁判指出，本案所涉工程为道路工程，需要办理规划许可证和国有土地使用权证，而案涉工程未取得合法手续，违反了我国法律的强制性规定，所涉建设施工合同无效。此处主要涉及建设单位欠缺应具备的许可手续所订建设工程合同的效力认定问题。

建设项目行政审批一般可分为如下六个阶段：规划许可审批、土地批准审批、大循环审批（包括消防、卫生、人防、环保等部门的审批）、施工图审查、缴纳建设项目相关费用、施工许可审批（含中标通知书、工程质量监督、安全监督、施工合同备案、监理合同备案等项目的审批）。① 实务中，对于建设工程未依法取得许可手续，建设施工合同是否必然无效有待商榷。建设许可审批手续是行政机关对建设工程的行政管理行为，而建设工程合同主体为平等主体之间的民事行为，民法强调私法自治，应当充分尊重当事人的意思，从维护交易安全的考虑，不应当轻易否认合同的效力。违反审批手续其将面临着补正手续或者行政处罚，而不应当招致合同无效的结果，不能因此而影响到合同当事人的合法权益。故上述法院引入该项事由作为认定合同无效的原因有待商榷。

（二）关于必须进行招标而未招标的建设工程合同效力问题

审理法院裁判指出，根据我国有关法律规定，在中华人民共和国境内进行大型基础设施、公用事业等关系到社会公共利益、公众安全的以及全部或者部分使用国有资金投资或者国家融资的工程建设项目均需要进行招投标。本案所涉及的工程为基础设施工程，双方订立合同时预估的造价为 2 400 万元，故属于必须进行招投标的工程项目。此外，从案涉合同约定的政府一次回购以及西部公司的陈述可以看出，案涉工程虽然是以西部公司名义作为发包方，但政府是该项目的实际控制人，使用的回购资金最终体现为国有资金。如果放任此类工程不进行招投标而任由当事人自行确定包括滞纳金、投资回报在内的合同条款，有可能损害国家和社会公共利益。因此，双方当事人的行为违反了我国《招标投标法》的强制性规定，故法院认定建设合同无效。此处主要探讨关于必须进行招标而未招标即强制招标建设工程合同效力问题。

《招标投标法》第三条规定："在中华人民共和国境内进行下列工程建设项目包括项目的勘察、设计、施工、监理以及与工程建设有关的重要设备、材料等的采购，必须进行招标：（一）大型基础设施、公用事业等关系社会公共利益、公众安全的项目；（二）全部或者部分使用国有资金投资或者国家融资的项目；（三）使用国际组织或者外国政府贷款、

---

① 吴香国.加快建设项目施工许可行政审批的研究与实践[J].工程管理学报 2011,25(2):167—170.

援助资金的项目。"上述规定的必须进行招标的建设项目,建设方与承包方必须采取招投标方式订立合同,否则因合同订立违反法律强制性规定而无效。常见的情形有:应当招标的工程而不招标;招标人隐瞒工程真实情况;招标人或招标代理机构泄漏应当保密的与招标投标活动有关的情况和资料;招标代理机构与招标人、投标人串通损害国家利益、社会公共利益或者他人的合法权益;依法必须进行招标的项目招标人向他人透露已获取招标文件的潜在投标人的名称、数量或者可能影响公平竞争的有关招标投标的其他情况;依法必须进行招标的项目招标人泄露标底;投标人相互串通投标或者与招标人串通投标;投标人向招标人或者评标委员会成员行贿的手段谋取中标;投标人以他人名义投标或以其他方式弄虚作假,骗取中标;依法必须进行招标的项目,招标人违反招标投标法的规定,与投标人就投标价格、投标方案等实质性内容进行谈判;招标人在评标委员会依法推荐的中标候选人以外确定中标人;依法必须进行招标的项目在所有投标被评标委员会否决后,自行确定中标人。根据2004年10月25日最高人民法院颁布的《最高人民法院关于审理建设工程施工合同纠纷案件适用法律问题的解释》第一条规定,建设工程必须进行招标而未招标或者中标无效的应认定为无效。综上所述,建设工程必须进行招标而未招标的,建设工程合同当属无效。

(三)关于建设工程合同中垫资条款的效力认定及利息处理问题

在建设工程施工合同中,时常会遇到当事人双方有关于垫资的约定。所谓垫资,是指承包方在合同签订后,不要求发包方先支付工程款或者支付部分工程款,而是利用自有资金先进场进行施工,待工程施工到一定阶段或者工程全部完成后,再由发包方支付垫付的工程款。垫资合同实际上是当事人根据民法的意思自治原则对工程价款进行的变通约定,此种约定并不违反法律、行政法规强制性规定,且没有损害社会公共利益,应当予以充分尊重,并承认其应有的法律效力。前述《最高人民法院关于审理建设工程施工合同纠纷案件适用法律问题的解释》第六条规定:"当事人对垫资和垫资利息有约定,承包人请求按照约定返还垫资及其利息的,应予支持,但是约定的利息计算标准高于中国人民银行发布的同期同类贷款利率的部分除外。当事人对垫资没有约定的,按照工程欠款处理。当事人对垫资利息没有约定,承包人请求支付利息的,不予支持。"该规定亦在法律层面肯定了垫资及利息的合法地位,但对于利息采取了限制性的规定。对于垫资及其利息应当按照如下方式处理:首先,在垫资条款中对垫资本金和利息有明确约定的,如双方发生纠纷,应按照合同的约定处理本金及利息,当然利息不能高于中国人民银行发布的同期同类贷款利率,超出部分无效;其次,如果仅对垫资本金有约定,对利息没有约定,则承包人返还利息的请求不予支持;最后,虽有垫资的行为,但合同中没有关于垫资的约定,则发生纠纷后,已经发生的纠纷按照一般的工程款处理。

此外,本案法院在裁判中指出,无效合同的所有条款原则上均不产生效力,除非属于法律或司法解释明确规定的例外条款。最高人民法院建设工程司法解释中仅明确规定建设工程价款可参照合同约定予以支持,此规定是为保护实际施工人的合法权益。而对于垫资利息并不属于工程价款范畴,相关司法解释并没有规定可以参照无效合同予以支持。案涉合同对于垫资利息的约定无效,该约定不产生任何法律效力。在法律和司法解释没有规定法院可以参照双方约定予以支持的情形下,无效的法律后果在处理上应视为双方当事人对垫资利息没有约定进行处理。

临安锦城建设工程有限公司与临安鸿盛房地产开发有限公司建设工程合同纠纷案

一、基本案情

2013年,原告临安锦城建设工程有限公司为承包人、被告临安鸿盛房地产开发有限公司为发包人,签订《建设工程施工合同》,约定原告承包建造被告开发的临安鸿盛家园住宅小区土建、安装工程,工期天数360日,合同价款56 235 914元。合同除双方盖章外,原、被告法定代表人均在合同上签字、盖章。该合同报建设主管单位备案。

约与签订上述合同相近时间,原告为乙方、被告为甲方,另签订《鸿盛家园项目工程施工合同补充条款》(双方加盖单位公章,并分别由甲方代表人徐某、乙方代表人章德良签名,无落款日期),与本案有关的主要记载内容如下：一、项目占地面积13 493平方米,总建筑面积29 267平方米,总工程造价暂定4 600万元;三、土建、安装工程按照浙江省2010版建筑工程预算定额施工组织措施费取下限民用建筑三类取费,施工管理费案三类×17％、利润8.5％、土建人工加机械规费10.4％、安装人工加机械规费11.96％、税金3.577％值取费;人工补差一次性包干200万元(不受政策调整与人工费参数增减变化而变动)不进入决算;本合同补充条款是原合同的组成部分,具有同等的法律效应。原合同与本补充条款有冲突之处以本补充条款为准。

上述合同及补充条款签订之后,原告为乙方、被告为甲方,又签订另一份《鸿盛家园项目工程施工合同补充条款》(双方加盖单位公章,并分别由甲方代表人俞金亮、乙方代表人梁挺签名,落款日期为2013年4月28日),与本案有关的主要记载内容如下：一、项目占地面积13 493平方米,总建筑面积30 382.89平方米,总工程造价暂定5 623.591 4万元;三、土建、安装工程按照浙江省2010版建筑工程预算定额施工组织措施费取下限民用建筑三类取费,施工管理费案三类×22％、利润13％、土建人工加机械规费10.4％、安装人工加机械规费11.96％、税金3.577％值取费;人工补差一次性包干700万元(不受政策调整与人工费参数增减变化而变动)不进入决算;本合同补充条款是原合同的组成部分,具有同等的法律效应。原合同与本补充条款有冲突之处以本补充条款为准。

因被告迟迟未付工程款,原告向被告发去书面通知共两份,指出被告未按照合同约定支付工程款已构成违约,并要求被告尽快向原告支付工程款。2014年6月11日,鉴于被告严重违反合同约定,拖欠了巨额的工程款,且在原告多次催讨后仍不能支付,于是原告依据双方签订的合同对案涉工程予以停工处理,并经被告及监理方确认。

被告辩称,原、被告签订了两份补充协议,其中价格相对较低的补充协议(第一份)是双方真实的意思表示,也是应该遵循的条款,这份合同所确定的总工程款是4 600万元;价格相对较高的补充协议签订在后,当时是因为需要用鸿盛家园项目部分资产折抵俞伟平等人的债务,所以虚抬了工程造价。[(2015)杭临民初字第606号]

二、诉讼过程及裁判理由

审理法院认为,《中华人民共和国合同法》第七十七条规定:当事人协商一致,可以变更合同。本案存在前后两份补充协议,内容不一致的情况下,在后的协议应视为是对在前协议内容的变更。且原、被告签订的《建设工程施工合同》中约定的工程价款为56 235 914元,合同除加盖单位公章外,另有双方法定代表人签字、盖章。原、被告签订的第二份补充协议,合同暂定总价与《建设工程施工合同》总价相当,且也由双方法定代表人签字、盖章,应视为双方当事人真实意思表示,再参照《最高人民法院关于审理建设工程施工合同纠纷案件适用法律问题的解释》第二十一条"当事人就同一建设工程另行订立的建设工程施工合同与经过备案的中标合同实质性内容不一致的,应当以备案的中标合同作为结算工程价款的根据"的规定,故认为应以原告方提供的补充协议作为计价依据。被告认为双方实际执行的是第一份补充协议,但被告至今未支付任何工程进度款,其并未执行第一份补充协议的所确定的最基本的付款义务,故法院对被告的该抗辩意见不予采纳。

三、关联法条

1.《合同法》第七十七条:当事人协商一致,可以变更合同。法律、行政法规规定变更合同应当办理批准、登记等手续的,依照其规定。

2.《最高人民法院关于审理建设工程施工合同纠纷案件适用法律问题的解释》第二十一条:当事人就同一建设工程另行订立的建设工程施工合同与经过备案的中标合同实质性内容不一致的,应当以备案的中标合同作为结算工程价款的根据。

四、争议问题

本案的争议焦点为:关于建设工程"黑白合同"的效力认定。

五、简要评论

所谓建设工程"黑白合同",亦称为"阴阳合同",是指为规避法律规定和行政监管,当事人在招投标中标前后分别签订两份合同,将形式符合招标规定的一份合同报建设主管部门备案,而私下签订的一份合同才是双方当事人真实履行的合同。① 一般来说,双方当事人背离中标通知书所记载的实质性内容,另行签订的合同即为"黑合同"。换言之,如果"黑合同"的内容与"白合同"不一致,但是并未构成对"白合同"实质性内容(工程价款、工程质量和工程期限三个方面)的违反或背离,则只要符合当事人的真实意思表示并且不属于《合同法》规定的合同无效的情形,此时便不应被认定为"黑合同",而应该认定为对于"白合同"的合理变更或补充,合法有效。

2004年10月25日最高人民法院颁布《最高人民法院关于审理建设工程施工合同纠纷案件适用法律问题的解释》第二十一条规定:"当事人就同一建设工程另行订立的建设工程施工合同与经过备案的中标合同实质性内容不一致的,应当以备案的中标合同作为结算工程价款的根据。"这一规定在一定程度上肯定了在工程通过招标的情况下,备案的中标合同即"白合同"具有优先的效力,而与之相背离的"黑合同"不能作为工程价款结算的根据。但这一规定也仅针对"黑白合同"涉及工程价款结算予以明确,对"黑白合同"的其他效力仍未加评判。

本案审理法院在裁判中指出,本案存在前后两份补充协议,内容不一致的情况下,在后的协议应视为是对在前协议内容的变更。且原、被告签订的《建设工程施工合同》中约定的工程价款为56 235 914元,合同除加盖单位公章外,另有双方法定代表人签字、盖章。原、被告签订的第二份补充协议,合同暂定总价与《建设工程施工合同》总价相当,且也由双方法定代表人签字、盖章,应视为双方当事人真实意思表示,再参照前述《最高人民法院关于审理建设工程施工合同纠纷案件适用法律问题的解释》第二十一条"当事人就同一建设工程另行订立的建设工程施工合同与经过备案的中标合同实质性内容不一致的,应当以备案的中标合同作为结算工程价款的根据"的规定,故本院认为应以原告方提供的补充协议作为计价依据。

从上述法院判决中可以看出关于工程价款问题,法院肯定了第二份补充协议的效力,而否定了第一份补充协议的效力,原因基于以下两点:一是第二份协议签订在后,视为对第一份协议的变更,以变更之后规定执行;二是备案合同——《建设工程施工合同》效力优于补充协议,第二份补充协议与备案合同价款不相冲突,予以采信。法院判决的论证是比较充分的,唯一值得商榷的就是前述《最高人民法院关于审理建设工程施工合同纠纷案件适用法律问题的解释》第二十一条只涉及通过招投标的签订"黑白合同"的情况,对于未通过招投标形式签订"黑白合同",即本案所涉类型,现行法律没有明确规定。这一问题处理应以《合同法》及《民法通则》等法律规定为依据,充分尊重当事人的意思自治及对合同内容进行变更的权利。

---

① 王晔. 论建设工程"黑白合同"的效力认定及立法完善[J]. 中国律师,2006(5):58—59.

张元会与王清化建设工程施工合同纠纷案

一、基本案情

2010年3月23日,张元会(甲方)作为发包人与王清化(乙方)签订《建设工程施工合同》,双方约定:甲方将一栋三层住宅楼房的建设工程发包给乙方;承包方式为包工、包料;工程承包造价为每平方米640元,合计28.8万元;工程定于2010年3月7日开工,于2010年5月30日竣工,合同期天数为2个半月;工程价款及结算为第一次进场支付2万元,结构封顶支付12万元,完工时付清尾款。该《建设工程施工合同》后附加了建筑使用材料单、工程说明及一、二层的平面图纸。合同签订后,王清化依照约定进场施工,张元会先后向其支付工程款264 821元,均有王清化签字的收条。庭审中,张元会述称除了支付上述款项外,还向王清化支付了购买灯具款337元及购买外墙瓷砖款297元,以上合计265 455元;王清化对此不予认可,并称领取工程款时打过收条,但具体数额记不清了,只认可工程竣工时尚欠3万元工程款,已经支付了工程款258 000万元。

其中,张元会的妹妹张×曾于2012年向法院起诉张元会,王清化作为该案件的第三人参与诉讼,要求张元会支付建房款3万元。经(2012)昌民初字第12752号民事判决书认定:张元会将一栋三层住宅楼房的工程承包给王清化,王清化已经施工完毕,张元会应当按照约定支付剩余工程款;王清化主张张元会尚欠3万元工程款未付,法院予以采信,王清化将对张元会享有的3万元债权转让给张×,张×依法有权要求张元会予以支付,故判决张元会支付张×3万元。后张元会不服提出上诉,二审法院判决驳回上诉,维持原判。张元会于2013年8月9日履行了该判决,向张×支付了3万元款项。

另查,本案审理过程中,张元会提出王清化未按照合同约定完工部分项目,后经法院委托,由北京中威正平工程造价咨询有限公司负责鉴定。2013年11月27日法院工作人员与鉴定公司工作人员一起对诉争工程情况进行了现场勘验。2013年12月10日,北京中威正平工程造价咨询有限公司出具鉴定报告书,结论为未施工工程造价16 106元。张元会支付鉴定费用5 000元。[(2016)京01民终1054号]

二、诉讼过程及裁判理由

一审法院审理认为,依法成立的合同受法律保护;建设工程施工合同中,承包人未取得建筑施工企业资质或者超越资质等级的,该建设工程施工合同应认定为无效。本案中,王清化作为自然人,并非具备法定施工资质的单位,其与张元会签订的《建设工程施工合同》因违反法律法规的规定而无效。虽然建设工程施工合同无效,但张元会作为发包人,仍应参照双方合同的约定向实际施工人王清化支付相应的工程价款。对于张元会提出的要求王清化返还房屋未施工工程款一项,根据法院及鉴定机构对现场进行的勘察,张元会提出的王清化未按照双方签订的《建设工程施工合同》及相关附件进行施工的情况确实存在,这些工程项目的造价理应从总工程造价中扣除,故对于张元会的此项诉讼请求,法院予以支持。

综上所述,依据《中华人民共和国合同法》第八条、第五十二条、第二百六十九条,《最高人民法院关于审理建设工程施工合同纠纷案件适用法律问题的解释》第一条、第二条之规定,判决：一、王清化于判决生效之日起 10 日内返还张元会房屋未施工工程款 16 106 元；二、王清化于判决生效之日起 10 日内返还张元会多支付的工程施工款 6 821 元；三、驳回张元会其他的诉讼请求。

王清化不服原审判决,提起上诉,上诉请求：撤销原判,改判驳回被上诉人的原审诉讼请求。

二审法院经审理查明：一审法院查明事实正确,驳回上诉,维持原判。

三、关联法条

1.《合同法》第八条：依法成立的合同,对当事人具有法律约束力。当事人应当按照约定履行自己的义务,不得擅自变更或者解除合同。依法成立的合同,受法律保护。

2.《合同法》第五十二条：有下列情形之一的,合同无效：（一）一方以欺诈、胁迫的手段订立合同,损害国家利益；（二）恶意串通,损害国家、集体或者第三人利益；（三）以合法形式掩盖非法目的；（四）损害社会公共利益；（五）违反法律、行政法规的强制性规定。

3.《合同法》第二百六十九条：建设工程合同是承包人进行工程建设,发包人支付价款的合同。建设工程合同包括工程勘察、设计、施工合同。

4.《最高人民法院关于审理建设工程施工合同纠纷案件适用法律问题的解释》第一条：建设工程施工合同具有下列情形之一的,应当根据合同法第五十二条第（五）项的规定,认定无效：（一）承包人未取得建筑施工企业资质或者超越资质等级的；（二）没有资质的实际施工人借用有资质的建筑施工企业名义的；（三）建设工程必须进行招标而未招标或者中标无效的。

5.《最高人民法院关于审理建设工程施工合同纠纷案件适用法律问题的解释》第二条：建设工程施工合同无效,但建设工程经竣工验收合格,承包人请求参照合同约定支付工程价款的,应予支持。

四、争议问题

本案的争议焦点为：1. 关于自然人作为承包人签订的建设工程施工合同效力问题；2. 关于建设工程合同被确认为无效,工程价款如何结算。

五、简要评论

（一）关于自然人作为承包人签订的建设工程施工合同效力问题

对于建设工程承包人的资质问题，我国相关法律、行政法规及规章[①]作了十分明确的规定，主要内容包括：

1. 从事建筑活动的施工企业、勘察设计单位，划分为不同的资质等级，经资质审查合格，取得相应的资质等级证书后，方可在其资质等级许可的范围内从事建筑活动。

2. 建设单位应当将工程发包给具有相应资质等级的单位，承包建筑工程的单位应当在其资质等级许可的范围内承接工程。

3. 禁止勘察设计单位、施工单位无资质、超越资质以及以任何形式用其他勘察设计单位、施工单位的名义承揽工程项目，禁止勘察设计单位、施工单位以任何形式允许其他单位和个人使用本企业的资质证书和营业执照。

根据上述规则，未取得相应施工资质而承揽工程主要有以下三种常见形式：一是没有取得营业执照、施工资质等证书的个体建筑队、包工头或者其他组织承揽工程；二是仅取得企业法人营业执照，但没有取得建设行政主管部门颁发的施工资质证书的企业进行工程承揽；三是企业虽然取得专业承包资质证书，但与承揽建设工程本身的性质及行业管理要求取得相应行业的承包资质不一致。由于招投标程序对施工资质进行严格的审查，故未取得施工资质承揽工程行为，主要集中在工程相对简单，施工技术难度小的项目，一般为非必须招标的工程项目和农村自建房屋居多。根据2004年10月25日最高人民法院颁布的《最高人民法院关于审理建设工程施工合同纠纷案件适用法律问题的解释》第一条的规定，如果承包人未取得建筑施工企业资质或者超越资质等级或没有资质的实际施工人借用有资质的建筑施工企业名义，此种情况下签订的建设工程施工合同无效。同时，根据《建筑业企业资质管理规定》第十四条规定，申请施工资质时应持有企业法人营业执照，也就是说，建筑施工企业必须是依法成立的企业法人；个体建筑队、包工头或其他组织由于不具备法人资格，根本无法取得施工资质，也就不可能符合建筑施工企业最基本的要求。因此，个体建筑队、包工头或其他组织为承包人签订的建设工程施工合同应属无效。

（二）关于建设工程合同被确认为无效，工程价款如何结算问题

建设工程合同被确认无效后工程价款的结算不仅关系到建设工程合同双方切身利益，而且也影响到整个建筑市场的规范和管理问题。根据我国《合同法》的规定，建设工

[①] 可参见《合同法》第二百七十二条，《建筑法》第十三、二十二、二十六条，《建设工程质量管理条例》第十八条，《建设工程勘察设计管理条例》第七、八条，建设部《建筑企业资质管理规定》第十八条、《建设工程勘察设计企业资质管理规定》。

程合同被确认无效后,自始无效,则双方当事人在合同中约定的工程造价就不具有法律约束力,不能按合同约定确定工程造价并支付给承包人。《合同法》第五十八条规定,合同无效或者被撤销后,因该合同取得的财产,应予以返还;不能返还或者没有必要返还的,应当折价补偿。由建设工程施工合同性质决定,合同无效后不能适用恢复原状的返还原则,而应适用折价补偿的返还原则。而根据《最高人民法院关于审理建设工程施工合同纠纷案件适用法律问题的解释》第二条规定,建设工程施工合同无效,但建设工程经竣工验收合格,承包人请求参照合同约定支付工程价款的,应予支持。前述《最高人民法院关于审理建设工程施工合同纠纷案件适用法律问题的解释》第二条实际上是借鉴了继续性契约理论,认为合同虽然被确认为无效,但是当事人之间在合同中约定的工程价款的支付方式,对当事人仍有一定的约束力,也即合同并未溯及地确认为自始无效。

李某与罗某农村建房施工合同纠纷案

一、基本案情

原告李某于2013年农历5月22日与未取得房屋建筑资质的被告罗某签订《房屋建设施工合同》,双方约定由原告提供设计图纸并提供建筑所需材料,以每平方米180元的单价将房屋主体工程包给被告组织工人修建,房屋设计为三层半(一层为框架结构,二层及三层为砖混结构),房屋三层主体工程完工后,因二层楼板开裂、三层板面和屋面板渗水而产生质量问题,经原告申请云南滇东北乾诚司法鉴定中心作出鉴定:施工方罗某在二层楼板浇筑混凝土以及三层楼板、屋面板进行防水处理等过程中存在没有按照国家技术标准和施工规范组织施工,以及人工操作工序不到位等问题,导致新建房二层楼板开裂、三层楼板和屋面板渗漏的因果关系,需进行加固修缮,加固修缮工程费为31 770.75元。原告鉴定花去鉴定费5 000元,两项合计36 770.75元。被告在审理过程中申请法院委托相应的鉴定机构对原告房屋质量问题进行重新鉴定,经昭通市中级人民法院指定云南正远司法鉴定所进行重新鉴定,但其拒绝向鉴定机构支付鉴定费用,云南正远司法鉴定所于2015年11月21日终止了鉴定。

原告李某多次要求被告进行修复并继续建造附属工程,均遭到被告拒绝,故诉至法院,请求依法判决被告赔偿各项经济损失47 270.75元(房屋修缮加固费31 770.75元、鉴定费5 000元、交通费500元、其他损失费10 000元),判决本案诉讼费由被告承担。

被告罗某辩称:被告与原告签订的合同实为劳务合同,合同约定由原告提供建材,被告提供劳务及施工工具进行施工,修建房屋的过程中原告全程指挥,被告施工完全是遵照原告的指示进行,房子出现质量问题与被告无关,原告明知被告不具备建筑资质而与其签订合同,原告自身存在主要过错,且原告的楼房板面系单独交由杨从虎、姚朝艳两人组织工人完成的,浇筑板面的混泥土用料比例、施工程序、板面保养均遵从原告的指示进行,施工人的施工程序符合要求,房屋板面存在质量问题与被告无关,故请求法院判决

驳回原告的诉讼请求。[（2015）鲁民初字第 382 号]

二、诉讼过程及裁判理由

审理法院认为，承建农村三层和三层以上房屋的承建人应具备相应资质，原被告双方在被告未取得相应的建房资质条件下签订的《房屋建设施工合同》，违反了《最高人民法院关于审理建设工程施工合同纠纷案件适用法律问题的解释》第一条第（一）项及《中华人民共和国合同法》第五十二条第（五）项的规定，应为无效合同。但原告的房屋已建起三层，该房屋的修建质量虽不合格，但经修复后能够使用，根据《最高人民法院关于审理建设工程施工合同纠纷案件适用法律问题的解释》第三条的规定，原告明知被告不具备房屋建设资格，而将房屋发包给被告修建具有过错，应承担责任。被告自身未取得房屋建筑资质而承包三层半房屋进行修建具有过错，其在施工过程中未按照国家技术标准和施工规范组织施工，人工操作工序不到位等行为，导致新建房二层楼板开裂、三层楼板和屋面板渗漏，也具有过错，且在施工过程中未按照国家技术标准和施工规范组织施工是导致房屋出现质量问题的主要原因，应承担主要民事责任。综合本案原被告的过错大小，被告对房屋质量不合格造成的损失承担 70% 的主要责任，即被告应赔偿原告房屋加固修缮费及鉴定费 25 739.53 元（36 770.75 元×70%＝25 739.53 元），原告对房屋质量不合格造成的损失承担 30% 的次要责任，即原告自行承担房屋加固修缮费及鉴定费 11 031.22 元（36 770.75 元×30%＝11 031.22 元）。原告主张交通费 500 元及其他损失 10 000 元，其未能提交相关的证据予以证明，法院不予支持。

综上所述，依照《中华人民共和国合同法》第五十二条第（五）项、《最高人民法院关于审理建设工程施工合同纠纷案件适用法律问题的解释》第三条、《中华人民共和国民事诉讼法》第六十四条之规定，判决被告罗某于本判决生效之日起 30 日内支付原告李某房屋加固修缮工程费及鉴定费 25 739.53 元。

三、关联法条

1.《合同法》第五十二条第（五）项：有下列情形之一的，合同无效：（五）违反法律、行政法规的强制性规定。

2.《最高人民法院关于审理建设工程施工合同纠纷案件适用法律问题的解释》第一条第（一）项：建设工程施工合同具有下列情形之一的，应当根据合同法第五十二条第（五）项的规定，认定无效：（一）承包人未取得建筑施工企业资质或者超越资质等级的。

3.《最高人民法院关于审理建设工程施工合同纠纷案件适用法律问题的解释》第三条：建设工程施工合同无效，且建设工程经竣工验收不合格的，按照以下情形分别处理：（一）修复后的建设工程经竣工验收合格，发包人请求承包人承担修复费用的，应予支持；（二）修复后的建设工程经竣工验收不合格，承包人请求支付工程价款的，不予支持。因建设工程不合格造成的损失，发包人有过错的，也应承担相应的民事责任。

四、争议问题

本案主要争议焦点为：1. 关于农村建房施工合同的性质如何确定；2. 关于原被告签订农村建房施工合同的效力如何认定。

五、简要评论

（一）关于农村建房施工合同的性质

由于农村建房随意性较强，缺乏必要的审批手续，往往采取民间私下招揽施工队的形式从事房屋建设，与《合同法》第十六章有关建设工程合同的施工主体必须为企业的要求相去甚远，故农村建房施工合同在过去很长时间是被作为承揽合同对待的，导致合同法里有关建设工程合同的一些特殊条款，如《合同法》第二百八十六条的法定优先权、《最高人民法院关于审理建设工程施工合同纠纷案件适用法律问题的解释》第十七条工程价款利息等条款不能适用，对施工方较为不利。2011年最高人民法院修改了《民事案由规定》，将农村建房施工合同纠纷列为建设工程合同纠纷项下的子项，明确了农村建房施工合同纠纷适用有关建设工程合同纠纷的裁判规则。

审理法院引入"农村三层和三层以上房屋"这一事实概念，来源于《中华人民共和国建筑法》第八十三条第三款"抢险救灾及其他临时性房屋建筑和农民自建低层住宅的建筑活动，不适用本法"的规定。此处的"农民自建低层住宅"的权威定性来自于2004年12月建设部发布的《关于加强村镇建设工程质量安全管理的若干意见》第三条第（三）项"对于村庄建设规划范围内的农民自建两层（含两层）以下住宅（以下简称农民自建低层住宅）的建设活动，县级建设行政主管部门的管理以为农民提供技术服务和指导作为主要工作方式"。故审理法院以三层作为农村建房合同的分界，两层及以下不适用建设施工合同规则，以承揽合同处理，而三层及以上建筑按照建设施工合同规则予以认定。

（二）关于原被告签订农村建房施工合同的效力如何认定

农村建房施工合同的效力是指合同对当事人的法律约束力，其实质是农村建房施工合同能否受到保护的问题。从《合同法》的角度看，建设工程合同关系实质上是承揽合同关系的一种，但由于《合同法》第十六章将建设工程合同单独列出，并规定了特殊的规则，因此，在法律已有明确规定的情况下，审理建设工程合同纠纷应适用这些特殊的规定。

本案中，原被告农村建房施工合同纠纷中颇有争议的就是没有资质的施工队与农村建房户所签订的施工合同的效力问题。审理法院认为，承建农村三层和三层以上房屋的承建人应具备相应资质，原被告双方在被告未取得相应的建房资质条件下签订的《房屋建设施工合同》，违反了前述《最高人民法院关于审理建设工程施工合同纠纷案件适用法律问题的解释》第一条第（一）项及《中华人民共和国合同法》第五十二条第（五）项的规定,应为无效合同。审理法院有关施工队资质的认定实际上采用了上述《建筑法》规定,认为承建房屋为三层以上,故需要具备相应建筑施工资质,在被告未取得相应的建房资质签订的施工合同当属无效。

然而,农村建房施工合同受国家法律法规的严格控制,同时影响农村建房施工合同效力的各种因素较多,在认定农村建房合同的效力时,应注意把握以下几种情况:①

首先,农村建房施工合同双方当事人订立协议属于一般民事法律行为,因此该种施工合同必须具备一般民事行为生效的四个要件,即行为人具有相应的民事行为能力、行为人的意思表示真实、标的合法、标的确定。如果行为人不具有上述要件,那么合同将自始无效。

其次,施工建筑队的资质与农村建房施工合同的效力关系。政府对农村建筑队的资质认证疏于管理,且对建筑队的法律规制处于空白状态,如何认定建筑队的资质,资质进行怎么细致地划分等均无据可循,所以农村建筑施工队处于自发状态,或由一人雇佣他人组织而成,抑或由多人合伙组织而成,是一种民间组织,不具备法律所赋予的施工资质和民事行为能力和权利能力。但是,由于这种情况在我国农村的广大地区普遍存在,且是由于我国法律法规的滞后性所造成的,为保护合同当事人的合法权益,在相关法律法规完善之前应肯定此种合同的效力。

再次,合同形式与农村建房施工合同效力的关系。农村建房施工合同多采口头协议形式,对房屋的建造质量、工期等约定较为模糊,双方权利义务关系规范不明确,但它的内容是合同双方都能理解、接受的,符合契约的一般构成要件,所以在目前情况下应当承认以口头协议形式存在的农村建房施工合同是有效的。但随着法治建设推进,对于农村建房施工合同应当予以更加规范,采取书面形式,唯此才能最大限度的明确合同双方当事人的权利和义务,避免纠纷的产生。

最后,合同的非程序性与农村建房施工合同效力的关系。在实际生活中,农村建房处于无规划状态,农村居民在自家宅基地上建造房屋是具有很大随意性的,没有政府建房审批,也没有宅基地使用证,与现有的工程建设合同对程序性的强调截然不同,当然这是由于我国法律法规的缺位造成的,在目前情况下为保护已经形成的农村建房施工合同关系可承认这种非程序性的农村建房施工合同是有效的。

江苏宝隆建设工程有限公司与连云港晶能光源有限公司建设工程施工合同纠纷案

一、基本案情

2010年11月18日,第三人牛小喜作为江苏宝隆建设工程有限公司(以下简称宝隆公司)(承包人)的委托代理人与连云港晶能光源有限公司(以下简称晶能公司)(发包人)

---

① 王林清,杨心忠,柳适思,等.建设工程合同纠纷裁判思路[M].北京:法律出版社,2014:106.

签订《建设工程施工合同》,约定由宝隆公司为晶能公司建造灯具车间,合同暂定价为300万元,工程价按实计算。合同签订后,宝隆公司按约定施工至2011年12月10日,因晶能公司未按约定给付工程款,宝隆公司停止工程建设。在施工过程中,宝隆公司还对车间桩基工程及配电房进行了施工。但双方对车间桩基工程及配电房工程未签订书面的施工合同。2013年9月18日,宝隆公司向一审法院起诉,请求判令:解除宝隆公司与晶能公司签订的工程施工合同。原审诉讼过程中,宝隆公司增加诉讼请求,请求确认宝隆公司对承建厂房享有优先受偿权。另查明,2012年3月22日,案外人吴广春因实施涉案工程中的脚手架工程而以晶能公司、宝隆公司及牛小喜为被告提起诉讼,原审法院(2012)港民初字第0467号生效民事判决查明牛小喜与宝隆公司系挂靠关系,涉案工程全部为牛小喜所垫资实施;并认定牛小喜因借用宝隆公司资质而与晶能公司签订的《建设工程施工合同》无效。[(2015)苏民终字第583号]

二、诉讼过程及裁判理由

一审法院认为:(2012)港民初字第0467号生效民事判决已查明牛小喜与宝隆公司系挂靠关系,并认定牛小喜借用宝隆公司资质而与晶能公司签订的《建设工程施工合同》无效。因合同解除的前提是合同有效,而本合同已无效,故宝隆公司要求解除该合同的诉讼请求,不予支持。宝隆公司承建的灯具车间、桩基工程、配电房均未竣工,其自称于2011年12月10日完成主体框架,故其主张涉案工程款在该工程折价或拍卖的价款中优先受偿的期限应从2011年12月11日起六个月,而其于2013年9月18日起诉,已超过该六个月,故对其主张的优先受偿权不支持。综上,一审法院遂判决:一、晶能公司于判决生效后十日内给付宝隆公司工程款3 729 361.67元;二、驳回宝隆公司的其他诉讼请求。

宝隆公司不服原审判决,向二审法院提出上诉称:一、宝隆公司具有案涉工程的施工资质,且实际进行了施工,所订施工合同应为有效。原审法院依据已生效的(2012)港民初字第467号民事判决认定本案合同无效,依据不足。二、宝隆公司对案涉工程享有优先受偿权,原审法院对宝隆公司的该项诉请未予支持无法律依据。综上,请求二审改判支持宝隆公司的原审诉讼请求。

二审法院认定原审判决认定事实清楚,适用法律正确,应予维持。宝隆公司的上诉理由均不能成立,上诉请求应予驳回。故判决驳回上诉,维持原判。

三、关联法条

1.《合同法》第二百八十六条:发包人未按照约定支付价款的,承包人可以催告发包人在合理期限内支付价款。发包人逾期不支付的,除按照建设工程的性质不宜折价、拍卖的以外,承包人可以与发包人协议将该工程折价,也可以申请人民法院将该工程依法拍卖。建设工程的价款就该工程折价或者拍卖的价款优先受偿。

2.《最高人民法院关于审理建设工程施工合同纠纷案件适用法律问题的解释》第一条：建设工程施工合同具有下列情形之一的，应当根据合同法第五十二条第（五）项的规定，认定无效：（一）承包人未取得建筑施工企业资质或者超越资质等级的；（二）没有资质的实际施工人借用有资质的建筑施工企业名义的；（三）建设工程必须进行招标而未招标或者中标无效的。

3.《最高人民法院关于审理建设工程施工合同纠纷案件适用法律问题的解释》第四条：承包人非法转包、违法分包建设工程或者没有资质的实际施工人借用有资质的建筑施工企业名义与他人签订建设工程施工合同的行为无效。人民法院可以根据民法通则第一百三十四条规定，收缴当事人已经取得的非法所得。

4.《最高人民法院关于建设工程价款优先受偿权问题的批复》第四条：建设工程承包人行使优先权的期限为六个月，自建设工程竣工之日或者建设工程合同约定的竣工之日起计算。

四、争议问题

本案的主要争议焦点为：1. 涉案工程挂靠建设工程施工合同是否有效；2. 宝隆公司享有的优先受偿权行使期间是否已经届满。

五、简要评论

（一）关于涉案建设工程施工合同是否有效

本案主要涉及存在借用施工资质时，如何认定建设施工合同效力问题。

借用施工资质承揽工程，实务中一般称为挂靠，是指没有取得施工资质的单位或个人借用施工资质的企业名义承揽工程，或施工资质等级较低的施工企业以施工资质等级较高的企业名义承揽工程，并向出借资质的企业交纳一定比例的管理费的行为。

目前《建筑法》、《合同法》等有关建筑法规都对挂靠无相关具体明确规定，关于挂靠行为的具体表现及其情形，《深圳市制止建设工程转包、违法分包及挂靠规定》中的相关条款对此作出了较详细的划分和认定，共有 6 种行为被认定为挂靠行为或以挂靠论处。其中第 6 条规定，"下列行为属挂靠行为：（一）通过出租、出借资质证书或者收取管理费等方式允许他人以本单位名义承接工程的；（二）无资质证书的单位、个人或低资质等级的单位通过各种途径或方式，利用有资质证书或高资质等级单位的名义承接工程的。"第七条规定，"具备下列情形之一的，以挂靠行为论处：（一）合同约定的施工单位与现场实际施工方之间无产权关系；（二）合同约定的施工单位与现场实际施工方之间无统一的财务管理；（三）合同约定的施工单位与施工现场的项目经理及主要工程管理人员之间无合法的人事调动、任免、聘用以及社会保险关系；（四）合同约定的施工单位与施工现场的工人之间无合法的建筑劳动用工和社会保险关系。"实践中，我们可以参照上述规定来判断有关行为是否属于挂靠行为。

针对挂靠行为,《建筑法》及《建设工程质量管理条例》作出了明确的禁止性规定。《建筑法》第二十六条规定,"承包建筑工程的单位应当持有依法取得的资质证书,并在其资质等级许可的业务范围内承揽工程","禁止建筑施工公司超越本公司资质等级许可的业务范围或者以任何形式用其他建筑施工公司的名义承揽工程。禁止建筑施工公司以任何形式允许其他单位或者个人使用本公司的资质证书、营业执照,以本公司的名义承揽工程"。《建设工程质量管理条例》第二十五条规定,"施工单位应当依法取得相应等级的资质证书,并在其资质等级许可的范围内承揽工程","禁止施工单位超越本单位资质等级许可的业务范围或者以其他施工单位的名义承揽工程。禁止施工单位允许其他单位或者个人以本单位名义承揽工程"。另外,建设部《建筑业企业资质管理规定》第三条规定,"企业应当按照其拥有的资产、主要人员、已完成的工程业绩和技术装备等条件申请建筑业企业资质,经审查合格,取得建筑业企业资质证书后,方可在资质许可的范围内从事建筑施工活动。"基于上述规定,《最高人民法院关于审理建设工程施工合同纠纷案件适用法律问题的解释》第一条规定,"建设工程施工合同具有下列情形之一的,应当根据合同法第五十二条第(五)项的规定,认定无效:(一)承包人未取得建筑施工企业资质或者超越资质等级的;(二)没有资质的实际施工人借用有资质的建筑施工企业名义的;(三)建设工程必须进行招标而未招标或者中标无效的。"该《解释》第四条同时规定,"承包人非法转包、违法分包建设工程或者没有资质的实际施工人借用有资质的建筑施工企业名义与他人签订建设工程施工合同的行为无效。人民法院可以根据民法通则第一百三十四条的规定,收缴当事人已经取得的非法所得"。很显然,法律、法规,包括规章、司法解释均对工程挂靠行为做了禁止性规定及否定性评价。

实践中还应该注意例外情况,如借用资质的实际施工单位本身具备施工资质,满足承揽的工程所需的资质等级要求,其借用资质较高的施工企业资质只是为方便承揽工程,争取更多的收费。此类情况建筑工程的质量和安全是有保障的,就不宜否定建设工程施工合同效力。但出借资质的行为因存在违法,应按照上述规定收缴当事人的违法所得,即没收出借单位的违法所得的管理费,对借用资质的实际施工单位应进行相应的行政处罚,对因借用较高等级的施工资质从建设方获得的非法利益,应当在工程结算中扣除或退还给建设单位。

(二)关于宝隆公司享有的优先受偿权行使期间是否已经届满

建设工程优先受偿权是指承包人对于建设工程的价款就该工程折价或者拍卖的价款享有优先受偿的权利。《合同法》二百八十六条的规定:"发包人未按照约定支付价款的,承包人可以催告发包人在合理期限内支付价款。发包人逾期不支付的,除按照建设工程的性质不宜折价、拍卖的以外,承包人可以与发包人协议将该工程折价,也可以申请人民法院将该工程依法拍卖。建设工程的价款就该工程折价或者拍卖的价款优先受偿。"本案中,由于建设工程合同被法院认定为无效,实际施工人是否可以依据该条款向发包方主张建设工程优先受偿权?以及权利行使期限如何计算?

《合同法》第二百八十六条并未规定优先受偿权的实现需要以合同有效为前提,且《最高人民法院关于建设工程价款优先受偿权问题的批复》第四条有关优先权行使期限的规定,权利人只有在建设工程竣工之日或合同约定竣工日期之后6个月内未行使优先权的情况下,才丧失优先权,亦可推导出合同无效不应绝对制约优先权的效力。故建设施工合同无效,并不必然导致优先权的丧失,还应进一步查明该工程是否竣工验收合格。如果工程竣工验收合格的,承包人主张工程价款优先权,可予支持;如果工程未竣工或者竣工验收不合格,实际施工方主张工程价款优先权应不予支持。关于优先受偿权的行使期间,《最高人民法院关于建设工程价款优先受偿权问题的批复》第四条规定:"建设工程承包人行使优先权的期限为6个月,自建设工程竣工之日或者建设工程合同约定的竣工之日起计算"。故行使优先受偿权的期限为6个月,自建设工程竣工之日或者合同约定的竣工之日起算。

本案中,法院审理认定涉案建设工程均无证据证明已经竣工验收,而合同被认定为无效,亦无合同约定的竣工之日,故实际施工方不享受优先受偿权。而退一步说,即使按照施工方所述其于2011年12月10日完成主体框架,优先受偿权自2011年12月10日起算,至2013年9月18日起诉时亦已经过了6个月的时效,归于消灭。本案判决不应当对此采取模棱两可的态度,应当明确认定施工方缺乏证据,而不享有优先受偿权。

北海海湾工程建设有限公司与宁波海力工程发展有限公司、宁波海力工程发展有限公司钦州港吉运5 000吨级散杂货码头工程项目部、钦州市钦州港吉运仓储有限责任公司、武汉华玻安装工程有限公司码头建造合同纠纷案

一、基本案情

2007年7月3日,钦州港吉运仓储有限责任公司(以下简称钦州吉运公司)与宁波海力工程发展有限公司(以下简称宁波海力公司)在广西钦州港签订了《钦州市钦州港吉运仓储有限责任公司吉运5 000吨级散杂货码头工程总承包合同书》,约定钦州吉运公司将5 000吨级码头工程交由宁波海力公司负责设计与施工。为顺利完成合同约定的义务,宁波海力公司于2007年7月26日成立"宁波海力公司钦州港吉运5 000吨级散杂货码头工程项目部(以下简称宁波海力项目部)",负责该工程的施工管理。2008年4月15日,钦州吉运公司与宁波海力公司在广西钦州港又签订了《钦州市钦州港吉运仓储有限责任公司吉运散杂货码头工程施工合同书》,对5 000吨级码头工程的概况、承包范围、合同工期、质量标准、合同价款等作了进一步具体明确的约定。

2008年6月1日,宁波海力项目部与北海海湾工程建设有限公司(以下简称北海海湾公司)签订了《广西钦州港吉运5 000吨级杂货码头工程圆筒及盖板构件水上安装合同》(以下简称《水上安装合同》),合同载明:甲方为宁波海力项目部,乙方为北海海湾公司;甲方将5 000吨级散杂货码头工程的钢筋混凝土圆筒及盖板构件的吊运安装委托乙方完成;施工期限为60天内完工;安装费用为圆筒17件,盖板16件,共33件,总包价122万元;结算办法为船舶进场后,甲方支付10万元给乙方,进度款按当月甲方计量款到账后按实际款额支付,圆筒及盖板安装完成后10天内一次付清余款,最迟不能超过30天付清余款,如有拖欠付款,每天罚款人民币1 000元。宁波海力项目部在该合同甲方栏上加盖了印章,胡映理作为甲方代表签字;北海海湾公司在合同乙方栏上盖章,杨日发作为乙方代表签字。

合同签订后,北海海湾公司根据宁波海力项目部的通知于2009年1月组织"鸿宇3号"船及相关人员进场施工。5月,北海海湾公司完成圆筒及盖板构件吊运安装工程施工。5月6日,北海海湾公司制作了《码头圆筒及盖板构件吊装施工结算书》,胡映理于5月13日在该结算书上签注"以上结算未扣除以(已)付款项"并签字,宁波海力项目部同时在结算书上加盖印章。根据该结算书,宁波海力项目部应支付原告工程款1 294 000元(合同总承包价1 220 000元+停工补偿费92 000元—优化盖板减少吊装费18 000元)。

2009年5月6日,北海海湾公司向宁波海力项目部发出了《关于催付构件吊装施工进度款的函》,时任宁波海力项目部副经理兼总工程师张太山于5月9日签收该函。5月16日,北海海湾公司向宁波海力项目部发出了《关于催付构件吊装施工结算款的函》,胡映理于5月21日签收该函。2009年1—6月间,宁波海力项目部、宁波海力公司向北海海湾公司支付各项费用共计266 590元,余下未付。

另查明,宁波海力项目部已在北海海湾公司负责施工的工程上进行了5 000吨级码头后续工程的施工,该码头工程已完工。钦州吉运公司已按其与宁波海力公司所签订的施工合同的约定支付给宁波海力公司工程款21 687 094.35元,仅扣留工程质保金192 905.65元。

再查明,北海海湾公司为有限责任公司,成立于2008年2月26日,注册资本600万元,法定代表人为杨日发,可承包工程范围为房屋建筑施工总承包三级、港口与海岸工程专业承包三级、航道工程专业承包三级。北海海湾公司于2009年1月16日获港口与海岸工程专业承包三级资质。

北海海湾公司法定代表人杨日发还是个体企业北海市银海区广龙建材商行(以下简称广龙商行)的经营者,该商行成立于2005年6月14日,营业执照于2009年4月13日注销。宁波海力项目部是宁波海力公司为完成5 000吨级码头工程而设立的临时机构,无独立法人资格。胡映理于2009年5月26日死亡,其生前是武汉华玻安装工程有限公司(以下简称武汉华玻公司)的法定代表人,同时还是宁波海力项目部副经理。[(2012)桂民四终字第20号]

二、诉讼过程及裁判理由

一审法院审理认为,《水上安装合同》为双方当事人在平等自愿基础上的真实意思表示,其内容不违反国家法律法规的规定,故合法有效。由于宁波海力项目部为宁波海力公司设立的临时机构,不具有法人资格,其权利义务应由宁波海力公司承受,北海海湾公司诉请宁波海力项目部承担支付安装费的责任,于法无据,不予支持。北海海湾公司根据合同的约定完成了钢筋混凝土圆筒及盖板构件吊运安装的施工,宁波海力公司应按约支付安装费,但其在北海海湾公司施工期间,未按约定的工程进度支付安装费,且在工程完工并进行结算后,亦未能在约定的期间如数支付,宁波海力公司构成违约,故北海海湾公司诉请宁波海力公司支付安装费及违约金,有事实及法律依据,依法应予支持。武汉华玻公司非《水上安装合同》的合同相对人,其无须对本案债务承担任何责任。

综上,依照《中华人民共和国民法通则》第四十三条、五十四条、《最高人民法院关于适用中华人民共和国民事诉讼法若干问题的意见》第四十二条、《最高人民法院关于审理建设工程施工合同纠纷案件适用法律问题的解释》第五条、第七条、第十三条、《中华人民共和国合同法》第四十四条第一款、四十九条、第六十条第一款、第一百一十四条第一、二款及《最高人民法院关于适用中华人民共和国合同法若干问题的解释(二)》第二十九条的规定,经该院审判委员会讨论决定,判决:一、宁波海力工程发展有限公司支付北海海湾工程建设有限公司安装费1 027 410元;二、宁波海力工程发展有限公司支付北海海湾工程建设有限公司违约金25万元;三、驳回北海海湾工程建设有限公司的其他诉讼请求。

三、关联法条

1.《最高人民法院关于适用〈中华人民共和国民事诉讼法〉若干问题的意见》(2015年2月3日失效)第四十二条①:法人或者其他组织的工作人员因职务行为或者授权行为发生的诉讼,该法人或其组织为当事人。

2.《最高人民法院关于审理建设工程施工合同纠纷案件适用法律问题的解释》第五条:承包人超越资质等级许可的业务范围签订建设工程施工合同,在建设工程竣工前取得相应资质等级,当事人请求按照无效合同处理的,不予支持。

3.《最高人民法院关于审理建设工程施工合同纠纷案件适用法律问题的解释》第七条:具有劳务作业法定资质的承包人与总承包人、分包人签订的劳务分包合同,当事人以转包建设工程违反法律规定为由请求确认无效的,不予支持。

4.《最高人民法院关于审理建设工程施工合同纠纷案件适用法律问题的解释》第十

---

① 新修改的司法解释为:2014年12月18日最高人民法院颁布《最高人民法院关于适用〈中华人民共和国民事诉讼法〉的解释》第五十六条:法人或者其他组织的工作人员执行工作任务造成他人损害的,该法人或者其他组织为当事人。

三条：建设工程未经竣工验收，发包人擅自使用后，又以使用部分质量不符合约定为由主张权利的，不予支持；但是承包人应当在建设工程的合理使用寿命内对地基基础工程和主体结构质量承担民事责任。

四、争议问题

本案的争议焦点为：1. 宁波海力项目部与北海海湾公司签订了《水上安装合同》是否合法有效；2.《水上安装合同》的合同主体是谁。

五、简要评论

（一）关于宁波海力项目部与北海海湾公司签订了《水上安装合同》是否合法有效

本案中，关于宁波海力项目部与北海海湾公司签订了《水上安装合同》是否合法有效，关键问题在于《水上安装合同》属于工程分包抑或劳务分包。

工程分包是工程总承包人将建设工程中除主体结构施工外的其他专业工程发包给具有相应资质的其他施工企业的行为；而劳务分包是工程承包人将建设工程中的劳务作业发包给具有劳务承包资质的其他施工企业的行为。区分两者所引起的结果截然不同，本案中，如果《水上安装合同》为工程分包，未取得发包人同意则属于法律所明确禁止的无效行为，合同自始无效。相反，如若为劳务合同，则属于合法行为，法律对劳务分包并不禁止。

该案中，北海海湾公司与宁波海力项目部签订的《水上安装合同》系码头建设工程施工过程中的劳务分包合同，宁波海力项目部在施工承包过程中将部分劳务分包给北海海湾公司，该合同是双方当事人的真实意思表示，合同内容不违反法律的强制性规定，故合法有效。首先，北海海湾公司与宁波海力项目部签订的合同名称为《广西钦州港吉运5 000吨级杂货码头工程圆筒及盖板构件水上安装合同》，安装即是指承包劳务，合同所指向的对象是工程的劳务作业而不是工程本身；其次，从合同内容看，合同载明"安装施工的内容为圆筒及盖板构件的运输及安装""安装施工的质量要求，以甲方（宁波海力项目部）现场指挥为准""乙方（北海海湾公司）服从甲方（宁波海力项目部）总体安排和施工指挥"，由此可见，合同的标的是施工劳务而非分项工程，北海海湾公司也只就工程劳务进行了承包，对于工程所需的圆筒及盖板等材料均由被告宁波海力项目部提供，即包工不包料，且该合同所承包的项目只是宁波海力公司承包工程内容的一个小的组成部分，没有独立性，北海海湾公司承包的劳务项目均接受被告宁波海力项目部的指挥、监督及管理；其三，合同约定所支付的费用为安装费，即计取的是人工费以及劳务施工的相应管理费，而非工程款。据此，《水上安装合同》不具有工程分包的实质内容，应属劳务分包法律关系。

根据《最高人民法院关于审理建设工程施工合同纠纷案件适用法律问题的解释》第

七条"具有劳务作业法定资质的承包人与总承包人、分包人签订的劳务分包合同,当事人以转包建设工程违反法律规定为由请求确认无效的,不予支持"的规定,北海海湾公司与宁波海力项目部签订《水上安装合同》属于合法行为。

除此之外,值得探讨的另一个问题是本案中北海海湾公司的劳务分包资质等级问题。案例事实中指出北海海湾公司为有限责任公司,成立于2008年2月26日,注册资本600万元,可承包工程范围为房屋建筑施工总承包三级、港口与海岸工程专业承包三级、航道工程专业承包三级。北海海湾公司于2009年1月16日获港口与海岸工程专业承包三级资质。虽然2008年6月1日北海海湾公司还不具备相应资质等级,属于超越资质等级开展业务,但其在建设工程竣工前取得相应资质等级,依据《最高人民法院关于审理建设工程施工合同纠纷案件适用法律问题的解释》第五条:"承包人超越资质等级许可的业务范围签订建设工程施工合同,在建设工程竣工前取得相应资质等级,当事人请求按照无效合同处理的,不予支持"的规定,《水上安装合同》当属有效合同。

(二) 关于《水上安装合同》的合同主体问题

本案中,涉案主体较为复杂,但根据民法基本理论,合同具有相对性,故合同的主体有必要予以厘清。

宁波海力项目部作为甲方与乙方北海海湾公司签订了书面《水上安装合同》,该合同为双方的真实意思表示,其后双方按约实际履行,有一系列施工的单证及往来函件佐证。该工程已经竣工交付,实际施工人北海海湾公司于2009年5月6日制作并向宁波海力项目部提交了结算书,项目部副经理胡映理于2009年5月13日在结算书上签名确认。2009年5月27日胡映理死亡。对于胡映理的身份事项,如前所述,经查其确为宁波海力项目部的副经理,其在履行职责范围内的合同行为,系代表项目部所作出的职务行为,对其签章真实性及完整性诉讼各方均无异议,故根据《民法通则》第四十三条,由宁波海力项目部承担法律后果。胡映理经查实还有一个身份,为武汉华玻公司的法定代表人,但本案水上安装工程的所有书面证据材料上均没有武汉华玻公司的名称出现,可以认定胡映理在该水上安装工程中是以项目管理人员的身份从事民事法律行为。另宁波海力项目部系宁波海力公司为完成5 000吨级码头工程而设立的临时机构,不具有法人资格,但并不影响其社会组织的地位,仍然可以作为非法人组织独立成为民事主体。综上,本案《水上安装合同》的主体可以确认为宁波海力项目部与北海海湾公司。

邛崃市新城开发有限公司与四川省清源环境工程有限责任公司建设工程设计合同纠纷案

一、基本案情

邛崃市新城开发有限公司(以下简称新城公司)系国有独资公司。2008年9月5

日,新城公司(委托方、甲方)与四川省清源环境工程有限责任公司(以下简称清源公司)(承包方、乙方)签订了一份《工程咨询合同》,合同约定由新城公司委托清源公司编制"邛崃市城市生活垃圾处理工程"可行性研究报告,新城公司付给清源公司可研编制费20万元。2009年2月3日,新城公司向清源公司出具设计委托书,委托清源公司开展邛崃市城市生活垃圾填埋工程的初步设计的前期工作。2009年3月3日,新城公司在四川日报上发布"邛崃市城市生活垃圾卫生填埋场工程(勘察设计)招标公告"。2009年3月23日,清源公司向新城公司发出投标函,后清源公司承认其采用围标的手段以1 348 000元中标该项目。

2009年4月5日,新城公司(发包人)与清源公司(设计人)签订了《建设工程设计合同》,合同载明:"发包人委托设计人承担的邛崃市城市生活垃圾卫生填埋场工程设计,工程地点为邛崃市宝林镇,经投标后,签订本合同;设计依据:发包人给设计人的中标通知书,发包人提交的基础资料;本合同项目名称:邛崃市城市生活垃圾卫生填埋场工程,设计阶段:初步设计和施工图设计,建设工程项目总投资:约3 700万元人民币;设计内容:勘察(由设计方委托已中标地勘单位设计)、初步设计和施工图设计(达到国家相关要求的深度)。"之后,新城公司陆续向清源公司支付设计勘察费1 348 000元。

2009年4月10日,新城公司(委托方、甲方)与清源公司(承包方、乙方)签订了两份《四川省邛崃市城市生活垃圾卫生填埋场工程咨询合同》,合同分别约定由清源公司进行施工图预算编制与工程量清单编制,费用总计为16万元,新城公司已向其支付。新城公司与清源公司一致确认,双方设计合同已履行完毕,邛崃市城市生活垃圾卫生填埋场工程由新城公司使用至今。

原告新城公司诉称,清源公司不仅在招标过程中与他人串通、采取围标、中标的手段中标,还在履行合同过程中偷工减料、弄虚作假。请求判令确认新城公司与清源公司于2009年4月5日签订的《建设工程设计合同》无效并返还所得利润1 018 000元,或依法将清源公司非法所获利润1 018 000元没收。[(2012)锦江民初字第2396号]

二、诉讼过程及裁判理由

审理法院认为:关于新城公司与清源公司签订的《建设工程设计合同》是否具有法定无效事由的问题。法院认为,第一,据查明事实,清源公司为取得邛崃市城市生活垃圾卫生填埋场工程的勘察设计项目,由其总经理张磊向具体负责该工程的新城公司负责人罗军行贿,由罗军授意该项目招投标的代理公司将清源公司纳入招投标范围,使清源公司取得了邛崃市城市垃圾卫生填埋工程勘察设计项目,由此可见,双方存在恶意串通损害新城公司利益的行为,又因新城公司系国有独资公司,根据合同法第五十二条第(二)项之规定,双方签订的《建设工程设计合同》无效;第二,在投标过程中,清源公司承认其存在围标的行为,虽然其称围标是应新城公司的要求所为,但无论如何均不能改变清源公司串通招投标的行为性质。该行为违反了《招投投标法》关于公开、公平、公正和诚实信用的原则,扰乱了市场经济秩序,根据《招标投标法》第五十三条之规定,投标人相互串通投标或者与招标人串通投标的,投标人以向招标人或者评标委员会成员行贿的手段谋取中标的,中标无效。故清源公司本次中标无效,其中标后与新城公司签订的《建设工程设计合同》亦当然无效。

关于新城公司请求返还或没收清源公司所得非法利润 1 018 000 元有无依据的问题。法院认为,新城公司总经理罗军与清源公司张磊恶意串通的行为,损害了国家的利益,根据《合同法》第五十九条"当事人恶意串通,损害国家、集体或者第三人利益的,因此取得的财产收归国家所有或者返还集体、第三人"之规定,清源公司根据建设工程设计合同取得的非法利润应当收归国家所有。

据此,依照《中华人民共和国合同法》第五十二条第(二)项、第(五)项、第五十九条、《中华人民共和国招标投标法》第五条、第五十三条、《最高人民法院关于民事诉讼证据的若干规定》第二条之规定,判决原告邛崃市新城开发有限公司与被告四川省清源环境工程有限责任公司于 2009 年 4 月 5 日签订的《建设工程设计合同》无效;驳回原告邛崃市新城开发有限公司的其他诉讼请求。

三、关联法条

1.《合同法》第五十二条:有下列情形之一的,合同无效:(一)一方以欺诈、胁迫的手段订立合同,损害国家利益;(二)恶意串通,损害国家、集体或者第三人利益;(三)以合法形式掩盖非法目的;(四)损害社会公共利益;(五)违反法律、行政法规的强制性规定。

2.《合同法》第五十九条:当事人恶意串通,损害国家、集体或者第三人利益的,因此取得的财产收归国家所有或者返还集体、第三人。

3.《招标投标法》第五条:招标投标活动应当遵循公开、公平、公正和诚实信用的原则。

4.《招标投标法》第五十三条:投标人相互串通投标或者与招标人串通投标的,投标人以向招标人或者评标委员会成员行贿的手段谋取中标的,中标无效,处中标项目金额千分之五以上千分之十以下的罚款,对单位直接负责的主管人员和其他直接责任人员处单位罚款数额百分之五以上百分之十以下的罚款;有违法所得的,并处没收违法所得;情节严重的,取消其一年至二年内参加依法必须进行招标的项目的投标资格并予以公告,直至由工商行政管理机关吊销营业执照;构成犯罪的,依法追究刑事责任。给他人造成损失的,依法承担赔偿责任。

四、争议问题

本案的争议焦点为:新城公司与清源公司签订的《建设工程设计合同》是否具有法定无效事由。

五、简要评论

审理法院在裁判中指出,清源公司为取得邛崃市城市生活垃圾卫生填埋场工程的勘察设计项目,由其总经理张磊向具体负责该工程的新城公司负责人罗军行贿,使清源公司取得了邛崃市城市垃圾卫生填埋工程勘察设计项目,此为串标行为;此外,在投标过程中,清源公司承认其存在围标的行为。也就是说,案件中清源公司作为投标人在招标投标活动中存在串通投标这一严重违法投标行为。所谓串通投标,是指招标者与投标者之间(即串标)或者投标者与投标者之间(即围标)采有不正当手段,在开标前或评标过程中对招标事项进行串通,以排挤竞争对手或者损害招标人利益或损害国家利益、社会公共利益或他人的合法权益的违法行为。关于串通投标的具体情形,《招标投标法实施条例》作了详细规定:

《招标投标法实施条例》第三十九条规定,禁止投标人相互串通投标。有下列情形之一的,属于投标人相互串通投标:(一)投标人之间协商投标报价等投标文件的实质性内容;(二)投标人之间约定中标人;(三)投标人之间约定部分投标人放弃投标或者中标;(四)属于同一集团、协会、商会等组织成员的投标人按照该组织要求协同投标;(五)投标人之间为谋取中标或者排斥特定投标人而采取的其他联合行动。《招标投标法实施条例》第四十条规定,有下列情形之一的,视为投标人相互串通投标:(一)不同投标人的投标文件由同一单位或者个人编制;(二)不同投标人委托同一单位或者个人办理投标事宜;(三)不同投标人的投标文件载明的项目管理成员为同一人;(四)不同投标人的投标文件异常一致或者投标报价呈规律性差异;(五)不同投标人的投标文件相互混装;(六)不同投标人的投标保证金从同一单位或者个人的账户转出。《招标投标法实施条例》第四十一条规定,禁止招标人与投标人串通投标。有下列情形之一的,属于招标人与投标人串通投标:(一)招标人在开标前开启投标文件并将有关信息泄露给其他投标人;(二)招标人直接或者间接向投标人泄露标底、评标委员会成员等信息;(三)招标人明示或者暗示投标人压低或者抬高投标报价;(四)招标人授意投标人撤换、修改投标文件;(五)招标人明示或者暗示投标人为特定投标人中标提供方便;(六)招标人与投标人为谋求特定投标人中标而采取的其他串通行为。

对于串通投标的法律后果,根据《招标投标法》的规定,招标投标人不得相互串通投标报价,不得排挤其他投标人的公平竞争,损害招标人或者其他投标人的合法权益。投标人不得与招标人串通投标,损害国家利益、社会公共利益或者他人的合法权益。故围标串通这一严重违法投标行为违反了法律的禁止性规定,应当根据《招标投标法》第五十三条认定中标无效,既然中标无效,那么其随后所签订的《建设工程设计合同》亦当然无效。

重庆天宇房地产综合开发有限公司与戴世铧装饰装修合同纠纷案

一、基本案情

2013年5月9日,戴世铧以重庆斯特装饰公司(乙方)代理人的名义与天宇房地产公司(甲方)签订了《建筑装饰工程施工合同》,约定甲方将渝北区金城地豪写字间装修工程以固定总包干价350万元承包给乙方施工。当天,双方又签订《补充协议》约定,一、乙方增加承包范围;二、按本补充协议增加的工程承包内容,合同包干价不做调整等。同时,戴世铧向天宇房地产公司出具《承诺书》载明,受斯特装饰公司委托,担任该工程的项目经理,全面负责该工程的施工管理;并承诺保证工程质量和斯特装饰公司履行质量责任和质保责任,若斯特装饰公司没有按法律规定和合同约定履行,则由戴世铧本人负责处理并承担所有费用。戴世铧还向天宇房地产公司提交了斯特装饰公司企业资质资料。2013年5月15日,双方办理了现场移交单。2013年6月13日,双方形成材料验收表2页,天宇房地产公司工作人员在该验收表上签署"材料符合要求"。2013年6月24日,因施工图与现场不符,戴世铧向天宇房地产公司发工作联系单。《施工合同》、补充协议、斯特装饰公司企业资质资料、现场移交单、开工报告、材料验收表2页、工作联系单上均加盖有斯特装饰公司公章。

2013年7月2日,戴世铧出具《关于私盖斯特装饰公司公章的情况说明》载明,戴世铧私刻斯特装饰公司公章并加盖到《施工合同》上等内容。2013年7月4日,斯特装饰公司向天宇房地产公司出具了《终止合同确认书》载明,2013年5月9日,戴世铧以斯特装饰公司代理人的名义与天宇房地产公司签订的《施工合同》和《补充协议》是戴世铧冒用斯特装饰公司名义签的合同,合同上加盖的斯特装饰公司公章为戴世铧私刻,不是斯特装饰公司的真实公章,该合同和补充协议对双方公司均为无效,双方公司之间不存在合同关系。2013年7月9日,天宇房地产公司工作人员、戴世铧、段伟和龚剑就天宇房地产公司发包的金城地豪写字间装修工程关于戴世铧退场、段伟和龚剑接手承包的相关事宜进行协调并形成了会议纪要。2013年7月24日,天宇房地产公司工作人员、戴世铧、设计方工作人员三方对现场不合格部分进行了确认并明确由戴世铧拆除。天宇房地产公司分别于2013年8月23日、28日、9月6日向戴世铧发出完善手续、拆除不合格工程并退场的3份函。天宇房地产公司与戴世铧未对案涉工程合格部分完成结算。戴世铧在施工现场留有工作人员照看材料,未对不合格工程予以拆除及恢复原状。天宇房地产公司遂提起诉讼,请求确认天宇房地产公司与戴世铧之间签订的《施工合同》无效;并请求判令戴世铧立即撤出施工现场,并不得妨碍天宇房地产公司对施工现场的正常使用。[(2015)渝高法民终字第00489号]

二、诉讼过程及裁判理由

一审法院认为,依据《中华人民共和国民法通则》第六十六条规定,没有代理权、超越代理权或者代理权终止后的行为,只有经过被代理人的追认,被代理人才承担民事责任;未经追认的行为,由行为人承担民事责任。本案中,戴世铧以斯特装饰公司代理人的名义与天宇房地产公司签订的《施工合同》及《补充协议》,因戴世铧和斯特装饰公司均出具说明,合同和协议上的斯特装饰公司公章系戴世铧私刻后加盖的,现斯特装饰公司不予认可,故该合同和补充协议在天宇房地产公司与斯特装饰公司之间不成立。但戴世铧作为合同签订的行为人,应承担与天宇房地产公司签订《施工合同》及《补充协议》的民事责任。戴世铧与天宇房地产公司签订《施工合同》及《补充协议》后,组织人员对案涉工程进行了装修施工。戴世铧作为自然人,不具备建筑施工企业资质,也就不具备案涉装饰装修工程的施工资质,戴世铧承揽案涉工程,违反了法律的禁止性规定,故戴世铧与天宇房地产公司签订的《施工合同》无效。本案双方当事人对《施工合同》无效也无争议。因此,一审法院对天宇房地产公司关于确认《施工合同》无效的请求,予以支持。天宇房地产公司与戴世铧之间的《施工合同》无效,但戴世铧实际进行了案涉工程的施工。依据《最高人民法院关于审理建设工程施工合同纠纷案件适用法律问题的解释》第二条规定,建设工程施工合同无效,但建设工程经竣工验收合格,承包人请求参照合同约定支付工程价款的,应予支持。

一审法院依据《中华人民共和国民法通则》第六十六条,《中华人民共和国合同法》第五十二条第(五)项、第九十七条,《最高人民法院关于审理建设工程施工合同纠纷案件适用法律问题的解释》第一条第(一)项、第二条,《中华人民共和国民事诉讼法》第一百三十四条第一款、第一百四十二条之规定,遂判决:一、天宇房地产公司与戴世铧签订的《施工合同》无效;二、天宇房地产公司于本判决生效后十日内支付戴世铧工程款333 888.57元;三、驳回天宇房地产公司的其他本诉请求;四、驳回戴世铧的其他反诉请求。

天宇房地产公司对一审判决不服,提起上诉,二审法院认为天宇房地产公司应当向戴世铧支付工程款333 888.57元。主要事实和理由如下:首先,天宇房地产公司与戴世铧通过2013年7月24日会议纪要确认了案涉工程不合格的范围,由此也确认了合格工程的范围。因此,虽然《施工合同》无效,且戴世铧就《施工合同》的无效具有过错,但作为案涉工程的承包人,戴世铧有权请求发包人天宇房地产公司参照《施工合同》的约定支付工程价款。故天宇房地产公司提出其无需向戴世铧支付合格工程价款的上诉理由不能成立。其次,案涉工程合格部分的造价依法应以双方签订的《施工合同》和《补充协议》的约定予以确定。同时,戴世铧未按双方2013年7月9日会议纪要的约定对案涉工程的不合格部分予以拆除及恢复,也应承担该部分的拆除和恢复费用。一审法院依法鉴定戴世铧已完工工程合格部分的造价并扣除不合格部分的拆除及恢复费用后,确定案涉工程最终造价为333 888.57元,天宇房地产公司应将该款项支付给戴世铧。

三、关联法条

1.《民法通则》第六十六条:没有代理权、超越代理权或者代理权终止后的行为,只有经过被代理人的追认,被代理人才承担民事责任。未经追认的行为,由行为人承担民事责任。代理人不履行职责而给被代理人造成损害的,应当承担民事责任。代理人和第三人串通,损害被代理人的利益的,由代理人和第三人负连带责任。第三人知道行为人没有代理权、超越代理权或者代理权已终止还与行为人实施民事行为给他人造成损害的,由第三人和行为人负连带责任。

2.《合同法》第五十二条第(五)项:有下列情形之一的,合同无效:(五)违反法律、行政法规的强制性规定。

3.《合同法》第九十七条:合同解除后,尚未履行的,终止履行;已经履行的,根据履行情况和合同性质,当事人可以要求恢复原状、采取其他补救措施,并有权要求赔偿损失。

4.《最高人民法院关于审理建设工程施工合同纠纷案件适用法律问题的解释》第一条第(一)项:建设工程施工合同具有下列情形之一的,应当根据合同法第五十二条第(五)项的规定,认定无效:(一)承包人未取得建筑施工企业资质或者超越资质等级的。

5.《最高人民法院关于审理建设工程施工合同纠纷案件适用法律问题的解释》第二条:建设工程施工合同无效,但建设工程经竣工验收合格,承包人请求参照合同约定支付工程价款的,应予支持。

四、争议问题

本案主要争议焦点为:1. 关于戴世铧(无权处理)与天宇房地产公司签订的《施工合同》的效力问题;2. 关于天宇房地产公司是否应当向戴世铧支付工程款问题。

五、简要评论

(一)关于戴世铧与天宇房地产公司签订的《施工合同》的效力问题

戴世铧以重庆斯特装饰公司代理人的名义与天宇房地产公司签订了《施工合同》和《补充协议》,戴世铧为代理行为,合同双方当事人为斯特装饰公司和天宇房地产公司。由于戴世铧以斯特装饰公司代理人的名义与天宇房地产公司签订的《施工合同》和《补充协议》是戴世铧冒用斯特装饰公司名义签的合同,合同上加盖的斯特装饰公司公章为戴世铧私刻,不是斯特装饰公司的真实公章。根据《合同法》第四十八条第一款规定:行为人没有代理权、超越代理权或者代理权终止后以被代理人名义订立的合同,未经被代理人追认,对被代理人不发生效力,由行为人承担责任。戴世铧所为行为为无权代理,所签《施工合同》效力待定,但斯特装饰公司向天宇房地产公司出具了《终止合同确认书》,视为拒绝追认,故《施工合同》无效。而一审法院在判决理由中称,"合同和协议上的斯特装饰公司公章系戴世铧私刻后加盖的,现斯特装饰公司不予认可,故该合同和补充协议在天宇房地产公司与斯特装饰公司之间不成立。"此处使用"不成立"这一表述存在不妥之处。此时的合同并非不成立,而应该是"无效"。

同时,一审判决称"戴世铧作为自然人,不具备建筑施工企业资质,也就不具备案涉装饰装修工程的施工资质,戴世铧承揽案涉工程,违反了法律的禁止性规定,故戴世铧与天宇房地产公司签订的《施工合同》无效",此处论述因果关系存在不妥之处。如上所述,《施工合同》无效的原因是斯特装饰公司拒绝追认,而非此处的戴世铧不具备企业资质。故一审法院根据2004年9月29日最高人民法院颁布的《最高人民法院关于审理建设工程施工合同纠纷案件适用法律问题的解释》第一条第(一)项:"建设工程施工合同具有下列情形之一的,应当根据合同法第五十二条第(五)项的规定,认定无效:(一)承包人未取得建筑施工企业资质或者超越资质等级的"作出合同无效判决,此依据是欠妥的。

(二) 关于天宇房地产公司是否应当向戴世铧支付工程款问题

一审法院与二审法院均依据《最高人民法院关于审理建设工程施工合同纠纷案件适用法律问题的解释》第二条规定:"建设工程施工合同无效,但建设工程经竣工验收合格,承包人请求参照合同约定支付工程价款的,应予支持",判决戴世铧作为案涉工程的承包人,戴世铧有权请求发包人天宇房地产公司参照《施工合同》的约定支付工程价款。此处判决理由与结果均值得认可的。但一审法院在裁判中部分请求权基础存在不当之处,且二审法院并未纠正,此种做法是值得商榷的。

一审法院在判决中根据《合同法》第九十七条规定:"合同解除后,尚未履行的,终止履行;已经履行的,根据履行情况和合同性质,当事人可以要求恢复原状、采取其他补救措施,并有权要求赔偿损失。"此项规定在本案中当无适用的空间,合同解除的前提是合同业已生效,而在本案中,《施工合同》与《补充协议》均无效,既然无效,当无解除一说。其应当适用的请求权基础当为《合同法》第五十八条:"合同无效或者被撤销后,因该合同取得的财产,应当予以返还;不能返还或者没有必要返还的,应当折价补偿。有过错的一方应当赔偿对方因此所受到的损失,双方都有过错的,应当各自承担相应的责任。"《最高人民法院关于审理建设工程施工合同纠纷案件适用法律问题的解释》第二条:"建设工程施工合同无效,但建设工程经竣工验收合格,承包人请求参照合同约定支付工程价款的,应予支持。"

第二节 工程合同的内容及变更

浙江富顺建设有限公司与浙江兰溪德胜新能源科技股份有限公司建设工程施工合同纠纷案

一、基本案情

2011年10月3日,浙江富顺建设有限公司(以下简称富顺公司)与浙江兰溪德胜新能源科技股份有限公司(以下简称德胜公司)签订《承建厂房附属工程协议》,约定由富顺公司承建德胜公司位于游埠镇工业园 A 区的公司厂区围墙,工程款为 65 465.4 元。2012 年 1 月 12 日,富顺公司、德胜公司签订《建设工程施工合同》,约定由富顺公司承建德胜公司位于游埠镇工业园 A 区的公司二、三号厂房土建及水电工程,采用固定价格合同,合同价款为 8 265 390 元。2012 年 10 月 3 日,富顺公司、德胜公司签订《承建厂房附属工程协议》,约定由富顺公司承建德胜公司厂房二、三号楼地面耐磨地工程,楼面工程款 30 万元,楼下工程款 80 570 元,合计 380 570 元。此外,富顺公司还承建了德胜公司厂房的桩基础及室外附属工程,经结算,工程造价为 1 257 370 元。最后,经双方结算,德胜公司出具结算书,载明工程款总计 9 968 795.4 元,因二、三号厂房主体工程富顺公司垫资所产生的约定利息 3 456 185.12 元,总计 13 424 980.52 元。德胜公司已支付 65 万元垫资款利息,尚欠 12 774 980.52 元。该工程于 2013 年 8 月 8 日经兰溪市建设工程质量监督站验收合格,正式交付使用。为了上述工程款,富顺公司于 2014 年 1 月 26 日(2014 年 2 月 8 日立案)向兰溪市人民法院提起诉讼主张权益,兰溪市人民法院于同年 3 月 4 日作出(2014)金兰永商初字第 35 号民事判决书,判决:一、德胜公司支付富顺公司工程款及约定利息合计人民币 12 774 980.52 元;二、富顺公司对德胜公司位于游埠镇工业园 A 区的 2、3 号厂房工程折价或者拍卖的价款享有优先受偿权。

德胜公司在一审中答辩称:对所欠富顺公司的工程款无异议。对富顺公司诉称的优先受偿权无异议,但优先受偿的厂房等公司财产已抵押给交行金华分行,富顺公司的优先受偿权是否成立由法院判决确定。

第三人交行金华分行在一审中述称:富顺公司诉请的优先受偿权已过法定的主张期限。富顺公司、德胜公司于 2012 年 1 月 12 日签订了《建设工程施工合同》,合同约定的竣工时间为 2012 年 7 月 15 日。根据富顺公司提供的《兰溪市未按程序建设工程登记表》和交行金华分行提供的《兰溪市未按程序建设工程竣工验收表》的记载,涉案工程的竣工时间为 2012 年 8 月 30 日。故富顺公司于 2014 年 2 月 8 日向法院起诉主张优先受偿权,无论按照合同约定的竣工之日还是按照工程的竣工之日,都已经超过了其行使优先受权的六个月期限。富顺公司主张涉案工程的竣工时间为 2013 年 8 月 8 日缺乏事实依据。德胜公司于 2013 年 3 月 25 日向兰溪市建设工程质量监督站申请备案登记时,涉案工程已经过竣工验收合格。而兰溪市建设工程质量监督站并不是涉案工程的竣工验收单位,其只负责对辖区内的房产进行备案登记。故 2013 年 8 月 8 日只是备案登记时间,而非竣工验收时间。交行金华分行是涉案工程的抵押权人,依法享有优先受偿权。请求驳回富顺公司的诉讼请求。[(2015)浙金民终字第 1739 号]

二、诉讼过程及裁判理由

一审法院认为,富顺公司所承建的德胜公司二、三号厂房土建及水电工程,二、三号厂房楼地面耐磨地工程,及其附属工程柱基础及室外工程,是涉案厂房的整体有机组成。

该工程于2013年8月8日竣工验收合格,富顺公司于2014年1月26日向原审法院提起诉讼(原审法院于2014年2月8日立案)并主张权益,包括优先受偿权,符合法律规定的在建设工程竣工之日起6个月内行使优先权。交行金华分行作为涉案厂房的抵押权人,依法对抵押物也享有优先受偿权。但富顺公司作为建筑工程承包人的优先受偿权优于抵押权和其他债权。依照《中华人民共和国合同法》第二百七十九条、第二百八十六条,《最高人民法院关于审理建设工程施工合同纠纷案件适用法律问题的解释》第十四条第(一)项、第十六条第一款,《最高人民法院关于建设工程价款优先受偿权问题的批复》第一条、第四条之规定判决:富顺公司就9 318 795.4元工程款对德胜公司位于游埠镇工业园A区由富顺公司承建的二、三号厂房的折价或者拍卖价款享有优先受偿权。

宣判后,交行金华分行不服一审法院判决,提起上诉。二审法院裁判原判认定事实清楚,适用法律正确。判决驳回上诉,维持原判。

三、关联法条

1.《合同法》第二百七十九条:建设工程竣工后,发包人应当根据施工图纸及说明书、国家颁发的施工验收规范和质量检验标准及时进行验收。验收合格的,发包人应当按照约定支付价款,并接收该建设工程。建设工程竣工经验收合格后,方可交付使用;未经验收或者验收不合格的,不得交付使用。

2.《合同法》第二百八十六条:发包人未按照约定支付价款的,承包人可以催告发包人在合理期限内支付价款。发包人逾期不支付的,除按照建设工程的性质不宜折价、拍卖的以外,承包人可以与发包人协议将该工程折价,也可以申请人民法院将该工程依法拍卖。建设工程的价款就该工程折价或者拍卖的价款优先受偿。

3.《最高人民法院关于审理建设工程施工合同纠纷案件适用法律问题的解释》第十四条:当事人对建设工程实际竣工日期有争议的,按照以下情形分别处理:(一)建设工程经竣工验收合格的,以竣工验收合格之日为竣工日期;(二)承包人已经提交竣工验收报告,发包人拖延验收的,以承包人提交验收报告之日为竣工日期;(三)建设工程未经竣工验收,发包人擅自使用的,以转移占有建设工程之日为竣工日期。

4.《最高人民法院关于审理建设工程施工合同纠纷案件适用法律问题的解释》第十六条第一款:当事人对建设工程的计价标准或者计价方法有约定的,按照约定结算工程价款。

5.《最高人民法院关于建设工程价款优先受偿权问题的批复》第一条:人民法院在审理房地产纠纷案件和办理执行案件中,应当依照《中华人民共和国合同法》第二百八十六条的规定,认定建筑工程的承包人的优先受偿权优于抵押权和其他债权。

6.《最高人民法院关于建设工程价款优先受偿权问题的批复》第四条:建设工程承包人行使优先权的期限为6个月,自建设工程竣工之日或者建设工程合同约定的竣工之日起计算。

四、争议问题

本案的争议焦点为：涉案工程竣工日期应如何认定。

五、简要评论

建设工程竣工验收是指建设工程在由承包商按照合同约定完成全部义务，准备交付建设单位使用前，由建设单位组织设计、施工、监理等有关单位，依照国家关于建设工程竣工验收制度的有关规定，对该工程是否符合合同约定之内容所进行的检查验收工作。

《建筑法》第六十一条规定：交付竣工验收的建筑工程，必须符合规定的建筑工程质量标准，有完整的工程技术经济资料和经签署的工程保修书，并具备国家规定的其他竣工条件。建筑工程竣工经验收合格后，方可交付使用；未经验收或者验收不合格的，不得交付使用。

建设工程经过竣工验收且合格的，方能视为建设工程最终完成即竣工，如双方签字确认竣工日期的，应以双方确认的日期为竣工日期。但是，如果双方未确认竣工日期，应当根据《最高人民法院关于审理建设工程施工合同纠纷案件适用法律问题的解释》第十四条规则予以确定，应当视三种不同情形分别予以认定：

第一，建设工程经竣工验收合格的，以竣工验收合格之日为竣工日期。

第二，承包人已经提交竣工验收报告，发包人拖延验收的，以承包人提交验收报告之日为竣工日期。此与合同中的风险负担规则相似，基于保护诚信当事人的利益，建设单位为了自己的利益恶意阻止条件成就的，应当视为条件成就。

第三，建设工程未经竣工验收，发包人擅自使用的，以转移占有建设工程之日为竣工日期。

关于涉案工程竣工日期的认定问题，本案中，审理法院认定德胜公司于2013年3月25日就涉案厂房工程向兰溪市建设工程质量监督站填报《兰溪市未按程序建设工程登记表》时，工程实际未经过竣工验收合格，为便于提早办理房地产权证而将工程竣工验收时间登记为2012年8月30日，涉案厂房工程的实际竣工验收合格时间应为2013年8月8日，依照上述"以竣工验收合格之日为竣工日期"的规定，涉案厂房的工程竣工日期为2013年8月8日。此种认定是值得肯定的。

江苏康缘药业股份有限公司与江苏信联建设工程有限公司建设工程施工合同纠纷案

一、基本案情

2011年8月份，江苏康缘药业股份有限公司（以下简称康缘公司）（发包人）与江苏信联建设工程有限公司（以下简称信联公司）（承包人）签订《建设工程施工合同》，由信联公司承建康缘公司的康缘注射剂行政办公楼水电安装工程,合同约定的开工日期为2011年7月30日,竣工交付日期为2011年9月30日。合同约定工程款的支付方式为:机械设备及人员进场一周内付合同总价的25%。雨水管道及桥架施工结束付合同总价的25%。配电箱及电缆安装结束付合同总价的20%,工程完成验收后交付使用付合同总价的10%,完成工程结算后付至结算总价的90%(自竣工验收合格之日60天内结算)。自工程竣工交付之日起满一年后15个工作日支付剩余结算总价的10%。合同还约定竣工交付日期为2011年9月30日,承包人必须严格按照合同工期施工,工期延迟交付的,每逾期一天承担违约金5 000元,在确保优质的条件下每提前一天可以奖励5 000元,违约金累计超过10万元,发包人有权随时终止合同。如系甲方的直接原因造成乙方不能按工期施工的,经监理及甲方书面确认后,工期顺延。该合同中约定的施工方的项目经理为陆桂红。

康缘公司一审诉称:本案中涉案工程的开工日期为2011年7月30日,而实际交付日为2012年7月16日,因此信联公司交付逾期285天。根据合同约定,信联公司应承担工程逾期交付的违约金285×5 000=1 425 000元。康缘公司认为信联公司的行为构成违约,严重损害了康缘公司的合法权益,故特向法院提起诉讼,请求信联公司支付违约金50万元,陆桂红承担连带给付责任。

另查明,2010年6月20日,信联公司(甲方/管理方)与陆桂红(乙方/挂靠方)签订《建筑工程挂靠协议》一份。涉案的康缘注射剂行政办公楼的土建也是由信联公司施工的,双方于2010年9月29日签订《建设工程施工合同》,合同约定的工程开竣工日期分别为2010年7月23日和2011年6月30日。合同还约定承包人必须严格按照双方约定的合同工期施工,2010年9月30日完成所有基础(承台、地梁等)施工;2010年10月27日完成一层梁、柱及顶板主体(二层楼面)框架施工;2010年11月25日三层梁、柱及顶板主体(四层楼面)框架施工;2010年12月23日五层梁、柱及顶板主体(封顶)框架施工。2012年7月16日,上述土建及安装工程经施工单位、监理单位、建设单位、设计单位四方整体验收合格。2012年12月15日,经结算,涉案土建工程总价为24 074 875.7元。2012年12月20日经双方结算,安装工程总价为1 509 831.19元。根据康缘公司提供的建筑工程施工质量验收资料(TJ:土建部分),主体结构分部工程质量验收报告显示于2011年5月8日主体结构12个分项经验收合格。

康缘公司主张涉案工程的土建工程按合同约定期限完工,因施工方未提供完整的验收资料,不具备验收条件,另因水电安装工程与土建均是由信联公司方施工,土建和水电安装作为整体验收,只有水电安装工程完成后才能验收。陆桂红称土建是在2011年的7—8月份完工的,但未经康缘公司验收。陆桂红主张其于2011年11月28日已全部完工,由于康缘公司相关证件未办理,导致工程逾期验收,但未提供证据证明。陆桂红还主张因精装修设计变更,导致工期延误,亦未提供证据证明。陆桂红还主张因康缘公司未按合同约定期限支付工程款导致工期延误,康缘公司认为如确因康缘公司延期支付工程款造成工程延误,施工方应当提交工程签证单,办理顺延工期签证;另外根据合同约定,先开票后付款,康缘公司完全按照来票付款,并未拖欠。[(2015)连民终字第00729号]

二、诉讼过程及裁判理由

原审法院认为:违反法律、行政法规的强制性规定的合同为无效合同。陆桂红与信联公司连云港分公司签订建设工程挂靠协议,借用信联公司的施工资质与康缘公司签订了建设工程施工合同,违反国家关于建设工程施工资质管理的强制性规定,故上述建设工程施工合同及建设工程挂靠协议均系无效合同。因信联公司及陆桂红已对涉案工程进行了实际施工,并已施工完毕,康缘公司应向信联公司及陆桂红支付工程款,因信联公司及陆桂红延期施工,造成工程延期交付,确实给康缘公司带来一定的损失。挂靠人以被挂靠人名义订立建设工程施工合同,因履行该合同产生的民事责任,挂靠人与被挂靠人应当承担连带责任,故信联公司与陆桂红应对康缘公司的损失承担连带赔偿责任。陆桂红关于逾期竣工是因土建工程的延期造成的辩解理由,无事实依据,原审法院不予采信。陆桂红关于因精装修工程延误及康缘公司未取得相关手续导致竣工验收日期后延的辩解理由未提供证据证明,原审法院亦不予采信。对于给康缘公司造成损失的具体数额,因康缘公司投资建设该工程投入大量资金,工程的逾期交付使康缘公司的投入不能如期得到回报,康缘公司主张按工程总造价的同期银行贷款利息计算285天并无不当,但因土建工程的竣工验收日期也为2012年7月16日,康缘公司并未提供证据证明土建部分逾期竣工也是因陆桂红的原因所致,故土建部分逾期的损失不应在本案中由信联公司及陆桂红支付,故康缘公司的损失应以涉案水电安装工程总造价1 509 831.19元计算,金额为78 982.62元。康缘公司主张的定金损失50万元是否实际发生无法确定,原审法院不予支持。综上,原审法院依照《中华人民共和国合同法》第五十二条第(五)项、《最高人民法院关于审理建设工程施工合同纠纷案件适用法律若干问题的解释》第一条第(二)项、《中华人民共和国民事诉讼法》第六十四条第一款、第一百四十四条之规定,判决信联公司及陆桂红于判决发生法律效力之日起十日内连带给付康缘公司逾期竣工造成的损失78 982.62元。一审案件受理费8 800元,由康缘公司承担7 000元,由信联公司及陆桂红承担1 800元。

上诉人陆桂红不服原审判决,向本院提起上诉称:1.康缘公司延期支付工程款影响上诉人施工,理应顺延上诉人的工期。合同约定机械设备及人员进场一周内付合同总价的25%,但康缘公司于2011年8月29日才付出第一笔工程款。既然一审法院认定康缘公司支付工程款延迟,就应当支持上诉人工期顺延的抗辩理由。2.造成工程逾期的原因并非仅是上诉人的水电安装和信联公司的土建施工,还包括消防施工、精装修工程等。在康缘公司没有拿出行政办公楼所有施工单位的验收资料的情况下,一审法院认定信联公司承担工程逾期的全部责任证据不足、有失公正。

二审法院依据《中华人民共和国合同法》第二百八十三条的规定,对于发包人康缘公司未按照约定时间支付工程款的,信联公司及陆桂红可以顺延工程日期。康缘公司于2011年8月29日向信联公司支付涉案工程款429 274元,比合同约定的第一笔付款时间即2011年8月5日延期24天,信联公司及陆桂红可以顺延工期24天。此后,在涉案工程完工前康缘公司未延迟付款,故陆桂红及信联公司造成涉案工程逾期261天。消防工程、精装修等工程属于附属工程,陆桂红所举证据并不足以证明上述附属工程影响其水电安装工期,且陆桂红亦未举证证明康缘公司及监理对消防、精装修等工程造成涉案工程工期逾期进行书面确认。故本院对上诉人陆桂红的该上诉理由不予采纳。

三、关联法条

1.《合同法》第五条：有下列情形之一的,合同无效：(一) 一方以欺诈、胁迫的手段订立合同,损害国家利益;(二) 恶意串通,损害国家、集体或者第三人利益;(三) 以合法形式掩盖非法目的;(四) 损害社会公共利益;(五) 违反法律、行政法规的强制性规定。

2.《合同法》第二百八十三条：发包人未按照约定的时间和要求提供原材料、设备、场地、资金、技术资料的,承包人可以顺延工程日期,并有权要求赔偿停工、窝工等损失。

3.《最高人民法院关于审理建设工程施工合同纠纷案件适用法律问题的解释》第一条第(二)项：建设工程施工合同具有下列情形之一的,应当根据合同法第五十二条第(五)项的规定,认定无效：(二)没有资质的实际施工人借用有资质的建筑施工企业名义的。

四、争议问题

本案的争议焦点为：1. 被上诉人康缘公司是否存在延期付款的行为,是否应顺延工期;2. 消防施工、精装修工程是否导致涉案工程逾期。

五、简要评论

在工程承包施工中,因受工程规模、项目实施环境、立约各方履行合同情况等多方面因素的影响,经常发生工期延误问题。如果发包方没有按照合同约定的时间和要求提供原材料、设备、场所、资金、技术资料,发包人应当承担违约责任。除工程日期可以顺延外,还应当赔偿承包人因此造成的停工、窝工等损失。《合同法》第二百八十三条规定,"发包人未按照约定的时间和要求提供原材料、设备、场地、资金、技术资料的,承包人可以顺延工程日期,并有权要求赔偿停工、窝工等损失"。这是我国《合同法》有关建设工程合同中工期顺延权的明确规定。实务中,当事人常常在合同中就上述情况特别约定承包方应当办理顺延签证。问题在于,如果承包方没有办理工期顺延签证,是否享有工期顺延权？根据《合同法》第二百八十三条规定,发包方未按合同约定提供原材料、设备、场地、技术资料,承包人即享有工期顺延权,法律并未以办理工期顺延签证为前提条件。因此,承包方在未按合同约定办理工期顺延签证的情况下主张工期顺延权的,法院一般应予支持。因为发包方未按合同约定提供施工所用原材料、设备、场地、技术资料,承包方就无法进行施工,必然导致工期延误,该困难非可责难承包方,应当归咎于发包方,故此时基于公平的考量,亦应当支持发包方的工期顺延权。

归纳来说,在建设工程合同履行过程中如果出现以下情形,承包人可以顺延工期:①

1. 根据《合同法》第二百七十八条规定,隐蔽工程在隐蔽以前,承包人应当通知发包人检查。发包人没有及时检查的,承包人可以顺延工程日期,并有权要求赔偿停工、窝工等损失。

2. 根据《合同法》第二百八十三条规定,发包人未按照约定的时间和要求提供原材料、设备、场地、资金、技术资料的,承包人可以顺延工程日期,并有权要求赔偿停工、窝工等损失。

3. 根据《最高人民法院关于审理建设工程施工合同纠纷案件适用法律问题的解释》第十五条规定,建设工程竣工前,当事人对工程质量发生争议,工程质量经鉴定合格的,鉴定期间为顺延工期期间。

4. 发包人在履行合同过程中变更设计,造成承包人停工、缓建、返工、改建,或者因发包人的要求而增加工程量。

5. 建设工程勘察、设计合同中,发包人未按照约定的时间和要求提供有关基础资料、文件;建设工程施工合同中,因自然灾害、恶劣天气等不可抗力,致使承包人无法在短期内恢复履行合同。

本案中,审理法院查明康缘公司于 2011 年 8 月 29 日向信联公司支付涉案工程款 429 274 元,比合同约定的第一笔付款时间即 2011 年 8 月 5 日延期 24 天,故认定信联公司及陆桂红可以顺延工期 24 天。而原告主张被告工期延误 285 天,二审法院认定实际延误工期减去工期顺延 24 天,最终确定为 261 天,当属妥当。

大连百施得装修有限公司与哈尔滨卓展时代广场百货有限公司、金马建设开发集团股份有限公司建设工程施工合同纠纷案

一、基本案情

2010 年 3 月 18 日,金马建设开发集团股份有限公司(以下简称金马公司)、大连百施得装修有限公司(以下简称百施得公司)签订《联华购物中心内装修工程合同书》。金马公司作为发包方,将联华购物中心新楼四层统装部分的棚顶、墙面、地面的装修工程,发包给百施得公司;合同约定的工期为:2010 年 4 月 1 日起至 2010 年 6 月 20 日;质量标准为优,合同价款为:采用固定单价合同,即暂定为人民币 400 万元(不含所有规费及税金)。

---

① 可参见:王林清,杨心忠,柳适思,等.建设工程合同纠纷裁判思路[M].北京:法律出版社,2014:146.

2011年3月2日,金马公司作为甲方、哈尔滨卓展时代广场百货有限公司(以下简称卓展公司)作为乙方、百施得公司作为丙方签订了一份《合同主体变更协议》。主要内容为:鉴于原甲方开发建设的"联华购物中心"项目名称变更为"卓展购物中心",该项目开发主体已变更至乙方名下。现甲、乙、丙三方就原甲方同丙方签订的"联华购物中心/卓展购物中心"有关的各类合同主体变更事宜,达成以下协议条款:一、甲乙丙三方同意,从即日起将原在2010年3月18日甲方同丙方签订的《建设工程施工合同》中的一方主体金马建设开发集团股份有限公司或者金马建设开发集团股份有限公司材料部变更为卓展公司;二、合同变更后,原甲方金马建设开发集团股份有限公司/金马建设开发集团股份有限公司材料部的合同权利和合同义务均由乙方承继。原合同约定的各项条款内容不做任何变更,对乙方具有法律约束力;三、本协议生效后,因乙方的违约行为给丙方造成损害时,由乙方自行承担法律责任,甲方不再承担任何法律责任。

施工期间,金马公司代卓展公司给付百施得公司工程款合计为363万元,提供价值1 027 743.75元的工程材料。卓展公司直接支付百施得公司工程款220万元,其中,金马公司最后一次代卓展公司支付百施得公司工程款时间为2013年8月15日,金额为10万元。本院审理期间,金马公司明确表示从此以后,未再为卓展公司代付案涉工程的工程款。

2013年5月12日,卓展公司、金马公司及百施得公司三方协商签订《合同主体变更协议》,将百施得公司与金马公司签订的《联华购物中心内装修工程合同书》中发包人甲方由金马公司变更为卓展公司,《联华购物中心内装修工程合同书》中金马公司的权利义务均由卓展公司承继。协议签订后,金马公司仍于2013年8月15日向百施得公司支付工程款15万元。此后,经百施得公司多次催要,金马公司均以没钱为由拒绝给付,卓展公司亦未按《合同主体变更协议》履行义务,百施得公司特诉至法院。[(2015)哈民二民初字39号]

二、诉讼过程及裁判理由

审理法院认为:本案三方当事人于2011年3月2日、2013年5月12日签订的《合同主体变更协议》的效力问题。《中华人民共和国合同法》第八十八条规定:当事人一方经对方同意,可以将自己在合同中的权利和义务一并转让给第三人。第三十二条规定:当事人采用合同书形式订立合同的,自双方当事人签字或者盖章时合同成立。第四十四条规定:依法成立的合同,自成立时生效。金马公司、卓展公司、百施得公司,围绕"联华购物中心"工程项目开发主体的变更问题,经协商达成协议,内容涉及项目的名称及项目开发主体变更,并分别于2011年3月2日、2013年5月12日签订了内容相同的《合同主体变更协议》。各方对该两份协议的真实性均无异议,只是实际履行了哪一份协议上存在争议。本院认为,该两份协议均出自各方当事人真实意思表示,且并不违反相关法律规定,因此两份协议均合法有效。关于各方争议问题。根据各方举示的证据分析,2011

年3月2日各方当事人签订《合同主体变更协议》后的当年年底,卓展公司即参与到案涉工程的结算工作中,并委托案外人瑞成咨询公司对案涉项目的室内装修工程造价进行了审计,行使了甲方的权利。而本案实际情况却是,从三方签订第一份《合同主体变更协议》时的2011年3月2日起至签订同一内容的第二份协议的2013年5月,直到2013年8月,金马公司并未完全退出案涉项目中,不但以自己的名义委托审计部门对案涉项目工程造价进行审计,还向百施得公司支付了部分工程款(庭审中金马公司对支付工程款行为的解释是代卓展公司支付,卓展公司也认可)。据此本院认为,《合同主体变更协议》的签订使卓展公司取得了"联华购物中心"工程项目甲方主体资格,同时金马公司也未完全退出案涉项目中,与卓展公司共同履行了甲方义务。

关于金马公司应否在欠付工程款范围内对卓展公司承担连带给付责任问题。本案中,卓展公司系基于案涉工程权利义务的承接问题与百施得公司形成债权债务关系。协议签订后,卓展公司因履行三方协议加入到案涉工程施工合同的履行过程中,金马公司虽未立即退出,并代卓展公司承担了部分工程款的支付义务,但金马公司、卓展公司之间并未形成对本案债务互负连带给付责任之约定。法院释明,金马公司明确表示不再继续承担代卓展公司支付工程款义务,且百施得公司未能举示充分证据证明卓展公司与金马公司之间达成了对案涉债务互负连带给付责任之协议,且金马公司代卓展公司支付工程款的行为也不属我国法律规定的承担连带责任的范畴。因此,百施得公司请求金马公司对卓展公司所欠的工程款数额范围内承担连带责任的请求不成立。

三、关联法条

1.《合同法》第三十二条:当事人采用合同书形式订立合同的,自双方当事人签字或者盖章时合同成立。

2.《合同法》第四十四条:依法成立的合同,自成立时生效。法律、行政法规规定应当办理批准、登记等手续生效的,依照其规定。

3.《合同法》第八十八条:当事人一方经对方同意,可以将自己在合同中的权利和义务一并转让给第三人。

四、争议问题

本案的争议焦点为:1. 案涉两份《合同主体变更协议》的效力问题;2. 合同主体变更后责任的承担问题。

五、简要评论

案涉两份《合同主体变更协议》本质上是合同的转让问题。合同转让是指合同权利、义务的转让,即当事人一方将合同的权利或义务全部或部分转让给第三人。按照所转的内容不同,合同转让包括合同权利的让与、合同债务的承担和合同权利义务的概括移转三种类型。① 根据《合同法》第八十八条规定,当事人一方经对方同意,可以将自己在合同中的权利和义务一并转让给第三人。合同转让有以下特点:(1)合同转让以不改变原合同的权利义务内容为前提。合同转让旨在使原合同权利义务全部或部分地从合同一方当事人转移给第三人。(2)合同的转让发生合同主体的变化。合同转让并非在于保持原合同关系,而是通过转让形成新的合同关系,合同的主体发生变更,第三人代替原主体或者加入合同成为合同当事人。(3)合同转让往往涉及两种不同的法律关系。合同的转让主要是在转让人和受让人之间完成的,但因为合同具有相对性,转让关涉原合同当事人的利益,故法律要求义务的转让应当取得另一方当事人同意,而权利的让与应当通知到另一方当事人。

债务承担属债的移转范畴,传统的民法理论将其分为免责的债务承担和并存的债务承担。承担人(第三人)承担债务人所移转的债务,债务人脱离债务关系称为免责的债务承担。承担人(第三人)加入到债的关系中,与债务人共同承担债务称为并存的债务承担,亦称债务的加入。免责的债务承担,债务全部移转于第三人时,原债务人脱离债务关系,第三人承受原债务人地位,债权人可就全部债务要求第三人履行,第三人不履行、履行不完全时承担违约责任。并存的债务承担是指第三人依法律规定或当事人之间的约定,加入到原债之关系中成为新债务人,与债务人共同就原债务向债权人承担清偿责任的债务承担方式。

案涉两份《合同主体变更协议》均为三方当事人真实意思表示,且以书面为凭,得以证明转让协议的合法有效,故协议自三方当事人签章时生效。从案涉《合同主体变更协议》约定的内容可以看出,转让人金马公司是将其全部权利和义务一并转让给卓展公司。合同一旦转让,受让人卓展公司取代转让人金马公司成为原合同一方主体而享有权利或承担义务。而转让人金马公司退出合同关系,对原合同不再享有权利或者承担义务,当然亦无须与卓展公司承担连带责任。

四川省绵阳市平武县人民检察院与平武县兴达建设有限责任公司建设工程合同纠纷案

一、基本案情

2010年4月6日,被告重庆西征建设工程咨询有限公司受第三人平武县人民检察院委托,对该院灾后办公楼主体工程重建对外进行招标。招标公告载明招标工程建筑面积约3800平方米,同时公布的还有设计施工图纸及工程量清单。原告中标后,于2010年7月5日与第三人订立了《建设工程施工合同》,该合同在绵阳市发展和改革委员会做了招投标备案登记。2010年7月15日该工程取得《建设工程施工许可证》,随后工程开

---

① 崔建远.合同法[M].北京:法律出版社,2007:200.

工建设,施工作业完全按照图纸进行。施工过程中,在进行内部装修时,增加了部分工程量,增加部门的修装款已经另行支付。2011年12月18日工程完工,2012年9月第三人已实际入住使用。第三人支付原告工程款650万余元并退还其履约保证金及民工工资保证金。2012年7月该工程提请审计,审计过程中双方就部分工程量事项争议经多次会商未果,平武县审计局至今未有作出审计结论。2014年3月13日,原告自行委托绵阳市全成测绘有限公司对建成的平武县人民检察院办公楼进行了测绘,测得建筑面积为4 313.63平方米。在该份测绘报告中,将室外楼梯361.77平方米和顶楼水箱9.64平方米,合计371.41平方米的建筑部分,另及办公楼楼梯部分测绘为建筑面积。该部分建筑面积,在招投标文件及双方订立的施工合同附件即施工图纸上均有记载,也计入了工程量清单,只是未统计入建筑面积。

兴达公司诉称:2010年4月6日,重庆西征建设工程咨询有限公司代理第三人平武县人民检察院进行办公楼建设工程招标,重庆西征建设工程咨询有限公司在网上发布的工程建筑面积约3 800平方米,而实际施工图纸及测绘面积4 313.63平方米。重庆西征建设工程咨询有限公司发布虚假招标文件,致原告经济损失845 011元。现诉请判决:1. 撤销原告与被告因虚假招标而于2010年7月15日订立的建设工程施工合同;2. 被告及第三人赔偿原告经济损失845 011元。[(2015)渝四中法民终字第00347号]

二、诉讼过程及裁判理由

一审法院认为,原告以合同纠纷提起本案诉讼,合同诉讼遵循相对性原则。《中华人民共和国民法通则》第六十三条规定,"代理人在代理权限内,以被代理人的名义实施民事法律行为。被代理人对代理人的代理行为承担民事责任。"本案被告受第三人委托并在委托权限内,以第三人名义对外进行工程招标之事实可予认定。故该招投标活动及之后的建设工程施工合同均应由第三人承担民事责任,第三人是合同相对主体即本案诉讼适格当事人。同时,第三人在办公楼主体工程对外招标中,除提供施工图纸外还附有工程量清单。原告自行委托测绘使用与第三人提供用于施工的是同一份施工图纸,主体工程室外楼梯、顶楼水箱及部分楼梯间均在之上有所记载。不同的是原告委托测绘的报告对该部分施工面积作了单独计算,而第三人提供的施工图纸未计算为施工面积。上述部分是否应当计入图纸面积属于建筑学上的专业技术问题。但在法律上判断,在两者数据并非显著差异且第三人既提供有施工图纸,又将上述施工内容计入工程量清单,而事实上双方又按照实际施工量进行结算的情况下,对原告利益并无损害。因此,在合同缔结及履行过程中,第三人并无虚构和隐瞒真实情况的故意,无从谈及欺诈。故原告与第三人2010年7月5日订立的《建设工程施工合同》应为有效合同,双方应当全面适当履行合同义务。判决:驳回原告平武县兴达建设有限责任公司的诉讼请求。

二审法院认为,欺诈是指以使人发生错误认识为目的故意行为。而招标欺诈,一般指招标人故意发布虚假信息以使投标人产生错误认识。要判断招标人平武县检察院是否存在招标欺诈行为,就要看平武县检察院在发布招标公告中是否故意将工程的建筑面积错误记载。从平武县检察院在发布招标公告中可见,该公告中记载的工程建筑面积是约为 3 800 平方米,而在招标的过程中,招标人对于该工程建筑面积的数据应当也只能来源于工程设计图及相关资料。从兴达公司提供的工程设计图来看,该设计图第 2.1.2 载明工程面积为 4 099.25 平方米,而该设计图所附楼层图载明第一层、二、四、五层建筑面积为 786.65 平方米、第三层为 689.36 平方米,共计建筑面积为:3 835.96 平方米;而从平武县检察院举示的工程量清单上载明的建筑面位为 3 797.74 平方米。故此,从设计图纸和工程量清单所反映的建筑面积的数据来看,存在三个建筑面积的数据,即 4 099.25 平方米、3 835.96 平方米、3 799.74 平方米。招标人平武县检察院在招标公告上记载的工程建筑面积为约 3 800 平方米,虽然该数据与前三个建筑面积数据都不一致,但其公布的是"约数",且该数据与 3 835.96 平方米、3 799.74 平方米接近,可见,平武县检察院在招标公告上公布的建筑面积数据虽然不准确,但数据有合理的来源。因平武县检察院在招标时所掌握的工程建筑面积的数据不是唯一的,难以认定平武县检察院故意隐瞒工程建筑面积数据。因此,原告现在以工程修建完工后的实际建筑面积与招标公告上记载的建筑面积不符为由主张平武县人民检察存在招标欺诈不能成立。因兴达公司主张的招标欺诈的理由不能成立,其相应的关于撤销兴达公司与平武县检察院之间于 2010 年 7 月 5 日订立的《建设工程施工合同》及赔偿损失的诉求因缺乏事实依据,也不应得到支持。

三、关联法条

1. 《民法通则》第六十三条:公民、法人可以通过代理人实施民事法律行为。代理人在代理权限内,以被代理人的名义实施民事法律行为。被代理人对代理人的代理行为,承担民事责任。依照法律规定或者按照双方当事人约定,应当由本人实施的民事法律行为,不得代理。

2. 《合同法》第五十二条:有下列情形之一的,合同无效:(一)一方以欺诈、胁迫的手段订立合同,损害国家利益;(二)恶意串通,损害国家、集体或者第三人利益;(三)以合法形式掩盖非法目的;(四)损害社会公共利益;(五)违反法律、行政法规的强制性规定。

3. 《合同法》第五十四条:下列合同,当事人一方有权请求人民法院或者仲裁机构变更或者撤销:(一)因重大误解订立的;(二)在订立合同时显失公平的。一方以欺诈、胁迫的手段或者乘人之危,使对方在违背真实意思的情况下订立的合同,受损害方有权请求人民法院或者仲裁机构变更或者撤销。当事人请求变更的,人民法院或者仲裁机构不得撤销。

四、争议问题

本案的争议焦点为:本案中是否存在招标欺诈行为,建设工程合同是否可以被撤销。

五、简要评论

目前建设工程市场，一些建设单位为了利用企业急于承接工程项目的心态，虚构一些有关建设工程的虚假信息，如工程项目的立项、土地使用权、规划许可均已办妥，使建筑企业陷入错误，与之签订建设工程合同，并交纳巨额的各种保证金。归纳来说，民事欺诈的构成要件主要包括以下几个方面：首先，欺诈方主观上具有欺诈的故意；其次，欺诈方实施了欺诈行为；再次，被欺诈一方因欺诈而陷入错误；最后，被欺诈一方因错误而作出了意思表示。

对于此种情况下签订合同的法律效力，应当分以下三种情形具体分析：

第一，如果发包人虚构的事实属于阻却合同生效的要件，如根本没有办理立项手续、土地使用权证等，应认定为无效，可以要求对方承担缔约过失责任。

第二，发包人虚构的情形为非阻却生效要件，但构成民法上欺诈之要件的，如工程施工难度与告知严重不符，施工难度较大，当事人可行使撤销权。

第三，发包人根本没有可以发包的项目，或者已将项目依法转包给他人的，发包人纯粹以骗取财物为目的，则发包人行为可能构成刑法上的合同诈骗罪，应当予以刑事制裁。

本案中，二审法院认定兴达公司主张招标人平武县检察院在对其办公楼工程招标的过程中存在招标欺诈行为，而其主张的欺诈事实主要体现在招标文件上载明的面积与实际建筑面积不符，也与设计图纸上记载的数据不符。平武县检察院在招标公告上公布的建筑面积数据虽然不准确，但数据有合理的来源。因平武县检察院在招标时所掌握的工程建筑面积的数据不是唯一的，难以认定平武县检察院故意隐瞒工程建筑面积数据。因此，兴达公司现在以工程修建完工后的实际建筑面积与招标公告上记载的建筑面积不符为由主张平武县人民检察存在招标欺诈不能成立。

安德付诉贵州杨申房地产开发有限公司等建设工程施工合同纠纷案

一、基本案情

杨申房产公司是榕江县滨江一号住宅小区的开发商，并将该工程项目发包给湖南地建公司承建。2012年12月28日，湖南地建公司又将该工程的孔桩开挖转包给原告安德付施工，双方签订了《建设工程劳务承包合同》。合同约定：2013年月1日开工，2013年4月15日竣工；工程款结算三次，即在春节前开挖的孔桩2013年2月5日进行结算一次，按80%工程量支付工程款；春节后开挖的孔桩工程量于2013年3月28日结算一次，按工程量的80%支付工程款；最后一次结算是按完工验收进行结算。

合同正式签订前，安德付已组织民工开挖孔桩，至2013年6月13日孔桩工程全部竣工。2013年6月18日，安德付向湖南地建公司提交书面结算清单，要求按工程量

15 564.36立方米进行结算,工程款为3 579 802.8元,设计外增加工程量按工程款111 656元结算,两项合计为3 691 458.80元。因双方对按护壁厚度22.5 cm计算产生分歧。同月20日,安德付即带领民工十多人先到监察大队,并向该大队诉称湖南地建公司拖欠民工工资62.5万余元,随后,湖南地建公司派出代表赶到监察大队进行协商处理。经榕江县劳动保障监察大队杨华政等人的调解,双方达成了结算协议,双方在监察大队办公室自愿签订了《榕江县滨江一号项目完工结算表》《建设工程付款协议书》,安德付还向湖南地建公司出具了结算领款《收据》和《承诺书》。《完工结算表》中记载:安德付施工的总工程量为13 427.09立方米,单价230元,总工程款308.82万元,结算扣除第一、二次预结算已领的工程款209.95万元和两次借支50万元,以及湖南地建公司为安德付垫付的保险费2万元,余工程尾款46.88万元。《付款协议书》中约定和写明:安德付承包的工程已于2013年6月13日全部完工,并已经作竣工验收,因安德付拖欠工人工资,在安德付同意下,由湖南地建公司将工程余款46.88万元,直接支付给民工,不足部分由安德付负责支付,与湖南地建公司无关。湖南地建公司当场以现金支付工程余款,当日,湖南地建公司根据协议约定和安德付提供的尚欠民工工资名单表册,将现金直接发放给相关民工,由民工在表册上签名认领。安德付并写下《承诺书》,内容为:"本人安德付在滨江大道一号工地挖孔桩,现湖南省地质建设(集团)总公司滨江大道一号地项目部工程款已全部付清,以后工人工资由安德付支付,今后我承包的项目(人工挖孔桩)所欠工人工资本人自己负责支付,与项目部杨新老板无关。"安德付写的《收据》内容为:"截至2013年6月20日,共收到湖南省地质建设工程(集团)总公司榕江县滨江一号项目部基础人工挖孔桩工程款人民币叁佰零捌万捌仟贰佰元整(308.82万元)工程款已全部结清。"2013年10月12日,安德付以2013年6月20日达成的结算协议,是在其人身安全受到威胁以及湖南地建公司胁迫的情况下签订的,不是安德付真实意思表示为由,2013年6月20日与湖南地建公司达成的《建设工程付款协议书》存在显失公平的问题,请求法院依法一并撤销。[(2015)黔东民终字第226号]

二、诉讼过程及裁判理由

审理法院认为,关于安德付与湖南地建公司达成的《建设工程付款协议书》是否存在显失公平的问题,我国合同法第五十四条规定,当事人一方请求人民法院变更或者撤销的合同为:1.因重大误解订立的;2.在订立合同时显失公平的,以及一方以欺诈胁迫的手段或者乘人之危,使对方在违背真实意思的情况下订立的合同。根据上述法律的规定,构成显失公平必须具备两方的构成要件,一是在客观要件上,一方在经济利益上遭受重大损失,存在违反民法通则中的等价公平原则;二是在主观要件上,一方故意利用其优势,另一方以草率、无经验等订立的合同。而本案双方对合同工程量计量达成的协议,是在榕江县劳动监察大队的组织下,经双方充分协商,在取得一致意见的基础上达成的协议,协议确定孔桩护壁厚度为15 cm,对计划外工程量不再单独结算,虽然从客观上看安德付利益出现减少,但是,从主观上看,安德付对应得的部分利益的放弃,并不是安德付自己的草率行为和无经验等因素形成,而是自愿放弃部分利益,能够及时与湖南地建公司进行结算的真实意思表示所形成的结果,符合正常的市场交往习惯和规律。因此,安德付提出2013年6月20日与湖南地建公司达成的《建设工程付款协议书》存在显失公平的问题,不符合显失公平的主观要件,其理由不能成立,法院不予采纳。

关于双方签订的结算协议是否存在受胁迫、乘人之危的问题。《中华人民共和国民事诉讼法》第六十四条规定:"当事人对自己提出的主张,有责任提供证据。"《最高人民法院关于适用〈中华人民共和国民事诉讼法〉的解释》第九十条规定:"当事人对自己提出的诉讼请求所依据的事实或者反驳对方诉讼请求所依据的事实,应当提供证据加以证明,但法律另有规定的除外;在判决前,当事人未能提供证据或者证据不足以证明当事人的事实主张的,由负有举证证明责任的当事人承担不利的后果。"安德付与湖南地建公司是在榕江县劳动监察大队的组织下,双方签订了《建设工程付款协议书》,安德付提出受胁迫、乘人之危的问题,应由其提供证据证实,安德付没有提供具体受到何种胁迫的相关证据证实,也没有提供湖南地建公司如何乘人之危的相关证据证实,导致其在违背自己真实意思情况下签订的协议,对此,安德付应承担举证不能的法律后果。安德付提出其与湖南地建公司签订的《建设工程付款协议书》,是在受胁迫、乘人之危的情况下签订的协议,其理由不充分,法院不予采信。

三、关联法条

《合同法》第五十四条:下列合同,当事人一方有权请求人民法院或者仲裁机构变更或者撤销:(一)因重大误解订立的;(二)在订立合同时显失公平的。一方以欺诈、胁迫的手段或者乘人之危,使对方在违背真实意思的情况下订立的合同,受损害方有权请求人民法院或者仲裁机构变更或者撤销。当事人请求变更的,人民法院或者仲裁机构不得撤销。

四、争议问题

本案的争议焦点为:案涉《建设工程付款协议书》是否显失公平。

五、简要评论

显失公平的合同是指一方当事人利用优势或对方缺乏经验,在订立合同时致使双方的权利和义务明显违反公平、等价有偿原则的合同。作为建设工程的发包人和承包人,尽管在法律上有平等之地位,但是现实生活中的不平等状况却是一种客观的普遍现象。建筑企业为了求生存、争业务,不惜屈从于建设单位种种苛刻条件,以致双方在现实中的地位严重失衡。建设单位利用自己的市场优势,在工程项目发包过程中,采用各种方法和手段,如提出承包人交纳巨额质量保证金、履约保证金,垫资施工等苛刻条件,以达到肆意压价的目的。由此,显失公平在合同当事人之间产生。

《最高人民法院关于贯彻执行〈中华人民共和国民法通则〉若干问题的意见》(以下简称《民通意见》)第七十二条规定,一方当事人利用优势或者利用对方没有经验,致使双方的权利和义务明显违反公平、等价有偿原则的,可以认定为显失公平。根据学术界的通说,显失公平的合同应当有两个构成要件:一是主观要件,即一方故意利用其优势或另一方无经验订立了显失公平的合同;二是客观要件,即客观上当事人利益不平衡。对于显失公平的后果,《合同法》第五十四条明确赋予显失公平受害方撤销权,但对于该撤销权的行使期限法律予以了严格规定。《合同法》第五十五条规定:"有下列情形之一的,撤销权消灭:(一)具有撤销权的当事人自知道或者应当知道撤销事由之日起一年内没有行使撤销权;(二)具有撤销权的当事人知道撤销事由后明确表示或者以自己的行为放弃撤销权。"

而实务中,建设工程合同当事人主张显失公平行使撤销权,举证较难,其需要证明存在上述《民通意见》所要求的主观要件和客观要件,且必须在 1 年的除斥期间内行使。

本案中,安德付与湖南地建公司签订的《建设工程劳务承包合同》,虽然双方协议是按图施工,孔桩护壁厚度应以施工图确定的 22.5 cm 计算工程量,但是,在榕江县劳动监察大队的主持组织下,双方已经自愿达成了所有孔桩护壁厚度以 15 cm 计算工程量,并且签订了《建设工程付款协议书》,该协议应该是双方对结算工程量的最终确认,同时,双方已按最终确认的工程量进行了结算。协议确定孔桩护壁厚度为 15 cm,对计划外工程量不再单独结算,虽然从客观上看安德付利益出现减少,但是,从主观上看,安德付对应得的部分利益的放弃,是自愿放弃部分利益,能够及时与湖南地建公司进行结算的真实意思表示所形成的结果,符合正常的市场交往习惯和规律。因此,安德付提出 2013 年 6 月 20 日与湖南地建公司达成的《建设工程付款协议书》存在显失公平的问题,不符合显失公平的主观要件。

第四章 工程合同的履行与解除

第一节 工程合同的履行

筑安公司与曲阜市建筑公司工程价款结算纠纷案

一、基本案情

2003年初,曲阜市政府决定开发商品交易城,由曲阜孔某公司投资开发,孔某公司将该工程发包给筑安公司,预测合同单价为635元/平方米—645元/平方米之间,并规定总包单位与分包单位在工程合同中应注明相关变更等事宜;2003年5月14日,筑安公司与曲阜市建筑公司签订了工程施工协议书,约定采用固定价格的承包方式(价格为639元/平方米)。尔后曲阜市建筑公司进行了施工,2003年9月至2004年3月,孔某公司与筑安公司对部分工程进行了验收。2004年3月2日,筑安公司与孔某公司签订补充协议,将全部工程的承包单价调整为631.44元/平方米;3月8日,筑安公司与曲阜市建筑公司签订补充协议,主要就竣工日期、逾期责任、工程款的拨付等事项进行了补充协商,但未涉及工程价款结算标准的变更。7月1日,筑安公司主持召开分公司内部有关部门及该工程所有项目部参加的结算工程会议,会议大纲写明结算原则按山东省96综合定额、计算规则、据实结算,到会人员在会议签到簿上签字。2005年5月至年底,曲阜市建筑公司将所建房屋钥匙陆续交与孔某公司,随即要求筑安公司按照合同约定价格支付工程余款及部分后续工程款,筑安公司拒付。曲阜市建筑公司遂起诉至法院,要求筑安公司按照合同固定价格给付工程款;筑安公司在案件审理过程中对案涉工程进行工程价款审价鉴定,要求按照鉴定结果进行结算。[(2016)鲁08民终553号]

二、诉讼过程及裁判理由

一审法院认为,涉案工程应以双方合同约定的固定价格结算工程价款,而不应以鉴定的方式结算。理由主要有以下几点:首先,被告在对商品交易城工程发包时,对当时的情势做出了明确的预见,其与曲阜孔某公司的会议纪要中载明:"测算工程合同单价应为635元/平方米—645元/平方米之间;工程量及工程预算难免有一定范围的出入,总包单位与分包单位在工程合同中应注明相关变更等事宜。"其次,2003年5月14日,原、被告签订的《工程施工协议书》中就涉案工程的结算标准明确约定采用固定价格(639元/平方米)。再次,该协议履行过程中,被告与孔某公司于2004年3月2日签订了《补充协议》，将全部工程价款的结算标准变更为631.44元/平方米。而3月8日，被告与原告签订的补充协议并未涉及工程价款的结算标准的变更问题。因此可见，在此时间节点、事实、理由之下，双方并无变更工程价款结算原则的意思表示；最后，2004年7月1日被告虽然主持召开了分公司内部有关部门及工程所有项目部参加的结算工作会议，但此会议记录并不是双方签订的变更工程价款结算原则的合同，没有双方当事人的签字盖章，而只有参会人员在《结算工作会议签到簿》上的签字，此签字行为不能代表双方当事人的协议，不构成合同价格的变更。一审法院因此将工程价款结算标准认定为双方合同中约定的固定价格。

二审法院认为，双方当事人于2003年5月14日签订的《工程施工协议书》中明确约定"本工程合同价款采用固定价格639元/平方米"；且双方在2004年3月8日签订的《补充协议》中依然约定筑安公司"按工程协议的条款规定，保证工程款的拨付"，而没有对工程款计价方式进行变更，因此，涉案工程的工程款应当按照双方上述《工程施工协议书》的约定采用固定单价乘以工程面积的方式确定。二审法院因此对一审法院认定的工程价款结算方式予以认可。

三、关联法条

1. 《合同法》第二百七十九条：建设工程竣工后，发包人应当根据施工图纸及说明书、国家颁发的施工验收规范和质量检验标准及时进行验收。验收合格的，发包人应当按照约定支付价款，并接收该建设工程。建设工程竣工经验收合格后，方可交付使用；未经验收或者验收不合格的，不得交付使用。

2. 《最高人民法院关于审理建设工程施工合同纠纷案件适用法律问题的解释》第十六条：当事人对建设工程的计价标准或者计价方法有约定的，按照约定结算工程价款。因设计变更导致建设工程的工程量或者质量标准发生变化，当事人对该部分工程价款不能协商一致的，可以参照签订建设工程施工合同时当地建设行政主管部门发布的计价方法或者计价标准结算工程价款。建设工程施工合同有效，但建设工程经竣工验收不合格的，工程价款结算参照本解释第三条规定处理。

3. 《最高人民法院关于审理建设工程施工合同纠纷案件适用法律问题的解释》第二十二条：当事人约定按照固定价结算工程价款，一方当事人请求对建设工程造价进行鉴定的，不予支持。

四、争议问题

本案主要争议焦点为：案涉工程的价款结算依据如何确定。

五、简要评论

合同是平等主体之间设立、变更、终止民事权利义务关系的协议。作为民事法律行为,合同是当事人协商一致的产物,属于典型的民事自治领域,只要双方当事人的意思表示真实、合法,并达成一致,则合同便成为双方当事人之间的法律,当事人之间权利义务的确定都按照已有约定进行。对于债权合同来说,价款或报酬是此类合同的基本内容,合同双方当事人通常会在合同中对此问题进行明确约定。基于当事人自治的私法理念,在双方当事人已经对合同的价款或报酬进行约定的情况下,价款或报酬便要按照约定给付。当然,此处所谓"当事人已有约定"不仅包括双方当事人在合同订立之时的约定,当事人还可以在合同的履行过程中通过补充协议的方式进行约定,也可以在协商一致的情况下对已有约定进行变更。即便如此,实践中还是存在没有约定价格或者约定不明的情形,对于此种情况,《合同法》第六十二条第二项规定,"价款或者报酬不明确的,按照订立合同时履行地的市场价格履行;依法应当执行政府定价或者政府指导价的,按照规定履行"。建设工程合同作为债权合同的一种基本上也遵循《合同法》确定的价格或者报酬确定方式——缔约方通常会在合同订立之时约定工程价款及具体给付方式,在约定明确时,工程价款当然按照约定结算;在没有约定或约定不明时则才适用工程所在地造价部门发布的定额给付。

本案对工程价款结算依据的争议实际上是对合同约定是否明确、是否变更的争议。具体分析,本案中,曲阜孔某公司将投资开发的商品交易城发包给筑安公司,筑安公司又分包给了曲阜市建筑公司。其中孔某公司和筑安公司约定的合同单价为635元/平方米—645元/平方米之间,并规定总包单位与分包单位在工程合同中应注明相关变更等事宜。而筑安公司和曲阜市建筑公司则约定采用固定价格的承包方式,固定价格为639元/平方米。之后,虽然孔某公司和筑安公司通过变更合同方式将全部工程的承包单价调整为631.44元/平方米,但筑安公司与曲阜市建筑公司签订补充协议却未涉及工程价款结算标准及价格的变更。也就是说,此建设工程中实际上存在两组合同关系:一组是孔某公司和筑安公司之间的权利义务关系;另一组则是筑安公司和曲阜市建筑公司之间的权利义务关系。根据合同相对性原则,合同双方订立的合同权利和义务一般只对合同当事人具有拘束力,对于合同外的第三人并不具有合同拘束力。在本案中,孔某公司和筑安公司订立的第一份合同中业已说明筑安公司在与他人订立的合同中,应注明相关变更等事宜。但是,筑安公司在与曲阜市建筑公司签订的合同却选择采用固定价款的方式,对合同价格是否根据情势进行变更并无说明,并且在后续的补充合同中也并未对前述的固定价款提出异议。基于合同相对性的原则,孔某公司和筑安公司之间的约定对于曲阜市建筑公司并不具有拘束力,建设工程价款的确定原则上应该遵循当事人之间的约定。既然筑安公司和曲阜市建筑公司在订立的合同中业已确定了工程价格计算方式,并且在后续的补充协议中并未加以变更,只要合同合法有效就应该继续履行该合同。对于2004年7月1日筑安公司主持召开的分公司内部有关部门及工程所有项目部参加的结算工作会议对结算方式的变更,曲阜市建筑公司只是作为参会人员在签到簿上签字,并不构成合同价格的变更。因此,在合同约定明确且无变更的情况下,一审和二审法院对案涉工程应以双方合同约定的固定价格结算工程价款,而不应以鉴定的方式结算的判决是妥当的。

赵某某与某建设公司赶工费用纠纷案

一、基本案情

2010年,某建设公司与第三人就某展览馆的建造签订建设工程施工合同,工期为2010年12月1日至2011年3月15日,并约定不得擅自分包。2011年1月14日,某建设公司与赵某某签订建设工程施工劳务承包合同,实质上将案涉工程的主体结构工程分包给赵某某。工期与上述合同相同,约定:合同价款=建筑面积×劳务承包合同单价182元/建筑平方(包括地下室),劳务承包人因赶工期额外增加劳动力及夜间加班造成降低功效按每人每天20元补助,50 000元封顶,同时约定某建设公司委派的担任驻工地的履约人为吕新峰,职务为项目执行经理。2011年2月11日,赵某某与某建设公司又签订了补充协议一份,约定在原合同基础上增加人工费及抢工措施费用100 000元,如果至2011年3月5日不能封顶,则扣除该人工费及抢工措施费用100 000元。赵某某于2010年12月组织人员进行施工,至2011年3月13日封顶。后因工程款给付问题,赵某某起诉至法院,要求某建设公司支付相应工程款及赶工费用。某建设公司答辩称,赵某某无建筑资质,双方所签合同系无效合同;且合同约定是2011年3月5日封顶,工程实际封顶时间是2011年3月13日,并留下部分甩尾工程未予施工,导致答辩人至今无法将该工程竣工验收,因此原告不能享受10万元的抢工费用。[(2013)东民初字第3153号]

二、诉讼过程及裁判理由

法院审理后认为,根据相关法律法规规定,承包人未取得建筑施工企业资质的,所签订的建设工程施工合同无效。国家禁止承包人将工程分包给不具备相应资质条件的单位。本案中原告赵某某没有提供证据证明其有相应的施工资质,被告某建设公司亦没有经过发包人的同意即将涉案工程分包给原告,因此双方所订立的承包合同及补充协议均为无效合同。但原告赵某某已组织人员进行了施工,被告某建设公司应参照合同约定根据原告已完成的工程量支付工程款,并支付原告赶工费用50 000元。由于原告没有按约定时间封顶,对原告要求被告支付增加人工费及抢工措施费用100 000元的诉讼请求本院不予支持。法院经计算发现,某建设公司支付的金额已经超过其应支付的金额,最终判决驳回赵某某的诉讼请求。

三、关联法条

1.《合同法》第五十八条:合同无效或者被撤销后,因该合同取得的财产,应当予以返还;不能返还或者没有必要返还的,应当折价补偿。有过错的一方应当赔偿对方因此所受到的损失,双方都有过错的,应当各自承担相应的责任。

2.《最高人民法院关于审理建设工程施工合同纠纷案件适用法律问题的解释》第二条:建设工程施工合同无效,但建设工程经竣工验收合格,承包人请求参照合同约定支付工程价款的,应予支持。

四、争议问题

本案主要争议焦点为:某建设公司是否应向赵某某给付已完成的工程费用及赶工费用。

五、简要评论

合同的履行以合同有效为前提,而合同有效必须同时满足主体适格、内容合法、双方当事人意思表示真实,以及符合相应的形式要件几个要求。此外,有效成立的合同还必须具有社会妥当性,亦即合同不得违背公序良俗的要求。一般来说,债权合同无效的典型形态是合同约定的内容违法或者违背了公序良俗原则。但主体适格方面也并非不存在问题,特别是就某些特定领域的合同而言。在这些领域,合同的主体适格,除了要求行为人具有相应的民事行为能力外,还需满足特定的资格要求。之所以如此,主要是基于交易安全或者其他的一些规范目的的考虑。例如,由于建筑活动涉及公共安全、公共环境及公共资源,属特种行业,政府为加强设计、监理、施工各企业的市场行为和质量行为的管理,一直实行资质等级许可制度,根据企业的能力,批准允许其从事的专业、规模、高度、跨度等的严格等级。这就导致在建设工程领域只有具备相应资质的企业才能签订某些建设工程合同,与不具有相应资质的主体签订的建设工程合同便会因为主体不适格而被认定为无效。

对于合同无效的法律后果,我国《合同法》第五十八条规定,"合同无效或者被撤销后,因该合同取得的财产,应当予以返还;不能返还或者没有必要返还的,应当折价补偿"。这就意味着,当合同被认定为无效之时,原则上合同双方应该各自返还因该合同而取得的财产;在例外的情况下,折价补偿。这些例外的情况或者是原给付物已经不能返还(如劳动给付),或者是返还已经没有必要(如给付物业已被成为他人物品一部分)。这主要是基于返还的物理可能性、难度或者经济效益等考虑而作出特别的例外规定。建设工程依其性质就属于"不能返还或者没有必要返还的"类型。根据2004年9月29日《最高人民法院关于审理建设工程施工合同纠纷案件适用法律问题的解释》第二条的规定,"建设工程施工合同无效,但建设工程经竣工验收合格,承包人请求参照合同约定支付工程价款的,应予支持"。据此,在建设工程合同无效之时,司法解释确立了参照合同约定结算工程价款的折价补偿的处理方式。该司法解释的规定有以下几个值得注意的特点:首先,是"参照"而不是"按照"合同约定;其次,"参照合同约定支付工程价款"是赋予承包人的选择权,承包人也可以选择根据国家定额对工程据实结算工程款作为折价补偿;最后,法院并没有主动参照合同约定对工程款进行认定的权利。

在本案中,与某建设公司签订建设工程施工劳务承包合同的赵某某并无相应的建筑资质。根据相关的法律法规的规定,该建设工程施工劳务承包合同应该认定为无效。但是,根据2004年9月29日《最高人民法院关于审理建设工程施工合同纠纷案件适用法律问题的解释》第二条的规定,在建设工程竣工并验收合格的情况下,承包人赵某某可以请求某建设公司参照合同约定支付工程价款。在该案中,赵某某无疑可以据此对其完成的工程参照无效合同约定的价款执行,至于未完成的部分,则不得请求给付。但对于赶工费用,因为赵某某未能在合同约定的赶工期之前竣工,当然不能获得赶工费用。因此,一审二审法院对此问题的判决是妥当的。

鼎天公司与天时公司工程保证金退还纠纷案

一、基本案情

2006年7月,鼎天公司与天时公司就商务楼的建造签订建设工程施工合同,鼎天公司为承包人。双方在合同中约定,工程款的3%作为工程保修金,工程结算后两年支付2.5%,余款0.5%待防水渗保修五年后付清。同年9月,涉讼工程开工。2008年11月14日,天时公司收取了鼎天公司提交的2份竣工结算书。之后,天时公司发现涉案工程存在渗漏水的情况,经与鼎天公司商议,2008年12月27日,鼎天公司出具承诺书,承诺在2009年1月20日前按照经双方及设计单位确认的整改方案并完成对天时商务楼地下室和沉降缝处渗漏现象的处理,保证本次整改质量合格,否则天时公司有权拒绝支付其应付的质量保证金(按工程款5%计算)。2009年1月13日,鼎天公司出具天时商务楼车库坡道侧墙渗水处理方案。经上述方案处理后,天时公司仍认为有四处地方漏水,因此要求鼎天公司按国家相关施工规范进一步整改到位,并经验收合格,并先后向鼎天公司发送了三份整改通知书。2010年3月,监理单位出具说明称,地下室施工时未全封闭防水。后双方因工程纠纷诉至法院,鼎天公司要求天时公司退还应付的工程保修金,理由是涉案公司渗水是竣工验收后至保修期内发生的问题,属于质量保修范围,天时公司无权扣减作为保修金的工程款。案件审理过程中,天时公司申请委托瑞邦公司对地下室和沉降缝处漏水是否为工程质量问题进行鉴定,报告显示地下室存在的渗漏水情况因地下室防水工程质量问题引起,属于工程质量瑕疵。天时公司据此不予退还工程保修金。[(2015)浙台民终字第574号]

二、诉讼过程及裁判理由

一审法院认为,根据瑞邦公司出具的司法鉴定报告,鉴定结论为:天时商务楼地下室有渗漏水情况;所存在的渗漏水情况是由于地下室防水工程质量问题引起的。原告鼎天公司于2008年12月27日出具承诺书,承诺在2009年1月20日前按照经双方及设计单位确认的整改方案完成对天时商务楼地下室和沉降缝处渗漏现象的处理,保证本次整改质量合格,否则天时公司有权拒绝支付其应付给鼎天公司的质量保证金(按工程款5%计算)。后虽经多次整改,现仍存在质量问题,因此,天时公司有权拒绝支付以工程款5%计算的质量保证金。

二审法院认为,一审根据上诉人天时公司的申请委托瑞邦公司进对地下室和沉降缝处有无漏水、是否因工程质量问题引起进行鉴定,在鉴定程序方面并无不当之处。瑞邦公司具备相应鉴定资质,鉴定方法科学,出具的鉴定意见客观公正,故应予采信。对于鼎天公司所称天时公司无权扣减质量保修金这一问题,本院认为承诺书中的质量保证金即为工程质量保修金,因上诉人鼎天公司多次整改仍存在质量问题,未能做到整改质量合格,故上诉人天时公司可有权拒绝支付该款项。

三、关联法条

1.《合同法》第二百八十一条:因施工人的原因致使建设工程质量不符合约定的,发包人有权要求施工人在合理期限内无偿修理或者返工、改建。经过修理或者返工、改建后,造成逾期交付的,施工人应当承担违约责任。

2.《最高人民法院关于审理建设工程施工合同纠纷案件适用法律问题的解释》第十一条:因承包人的过错造成建设工程质量不符合约定,承包人拒绝修理、返工或者改建,发包人请求减少支付工程价款的,应予支持。

3.《建筑法》第五十八条第一款:建筑施工企业对工程的施工质量负责。

4.《建筑法》第六十条:建筑物在合理使用寿命内,必须确保地基基础工程和主体结构的质量。建筑工程竣工时,屋顶、墙面不得留有渗漏、开裂等质量缺陷;对已发现的质量缺陷,建筑施工企业应当修复。

5.《建筑法》第六十二条:建筑工程实行质量保修制度。建筑工程的保修范围应当包括地基基础工程、主体结构工程、屋面防水工程和其他土建工程,以及电气管线、上下水管线的安装工程,供热、供冷系统工程等项目;保修的期限应当按照保证建筑物合理寿命年限内正常使用,维护使用者合法权益的原则确定。具体的保修范围和最低保修期限由国务院规定。

四、争议问题

本案的主要争议焦点为:天时公司是否能够以履行质量瑕疵为由拒绝向鼎天公司支付作为质量保修金的工程款。

五、简要评论

履行质量瑕疵属于合同不适当履行的形态之一,是指合同当事人虽然履行了合同义务,但其履行存在质量问题。从性质上来说,履行质量瑕疵行为侵害的是合同当事人对合同完全履行所具有的履行利益,因此其本质上属于违约行为。对于质量瑕疵履行而导致的违约,瑕疵能补正的,权利人可以要求义务人进行补正;瑕疵不能补正的,权利人则可以请求全部不履行的损害赔偿,并可解除合同。具体到建设工程合同中,《合同法》第二百八十一条规定,"因施工人的原因致使建设工程质量不符合约定的,发包人有权要求施工人在合理期限内无偿修理或者返工、改建。经过修理或者返工、改建后,造成逾期交付的,施工人应当承担违约责任"。在实务中,为了保证承包人施建工程的质量,建设工程合同的双方当事人一般会在订立合同之时为质量保修金的约定。所谓质量保修金是指发包人与承包人在建设工程承包合同中约定,在工程竣工验收交付之后,从应付的工程款中预留一部分,用以保证承包人在缺陷责任期内对建设工程出现的缺陷进行维修,其本意是为工程结束后出现的质量问题进行的担保,工程质量保修金一般为建设工程款的3%—5%。这也就意味着,质量保修金在建设工程合同中同时承担着两个方面的作用:其一,该保修金可以用作质量缺陷的维修费用;其二,该保修金同时对工程的质量问题进行担保。也就是说,在质量履行瑕疵的情况下,发包方有权要求施工方进行补正,在无法补正的情况下,其可以要求赔偿损失,而赔偿损失的方式之一便是减少支付工程款。

根据案件中查明的事实,在施工验收后,天时公司发现房屋存在漏水问题,根据《建筑法》第六十条的规定,建设工程漏水属于质量问题。同时,经瑞邦公司鉴定报告显示,工程所存在的渗漏水情况是由于地下室防水工程质量问题引起的,这一鉴定结果进一步证实了鼎天公司所建工程存在质量问题。作为质量瑕疵的后果,天时公司首先选择要求鼎天公司对瑕疵进行补正的救济方式,而鼎天公司也认可这一主张,其承诺对渗漏现象的处理,并保证本次整改质量合格。然而,经过整理后房屋仍然存在漏水问题。在此种情况下,天时公司便选择另一救济方式,即要求以扣留质量保修金的方式进行损失赔偿。本案中天时公司的主张,实际上是以鼎天公司修建的工程存在质量问题为由要求鼎天公司承担违约责任。在渗水问题经过多次整改仍未得到修复的情况下,天时公司以履行质量瑕疵为由拒绝向鼎天公司支付作为质量保修金的工程款属于质量瑕疵履行的后果,同时也符合质量保修金的功能。

渤大公司与集城公司建设工程工期延误纠纷案

一、基本案情

2014年2月,渤大公司与集城公司签订建设工程合同,约定由集城公司承建渤大公司的车间及库房建设工程。合同约定开工日期为2014年2月16日,竣工日期为2014年5月30日。同时约定,如因集城公司原因造成工期延长,每延误一天工期,集城公司按照合同总价的万分之三向渤大公司支付违约金。此外,2014年9月,双方就上述建设工程的面积增加事宜签订补充合同,工期也同时延长至2014年10月30日。在集城公司施工期间,监理单位多次因认为其施工中存在多项违规要求暂停施工。监理单位指出,集城公司承接该工程项目施工任务以来,现场管理混乱,各工序组织不合理,劳动力及各项材料进场滞后,造成工期严重拖延,要求集城公司对施工现场出现的问题进行整改,2015年4月20日,渤大公司向集城公司发出通知,要求集城公司在该工程染料项目中发生的质量问题及返修工程于2015年4月30日返修完工。2015年4月30日,该工程竣工。渤大公司起诉至法院,要求集城公司按照合同约定就工期拖延支付违约金,并要求集城公司支付渤大公司因工期拖延而多支出监理费。集城公司辩称,其工期的确有所延误,但是11月15日至3月15日是不宜施工的,应不包含在工期范围之内;同时,监理单位于2014年8月、9月对工地进行检查,由于一些安全原因致使其无法施工,监理单位对工期延误也有一定责任,因此不同意支付监理费。[(2016)津0116民初60343号]

二、诉讼过程及裁判理由

法院审理后认为,该工程双方约定应在2014年10月30日完工,但工程实际完工日期为2015年4月30日,集城公司虽向本院提交工程验收通知书、工程暂停令及恢复施工通知书以此来证明工程延期原因,但通过上述证据可以确定,工程延期系由被告管理混乱,组织不合理,劳动力及各项材料进场滞后等原因造成,工程延期责任应在集城公司。集城公司工程延期180天,按合同约定,依合同总价款日万分之三的标准计算,违约金应为428 956元,扣除应支付给集城公司的工程款,集城公司还需向渤大公司支付违约金303 946元。因集城公司原因工程延期,造成渤大公司多支付工程监理费用,但渤大公司提交的证据不能证明诉讼请求中20 000元监理费用是如何计算得来,故该项损失本院不予支持。据此,法院根据《中华人民共和国合同法》第一百零七条、一百一十四条第一款,《中华人民共和国民事诉讼法》第六十四条第一款,《最高人民法院关于民事诉讼证据的若干规定》第二条的规定,判决集城公司给付渤大公司违约金303 946元。

三、关联法条

1.《合同法》第一百零七条:当事人一方不履行合同义务或者履行合同义务不符合约定的,应当承担继续履行、采取补救措施或者赔偿损失等违约责任。

2.《合同法》第一百一十四条第一款:当事人可以约定一方违约时应当根据违约情况向对方支付一定数额的违约金,也可以约定因违约产生的损失赔偿额的计算方法。

3.《建筑法》第三十一条:国家推行建筑工程监理制度。国务院可以规定实行强制监理的建筑工程的范围。

4.《建筑法》第三十二条:建筑工程监理应当依照法律、行政法规及有关的技术标准、设计文件和建筑工程承包合同,对承包单位在施工质量、建设工期和建设资金使用等方面,代表建设单位实施监督。工程监理人员认为工程施工不符合工程设计要求、施工技术标准和合同约定的,有权要求建筑施工企业改正。工程监理人员发现工程设计不符合建筑工程质量标准或者合同约定的质量要求的,应当报告建设单位要求设计单位改正。

5.《中华人民共和国民事诉讼法》第六十四条第一款:当事人对自己提出的主张,有责任提供证据。

6.《最高人民法院关于民事诉讼证据的若干规定》第二条:当事人对自己提出的诉讼请求所依据的事实或者反驳对方诉讼请求所依据的事实有责任提供证据加以证明。没有证据或者证据不足以证明当事人的事实主张的,由负有举证责任的当事人承担不利后果。

四、争议问题

本案主要争议焦点为:集城公司是否应就工期延长承担违约责任。

五、简要评论

在建设工程合同中,工期延长是十分常见的现象,而延长的原因总体上可以归结为工程延误与工程延期两种。两种情形的主要区别在于是否可归责于承包人——工程延误主要是指因承包人的原因造成的工期延长,属于建设工程合同中比较常见的违约方式;工程延期则是由于承包人以外的原因造成的施工期的延长,不可归责于承包人。由此,判断承包人是否应就工期延长承担违约责任,其关键在于判断该工期的延长是否产生于承包人的原因。

在本案中,根据渤大公司与集成公司签订的建设工程施工合同,双方约定的竣工日期为2014年5月30日,后因建筑面积的增加,双方就竣工日期进行了重新约定,重新约定的竣工日期为2014年10月30日。但实际上,案涉工程的最终竣工的日期为2015年4月30日,跟双方约定的竣工日期明显不符,比约定工期延长了6个月之久。对此,集城公司辩称,其工期的确有所延误,但是11月15日至3月15日是不宜施工的,应不包含在工期范围之内;同时,监理单位于2014年8月、9月对工地进行检查,由于一些安全原因致使其无法施工,监理单位对工期延误也有一定责任。然而,根据《建筑法》规定,建筑工程监理应当依照法律、行政法规及有关的技术标准、设计文件和建筑工程承包合同,对承包单位在施工质量、建设工期和建设资金使用等方面,代表建设单位实施监督。工程监理人员认为工程施工不符合工程设计要求、施工技术标准和合同约定的,有权要求建筑施工企业改正。由此说明,集成公司应当按照监理单位的整改意见,对其在施工过程中存在的问题进行整改,而不能将工期拖延的过错推给监理单位。同时,作为施工方的集成公司本身就应按照建筑法和安全管理相关规定,负责组织好施工,保障工程有序并安全地进行,因此工程的拖延看似是因为监理单位要求其整改而造成,实际上是因为自身的原因造成工程的拖延。关于11月15日至3月15日不适宜进行施工的问题,首先,双方已就工期进行了商议,如若11月15日至3月15日不适宜施工,双方在约定时,集成公司就应当就工期进行商定,以符合实际情况,或者在施工中,通过与发包方渤大公司进行商议的方式就工期另行进行确定,但集成公司并没有采取以上两种方式,而是在双方有争议存在后,以此作为抗辩理由。根据合同法的规定,建设工程工期延长的免责事由仅限于不可抗力,而11月15日至3月15日不适宜进行施工显然不属于不可抗力的范围之内,因此此辩称理由是不能成立的。另外,集成公司的辩称理由,也违反了禁反言原则,对自己作出的承诺进行了反悔,属于违反诚实信用原则的表现。综上,集成公司的拖延工期的行为,无可免责以及可抗辩的情形存在,属于自身的原因导致,因此属于违约行为。既然集成公司有违约行为的存在,就应当承担违约责任,根据双方的约定,每延误一天工期,集城公司按照合同总价的万分之三向渤大公司支付违约金,因此最后法院判决集城公司给付渤大公司违约金303 946元是正确的。

海鸟公司与金悦公司质保金退还纠纷案

一、基本案情

2011年8月,海鸟公司与金悦公司签订建设工程施工合同一份,约定海鸟公司为金悦公司进行石材施工,双方同时约定剩余工程款的5%为质保金,本项目保修期自本工程竣工并经发包人及相关部门验收合格且交付发包人之日起计两年,如保修期内工程无质量问题,保修期满后21日内,发包人向承包人一次性无息支付保修金余款。金悦公司无正当理由逾期付款需承担应付款项每日5‰的违约金。2013年6月8日案涉工程竣工,金悦公司支付了部分工程款,仍余工程尾款27 000元及质保金222 700元未付。为此,原告于2014年12月30日,向法院提起诉讼,法院已经作出(2015)金民初字第397号民事判决,该判决已经生效。该判决对上述事实予以认可,并认为质保金222 700元付款期限应当在2015年6月29日前,当时付款期限未到,驳回了原告该项请求。之后,质保金退还期限已过,海鸟公司起诉至法院,要求被告给付质保金222 700元及逾期付款违约金。金悦公司以《大连市建设工程质量保证金管理实施办法(暂行)》的相关规定为依据,认为保修金返还支付,承包人应当提出书面申请,取得保修工程所在小区物业公司或者业主委员会的确认,方可支付保修金。同时,金悦公司提出海鸟公司承揽施工的案涉工程存在严重的质量问题,保修期内未按约定承担保修义务,却未能提供相关证据。[(2016)辽02民终2386号]

二、诉讼过程及裁判理由

一审法院认为,合同当事人应当按照约定全面履行自己的义务。本案中,原告要求被告依据合同约定在工程竣工两年保修期满后给付质保金的诉讼请求,有事实与法律依据。被告关于保修期内原告施工工程存在严重的质量问题、原告没有尽到保修义务的抗辩,因被告没能提供相应的证据证明,且不能举证在保修期内已提出过质量问题,故不予支持。被告关于原告没有按照《大连市建设工程质量保证金管理实施办法(暂行)》(以下简称《大建委办法》)所规定的程序申请支付质保金,因此不能给付原告质保金的抗辩,经审查,《大建委办法》所述保证金,是法定保证金,该保证金是为了实现特定的社会目的,根据规定设立、保管、使用、返还的保证金;案涉保证金是约定保证金,应当按照约定给付,被告该项抗辩理由不成立。关于原告要求被告给付原告自逾期付款之日起至实际付款之日止的逾期付款违约金的诉讼请求,因质保金与工程款是两种不同性质的款项,不应按照双方合同对逾期支付工程款的约定给付违约金;调整为对逾期支付的质保金,从逾期之日起(2015 年 6 月 30 日),按照中国人民银行逾期贷款利率支付质保金的利息。据此,一审法院依照《中华人民共和国合同法》第六条、第八条、第六十条、第二百六十九条之规定,作出如下判决:被告金悦公司于判决生效后十日内给付原告海鸟公司质保金222 700 元及利息。二审法院审理后,认为原审认定事实清楚,适用法律正确,应当予以维持。

三、关联法条

1.《合同法》第六十条第一款:当事人应当按照约定全面履行自己的义务。

2.《最高人民法院关于审理建设工程施工合同纠纷案件适用法律问题的解释》第十七条:当事人对欠付工程价款利息计付标准有约定的,按照约定处理;没有约定的,按照中国人民银行发布的同期同类贷款利率计息。

3.《大连市建设工程质量保证金管理实施办法(暂行)》第二条第一款:本办法所称建设工程质量保证金(保修金)(以下简称保证金)是指发包人与承包人按本办法规定在建设工程承包合同中约定,从应付的工程款中预留,用以保证在保修期内因承包人原因导致建设工程出现缺陷进行维修的资金。

4.《大连市建设工程质量保证金管理实施办法(暂行)》第十六条:对社会投资项目,保证金返还时,应按下列程序进行:(一)承包人应向监督机构提交工程质量保证金返还申请书(见附件二),并附金融机构出具的保证金预留、支取凭证等材料原件,工程竣工验收报告、工程竣工验收备案表等材料复印件(复印件应加盖建设单位公章)。工程质量保证金返还申请书应经发包人、物业公司(无物业公司时,为业主委员会或产权人,下同)等单位确认;(二)监督机构对相关申请材料核实无误后,向同级财政部门提交保证金返还报告(见附件三),即:大连市建设工程质量监督站、大连市市政工程质量监督站向市财政部门提交保证金返还报告,其他各区、市、县(先导区)建设工程质量监督站向当地同级财政部分提交保证金返还报告。经同级财政部门同意后,监督机构向金融机构发出返还通知;(三)有关单位 14 日内不予答复,经催告后 14 日内仍不予答复,视为同意返还。发包人等单位提出异议承包人不认可的,由监督机构仲裁并执行。

四、争议问题

本案主要争议焦点为：双方当事人约定的质保金是否适用《大连市建设工程质量保证金管理实施办法（暂行）》有关质保金返还程序的要求。该欠付质保金的利息如何计算。

五、简要评论

《合同法》第六十条第一款明确规定，"当事人应当按照约定全面履行自己的义务"。对于建设工程合同的发包人来说，最主要的义务便是工程款的给付。其中，比较特殊也相对容易产生争议的便是质量保修金的给付。从性质上来说，质量保修金属于工程款的一部分，但其同时又承担着担保工程质量的作用。从质量保修金的给付条件来说，建设工程合同的双方当事人通常都会在合同中约定在无质量问题的情况下将退还质量保修金；从质量保修金的给付时间来说，双方当事人一般会约定工程竣工验收后的一定时间内予以退还，具体时间由当事人约定。如果发包人未按照合同约定在条件成就时按时将质量保修金退还给承包人，便构成工程款的迟延给付或拒绝给付，承包人可诉请法院强制履行。

在该案中，针对海鸟公司提出来的返还质量保修金的诉讼请求，金悦公司提出了两项抗辩：首先，在保修期内原告施工工程存在严重的质量问题，没有尽到保修义务；其次，原告没有按照《大连市建设工程质量保证金管理实施办法（暂行）》所规定的程序申请支付质量保修金，因此不能给付原告质量保修金。对于第一个抗辩理由，由于金悦公司未能提出证据证实，因此法院不予支持。真正核心的是第二个抗辩理由，问题的关键在于，海鸟公司与金悦公司在合同中约定的质量保修金的退还是否应适用《大连市建设工程质量保证金管理实施办法（暂行）》中所规定的保证金的退还程序。通过对《大连市建设工程质量保证金管理实施办法（暂行）》的解读便可知道，该办法规定的质量保证金属于法定的保证金，是为了实现特定的社会目的，根据规定设立、保管、使用、返还的保证金，这些保证金必须存入特定的账户、专款专用。而海鸟公司和金悦公司在合同中约定的保证金并不属于此种法定的保证金。根据该办法第二条第一款的规定，"本办法所称建设工程质量保证金（保修金）（以下简称保证金）是指发包人与承包人按本办法规定在建设工程承包合同中约定，从应付的工程款中预留，用以保证在保修期内因承包人原因导致建设工程出现缺陷进行维修的资金"，该办法实际上对适用范围进行了明确规定。本案所涉质量保修金并不属于该办法的规范之列，因此便不需要按照该办法第十六条规定的程序进行返还。

对于欠付保证金利息的计算，虽然质量保修金属于工程价款的一部分，但其给付时间却不同于工程款的其他部分。具体到本案，双方当事人对保证金返还时间的约定为"自本工程竣工并经发包人及相关部门验收合格且交付发包人之日起计两年，如保修期内工程无质量问题,保修期满后 21 日内,发包人向承包人一次性无息支付保修金余款"。由于案涉工程是在 2013 年 6 月 8 日竣工,按照约定若无质量问题应该在 2015 年 6 月 30 日前返还保证金。由于金悦公司未按照合同约定按时返还,因此从 2015 年 6 月 30 日起计算违约金。法院的相关判决是完全正确的。

景兴公司与工业公司建设工程合同同时履行抗辩纠纷案

一、基本案情

2010 年 8 月,景兴公司与工业公司就景兴公司投资的住宅楼家居智能化设备供应及安装签订建设工程合同,约定工业公司配合景兴公司装修进程,户内设备在该户装修完成后 15 天内安装及调试完毕;工程暂定合同价款为 16 999 929.66 元,合同签订后 7 日内,甲方向乙方支付合同价 10% 作定金,完成户内(可单户计,也可多户计,最多一次不超过 20 户)隐蔽工程并验收合格后 7 天内,甲方支付该隐蔽工程造价的 75% 给乙方,设备材料进场验收后 7 天内,甲方支付该批设备材料价的 80% 给乙方,完成安装调试后 7 天内,甲方支付至该部分工程造价的 92% 给乙方等。双方同时约定,工业公司先行安装 6 套样板房,如不能达到景兴公司要求,则景兴公司有权终止合同。合同签订后,景兴公司依约向工业公司支付定金 1 699 992.96 元。工业公司于 2010 年 9 月 5 日进场施工,同年 12 月 20 日,完成了两个样板房的装修,并经景兴公司验收合格;另两个样板房完成了管线的预埋、设备底盒及控制箱的安装。2012 年 1 月 20 日,景兴公司向工业公司发出《催告函》,要求工业公司就已安装管线的两个样板房进行安装调试,因工业公司收到函件后未进场调试,景兴公司于同年 2 月 14 日发出《通知函》,通知解除合同。同年 2 月 17 日,工业公司撤离案涉房屋的施工现场。因景兴公司、工业公司就合同解除及定金返还协商未果,景兴公司提起诉讼,要求解除合同,并要求工业公司退还扣除实际完成工程量之后的定金。一审法院审理后,认定工业公司违约,判决解除双方之间的合同,并要求工业公司向景兴公司退还扣除已完成工程价款之后的定金。工业公司上诉称,景兴公司未按合同约定支付已完成装修的四个样板房的工程款,故其依据同时履行抗辩权有权顺延工期,不构成违约。[(2013)穗中法民五终字第 904 号]

二、诉讼过程及裁判理由

一审法院认为,工业公司在 2010 年 12 月 20 日完成 4 套样板房智能系统化装修后,另外 2 套样板房直至景兴公司在 2012 年 1 月 20 日发出《催告函》时还未进行设备安装调试,且在《催告函》限定的期限内仍未完成设备安装调试,违反了合同的约定,已构成违约,故景兴公司要求解除合同的请求符合双方的合同约定,予以支持。据此,法院判决解除双方当事人之间的建设工程合同,工业公司向景兴公司退还扣除已完成工程价款之后的定金。

二审法院认为,对于工业公司上诉中提出的因景兴公司未按合同约定付款,故其依据同时履行抗辩权有权顺延工期,根据《中华人民共和国合同法》第六十六条的规定:"当事人互负债务,没有先后履行顺序的,应当同时履行。一方在对方履行之前有权拒绝其履行要求。一方在对方履行债务不符合约定时,有权拒绝其相应的履行要求。"就本案而言,构成同时履行抗辩权须符合以下要件:(1)须由同一双务合同互负债务;(2)须双方互负的债务均已届清偿期;(3)须对方未履行债务或未提出履行债务;(4)须对方的对待给付是可能履行的。从一审法院对于已施工的工程造价评估结论来看,工业公司实际已经完成的工程量造价仅为 669 769.34 元,而景兴公司已经向工业公司所支付的定金为 1 699 992.96 元,因此,工业公司所主张景兴公司未履行的债务,与工业公司所负的未履行的义务并不具有对价的关系,本案并不具备同时履行抗辩权的构成要件,工业公司无权依据上述法律规定主张顺延工期,其上诉认为对于合同的解除不具有过错责任,缺乏事实及法律依据,本院不予采信。

三、关联法条

1.《合同法》第六十六条:当事人互负债务,没有先后履行顺序的,应当同时履行。一方在对方履行之前有权拒绝其履行要求。一方在对方履行债务不符合约定时,有权拒绝其相应的履行要求。

2.《合同法》第九十四条:有下列情形之一的,当事人可以解除合同:(一)因不可抗力致使不能实现合同目的;(二)在履行期限届满之前,当事人一方明确表示或者以自己的行为表明不履行主要债务;(三)当事人一方迟延履行主要债务,经催告后在合理期限内仍未履行;(四)当事人一方迟延履行债务或者有其他违约行为致使不能实现合同目的;(五)法律规定的其他情形。

四、争议问题

本案主要争议焦点为:工业公司是否能够以景兴公司未支付已完成的四个样板房装修的价款为由行使同时履行抗辩权。

五、简要评论

所谓抗辩权,是指法律赋予的对抗或否认对方主张的正当性权利,作用在于消灭对方的请求权或使对方请求权的效力延期发生。抗辩权有很多种,而同时履行抗辩权属于合同履行抗辩权,其由民法的诚实信用原则发展而来,意在平衡合同双方当事人间的利益。同时履行抗辩权主要是指在没有约定履行顺序的双务合同中,一方当事人在对方未为对待给付之前有权拒绝先为给付义务。《合同法》第六十六条明确规定,"当事人互负债务,没有先后履行顺序的,应当同时履行。一方在对方履行之前有权拒绝其履行要求。一方在对方履行债务不符合约定时,有权拒绝其相应的履行要求"。同时履行抗辩权的行使应符合下列条件：

首先，同时履行抗辩权仅适用于双方互负给付义务的同一双务合同，且双方互负之给付义务具有对价关系。这一条件包含了两个方面的内容：其一，同时履行抗辩权只适用于同一双务合同，单务合同与不真正的双务合同由于不存在互负之给付义务而无"同时"履行之说；其二，要求同时履行的应是具有对价关系的合同的主给付义务，当然，此处的对价关系并不是指经济利益上的绝对等同，但要求双方当事人存在着给付与对待给付的互为条件的关系。

其次，双方当事人互负之给付义务无先后履行顺序且均已届清偿期。既为"同时"，就意味着双方当事人并未约定义务的履行顺序，否则便要让位于后履行抗辩权或不安抗辩权的适用；既为"履行"，则只有在双方之给付义务均已到期时才有要求履行之说。

再次，同时履行抗辩权的适用须是对方未履行或所为履行不符合约定。一方提出同时履行抗辩权时如果对方已为恰当履行则同时履行抗辩问题便无从发生。需要注意的是，根据同时履行抗辩权诚实信用之本意，在主张同时履行抗辩权时对方未履行之义务必须与己方履行之义务具有对价关系，这也与同时履行抗辩权适用的第一个条件相契合。

最后，同时履行抗辩权的适用须是对方的对待给付具有履行可能。同时履行抗辩权适用之目的在于促进双方当事人履行合同义务，如果对方的对待给付已不可能，则该目的不可能实现，便无适用同时履行抗辩权之必要。

本案中，工业公司主张，其在完成四个样板间的装修后不再施工的原因是景兴公司未给付已完成工程的进度款，属于同时履行抗辩权的行使。然而，从双方的合同约定来看，工程暂定合同价款为 16 999 929.66 元，而工业公司已完成工程量造价仅为 669 769.34 元，根据同时履行抗辩权的适用条件，景兴公司未履行之义务与工业公司之履行义务不具有对价关系；且景兴公司已向其支付了 1 699 992.96 元的定金。在此种情况下，工业公司以同时抗辩权为由主张自己并未违约缺乏法律依据。工业公司在无故不履行设备调试义务，且经景兴公司催告后在合理期限内仍未履行义务，根据《合同法》第九十四条第（三）项之规定，景兴公司有权解除合同。

金鹏公司、新海公司与威建公司后履行抗辩权纠纷案

一、基本案情

2009 年，金鹏公司与新海公司共同开发住宅楼，8 月 5 日，新海公司与威建公司就此住宅楼的施工建设签订建设工程合同，同年 9 月 2 日，威建公司与金鹏公司、新海公司签订补充协议，约定新海公司全权委托金鹏公司负责履行之前合同中发包人的权利、义务和责任。2010 年 4 月，威建公司与金鹏公司签订补充协议，约定每月 28 日，发包人按月审定结算造价的 80% 拨付进度款，承包人完成承包范围内的工程内容后 10 日内，付至应付承包人工程款90％；结算审定后7日内，付至应付承包人工程款的95％；余款5％作为质量保修金自工程竣工之日起满2年返还80％，剩余部分5年后一个月内付清。上述合同及补充协议签订后，威建公司进行了施工。施工过程中，金鹏公司向威建公司给付了部分工程款。工程完工后，于2011年6月25日和同年12月25日经竣工验收合格后即交付金鹏公司与新海公司使用至今。除6—10号楼的工程竣工资料和竣工图纸未交付外，其余工程竣工资料及竣工图纸已交付收讫。后双方就工期和工程款纠纷诉至法院，一审法院根据双方举证，判决金鹏公司及新海公司向威建公司给付迟延支付的工程款及相应利益，威建公司就已给付的工程款出具完税发票，并交付6—10号楼的工程竣工资料和竣工图纸。一审后，金鹏公司及新海公司以后履行抗辩权提起上诉，称在威建公司向金鹏公司和新海公司交付竣工资料前，其没有义务向威建公司支付剩余工程款。
[(2015)鲁民一终字第62号]

二、诉讼过程及裁判理由

一审法院主要就双方当事人的工程款、工期争议进行了审判，根据双方提交的证据认为金鹏公司及新海公司通过与威建公司签订补充协议的方式约定免除了威建公司迟延履行的责任，同时两公司要求威建公司给付发票及住宅楼工程6—10号楼的竣工资料和竣工图纸的理由正当，因此判决金鹏公司向威建公司给付迟延支付的工程款及相应利息，新海公司对上述债务承担连带清偿责任；威建公司向金鹏公司就已支付工程款出具完税发票，并交付住宅楼工程6—10号楼的竣工资料和竣工图纸。

二审法院集中审理金鹏公司与新海公司提出的后履行抗辩权问题。法院审理后认为，金鹏公司和新海公司上诉主张，按照后履行抗辩权的规定，在威建公司向金鹏公司和新海公司交付竣工资料前，其没有义务向威建公司支付剩余工程款。本院认为，无论是2009年8月5日新海公司与威建公司所签订的《建设工程施工合同》，还是2009年9月2日新海公司、金鹏公司与威建公司所签订的《补充协议》，以及2010年4月15日金鹏公司与威建公司所签订的《伴月湾蓝色领域工程补充协议》，均未将威建公司向新海公司与金鹏公司提供工程竣工资料作为支付工程款的前提条件，且威建公司已将其所施工的绝大部分工程资料已交付新海公司和金鹏公司，只有涉案的6—10号住宅楼工程竣工资料和竣工图尚未向新海公司与金鹏公司交付，但威建公司亦已同意向其交付，原审亦判决威建公司向金鹏公司予以交付，现新海公司与金鹏公司再上诉主张其不支付剩余工程款系行使的后履行抗辩权无合同依据。本案所涉工程欠款的支付条件已经成就，原审依据相关合同约定判决金鹏公司向威建公司支付工程欠款，新海公司承担连带支付责任是正确的。

三、关联法条

1.《合同法》第六十条第一款：当事人应当按照约定全面履行自己的义务。

2.《合同法》第六十七条：当事人互负债务，有先后履行顺序，先履行一方未履行的，后履行一方有权拒绝其履行要求。先履行一方履行债务不符合约定的，后履行一方有权拒绝其相应的履行要求。

四、争议问题

本案主要争议焦点为：新海公司与金鹏公司是否能够以威建公司未交付涉案的6—10号住宅楼工程竣工资料和竣工图纸为由主张工程款支付义务的后履行抗辩权。

五、简要评论

后履行抗辩权，是指在约定了先后履行顺序的双务合同中，承担后履行义务的一方在先履行的一方当事人未履行或所为履行不符合合同约定时，有权拒绝对方相应的履行要求。从性质上说，后履行抗辩权属于延期的抗辩权，其并非永久性消灭对方的请求权，而只是暂时阻止对方当事人履行请求权的行使，在本质上属于对违约的抗辩。在对方完全履行合同义务后，后履行抗辩权即消灭，当事人应按照合同约定履行自己的义务，只是根据法理，因对方原因造成的合同的迟延履行，责任由对方当事人承担。我国《合同法》第六十七条有关"当事人互负债务，有先后履行顺序，先履行一方未履行的，后履行一方有权拒绝其履行要求。先履行一方履行债务不符合约定的，后履行一方有权拒绝其相应的履行要求"的规定，即是对后履行抗辩权的明确规定。从制度起源上来说，后履行抗辩权由同时履行抗辩权派生而来，传统民法在双务合同的履行抗辩权方面仅有同时履行抗辩权与不安抗辩权两种。因此，其适用条件与同时履行抗辩权具有相似之处。具体说来，后履行抗辩权的适用条件如下：

首先，与同时履行抗辩权相同，后履行抗辩权仅适用于双方互负给付义务的同一双务合同，且双方互负之给付义务在履行上存在关联性，具有对价关系。

其次，合同双方互负之给付义务具有先后履行顺序，且先履行方未履行义务或所为履行不符合约定。这一条件是后履行抗辩权与同时履行抗辩权的区别之所在。只有在给付义务具有履行顺序时，后履行方在先履行方不履行或所为履行不符合约定的情况下享有后履行抗辩权，此处的履行顺序一般由法律规定或由双方当事人约定，但有时也可以依据交易习惯来确定。需要特别注意的是，此处先履行义务人不履行或履行不当的必须是可与后履行义务形成对价关系的主合同义务。

最后，须是先履行方具有履行义务的可能性。只有在对方具有履行可能性的情况下行使后履行抗辩权才有意义，否则可能就要诉诸合同解除来解决问题了。

在本案中，双方当事人未在合同中将威建公司向新海公司与金鹏公司提供工程竣工资料作为支付工程款的前提条件，且威建公司已将其所施工的绝大部分工程资料已交付新海公司和金鹏公司，只有涉案的6—10号住宅楼工程竣工资料和竣工图尚未向新海公司与金鹏公司交付。对于建设施工合同来说，提交竣工资料应该属于合同的附随义务，而非主合同义务;此合同的主合同义务应该是工程的施工建设。在该案中,工程已竣工验收合格,这也就意味着威建公司已经履行了主合同义务,根据后履行抗辩权的适用条件,金鹏公司与新海公司以威建公司未交付涉案的6—10号住宅楼工程竣工资料和竣工图为由主张工程款支付义务的后履行抗辩权难以成立。

西安装饰公司与南自公司提前给付质保金纠纷案

一、基本案情

2013年,西安装饰公司与南自公司签订施工合同,约定由南自公司将某售楼处幕墙及内外门窗工程发包给西安装饰公司施工。合同约定施工人员进场后十日内,南自公司支付西安装饰公司合同中价款的10%作为预付款;全部幕墙型材进场后,于10日内支付合同总价款的30%作为预付款;完成本工程中的幕墙玻璃安装和门窗型材的安装后,于10日内再支付本合同总价款的40%,同时扣除西安装饰公司当期发生的依据南自公司审定确认的违约金和水电费等相关费用;本工程全部竣工,且通过南自公司、监理验收后10日内,南自公司支付至本合同总价款的85%,结算完成后付至95%;本工程施工合同总价款的5%,作为本工程的保修金,待两年保修期届满后15日内付清。上述合同签订后,西安装饰公司向南自公司报送《开工报告》后组织人员进场施工,南自公司亦陆续支付了部分工程款。2014年7月11日,西安装饰公司全部施工完毕后,将涉案工程交付南自公司使用。同时,双方就涉案工程进行了竣工验收,经双方核验,确认涉案工程已全部竣工,满足设计要求,验收合格。同年7月24日,经双方共同审核确认,涉案工程最后结算价为1 572 203.42元。此后,因南自公司就含质保金在内的剩余工程款349 021.82元一直拖延未付,西安装饰公司催促后仍未履行,双方由此产生争议。西安装饰公司除要求按约给付工程款外,称南自发展公司实际负责人被相关机关控制,经营状况恶化,无法继续履约,故要求行使不安抗辩权,要求南自公司提前支付5%质保金。南自公司辩称,其内部高管虽因涉嫌违法被控制,但其账目未被查封,仅无法按原付款流程支付工程款,质保金应待条件成就后另行支付。[(2015)鼓民初字第8321号]

二、诉讼过程及裁判理由

法院审理后认为,原、被告之间签订的施工合同系双方真实意思表示,不违反法律、行政法规的效力性强制性规定,合法有效。双方当事人应当按照约定全面履行自己的义务。原告按约施工后,被告应及时向原告支付相应工程款。2014年7月11日,涉案工程经双方验收合格后,原告已将该工程整体交付被告使用。同年7月24日,双方亦就涉案工程总价款予以结算确认。故被告应按合同约定向原告支付至95%工程款即1 493 593.25元。被告已向原告支付工程款1 223 181.60元,扣除已付款部分,被告应继续支付原告工程款270 411.65元。因涉案工程自原告交付之日起仍在质保期内,该5%

质保金的付款条件未成就。原告认为因被告经营状况严重恶化,要求被告提前给付质保金,但未提供证据予以证明,亦无法律依据。故对原告该项诉讼请求,本院不予支持。法院据此判决南自公司给付西安装饰公司除质保金之外的其他尚未支付的工程款。

三、关联法条

1.《合同法》第六十八条:应当先履行债务的当事人,有确切证据证明对方有下列情形之一的,可以中止履行:(一)经营状况严重恶化;(二)转移财产、抽逃资金,以逃避债务;(三)丧失商业信誉;(四)有丧失或者可能丧失履行债务能力的其他情形。当事人没有确切证据中止履行的,应当承担违约责任。

2.《合同法》第六十九条:当事人依照本法第六十八条的规定中止履行的,应当及时通知对方。对方提供适当担保时,应当恢复履行。中止履行后,对方在合理期限内未恢复履行能力并且未提供适当担保的,中止履行的一方可以解除合同。

3.《最高人民法院关于适用〈中华人民共和国民事诉讼法〉的解释》第九十条:当事人对自己提出的诉讼请求所依据的事实或者反驳对方诉讼请求所依据的事实,应当提供证据加以证明,但法律另有规定的除外。在作出判决前,当事人未能提供证据或者证据不足以证明其事实主张的,由负有举证证明责任的当事人承担不利的后果。

四、争议问题

本案主要争议焦点为:西安装饰公司能否以南自公司经营状况恶化为由行使不安抗辩权,要求南自公司提前给付质保金。

五、简要评论

与后履行抗辩权相同,不安抗辩权也适用于具有先后履行顺序的双务合同之中;与后履行抗辩权赋予后履行义务人相应权利不同的是,不安抗辩权是对先履行义务人抗辩权的赋予。它是指在互负给付义务的双务合同中,当事人具有先后履行顺序的,先履行的一方当事人在有确切证据表明另一方当事人丧失履行债务能力时,在对方没有恢复履行能力或者没有提供担保之前,有权中止给付义务的履行。《合同法》中规定不安抗辩权是为了切实保护当事人的合法权益,促使双方当事人履行义务,防止假借合同进行欺诈。《合同法》第六十八条规定,应当先履行债务的当事人,有确切证据证明对方有下列情形之一的,可以中止履行:(一)经营状况严重恶化;(二)转移财产、抽逃资金,以逃避债务;(三)丧失商业信誉;(四)有丧失或者可能丧失履行债务能力的其他情形。当事人没有确切证据中止履行的,应当承担违约责任。据此,不安抗辩权的适用条件主要包括:

1. 双方当事人因同一双务合同而互负债务。不安抗辩权为双务合同的效力表现,其成立须双方当事人因同一双务合同而互负债务,并且该两项债务存在对价关系。

2. 后给付义务人的履行能力明显降低,有不能为对待给付的现实危险,且先履行义务人必须有充足的证据证明相对人无能力履行债务。不安抗辩权制度对先给付义务人的保护是有条件的,只有在后给付义务人有不能为对待给付的现实危险、害及先给付义务人的债权实现时,后履行义务人才有权行使不安抗辩权。此处所谓后给付义务人的履行能力明显降低,有不能为对待给付的现实危险,主要是指其具有下列行为:经营状况严重恶化;转移财产、抽逃资金,以逃避债务;谎称有履行能力的欺诈行为;其他丧失或者可能丧失履行能力的情况。履行能力明显降低,有不能为对待给付的现实危险,须发生在合同成立以后。如果在订立合同时即已经存在,先给付义务人若明知此情而仍然缔约,法律则无必要对其进行特别保护;如果在缔约时并不知此情,则可以通过合同无效等制度解决。

3. 须是双方当事人具有先后履行顺序,享有不安抗辩权之人为先履行义务的当事人。从这一方面来说,后履行抗辩权与不安抗辩权可谓相互配合,分别对具有先后履行顺序的后履行当事人与先履行当事人提供保护。

4. 须是先履行一方已届清偿期且后履行义务未提供担保。不安抗辩权意在保护先履行义务人不会因后履行义务人的不履行义务的行为而受损,如果后履行义务人可以通过提供担保的方式表明其具有履约能力,则不安抗辩权便无行使之必要。

根据以上适用条件,本案的西安装饰公司想要以不安抗辩权对抗南自公司,则其必须证明南自公司履行能力明显降低,有不能为对待给付的现实危险。然而,其未能提供有力证据予以证明。根据《民事诉讼法》第六十五条第一款的规定,当事人对自己提出的主张,有责任提供证据。也就是说,当事人在民事案件中对自己所主张的事实,有提供证据加以证明的责任,即所谓"谁主张,谁举证"。前述《最高人民法院关于适用〈中华人民共和国民事诉讼法〉的解释》第九十条规定,当事人对自己提出的诉讼请求所依据的事实或者反驳对方诉讼请求所依据的事实,应当提供证据加以证明,但法律另有规定的除外。在作出判决前,当事人未能提供证据或者证据不足以证明其事实主张的,由负有举证证明责任的当事人承担不利的后果。就本案而言,由于西安装饰公司未能提供相关证据证明南自公司具有不返还质保金的现实危险,涉案工程自西安装饰公司交付之日起仍在质保期内,该5%质保金的付款条件未成就。因此,西安装饰公司要求返还质保金的请求不能得到支持。

第二节 工程合同的解除与违约责任

中加公司与中电公司建设工程合同解除纠纷案

一、基本情况

2013年10月,中加公司与中电公司签订施工合同,中加公司将潍坊高新区公共卫生服务中心的一项工程专业分包给中电公司,中加公司于2013年12月支付中电公司

416 359.83 元。2014 年 7 月 15 日,中加公司致函中电公司称,由于订立合同的条件发生了显著变化,双方继续履行合同面临实质障碍,中加公司认为合同已经达到合同法法定解除条件,据此通知依法解除与中电公司的合同;中电公司于 2014 年 7 月 16 日复函称,确认收到中加公司支付的预付款 416 359.83 元。中电公司自 2011 年为项目从设计、招投标开始始终配合中加公司工作,为履行合同做了相应的准备工作,中电公司继续履行合同不存在任何问题。中电公司认为,合同解除原因不在其公司,在双方就合同解除后的补偿问题达成一致前,中电公司不同意协商解除合同。之后双方多次使用函件进行沟通,中加公司始终坚持解除合同,并认为中电公司仅在项目中实施了部分隐蔽工程,未进入合同主体设备采购阶段,完全具备解除条件,中电公司没有在合理期限内提出对合同解除的异议,认为双方的合同已经解除。中电公司则坚持不同意解除合同,认为中加公司单方解除合同,没有法律依据,属于违约行为。后中加公司以中电公司已经默认合同解除却不退还预付款为由起诉至法院,要求判令中电公司退还预付款及相应经济损失。
[(2015)二中民终字第 02402 号]

二、诉讼过程及裁判理由

一审法院认为,首先,本案中,在中加公司与中电公司签订的《施工合同》中没有关于合同解除条件的规定,因此,中加公司不享有《合同法》第九十三条第二款规定的解除权;其次,中加公司没有举证证明中电公司存在预期违约、迟延履行、根本违约等行为,中电公司亦没有明确表示或表明不履行合同,庭审中主张继续履行合同。中加公司虽已经明确表示合同不存在合作基础,合同内容已与案外人履行完毕,合同将无法履行,但即使在此种情况下,解除权应当由合同相对方来行使,而中电公司并未提出或同意解除合同。中加公司因此不享有《合同法》第九十四条规定的解除权。最后,从双方往来函件中,没有体现出双方一致同意解除合同的表述,因此,《施工合同》没有按照《合同法》第九十三条第一款的规定因中加公司与中电公司双方协商一致而解除。综上,中加公司不享有对《施工合同》的解除权,其发函解除合同的行为不产生合同解除的效力,《施工合同》也没有因为双方协商一致而解除,因此,中加公司以合同已经解除为由要求退还预付款并赔偿损失的诉讼请求,法院不予支持。一审法院据此判决驳回中加公司的诉讼请求。

二审法院认为,本案中,中加公司与中电公司签订的《施工合同》是双方真实意思的表示,不违反法律、行政法规的强制性规定,是有效合同。中加公司提供的证据不足以证明《施工合同》已经解除,且主张中电公司赔偿经济损失无事实和法律依据,据此,原审法院对中加公司诉讼请求未予支持,并无不当,本院予以维持。

三、关联法条

1.《合同法》第九十三条:当事人协商一致,可以解除合同。当事人可以约定一方解除合同的条件。解除合同的条件成就时,解除权人可以解除合同。

2.《合同法》第九十四条：有下列情形之一的,当事人可以解除合同：（一）因不可抗力致使不能实现合同目的；（二）在履行期限届满之前,当事人一方明确表示或者以自己的行为表明不履行主要债务；（三）当事人一方迟延履行主要债务,经催告后在合理期限内仍未履行；（四）当事人一方迟延履行债务或者有其他违约行为致使不能实现合同目的；（五）法律规定的其他情形。

3.《合同法》第九十六条第一款：当事人一方依照本法第九十三条第二款、第九十四条的规定主张解除合同的,应当通知对方。合同自通知到达对方时解除。对方有异议的,可以请求人民法院或者仲裁机构确认解除合同的效力。

四、争议问题

本案主要争议焦点为：中加公司向中电公司送达解除通知函后,《施工合同》是否已经解除。

五、简要评论

本案事实上涉及合同解除权的问题。所谓合同解除权,是指合同当事人依照双方约定或法律规定享有的合法解除已成立生效合同的权利。合同解除权的行使将直接起到消灭原合同权利义务关系的法律后果。一般来说,合同解除权有约定解除权及法定解除权两种。《合同法》第九十三条规定,"当事人协商一致,可以解除合同。当事人可以约定一方解除合同的条件。解除合同的条件成就时,解除权人可以解除合同"。此条属于对约定解除权的规定,此种情况下合同的解除主要包括两种情况：一是经双方当事人协商一致而解除合同,主要表现为双方当事人在订立合同之后又达成新的解除合同的合意；二是双方当事人可以在原合同中或通过补充协议的方式确定合同解除的条件,此时该合同事实上成为了附解除条件的合同,在条件成就时,享有解除权的当事人便可解除合同。除约定解除外,法律还规定了法定解除权。根据《合同法》第九十四条的规定,"有下列情形之一的,当事人可以解除合同：（一）因不可抗力致使不能实现合同目的；（二）在履行期限届满之前,当事人一方明确表示或者以自己的行为表明不履行主要债务；（三）当事人一方迟延履行主要债务,经催告后在合理期限内仍未履行；（四）当事人一方迟延履行债务或者有其他违约行为致使不能实现合同目的；（五）法律规定的其他情形。"在出现了法律规定的上述情况时,享有法定解除权的一方当事人可以行使合同解除权。然后,除双方合意解除之外,因约定或法定享有解除权的当事人权利的行使还必须符合一定的条件——根据《合同法》第九十六条第一款的规定,"当事人一方依照本法第九十三条第二款、第九十四条的规定主张解除合同的,应当通知对方。合同自通知到达对方时解除"。也就是说,此时合同的解除必须同时满足享有解除权与通知到达对方两个条件。

在本案中,中加公司的确向中电公司送达了解除通知函,但问题在于其是否享有合同解除权。首先,该案当然不属于经双方当事人协商而解除合同的情况；其次,中加公司和中电公司在合同订立之时并未约定合同解除条件,之后双方也未就合同解除条件签订补充协议,因此中加公司也不满足《合同法》第九十三条第二款规定的意定解除条件;最后,在该案中,中加公司解除合同的原因是,其认为"合同不存在合作基础,合同内容已与案外人履行完毕,合同将无法履行"。换言之,其认为继续履行合同已经"不能实现合同目的"。但是,这种不能实现并不是不可抗力引起的,而是由中加公司违约让中电公司以外的公司履行的结果。这实质上意味着,中加公司以自己的行动表明其不履行合同的主要债务。因此,根据《合同法》第九十四条第(二)项的规定,享有合同解除权的是中电公司而非中加公司。通过以上分析可以看出,中加公司既未通过意定享有解除权也未通过法定获得解除权,因此,中加公司向中电公司送达解除通知函并非合同解除权的行使,当然也不会产生解除合同的后果。

盛腾公司与永升达公司建设工程合同预期违约纠纷案

一、基本案情

2008年11月,盛腾公司与永升达公司签订建设工程施工合同,约定由盛腾公司承包永升达公司投资的建筑面积约70 000平方米的住宅楼。2010年8月,在取得施工许可证之后,案涉工程开工。2011年1月至2014年2月期间,由于永升达投资公司未按合同的约定向盛腾建筑公司支付工程进度款,盛腾建筑公司多次向永升达投资公司催付。2014年9月,双方签订《永升华府工程结算总造价确认书》,确认盛腾建筑公司承建工程总造价为129 645 104.28元,并确认截至2014年9月28日,已付工程款总额110 686 184元,另约定使用四套房产冲抵部分工程款,其余工程款由永升达公司从2014年12月30日至2016年3月30日按每季度给付200万元直至付清为止。2015年1月6日,双方就工程款的支付方法重新进行了商议,约定以涉案工程的部分未售房产及地下车库抵偿的方式给付部分工程款,协议签订后,永升达公司并未依协议进行抵偿,也未依约给付工程款。然而,根据2014年12月18日法院作出的(2014)海中法民一初字第86号民事裁定,永升达公司用于抵偿的未售房产及地下车库因另一案件而被查封,而该案的一方当事人刘月云,系永升达公司法定代表人林香仁的同母异父弟弟。永升达公司在未告知盛腾公司的情况下以无力还款为由与其签订了抵偿协议。盛腾公司在得知该情况后起诉至法院,认为永升达投资公司已丧失未到期款项的支付能力而致预期违约,主张按结算协议约定,要求永升达公司将所有到期及未到期款项一并支付。[(2015)琼环民终字第26号]

二、诉讼过程及裁判理由

一审法院认为,结算协议签订后,永升达公司未依约向盛腾公司支付任何工程款,且永升达公司资产因原审法院的(2014)海中法民一初字第86号借款纠纷案裁定被查封达

2 378.9万元,其他资产也已抵押登记在他人名下,人防车位并非依法可自由处分的财产,故盛腾公司主张永升达公司已丧失履约能力而致预期违约,理由成立。在盛腾公司所承建工程已竣工交付的情况下,盛腾公司以要求永升达公司一并支付未到期工程款作为救济,具有合理性与正当性,符合公平、诚信原则,法院予以支持。但对于盛腾公司所主张的永升达公司构成预期违约而应一并提前支付保修金1 944 676.56元,由于保修期尚未届满,不予采纳。法院据此判决永升达公司支付盛腾公司除保修金之外的所有工程款,并确认盛腾公司在包括保修金在内的所有工程款的范围内享有建设工程优先受偿权。

二审法院认为,永升达公司丧失商业信誉,已用自己的行为表明将不履行结算协议约定的给付工程款义务,其有关行为显属预期违约。另外,永升达公司所有涉案工程财产在盛腾公司查封前均被案外人查封,又不能提供证据证明其还有足以保证履行结算协议约定的付款义务之财产,亦未提供相应担保。二审法院据此判决驳回上诉,维持原判。

三、关联法条

1.《合同法》第六十八条:应当先履行债务的当事人,有确切证据证明对方有下列情形之一的,可以中止履行:(一)经营状况严重恶化;(二)转移财产、抽逃资金,以逃避债务;(三)丧失商业信誉;(四)有丧失或者可能丧失履行债务能力的其他情形。当事人没有确切证据中止履行的,应当承担违约责任。

2.《合同法》第九十四条:有下列情形之一的,当事人可以解除合同:(一)因不可抗力致使不能实现合同目的;(二)在履行期限届满之前,当事人一方明确表示或者以自己的行为表明不履行主要债务;(三)当事人一方迟延履行主要债务,经催告后在合理期限内仍未履行;(四)当事人一方迟延履行债务或者有其他违约行为致使不能实现合同目的;(五)法律规定的其他情形。

3.《合同法》第一百零八条:当事人一方明确表示或者以自己的行为表明不履行合同义务的,对方可以在履行期限届满之前要求其承担违约责任。

4.《最高人民法院关于当前形势下审理民商事合同纠纷案件若干问题的指导意见》第6条第17项:在当前情势下,为敦促诚信的合同一方当事人及时保全证据、有效保护权利人的正当合法权益,对于一方当事人已经履行全部交付义务,虽然约定的价款期限尚未到期,但其诉请付款方支付未到期价款的,如果有确切证据证明付款方明确表示不履行给付价款义务,或者付款方被吊销营业执照、被注销、被有关部门撤销、处于歇业状态,或者付款方转移财产、抽逃资金以逃避债务,或者付款方丧失商业信誉,以及付款方以自己的行为表明不履行给付价款义务的其他情形的,除非付款方已经提供适当的担保,人民法院可以根据合同法第六十八条第一款、第六十九条、第九十四条第(二)项、第一百零八条、第一百六十七条等规定精神,判令付款期限已到期或者加速到期。

四、争议问题

本案主要争议焦点为：永升达投资公司是否构成预期违约。

五、简要评论

预期违约又称先期违约，是指在合同履行期限到来之前，一方虽无正当理由但明确表示其在履行期到来后将不履行合同，或者其行为表明在履行期到来后将不可能履行合同。我国《合同法》第一百零八条规定，"当事人一方明确表示或者以自己的行为表明不履行合同义务的，对方可以在履行期限届满之前要求其承担违约责任"。此条通常被理解为我国立法有关预期违约的规定。从适用条件方面来说，预期违约的构成需要同时满足以下几个条件：

首先，违约行为发生在合同成立之后，履行期限届满前。此可谓构成预期违约的时间条件，如果在合同成立之前，违约无从谈起；如果发生在履行期限届满之后，则是实际违约而非"预期"违约。

其次，一方当事人明确表示其将不履行合同，或通过行为表明其将不履行合同。该条件是从预期违约的具体表现形式进行的规定，按照表现形式不同，可以分为明示违约与默示违约两种。明示违约，顾名思义，是指合同当事人在合同履行期限到来之前明确表示其在合同履行期到来后将不履行合同。默示违约则是指行为人通过行为表现使对方当事人认为其将不履行合同。此种违约的认定具有强烈的主观因素，因此法律规定必须有确切的证据加以证明，而所举证据是否构成确切证据，由审判人员确定。

最后，预期违约者不履行的必须是合同的主要义务。合同主要义务的不履行对合同当事人的利益具有重要影响，将会致使合同目的的落空，这也是法律规定预期违约制度的原因。其他次要义务或附随义务的不履行不会构成预期违约。

在该案中，2015年1月6日盛腾公司和永升达公司就工程款的支付方法签订了新的结算协议，约定以涉案工程的部分未售房产及地下车库抵偿的方式给付部分工程款之时，根据2014年12月18日法院作出的(2014)海中法民一初字第86号民事裁定，永升达公司用于抵偿的未售房产及地下车库因另一案件而被查封，作为另一案件当事人的永升达公司当然知道这一情况，其却在未告知盛腾公司的情况下以无力还款为由与其签订了抵偿协议。而该案的一方当事人刘月云，系永升公司法定代表人林香仁的同母异父弟弟。从永升达公司的行为可以预见，对于盛腾公司对其享有的尚未到期的债权而言，即使盛腾公司的相应债权到了履行期，永生公司也不可能再履行，法院根据相关证据认可预期违约的存在实属允当。

华晋公司与名城公司建设工程合同解除纠纷案

一、基本案情

2013年9月,名城公司就名城大楼外墙装修等工程进行招标,招标文件载明:即使初步确定了中标单位,合同办理也须等"中标单位"限期办理完"外墙装修工程报建"之后。之后,华晋公司中标。两公司遂于2013年11月5日签订建设工程合同,约定工期从2013年11月1日起至2014年1月30日止;于华晋公司进场时,支付工程款30%,工程施工完成过一半时,再支付40%的工程全额,施工完成经验收合格,支付余下工程款全额,其中5%的工程款作为质量保证金,待一年保质期满后无息一次性付清;华晋公司负责安全施工,公司施工人员必须购买保险。合同签订后,华晋公司于2013年12月3日开始就涉案工程向中山住建局申请施工许可;同时,华晋公司进场施工,并为施工人员购买了保险。2014年3月4日,住建局在相关批复称报建材料缺少工程施工中标通知书、立项的复函或者项目核准证,随后,3月6日名城公司自行办理立项及报建手续。2014年3月11日,名城公司发出停工通知,称因涉案工程报建相关事宜未办妥,要求华晋公司先停工办理好相关手续后再复工。华晋公司停工后于2014年4月2日向名城公司发出结算费用明细表,以发包人原因解除合同为由,要求名城公司根据实际发生费用进行结算,但双方结算未果。2014年4月30日,名城公司发出解除合同通知,称华晋公司未进场、未施工,违约在先,自发出通知之日起解除双方签订的两份合同。因双方未能协商解决违约责任问题,华晋公司起诉至法院,要求名城公司承担违约责任,名城公司后提出反诉,请求确认华晋公司违约。[(2014)中一法民一初字第2143号]

二、诉讼过程及裁判理由

中山市第一人民法院审理后认为,2014年4月30日,名城公司发出解除合同通知,华晋公司亦认可双方于该日解除合同。因此,本院确认双方签订的建设工程合同于2014年4月30日解除。双方解除合同的原因主要在于涉案工程的项目报建问题。对此,名城公司作为建设方,申请施工许可证是其法定义务。尽管涉案双方于招投标文件中约定华晋公司包报建手续,但报建手续涉及的资料必须由名城公司提供才可能办理,该约定只是规定了华晋公司在报建手续中的协助义务,即由华晋公司代为向行政管理部门提交或者收取相关资料等事宜。实际上,华晋公司亦履行了相应的报建义务,但因缺少涉案工程的立项等资料未能完成报建。工程立项是工程报建的前提条件,名城公司作为建设单位对于涉案工程是否立项应当是知悉的,但其将涉案工程交由华晋公司协助办理报建手续时,未尽告知义务,亦未积极完成立项手续,导致涉案工程因报建不能而停工。实际上,中山住建局于2014年3月4日对华晋公司提交的申报资料做出不予行政许可决定后,3月6日名城公司便自行办理立项及报建手续且在之后获得许可,此表明其在华晋公司办理报建手续时能够提供完整报建资料却没有提供。同时,华晋公司已进场施工,但名城公司未按合同约定支付30%的工程款。因此,本案导致合同解除的责任应归于名城公司,名城公司应承担相应的违约责任。法院依照《中华人民共和国合同法》第九十七条、第一百零七条、第一百一十三条第一款,《最高人民法院关于审理建设工程施工合同纠纷案件适用法律问题的解释》第九条、第十条第二款,《中华人民共和国建筑法》第七条第一款、第八条第一款之规定,判决名城公司承担违约责任。

三、关联法条

1.《建筑法》第七条第一款:建筑工程开工前,建设单位应当按照国家有关规定向工程所在地县级以上人民政府建设行政主管部门申请领取施工许可证;但是,国务院建设行政主管部门确定的限额以下的小型工程除外。

2.《建筑法》第八条第一款:申请领取施工许可证,应当具备下列条件:(一)已经办理该建筑工程用地批准手续;(二)在城市规划区的建筑工程,已经取得规划许可证;(三)需要拆迁的,其拆迁进度符合施工要求;(四)已经确定建筑施工企业;(五)有满足施工需要的施工图纸及技术资料;(六)有保证工程质量和安全的具体措施;(七)建设资金已经落实;(八)法律、行政法规规定的其他条件。

3.《合同法》第一百零七条:当事人一方不履行合同义务或者履行合同义务不符合约定的,应当承担继续履行、采取补救措施或者赔偿损失等违约责任。

4.《最高人民法院关于审理建设工程施工合同纠纷案件适用法律问题的解释》第九条:发包人具有下列情形之一,致使承包人无法施工,且在催告的合理期限内仍未履行相应义务,承包人请求解除建设工程施工合同的,应予支持:(一)未按约定支付工程价款的;(二)提供的主要建筑材料、建筑构配件和设备不符合强制性标准的;(三)不履行合同约定的协助义务的。

四、争议问题

本案的主要争议焦点为:如何确定本建设工程合同的违约方,名城公司在工程报建中应履行何种义务。

五、简要评论

违约责任的承担以违反合同义务为前提。根据现代合同法上合同义务多样化扩张,建设工程合同中的合同义务不仅仅局限于主给付义务,其已经发展成包括主给付义务、从给付义务以及附随义务在内的合同义务群。不论违反哪一种合同义务都有可能构成违约。具体来说,主给付义务主要是指合同本身固有的、必备的、决定合同类型的给付义务,在一项合同中,对双方当事人利益影响最大的便是主给付义务,在大部分情况下,合同履行抗辩权的行使及违约责任的认定都以主合同义务的不履行或不当履行为前提,从给付义务则指主给付义务之外的,辅助主给付义务实现的给付义务,从给付义务不具有独立意义,其并不决定合同的性质和类型,其功能更多体现为保证另一方当事人权利的充分实现。一般来说,从给付义务对合同的目的不具有实质影响作用,其只影响到合同当事人权利的保护程度。附随义务则是随着当事人合同义务的履行派生出来的义务,指在合同订立和履行过程中基于诚实信用原则、根据合同的性质目的以及交易习惯等产生的其他的义务。

从给付义务和附随义务同时承担着辅助与补充主给付义务完成的作用,有利于保证合同的履行达到最佳效果。虽为辅助与补充,从给付义务和附随义务并非可有可无,有时该义务的违反也会导致合同目的的落空,该案的情况便是如此。在该案中,原告和被告双方签订了建设工程合同,该合同的主给付义务是华晋公司依照合同约定对工程进行施工;而名城公司的主合同义务则是支付合同约定的价款。从表面上看,本案中的主合同义务最终因双方合同的解除而未得以履行。但继续向下深究,双方解除合同的原因在于华晋公司未能完成施工许可证的办理,而华晋公司之所以未能完成工程报建又是因为名城公司相关义务的违反。根据双方的约定,华晋公司负有办理外墙装修工程报建的责任。但作为工程投资方,报建手续涉及的资料必须由名城公司提供才可能办理,因此,在工程报建过程中,名城公司负有协助和通知义务。从报建的具体要求上来说,甚至可以认定名城公司具有报建的责任,而双方所谓的约定由华晋公司报建实质是约定了华晋公司在工程报建中的辅助义务。但无论如何认定,该工程报建都是为了保障主给付义务实现的从给付义务。在该案中,华晋公司实际上履行了相应的报建义务,只是因缺少涉案工程的立项等资料未能完成报建。也就是说,本案的真正的违约方是名城公司,正是因为其违反了辅助主给付义务实现的从给付义务,最终导致了合同的解除。法院判决由名城公司承担违约责任是正确的。

中天公司与宏嘉公司合同解除后履约保证金退还纠纷案

一、基本案情

2015年3月间,中天公司承包宏嘉公司的装修工程项目,双方约定由中天公司向宏嘉公司支付工程履约保证金300万元(合同订立时支付100万元,正式开工后2日内支付200万元)。合同签订后,中天公司于2015年3月26日向宏嘉公司转账支付100万元。之后因双方在合同履行期间产生多种原因,导致合同无法履行,同年8月13日双方协议解除合同,约定由宏嘉公司退还保证金,工程清算、退场后双方各自承担各自的损失与费用,不再对对方提出任何主张;同日,案外人徐达能(原合同居间人)向宏嘉公司出具承诺书,称由其在10日内处理完成后期遗留工作。协议与承诺书签订后,宏嘉公司向中天公司开具面额为100万元、时间为2015年8月23日的转账支票,但中天公司在2015年8月31日取款时,银行以支票中大写未顶格为由退票。后中天公司再次向宏嘉公司要求退还保证金时,宏嘉公司以其在中天公司完成工程遗留事项后才退还保证金为由拒绝。中天公司遂起诉至法院,要求宏嘉公司退还保证金,宏嘉公司辩称,自与中天公司签订合同后直至解约前,因为中天公司监管不力,工程被倒卖了三次,来接手工程的人多次在工地闹事。最终是因中天公司的市场项目部经理出具了承诺书,承诺由中天公司处理好工程的事情被告才同意退回履约保证金的,其对中天公司的诉讼请求无异议,但必须将承诺的事情先处理完毕。[(2016)浙0103民初00612号]

二、诉讼过程及裁判理由

杭州市下城区人民法院审理后认为,根据中天公司与宏嘉公司签订的协议,双方确认解除之前签订的建设工程合同,并由宏嘉公司退还中天公司保证金100万元。从宏嘉公司提供的案外第三人徐达能的承诺书来看,当时宏嘉公司同意由该第三人另行组织人员完成遗留工作,而中天公司与宏嘉公司对于工程清算、退场后各自承担各自的损失与费用,不再向对方提出任何主张。现宏嘉公司认为该承诺书中承诺在10天之内完成的问题并没有解决,故不能退还保证金。然而,虽然承诺书中的10天时间与100万元保证金支票的取款时间是吻合的,但承诺人并非中天公司,在承诺书中承诺人也已经表明其身份只是中天公司与宏嘉公司建筑工程业务的居间人,故宏嘉公司以此为由拒绝履行与原告签订协议书中所约定的退还保证金义务理由欠当。宏嘉公司关于在合同解除后退还保证金的意思表示真实,不违反法律禁止性规定,具有法律效力,对于中天公司要求宏嘉公司立即退还保证金的诉讼请求应予支持。据此,根据《中华人民共和国合同法》第一百零七条、《中华人民共和国民事诉讼法》第六十四条第一款之规定,判决宏嘉公司于本判决生效之日10日内退还中天公司履约保证金100万元。

三、关联法条

1.《合同法》第九十七条:合同解除后,尚未履行的,终止履行;已经履行的,根据履行情况和合同性质,当事人可以要求恢复原状、采取其他补救措施,并有权要求赔偿损失。

2.《招标投标法》第四十六条第二款:招标文件要求中标人提交履约保证金的,中标人应当提交。

3.《招标投标法》第六十条第一款:中标人不履行与招标人订立的合同的,履约保证金不予退还,给招标人造成的损失超过履约保证金数额的,还应该对超过部分予以赔偿;没有提交履约保证金的,应当对招标人的损失承担赔偿责任。

4.《工程建设项目施工招标投标办法》(七部委〔2003〕30号令)第六十二条第二款:招标人要求中标人提供履约保证金或其他形式履约担保的,招标人应当同时向中标人提供工程款支付担保。

5.《工程建设项目施工招标投标办法》(七部委〔2003〕30号令)第八十四条第一款:中标人不履行与招标人订立的合同的,履约保证金不予退还,给招标人造成的损失超过履约保证金数额的,还应当对超过部分予以赔偿;没有提交履约保证金的,应当对招标人的损失承担赔偿责任。

6.《工程建设项目施工招标投标办法》(七部委〔2003〕30号令)第八十五条:招标人不履行与中标人订立的合同的,应当返还中标人的履约保证金,并承担相应的赔偿责任;没有提交履约保证金的,应当对中标人的损失承担赔偿责任。

四、争议问题

本案的争议焦点为:建设工程合同解除后,根据原合同支付的履约保证金的退还需满足何种条件。

五、简要评论

合同的解除,是指因当事人一方或双方的意思表示使已有效成立的合同归于消灭的行为。合同解除意味着双方当事人原合同权利义务的消灭,这是对原合同的效力;同时,合同解除还向将来发生效力,根据《合同法》第九十七条的规定,"合同解除后,尚未履行的,终止履行;已经履行的,根据履行情况和合同性质,当事人可以要求恢复原状、采取其他补救措施,并有权要求赔偿损失"。本案即涉及合同解除的效力问题;但本案的特殊之处在于其同时涉及建设工程合同中的履约保证金问题。

履约保证金属于建设工程合同中履约担保的一种,是工程发包人为防止承包人在合同履约过程中因违反合同约定或法律规定而给发包人造成经济损失而要求承包人提供的担保。由于其适用范围的特殊性,《担保法》与《合同法》都未对履约保证金进行规定,只有《招标投标法》对建设工程招投标中的履约保证金进行了规定。尽管如此,对于未进行招投标而签订合同中约定有履约保证金的情况,还是可以通过《合同法》及《担保法》的基本法理,在参照《招标投标法》的基础上进行处理。关于履约保证金的退还,我国相关的法律法规并无明确的规定,在这种情况下,根据《合同法》的一般原理可以确定的是,合同当事人可以对此进行意思自治,通过双方协商一致的方式对履约保证金的退还进行约定——在合同订立之时,缔约双方可以事先约定履约保证金的退还需要满足的条件;即使在合同订立之时缔约双方并未约定履约保证金的退还条件,缔约双方也可以在事后就履约保证金的退还方式达成共识。

在该案中,双方当事人在签订建设工程合同之时规定了履约保证金,却并未针对该保证金的退还作出约定,中天公司在签订合同后根据合同的约定向宏嘉公司支付了100万元的履约保证金。之后因双方在合同履行期间产生多种原因,导致合同无法履行,双方在协议解除合同之时一并约定由宏嘉公司退还保证金,工程清算、退场后双方各自承担各自的损失与费用,不再对对方提出任何主张。也就是说,此时,双方当事人已经就履约保证金的退还达成一致,并未附加任何条件。因此,之后宏嘉公司提出"中天公司完成工程遗留事项后才退还保证金"的说法并不符合双方之前的约定。根据双方解除合同时所为之约定,中天公司并不负担相应的处理工程遗留事项的义务。事实上,此项义务是宏嘉公司和案外第三人徐达能签订承诺书中要求案外第三人徐达能履行的义务。基于合同的相对性的要求,此项义务只能由徐达能承担,而不应该由中天公司承担。而且,宏嘉公司和中天公司在解除合同并确定"宏嘉公司退还保证金,工程清算、退场后双方各自承担各自的损失与费用,不再对对方提出任何主张"之时,并未将徐达能履行完相应的承诺作为附加条件。因此,徐达能是否根据其承诺书处理好工程遗留的问题,并不影响履约保证金的退还。法院要求宏嘉公司向中天公司退还履约保证金的判决是正确的。

十建公司与哥威公司建筑加固费用纠纷案

一、基本案情

2011年9月,十建公司与哥威公司签订建设工程施工合同,约定由十建公司承建哥威公司的厂房建设项目,并约定工程款按进度支付。施工过程中,双方因实际完成工作量及该付款数问题产生争议,该厂房建设工程也于2012年7月底停止施工。之后,在宜春市经济开放区管委会的协调下,双方终止建设合同,由哥威公司另请建筑商完成后期建设;并约定之前工程的质量问题仍由十建公司负责。后哥威公司认为厂房存在质量问题,遂多次要求宜春市建工建材检测中心对厂房再行检测,初步显示被抽检的部分构件未达到设计图纸的要求;之后哥威公司又委托专业工程质量检测公司对工程进行检验,同样获得了质量不合格的结论。哥威公司遂委托江西省桂能综合设计研究院有限公司就已建厂房出具加固方案,并委托江西科固工程技术有限公司根据加固方案进行报价,加固费用为1 338 274元。同时,2010年9月26日,哥威公司与江西欧唯佳实业有限公司签订租赁合同,约定自2010年底哥威公司开始租赁该公司的厂房,其中租赁厂房面积为5 328平方米,月租金29 304元,租赁食堂面积850.5平方米,月租金4 252.5元,合计月租金33 556.5元。由于厂房质量问题,哥威公司一直租赁至今。针对此情况,哥威公司起诉至法院,要求十建公司承担加固费用,并补偿其由于未能使用厂房而造成的租赁费用。[(2015)赣民一终字第36号]

二、诉讼过程及裁判理由

一审江西省宜春市中级人民法院认为,对于加固费用,因江西十建公司承建的厂房未达到设计图纸的要求,该项加固费用应由江西十建公司承担;对于厂房租赁费用,因江西十建公司承建的厂房质量未达到图纸设计要求,致使该厂房无法按照预期投入使用,哥威公司不得不继续租赁他人厂房进行生产,该项损失应由江西十建公司承担。租赁费用的起算点应当以工程按约完成竣工并扣除哥威公司后期装修施工、组织工人、机器进场的时间后方开始计算。据此,法院依照《中华人民共和国建筑法》第十五条、第五十八条,《中华人民共和国合同法》第六十条、第九十四条、第九十七条、第一百零七条、第一百零九条、第一百一十三条第一款、第一百二十条,《最高人民法院关于审理建设工程施工合同纠纷案件适用法律问题的解释》第八条、第十条、第十七条,《中华人民共和国民事诉讼法》第一百四十二条的规定,判决十建公司支付给哥威公司厂房加固费1 338 274元、厂房租赁损失805 356元,合计2 143 630元。

二审江西省高级人民法院认为,江西十建公司建造的厂房存在质量问题,双方对此予以确认,并就相关问题协商,因双方难以继续合作,江西十建公司依法应按照约定承担相应的厂房加固费用。由于案涉厂房存在质量问题,导致厂房在未完工的情况下停工。对于哥威公司未能按照施工计划搬入厂房而继续租房,江西十建公司是有过错的,对哥威公司因此造成额外的厂房租赁费用的损失,应承担相应的赔偿责任。据此,二审法院做出了驳回上诉,维持原判的判决。

三、关联法条

1.《建筑法》第五十八条:建筑施工企业对工程的施工质量负责。建筑施工企业必须按照工程设计图纸和施工技术标准施工,不得偷工减料。工程设计的修改由原设计单位负责,建筑施工企业不得擅自修改工程设计。

2.《合同法》第一百零七条:当事人一方不履行合同义务或者履行合同义务不符合约定的,应当承担继续履行、采取补救措施或者赔偿损失等违约责任。

3.《合同法》第一百一十三条:当事人一方不履行合同义务或者履行合同义务不符合约定,给对方造成损失的,损失赔偿额应当相当于因违约所造成的损失,包括合同履行后可以获得的利益,但不得超过违反合同一方订立合同时预见到或者应当预见到的因违反合同可能造成的损失。

4.《最高人民法院关于审理建设工程施工合同纠纷案件适用法律问题的解释》第十条第一款:因一方违约导致合同解除的,违约方应当赔偿因此而给对方造成的损失。

四、争议问题

本案主要争议焦点为:江西十建公司是否应支付给哥威公司厂房加固费;江西十建公司是否应支付给哥威公司厂房租赁损失。

五、简要评论

合同一方承担违约损害赔偿的责任,以损失是违约的结果为前提。关于违约行为造成的损失的赔偿范围,我国《合同法》第一百一十三条规定,"一方不履行合同义务或者履行合同义务不符合约定,给对方造成损失的,损失赔偿额应当相当于因违约所造成的损失,包括合同履行后可以获得的利益,但不得超过违反合同一方订立合同时预见到或者应当预见到的因违反合同可能造成的损失"。从这一规定可以看出,合同法中违约责任的损害赔偿的范围既包括直接的损失,也包括间接的损失。但是,无论是直接损失还是间接损失,其赔偿范围都以"违反合同一方订立合同时预见到或者应当预见到的因违反合同可能造成的损失"为限。反过来说,这实际上意味着,预见可能性限度内的直接损失或者可得利益的损失(间接损失)都应该被认定为违约的赔偿范围之内。对于此处关于预见可能性,可以从以下几个方面理解:第一,预见可能性的主体是违约方而不是受损者。第二,预见可能性的时刻是合同订立之时,而不是违约行为发生之时。第三,预见可能性的对象是违约发生之时可能出现的损失。

具体到该案,从损失的产生原因上来说,因厂房质量问题,哥威公司不得不对厂房进行加固,根据江西省桂能综合设计研究院有限公司出具的加固方案,江西科固工程技术有限公司根据加固方案进行报价,加固费用为 1 338 274 元。如果十建公司所建厂房无质量问题,此加固费用便无从产生,该加固费用是工程质量不符合要求而带来的经济损失。同时,由于厂房质量问题,哥威公司未能按期搬进厂房,而不得不继续租赁他人厂房,由此产生的租赁费用同样是工程质量不符合约定的结果。从损失的可预见性上分析,这些直接损失和间接损失都在违约方合同订立之时的可预见范围之内。具体而言,在发包方与承包方签订厂房建设合同之际,就已经预定了建筑物的用途。而工厂设施应该符合基本的安全要求,如果达不到要求,为了早日生产或者继续维持生产工厂设施的使用者就不得不花费更多的钱财加固工厂,或者租赁其他的厂房。这些事情在工厂建设合同订立之时,就能够预见到。从违约责任的承担上来说,十建公司与哥威公司签订建设工程施工合同,约定由十建公司承建哥威公司的厂房建设项目,随后因工程施工质量问题,双方终止了合同。然而双方同时约定,之前工程的质量问题仍由十建公司负责。因此,对于因厂房质量问题产生的损失,并不因为十建公司和哥威公司终止合同而免除其责任。综合以上因素,对于加固厂房和租赁厂房造成的损失,十建公司应当负赔偿责任。

众力和花卉与徐立永建设工程合同违约后的损失分担纠纷案

一、基本案情

2012 年 7 月,众力和花卉与徐立永就温室大棚的建造签订合同,众力和花卉为发包人,徐立永为承包人。合同签订后,因降雨等因素,徐立永于 2012 年 8 月初进场施工。施工期间又因施工现场周边修路,以及众力和花卉开挖电缆、建排水渠、修路,影响了施工材料运输,徐立永施工迟缓。至 2013 年 11 月,27 栋大棚除部分墙面没有抹灰外基本完工,众力和花卉先后给付徐立永工程款 1 068 570 元。2012 年 12 月 29 日和 2013 年 1 月 16 日、2 月 4 日,众力和花卉共领取政府补贴 259.01 万元,因其未按约定支付工程款,导致施工人员多次上访,双方产生矛盾。2014 年 3 月 5 日,众力和花卉提起诉讼,以工程存在质量问题以及未能按时完工为由要求徐立永承担违约责任,支付合同价款 20%的违约金,并赔偿土地承包损失。对于工程质量问题,一审中北京市建设工程质量第二检测所司法鉴定所鉴定,认为该工程不满足砌体结构设计规范 GB 50003—2011 的要求。但徐立永声称其是为降低成本才使用石粉水泥砂浆垒墙,众力和花卉始终有人在施工现场监督施工;且其施工将近 4 个月,运输使用大量的石粉,众力和花卉现场监督人员没有提出任何异议,证明众力和花卉同意使用石粉。对于工期问题,徐立永则认为,施工期间,除周边村庄修路影响材料运输外,众力和花卉挖电缆沟、修路、建排水渠以及下雨天气,直接导致了施工迟缓,众力和花卉应负全部责任。[(2016)京 03 民终 211 号]

二、诉讼过程及裁判理由

一审法院认为,对于质量问题,虽然徐立永负责供应施工所需的材料设备,但材料进场后,众力和花卉验收合格后方可使用。在施工期间,徐立永全部运输使用水泥石粉垒墙,众力和花卉明知徐立永使用的材料与合同约定不符,没有提出异议并允许其使用,又因徐立永没有完成全部施工,众力和花卉也未采取补救措施,以致徐立永所建墙体出现受潮沙化,影响了大棚使用的安全性。因此产生的后果,双方均有过错,应各自承担相应责任。对于工期问题,因施工现场周边修路、众力和花卉不按期付款、挖电缆沟、修排水渠、徐立永施工缓慢以及双方产生矛盾等因素,导致徐立永未按期完工,双方当事人都违反了合同,应当各自承担相应的责任。

二审法院认为,本案中,徐立永施工的涉案工程未按期完工,亦不符合相应的标准,违反了双方之间的合同约定;但是双方合同还约定,所有建筑材料须经众力和花卉验收后方可进场使用,据此可以看出,众力和花卉是在对建筑材料验收后,明知或者应知该材料不合格的情况下却未持异议并继续允许使用;同时,众力和花卉还存在不按期付款、施工现场周边修路等其他因素,原审法院根据本案具体情况,认为双方双方均有过错,应依照各自的过错程度承担相应的责任,并据此酌情确定的责任比例基本适当,本院不持异议。二审法院据此判决驳回上诉,维持原判。

三、关联法条

1.《合同法》第六十条:当事人应当按照约定全面履行自己的义务。当事人应当遵循诚实信用原则,根据合同的性质、目的和交易习惯履行通知、协助、保密等义务。

2.《合同法》第一百一十二条:当事人一方不履行合同义务或者履行合同义务不符合约定的,在履行义务或者采取补救措施后,对方还有其他损失的,应当赔偿损失。

3.《合同法》第一百一十三条第一款:当事人一方不履行合同义务或者履行合同义务不符合约定,给对方造成损失的,损失赔偿额应当相当于因违约所造成的损失,包括合同履行后可以获得的利益,但不得超过违反合同一方订立合同时预见到或者应当预见到的因违反合同可能造成的损失。

4.《合同法》第一百一十九条:当事人一方违约后,对方应当采取适当措施防止损失的扩大;没有采取适当措施致使损失扩大的,不得就扩大的损失要求赔偿。当事人因防止损失扩大而支出的合理费用,由违约方承担。

5.《合同法》第一百二十条:当事人双方都违反合同的,应当各自承担相应的责任。

四、争议问题

本案主要争议焦点为:众力和花卉和徐立永对质量问题及工期延迟问题都具有过错的情况下,双方如何承担责任。

五、简要评论

当事人一方不履行合同义务或者履行合同义务不符合约定的,都会产生违约责任的问题。我国《合同法》第六十条规定了合同履行应坚持全面履行(第一款)以及诚实信用履行的基本原则(第二款)。全面履行的基本原则要求,债务人应该按照合同规定的标的及其质量、数量,由适当的主体在适当的履行期限、履行地点以适当的方式,全面完成合同义务的履行原则。诚实信用履行的基本原则要求,当事人应当遵循诚实信用原则,根据合同的性质、目的和交易习惯履行通知、协助、保密等义务。在履行合同过程中如果没有全面履行或者诚实信用地履行合同义务,都会产生违约责任的问题。

在该案中,徐立永未能按照合同约定的质量标准施工,也未能按照合同约定时间完工,换言之,徐立永在合同履行之际并未能完全坚持全面履行的原则,进而产生了违约责任。然而,对于众力和花卉而言,其也应该根据诚实信用原则的基本要求,协助债务人徐立永履行合同。在该争议案件中,依照合同的约定,对于质量问题,虽然徐立永负责供应施工所需的材料设备,但材料进场后,众力和花卉验收合格后方可使用。此外,就合同的及时履行完毕,众力和花卉也应该积极的协助履行。但是,在该案中,在施工期间,徐立永全部运输使用水泥石粉垒墙,众力和花卉明知徐立永使用的材料与合同约定不符,没有提出异议并允许其使用。并且,在徐立永施工期间,存在因施工现场周边修路、众力和花卉不按期付款、挖电缆沟、修排水渠等因素,导致徐立永未按期完工。因此,除施工现场周边修路外,众力和花卉未能根据诚实信用原则履行协助义务,也是导致工期迟延的重要因素。

根据我国《合同法》第一百一十三条第一款规定,"当事人一方不履行合同义务或履行合同义务不符合约定,给对方造成损失的,损失赔偿额应当相当于因违约所造成的损失,包括合同履行后可以获得的利益,但不得超过违反合同一方订立合同时预见到或者应当预见到的因违反合同可能造成的损失",《合同法》第一百一十九条第一款规定,"当事人一方违约后,对方应当采取适当措施防止损失的扩大;没有采取适当措施致使损失扩大的,不得就扩大的损失要求赔偿",《合同法》第一百二十条规定,"当事人双方都违反合同的,应当各自承担相应的责任"。根据上述规则,第一百一十三条第一款确定了违约损害赔偿范围的一般原则;第一百一十九条第一款的内容实际上确定了债权人对于债务人违约的负有减损的义务;第一百二十条的规定的"违反合同"当然既包括主给付义务也包括违反从给付义务和附随义务。而从给付义务往往是为了协助主给付义务履行的义务。因此,不履行从给付义务往往间接影响主给付义务的履行。换言之,《合同法》第一百二十条应该理解为法官根据合同当事人双方各自的过错,公平合理地确定各自对于损害程度条款。由于该案中,众力和花卉和徐立永对质量问题及工期延迟问题都具有过错,一审法院和二审法院斟酌各自的过错程度,合理确定损害赔偿责任的做法是符合法律要求的,并且也是妥当的。

泰格公司与汇丰公司建设工程违约责任纠纷

一、基本案情

2011年1月,泰格公司与汇丰公司就车间及宿舍楼工程的建设签订建设工程施工合同,泰格公司为发包人,汇丰公司为承包人。双方在合同中就工期、工程款等进行了约定,并约定"由于承包人原因,致使工期每延误一天,则发包人对承包人处1000元的罚款,违约费用在工程款中扣除"。合同签订后,汇丰公司组织人员进场施工;2012年11月,泰格公司组织人员对案涉工程进行验收。案涉工程从2011年2月20日开工至2012年11月1日交付,施工工期610天,延期310天。泰格公司起诉至法院,要求汇丰公司按照1000元/天给付违约金31万,同时其主张因汇丰公司超期导致其项目搁置,损失惨重,违约金尚不足以偿付损失,要求汇丰公司赔偿损失163万元。汇丰公司答辩称,工程延期并非己方责任;同时,案涉工程于2012年2月11日经双方验收至今,泰格公司并无任何投资项目引进入场,其要求汇丰公司承担实际损失的诉讼请求,无事实及法律依据。因此请求法院驳回泰格公司的诉讼请求。[(2015)浙湖民终字第559号]

二、诉讼过程及裁判理由

一审法院审理后认为,汇丰公司、泰格公司双方签订的《建设工程施工合同》及增加工程系双方当事人真实意思的表示,且不违反法律、行政法规的效力性强制性规定,故合法有效,对双方当事人均具有约束力,汇丰公司、泰格公司双方均应按合同的约定内容全面履行各自的义务。汇丰公司施工工程已移交给泰格公司,泰格公司理应按约支付相应工程款。对于违约金问题,双方在合同中有明确约定,现汇丰公司施工工期逾期超过310天,故泰格公司要求汇丰公司支付31万元的违约金的请求,符合合同约定,且未违反法律规定,予以支持。关于原告要求赔偿实际损失的诉讼请求,因无事实和法律依据,本院不予支持。

二审法院认为,根据《中华人民共和国合同法》第一百一十四条第二款的规定,"约定的违约金低于造成的损失的,当事人可以请求人民法院或者仲裁机构予以增加;约定的违约金过分高于造成的损失的,当事人可以请求人民法院或者仲裁机构予以适当减少"。由此可以认定违约金本身就具有赔偿损失的性质,因此违约金与赔偿金不能同时适用。

现泰格公司已向汇丰公司主张违约金31万元,并得到原审全部支持的情形下,要求汇丰公司赔偿损失1 632 997元,与法相悖,不予支持。

三、关联法条

1.《合同法》第一百零七条:当事人一方不履行合同义务或者履行合同义务不符合约定的,应当承担继续履行、采取补救措施或者赔偿损失等违约责任。

2.《合同法》第一百一十四条:当事人可以约定一方违约时应当根据违约情况向对方支付一定数额的违约金,也可以约定因违约产生的损失赔偿额的计算方法。约定的违约金低于造成的损失的,当事人可以请求人民法院或者仲裁机构予以增加;约定的违约金过分高于造成的损失的,当事人可以请求人民法院或者仲裁机构予以适当减少。当事人就迟延履行约定违约金的,违约方支付违约金后,还应当履行债务。

3. 最高人民法院《关于民事诉讼证据的若干规定》第二条:当事人对自己提出的诉讼请求所依据的事实或者反驳对方诉讼请求所依据的事实有责任提供证据加以证明。没有证据或者证据不足以证明当事人的事实主张的,由负有举证责任的当事人承担不利后果。

四、争议问题

本案的主要争议焦点为:泰格公司主张的违约金与赔偿损失能否同时得到支持。

五、简要评论

对于业已订立的合同而言,合同双方当事人应该根据全面履行原则、诚实信用原则履行合同义务,否则将会产生违约责任。根据我国《合同法》对于违约后果的相关规定,当事人一方不履行合同义务或者履行合同义务不符合约定的,应当承担继续履行、采取补救措施或者赔偿损失等违约责任。其中,继续履行是针对能够继续履行或者继续履行仍有必要的合同而言;而对于那些不能继续履行或者业已没有必要继续履行的合同而言,一般都要求违约方通过采取补救措施或者赔偿损失的方式承担违约责任。

一般而言,损害赔偿与支付违约金是最为常见的两种违约责任承担方式,我国《合同法》对这两种违约后果都进行了比较细致的规定:根据我国《合同法》对于赔偿损失的规定,当事人一方不履行合同义务或者履行合同义务不符合约定,给对方造成损失的,损失赔偿额应当相当于因违约所造成的损失,包括合同履行后可以获得的利益,但不得超过违反合同一方订立合同时预见到或者应当预见到的因违反合同可能造成的损失;根据我国《合同法》对支付违约金的规定,当事人可以约定一方违约时应当根据违约情况向对方支付一定数额的违约金,也可以约定因违约产生的损失赔偿额的计算方法。从二者的区别来说,支付违约金和损害赔偿虽然都是违约责任的承担方式,但违约金主要是惩罚性的补救措施,而损害赔偿则不具有惩罚性的意义。对于违约金和损害赔偿的关系,我国

《合同法》第一百一十四条明确规定,"当事人可以约定一方违约时应当根据违约情况向对方支付一定数额的违约金,也可以约定因违约产生的损失赔偿额的计算方法。约定的违约金低于造成的损失的,当事人可以请求人民法院或者仲裁机构予以增加;约定的违约金过分高于造成的损失的,当事人可以请求人民法院或者仲裁机构予以适当减少。当事人就迟延履行约定违约金的,违约方支付违约金后,还应当履行债务"。据此,当存在一方当事人违约的情形,违约金请求权与损害赔偿请求权得因债务人违约而同时产生效力,而债权人得选择请求违约金或者请求损害赔偿,若二者针对的利益并非同一,当事人自可累加主张,若指向同一利益,债权人只能择一请求。

在该案中,泰格公司起诉至法院,要求汇丰公司按照1 000元/天给付违约金31万,同时其主张因汇丰公司超期导致其项目搁置,损失惨重,违约金尚不足以偿付损失,要求汇丰公司赔偿损失163万元。由于针对同一利益只能选择违约金或者损害赔偿,并且在该案中,案涉工程于2012年2月11日经双方验收至今,泰格公司并无任何投资项目引进入场,因此,其并未能够提供证据证明汇丰公司的违约行为给其造成了实际损失和可得利益的损失。据此,不存在约定的违约金低于造成的损失,当事人可以请求人民法院或者仲裁机构予以增加的情形。因此,一审法院和二审法院都判处只支付违约金的判决是妥当的。

鑫晨公司与湘牛公司建设工程合同违约责任纠纷案

一、基本案情

2013年11月,鑫晨公司(甲方)与湘牛公司(乙方)就鑫晨公司的废水处理工程签订施工合同。双方约定,合同签订之日起3天内,甲方支付工程造价总额的30%作为备料款;设备进场时,甲方向乙方支付工程造价总额的40%;设备经正常试运行后,由环保部门监测达标后支付工程造价的30%;对于到期应付款,到期7天后,每推迟1天支付工程造价总额的5‰作为违约金。2013年11月21日,鑫晨公司通过网上银行向湘牛公司支付首期备料款33 000元,2014年1月湘牛公司将所需设备进场并完成设备安装。之后鑫晨公司未按约支付40%的进度款,湘牛公司也未对相应设备进行调试。鑫晨公司起诉至法院称,湘牛公司一直不对机器设备进行调试,致使其废水处理工程至今未通过验收,已经构成违约,请求法院解除双方的合同,并要求湘牛公司退还已付的工程款并支付违约金。湘牛公司反诉称,按照合同约定,鑫晨公司应当在设备进场时支付工程款总额的40%,但鑫晨公司既不及时支付工程款,又不协助配合做好验收工作,鑫晨公司的行为显属于违约,请求法院判令湘牛公司支付所有工程款,并自2014年1月15日起按每天550元支付逾期付款违约金。鑫晨公司辩称,其未支付第二笔款项的原因在于湘牛公司未就第一笔款项出具含税发票,因此违约责任在于湘牛公司。双方对谁为违约方,应支付工程款及违约金的数额均争执不下。[(2015)金磐民初字第3号]

二、诉讼过程及裁判理由

法院审理后认为，鑫晨公司与湘牛公司签订的《废水处理工程委托设计施工合同书》系双方真实意思表示，且没有违反效力性强制性规定，应为合法有效。湘牛公司将设备进场后，鑫晨公司未依约支付40%进度款，湘牛公司依约可不进行设备安装及调试，但其仍完成了设备安装，已履行了大部分合同义务。现鑫晨公司在违约在先且湘牛公司已经履行了大部分合同义务的情况下，要求解除合同，明显不利于保护守约方的合法权益。故鑫晨公司要求终止合同、返还工程款及支付违约金和利息损失的诉请，本院均不予支持。相反，继续履行合同更利于保护市场交易之安全，但湘牛公司现并未完成设备调试，故其要求鑫晨公司支付工程全部余款的诉请亦无事实依据，但其已完成了设备安装，鑫晨公司依约应向其支付40%进度款计44 000元。另湘牛公司要求鑫晨公司自2014年1月15日起每日按总价款5‰计550元的标准支付违约金，因其未能提供证据证明设备具体进场时间，且该违约金明显过高，本院酌情确定自起诉之日起以总价款为基数按中国人民银行公布的同期同类贷款基准利率4倍的标准计付违约金。据此，法院判决鑫晨公司向湘牛公司支付进度款44 000元，并按照上述标准支付相应违约金。

三、关联法条

1.《合同法》第六十条第一款：当事人应当按照约定全面履行自己的义务。

2.《合同法》第一百零九条：当事人一方未支付价款或者报酬的，对方可以要求其支付价款或者报酬。

3.《合同法》第一百一十四条：当事人可以约定一方违约时应当根据违约情况向对方支付一定数额的违约金，也可以约定因违约产生的损失赔偿额的计算方法。约定的违约金低于造成的损失的，当事人可以请求人民法院或者仲裁机构予以增加；约定的违约金过分高于造成的损失的，当事人可以请求人民法院或者仲裁机构予以适当减少。当事人就迟延履行约定违约金的，违约方支付违约金后，还应当履行债务。

四、争议问题

本案的主要争议焦点为：鑫晨公司与湘牛公司哪一方应承担违约责任，违约金应如何计算。

五、简要评论

本案的诉讼当事人因违约纠纷起诉至法院，双方对事实几无争议，却对究竟何方构成违约，以及确定违约之后的后续问题的处理意见极为不同。鑫晨公司认为湘牛公司一直不对机器设备进行调试，致使其废水处理工程至今未通过验收，已经构成违约；其诉讼请求在于，解除双方的合同，并要求湘牛公司退还已付的工程款并支付违约金。而湘牛公司则认为,鑫晨公司既不按照合同约定及时支付工程款,又不协助配合做好验收工作,行为构成违约;其诉讼请求在于,要求湘牛公司支付所有工程款,并自2014年1月15日起按每天550元支付逾期付款违约金。针对此案件,需要解决三个方面的问题:一是究竟何方行为构成违约;二是合同是否可以解除;三是违约金应如何计算。

首先,对违约方的确定。承担违约责任的前提条件是违约行为的存在,根据《合同法》第一百零七条的规定,"当事人一方不履行合同义务或者履行合同义务不符合约定的,应当承担继续履行、采取补救措施或者赔偿损失等违约责任"。当合同双方当事人就违约问题产生争议时,首先要确定的便是究竟何方实施了违约行为,当然实务中也经常出现双方当事人同时实施违约行为的情形。本案的当事人均起诉称对方的行为已经构成违约,因此,针对各自的诉讼请求,首要的问题便是确定此案究竟属于单方违约还是双方违约。根据鑫晨公司和湘牛公司订立的合同可知,双方约定自合同签订之日起3天内,甲方支付工程造价总额的30%作为备料款;设备进场时,甲方向乙方支付工程造价总额的40%;设备经正常试运行后,由环保部门监测达标后支付工程造价的30%。根据《合同法》第六十七条的规定,"当事人互负债务,有先后履行顺序,先履行一方未履行的,后履行一方有权拒绝其履行要求。先履行一方履行债务不符合约定的,后履行一方有权拒绝其相应的履行要求"。因此,湘牛公司对鑫晨公司的主张具有先履行抗辩权。故而,在该案件之中是鑫晨公司的行为构成违约,而湘牛公司因具有先履行抗辩权,其行为不构成违约。

其次,是否解除合同。根据《合同法》第九十三条的规定,"当事人协商一致,可以解除合同。当事人可以约定一方解除合同的条件。解除合同的条件成就时,解除权人可以解除合同"。本案中,由于鑫晨公司和湘牛公司事先没有约定合同的解除条件,且事后并未就合同解除达成合意。因此,鑫晨公司不享有合同解除权,不得单方解除合同。基于保护守约方的利益,判处违约方继续履行合同是妥当的。

最后,违约金的计算。合同双方在合同中业已约定了违约金,由于鑫晨公司违约,湘牛公司可以请求违约金。根据《合同法》第一百一十四条的规定,"当事人可以约定一方违约时应当根据违约情况向对方支付一定数额的违约金,也可以约定因违约产生的损失赔偿额的计算方法。约定的违约金低于造成的损失的,当事人可以请求人民法院或者仲裁机构予以增加;约定的违约金过分高于造成的损失的,当事人可以请求人民法院或者仲裁机构予以适当减少。当事人就迟延履行约定违约金的,违约方支付违约金后,还应当履行债务"。因此,关于违约金的支付存在以下的原则:如果违约金低于给债权人造成的损害,债权人可以请求增加违约金;如果违约金过分高于给债权人造成的损害,债务人则可以请求相关机构适当减少违约金。在该案中,法院认为,湘牛公司要求按总价款5‰计550元的标准支付违约金明显过高,故而酌情确定自起诉之日起以总价款为基数按中国人民银行公布的同期同类贷款基准利率4倍的标准计付违约金,此种做法乃是法官的自由裁量权的行使。同时,法院在判决支付违约金的同时要求鑫晨公司向湘牛公支付已完成进度部分的工程款也是对湘牛公司已履约行为的认可。

泰成公司与泰诺公司建筑工程价款优先受偿范围纠纷案

一、基本案情

2012年2月28日,泰成公司与泰诺公司签订了建设工程施工合同,泰成公司为承包人,泰诺公司为发包人。双方约定的具体支付方式为:±0完成后付已完工程量的80%工程款,后续每完成四层付已完工程量的80%工程款;砌体及装修、安装工程每月按已完工程量的80%支付工程款;单位工程验收合格后一个月内付已完工程量的85%工程款,审计工作在乙方上交工程决算之日起45天内完成,审计后45天内付至工程总造价的95%,工程结算审计定案数的5%作为质保金;发包人超过半个月不能及时支付工程款,则从应该付款时日起第十六天开始每拖延一天,发包人每天按该合同款的万分之五向承包人支付违约金,并赔偿由此引起的停工、误工和机械设备租赁等费用的一切损失;发包人以在建的本工程担保,根据有关法律,承包人享有优先权。合同签订后,泰成公司按约施工,泰诺公司却没有按照合同约定支付工程款。涉案工程于2012年9月停工。泰成公司遂起诉至法院,请求判令泰诺公司支付工程款、赔偿其经济损失支付违约金,并请求确认其对承建工程的优先受偿权。一审法院审理后判定泰诺公司向泰成公司支付工程款、违约金、补偿经济损失,并确认泰成公司在工程款与停工经济损失范围内享有优先受偿权。泰诺公司认可一审法院判定的工程款、违约金及经济损失,但以建设工程的价款优先受偿不应包括经济损失为由提起上诉。〔(2014)鲁民一终字第347号〕

二、诉讼过程及裁判理由

一审山东省枣庄市中级人民法院认为,原、被告合同签订后,原告泰成公司按照合同约定施工,被告泰诺公司没有按照双方合同约定支付工程进度款,最终导致工程中途停工。根据双方签订建设工程施工合同的约定,被告不按合同约定支付工程款,导致施工无法进行,属于发包人违约情形,被告作为发包人应为自己的违约行为按照合同约定承担相应的违约责任。对于优先受偿问题,《中华人民共和国合同法》第二百八十六条和《最高人民法院关于建筑工程价款优先受偿权问题的批复》(法释〔2002〕16号)均赋予了承包人在欠付工程价款的范围内享有优先受偿的权利。被告泰诺公司也认可原告泰成公司对工程造价享有优先受偿权,故浙江泰成公司要求对涉案工程价款优先受偿权的诉请,原审予以支持。对于原告的停工损失,属于为建设工程实际或必然发生的费用,属于建设工程价款中直接费用的范围,故应纳入优先受偿权的范围。

二审山东省高级人民法院认为,由于上诉人泰诺公司未及时向施工人浙江泰成公司拨付工程款,造成工程中途停建。根据《合同法》第二百八十四条和2002年6月20日,最高人民法院颁布的《最高人民法院关于建设工程价款优先受偿权问题的批复》的相关规定和立法本意,本案的经济损失系泰成公司作为承包人在施工过程中因停工所造成的实际损失,这些损失属于承包人泰成公司为施工涉案工程实际支出的费用,应属于工程价款中直接费用的范围,原审将该损失纳入建设工程价款优先受偿权的保护范围并无不当。综上所述,原审认定事实清楚,证据充分,适用法律正确。二审法院依照《中华人民共和国民事诉讼法》第一百六十九条、第一百七十条第一款第(一)项、第一百七十五条之规定,判决驳回上诉,维持原判。

三、关联法条

1.《合同法》第二百八十四条:因发包人的原因致使工程中途停建、缓建的,发包人应当采取措施弥补或者减少损失,赔偿承包人因此造成的停工、窝工、倒运、机械设备调迁、材料和构件积压等损失和实际费用。

2.《合同法》第二百八十六条:发包人未按照约定支付价款的,承包人可以催告发包人在合理期限内支付价款。发包人逾期不支付的,除按照建设工程的性质不宜折价、拍卖的以外,承包人可以与发包人协议将该工程折价,也可以申请人民法院将该工程依法拍卖。建设工程的价款就该工程折价或者拍卖的价款优先受偿。

3.《最高人民法院关于建设工程价款优先受偿权问题的批复》第三条:建筑工程价款包括承包人为建设工程应当支付的工作人员报酬、材料款等实际支出的费用,不包括承包人因发包人违约所造成的损失。

四、争议问题

本案主要争议焦点为:泰成公司因泰诺公司违约而停工造成的经济损失是否属于建设工程价款优先受偿的范围。

五、简要评论

建设工程价款优先受偿权是法定优先权的一种,《合同法》第二百八十六条一直被视为我国有关建设工程价款优先受偿权的明确规定。尽管权利规定已经具备,但对建筑工程价款优先受偿权的保护范围却存在诸多争议。根据《合同法》第二百八十六条的规定,"发包人未按照约定支付价款的,承包人可以催告发包人在合理期限内支付价款。发包人逾期不支付的,除按照建设工程的性质不宜折价、拍卖的以外,承包人可以与发包人协议将该工程折价,也可以申请人民法院将该工程依法拍卖。建设工程的价款就该工程折价或者拍卖的价款优先受偿",此立法将建设工程价款的优先受偿范围规定为"建设工程的价款",但其并未进一步规定建设工程价款的范围。此种情况在一定程度上导致了实务中具体认定保护范围的混乱。直到2002年6月11日,根据《最高人民法院关于建设工程价款优先受偿权问题的批复》第三条的规定,"建筑工程价款包括承包人为建设工应当支付的工作人员报酬、材料款等实际支出的费用,不包括承包人因发包人违约所造成的损失",该批复进一步解释了建设工程价款的范围,明确将承包人因发包人违约造成的损失排除在优先受偿之外。该批复事实上对"实际支出费用"与"违约损失"进行区分,从"实际支出"这一措辞可以看出,建设工程价款事实上包括了业已实际支出的、与该承建工程直接相关的费用,主要的是人工劳务费以及材料费,只是将预期利益的违约损失排除在外。

在该案中,"法院审理后判定泰诺公司向泰成公司支付工程款、违约金、补偿经济损失,并确认泰成公司在工程款与停工经济损失范围内享有优先受偿权。泰诺公司认可一审法院判定的工程款、违约金及经济损失,但以建设工程的价款优先受偿不应包括经济损失为由提起上诉"。换言之,泰诺公司对自己的违约行为造成的损害问题并无疑义,只是对于违约损失的赔偿方式存在异议,亦即,其认为"建设工程的价款优先受偿不应包括经济损失"。也就是说,争议核心问题"泰成公司对涉案工程因停工造成的损失是否享有优先受偿权"事实上可以转化为"停工造成的损失"究竟是"建设工程价款"的一部分还是被排除在外的违约损失。对此我们可以借助《合同法》第二百八十四条的规定来理解。根据第二百八十四条的规定,"因发包人的原因致使工程中途停建、缓建的"应当承担的赔偿范围具体包括"承包人因此造成的停工、窝工、倒运、机械设备调迁、材料和构件积压等损失和实际费用",该条规定同样使用了"实际费用"一词,此条可谓对建设工程合同中发包人违约后的损害赔偿范围的特殊规定。而一审法院确定的经济损失的范围其实就是"涉案的塔吊租赁费、钢管租赁费和现场留置钢筋材料这三项费用",此三项费用均是泰成公司因停工而产生的实际损失。由于这些损失属于泰成公司为施工涉案工程实际支出的费用,因此应属于工程价款中直接费用的范围。原审和二审法院将该三项费用纳入建设工程价款优先受偿权的保护范围并无不当。

大都公司与地矿公司建设工程价款优先受偿权行使期间纠纷案

一、基本案情

2010年8月及2011年7月,大都公司与地矿公司分别就相关工程签订了两份建设工程施工合同。地矿公司为发包人,大都公司为承包人。合同约定,发包人应在造价或监理工程师签发竣工结算支付证书后的28天内向承包人支付竣工结算款,发包人未支付竣工结算款的,承包人有权依据约定取得延迟支付的利息,并可催告发包人支付结算款;竣工结算支付证书签发后56天内仍未支付的,承包人可与发包人协商将该永久工程折价,也可以直接向人民法院申请将该永久工程依法拍卖,承包人就工程折价或拍卖价款优先受偿。合同签订后,大都公司按照约定进行项目施工,并于2011年12月28日竣工验收后交付使用。2013年4月9日,双方达成《竣工结算造价确认书》,之后地矿公司向大都公司支付了部分款项,其余款项则一直拖延支付。大都公司遂起诉至法院,要求地矿公司支付拖欠的工程款与逾期支付的利息,并请求法院确认其对涉案全部工程的拍卖款或折价款享有优先受偿权。[(2015)鄂武汉中民商初字第 00170 号]

二、诉讼过程及裁判理由

武汉市中级人民法院审理后认为,对于原告主张的工程款及逾期支付利息,可以支持;但关于优先受偿权,《中华人民共和国合同法》第二百八十六条规定,"发包人未按照约定支付价款的,承包人可以催告发包人在合理期限内支付价款。发包人逾期不支付的,除按照建设工程的性质不宜折价、拍卖的以外,承包人可以与发包人协议将该工程折价,也可以申请人民法院将该工程依法拍卖。建设工程的价款就该工程折价或者拍卖的价款优先受偿"。同时,根据相关司法解释的规定,承包人行使优先受偿权亦应受到消费者权利以及行使期间的限制,其行使优先权的期限为六个月,自建设工程竣工之日或者建设工程合同约定的竣工之日起计算。本案中,原告和大都公司签订的最后补充协议内容已确认承建工程均于 2011 年 12 月 28 日竣工验收完成,该日期可以作为承包人优先权的起算之日,距离本案起诉的 2015 年 1 月 7 日已超过规定 6 个月的法定期间,并不在规定的除斥期间内,故原告关于涉案全部工程的拍卖款或折价款享有优先受偿权的请求,本院不予支持。审理法院据此驳回了原告大都公司有关优先受偿的诉讼请求。

三、关联法条

1.《合同法》第二百八十六条:发包人未按照约定支付价款的,承包人可以催告发包人在合理期限内支付价款。发包人逾期不支付的,除按照建设工程的性质不宜折价、拍卖的以外,承包人可以与发包人协议将该工程折价,也可以申请人民法院将该工程依法拍卖。建设工程的价款就该工程折价或者拍卖的价款优先受偿。

2.《最高人民法院关于建设工程价款优先受偿权问题的批复》第四条:建设工程承包人行使优先权的期限为六个月,自建设工程竣工之日或者建设工程合同约定的竣工之日起计算。

四、争议问题

本案主要争议焦点为:大都公司所主张建设工程优先受偿权是否已经超过优先权的行使期限。

五、简要评论

建设工程优先受偿权是保护建设工程合同中承包人利益的一种规定,主要是指在发包人未按照合同约定支付价款,且经承包人催告逾期仍不支付时,法律明确赋予承包人就工程折价或拍卖价款优先受偿的权利。对于承包人的这种优先受偿权利的性质,学界主要有法定抵押权、优先权和留置权三种争议。讨论建设工程优先受偿权的性质并非只具有理论价值,其直接关系到该权利行使的期限问题。目前比较主流的观点是将其认定为优先权,司法实务界也多采用这一观点。所谓优先权,是指由法律直接规定的特种债权的债权人享有的优先受偿的权利,其产生源于法律的直接规定,无需登记公示,既可以针对动产也可以针对不动产,不以占有标的物为成立要件,优先顺序也由法律直接规定。从分类上来说,优先权包括优先购买的权利与优先受偿的权利两种,前者如承租人的优先购买权,后者如建设工程的优先受偿权。优先权本质上是属于形成权,行为人得依照自己的单方的意思表示实现法律关系的变动。因此,在不要求公示公信要件之时,如果允许优先权人随时随意行使优先权的话,对于法律关系的稳定以及交易安全、第三人的信赖利益的保护都存在诸多不利之处。因此,对于形成权,法律一般会规定权利行使的除斥期间,在除斥期间内如果权利人没有行使相应的优先权,则期间超过后权利消灭。从我国立法对建设工程优先受偿权的规定来看,我国《合同法》第二百八十六条虽然规定了建设工程承包人对于建设工程的价款就该工程折价或者拍卖的价款享有优先受偿的权利,但并未同时规定相应的权利行使的除斥期间。不得不说这里实际存在着违背立法者计划圆满性的法律漏洞。有鉴于此,2002年6月11日最高人民法院颁布《最高人民法院关于建设工程价款优先受偿权问题的批复》第四条特别对此问题进行了规定——"建设工程承包人行使优先权的期限为六个月,自建设工程竣工之日或者建设工程合同约定的竣工之日起计算"。该批复的此种规定意在实现建设工程合同承包人与发包人之间的利益平衡,既可以按照《合同法》的立法精神实现对承包人的保护,同时又注意稳定民事关系,维护社会秩序。

在本案中,根据地矿公司和大都公司签订的最后补充协议,案涉工程于2011年12月28日竣工验收完成,该日期可以作为承包人优先权的起算之日,距离本案起诉的2015年1月7日明显已经超过规定六个月的法定除斥期间,地矿公司所享有的建设工程优先受偿权事实上已经归于消灭。因此,根据司法解释的相关规定,武汉中级人民法院驳回了原告大都公司有关优先受偿的诉讼请求的判决是正确的。

第五章 工程融资的法律问题

第一节 工程中以信托方式融资的法律问题

一、基本案情

2014年9月,北京某著名地产公司与山东某信托公司签订《借款合同》,借款39.5亿元,利息为固定年利率12.5%,另加17 041.11元/日,利息按日计算,每日利息＝当日第一期借款本金余额×12.5%÷360＋17 041.11元;后续各期借款利率为固定年利率12.5%,利息按日计算,每日利息＝当日当期借款本金余额×12.5%÷360,但放款有前提条件:

(一)除非下列放款先决条件已获满足或贷款人按照本合同约定降低或放弃,否则借款人无权向贷款人要求发放本合同项下的任何借款

1. 贷款人已收到借款人提交的下列经核实的文件的复印件或原件:
(1)有效的借款人《企业法人营业执照副本》和最新修改的公司章程;
(2)借款人的组织机构代码证;
(3)借款人法定代表人身份证明;
(4)借款人法定代表人、财务主管人员名单及法定代表人、财务主管人员的签字样本;
(5)借款人的贷款卡(证);
(6)经审计的借款人最近三年的财务报表。
2. 贷款人已收到下列文件的原件:
(1)借款人有权机关就签署并履行本合同及与本合同有关的文件而出具的有关决议;
(2)借款人法定代表人或授权签字人士签署并履行本合同及与本合同有关的文件而出具的授权委托书;
(3)贷款人要求借款人提交的与居住用地项目开发建设相关的各项材料,包括但不限于项目立项批复文件、项目环评文件、《国有土地使用权证》、《建设用地规划许可证》、《建设工程规划许可证》、《建设工程施工许可证》等。
3. 抵押人已与贷款人签署《抵押合同》,且该《抵押合同》项下抵押物的第二顺位抵押登记手续已办理完毕。

4. 房地产项目实际控制人作为保证人已与贷款人签署《保证合同》。

5.《股权转让合同》项下的股权过户工商变更登记手续已完成(以工商登记信息单为准)。

6. 借款人已开立人民币贷款专用账户,将该账户信息以书面形式通知贷款人。

7. 信托计划已经成立;后续各期借款发放时,与该期借款相对应的本信托计划的该期信托单位已成立。

8. 借款人在本合同项下做出的所有陈述和保证均真实、有效。

9. 借款人未违反本合同项下任何义务、声明、承诺,未出现本合同约定的违约事项,且该次提款不会引起借款人任何违反本合同项下义务、声明、承诺或违约事件的发生。

10. 借款人已履行对双方有约束力的其他协议、文件。

11. 借款人已提交贷款人要求的与本合同有关的任何其他文件、资料或信息。

(二) 行使日常经营管理权

1. 北京某著名地产公司应将如下物品交由山东某信托公司委派的工作人员保管,包括但不限于:公章、财务章、法定代表人私章、合同章、其他全部印鉴、公司证照原件、项目证照、批复原件、档案、财务账册、银行相关资料、账户密码、人事资料、重大债权债务合同等。具体移交时间依据相关协议而定。

2. 山东某信托公司对财务管理、合同及账户管理、项目管理拥有相当比例的经营权。

(三) 享有决策权

北京某著名地产公司设股东会,股东会由全体股东组成,股东会会议由山东某信托公司召集并主持。以下事宜须股东会一致通过方可执行,除此之外的其他事项,由三分之二以上(含)有表决权的股东通过即可执行:

1. 拟定公司合并、分立、变更公司形式、解散或清算的方案;
2. 制定公司增加或者减少注册资本以及发行公司债券的方案;
3. 审议和批准公司为某一项目或相关的系列项目借债提供的担保;
4. 审议和批准公司的任何对外融资。

公司设立董事会,董事会共有4名董事,山东某信托公司委派2名董事。[①]

二、关联法条

1.《中华人民共和国信托法》第三十三条:受托人必须保存处理信托事务的完整记录。受托人应当每年定期将信托财产的管理运用、处分及收支情况,报告委托人和受益人。受托人对委托人、受益人以及处理信托事务的情况和资料负有依法保密的义务。

---

① 参见:王清明.建设工程法律风险与防控[M].北京:法律出版社,2015.

2. 《信托公司管理办法》(中国银行业监督管理委员会令〔2007〕第2号)第二十条：信托公司固有业务项下可以开展存放同业、拆放同业、贷款、租赁、投资等业务。投资业务限定为金融类公司股权投资、金融产品投资和自用固定资产投资。信托公司不得以固有财产进行实业投资，但中国银行业监督管理委员会另有规定的除外。

3. 《信托公司管理办法》(中国银行业监督管理委员会令〔2007〕第2号)第三十三条：信托公司开展固有业务，不得有下列行为：(一)向关联方融出资金或转移财产；(二)为关联方提供担保；(三)以股东持有的本公司股权作为质押进行融资。信托公司的关联方按照《中华人民共和国公司法》和《企业会计准则》的有关标准界定。

4. 《中国银监会办公厅关于信托公司房地产信托业务风险提示的通知》第一条：各信托公司应立即对房地产信托业务进行合规性风险自查。逐笔分析业务合规性和风险状况，包括信托公司发放贷款的房地产开发项目是否满足"四证"齐全、开发商或其控股股东具备二级资质、项目资本金比例达到国家最低要求等条件；第一还款来源充足性、可靠性评价；抵质押等担保措施情况及评价；项目到期偿付能力评价及风险处置预案等内容。

5. 《中国银监会办公厅关于加强信托公司房地产信托业务监管有关问题的通知》第四条：信托公司不得以信托资金发放土地储备贷款。土地储备贷款是指向借款人发放的用于土地收购及土地前期开发、整理的贷款。

6. 《中国银监会关于加强信托公司房地产信托业务监管有关问题的通知》第五条：信托公司开展房地产信托业务应建立健全房地产贷款或投资审批标准、操作流程和风险管理制度并切实执行；应进行项目尽职调查，深入了解房地产企业的资质、财务状况、信用状况、以往开发经历，以及房地产项目的资本金、"四证"、开发前景等情况，确保房地产信托业务的合法、合规性和可行性；应严格落实房地产贷款担保，确保担保真实、合法、有效；应加强项目管理，密切监控房地产信托贷款或投资情况。

三、简要评述

随着当下房地产调控政策出台，建设工程信托产品受到了市场追捧。虽然监管层对房地产信托业务不断规范，要求信托公司审慎开展相关业务，但这并不妨碍房地产类信托规模快速扩张：自2008年金融危机以来，中国信托业的发展速度让金融界人士刮目相看，平均每天增速达57%，仅2012年增长额就超过了2009年总额。2012年，信托资产总额达7.47万亿元，一举超过保险行业资产总额，成为国内仅次于商业银行的第二大金融服务发包人。自2008年房地产调控以来，房地产信托方式融资非常火爆，其原因有三：一是房地产开发企业融资渠道受到限制。随着房产新政的实施，银行信贷收紧，房企上市及上市房企定向增发受阻，使房地产开发企业把融资的渠道转向了房地产信托资金。用益信托的数据显示，2012年前8个月，房地产信托的发行数量在经历了年初的寒冬之后呈现稳步增长态势。发行规模在6月份超过200亿元，为当月工商企业信托的近两倍。二是收益高。2011年,平安信托推出预计收益高达22.4%—25.3%的房地产信托基金,从房地产信托的产品情况看,房地产信托产品的预期收益率在12%—14%,与其他行业的预期收益相比是比较高的。三是信托公司也可以从中取得不菲的收益,比如佣金收益,房地产信托一般可达到2%,比其他信托佣金要高近一倍。

(一) 信托融资的模式

在建设工程尤其是房地产建设工程领域的信托融资主要有以下几种:

1. 信托贷款

信托公司以发放贷款的形式向房地产开发企业提供资金,这种模式法律关系简单,操作简便。但中国银行业监督管理委员会在2010年2月发布的《中国银监会办公厅关于加强信托公司房地产信托业务监管有关问题的通知》规定,信托公司发放贷款的房地产开发项目必须满足"四证"齐全、开发商或其控股股东具备二级资质、项目资本金比例达到国家最低要求等条件;信托公司不得以信托资金发放土地储备贷款,土地储备贷款是指向借款人发放的用于土地收购及土地前期开发、整理的贷款;信托公司以结构化方式设计房地产集合资金信托计划的,其优先和劣后受益权配比比例不得高于3∶1。由于信托贷款在一定程度上比开发贷款条件还苛刻,因此,该通知发布以来,信托贷款不再成为房地产信托融资的主要模式。

2. 股权类信托

地产公司自有资金比例(注册资本金)不足30%,有资金压力,不符合商业银行放贷要求。地产公司为了融资需要,准许信托公司以增资扩股的方式成为地产公司的股东,使房地产公司自有资金比例达到商业银行30%的要求,从而获得银行贷款进行地产项目的前期开发和运作。待地产项目销售后,项目公司投资方再以合同约定的回购价格受让信托公司持有的股权。

3. 权益类信托

权益类信托不同于股权类信托,区别是信托公司不直接持有地产公司股权,不需要到工商局变更登记,而仅以合同约定的方式受让股权受益权。股权受益权也称特定股权,是除表决之外享有的财产性权益,特定股权的受益权包括股息、分红、配送股、股权转让收入等。地产公司销售项目后,地产公司股东再以合同事先约定的较高价格受让股权受益权。

4. 交易类信托

交易类信托是指信托投资公司利用信托交易的优势,通过一次性购买地产公司部分资产,地产公司取得信托开发资金,地产公司销售资金回收后再将这部分资产以较高的价格回购,这种类型的信托与典当存在相似性。

5. 物业类投资信托

主要是针对成熟、增值潜力巨大的物业进行信托。如市场前景广阔的写字楼和商铺,占用资金巨大,而地产公司现金流面临短缺的现状,需要将房地产物业提前出让变现获得充沛的现金流。信托投资公司发行信托计划,筹集社会闲散资金收购增值潜力巨大的物业,然后委托专业的物业管理公司负责租赁、转让、经营,获得利润以利率的方式返还给受益人。

6. 夹层信托

夹层信托主要包含信托贷款与股权信托两种融资方式的特征,但不是两者的简单排列。夹层信托介于股权和债务之间,信托公司持有地产股权,享有一定的股权权利,同时作为地产公司的债权人享有到期还本付息权利。信托公司对地产公司运营管理权利介于股东与债权人之间,风险低于股权,收益高于债权。作为地产公司,夹层信托融资实质上是通过转移部分管理权、收益权,换来信托机构承担一部分风险。

(二) 信托融资的法律风险

由于房地产信托的融资成本远远大于银行贷款,其对房地产项目开发的监督管理要求非常严格,这对需融资的房地产企业来说,有较大的法律风险。

1. 融资成本高,对项目的盈利能力要求高

信托资金不但需要向投资者支付约定的收益,还要向信托公司支付管理费,同时还要承担名目繁多的费用,诸如信托财产管理和运用过程中发生的税费、银行保管费、法律顾问费、审计费、评估费等中介费用、信息披露费用、信托终止时的清算费用、文件或账册制作、印刷费用、信托计划营销及推介费用等(1%的发行费用、2%的渠道费用及5%的资金中介费,还有第三方资产净值调查费等)。融资方本来支付成本11%的项目却付出18%的成本代价。目前,受监管趋严和房地产市场风险偏高影响,信托公司发放信托产品也在收紧,供给减少,而开发商筹资需求仍强烈,信托融资利率可能达15%—18%。据有关信托研究机构统计,房企通过信托渠道融资的利率和其他融资费成本不断走高,目前有的已经达30%左右。如此高的融资成本对房地产开发企业项目的盈利能力的要求可见一斑。所以作为开发企业,应当对此有清醒的认识,否则房地产依托融资解决项目资金问题可能会带来严重的后果。

2. 违约成本高、风险大

开发贷款的逾期还款的违约后果是支付罚息,而信托资金逾期归还的后果很有可能使整个项目公司易主。在信托融资协议中,特别是股权类或权益类信托融资协议中,一般会约定"对赌条款",即一旦开发公司违约(一般定义为任何违反协议的行为),项目公司的股权则无条件地归信托公司所有或由信托公司以任意方式处置,同时还要求控股股东放弃其投入项目公司的股东贷款。对于这样重要的条款,部分房地产开发企业在谈判中却不十分重视。

3. 担保措施多,影响企业再融资能力

由于信托资金是社会公众的集合资金,要求信托公司尽可能地避免风险,因此在融

资协议中,约定了众多担保措施,包括股权质押、土地等资产抵押、控股公司、关联公司及实际控制人的担保等。而这些担保措施往往会影响房地产开发企业的再融资能力。

4. 监管措施严、企业经营自主权受到限制

信托公司对房地产开发企业的监管包括两个方面:一是决策监管,要求参与甚至控制董事会,在董事会中享有一票否决权,有的信托公司甚至要求拥有董事会的绝对控制权;二是资金监管,在信托资金归还前,信托公司要求共同保管项目公司银行预留印鉴,对一定额度以上的资金支付实现双签制等。

5. 还款资金来源受限

房地产开发企业归还信托资金的来源一般为开发贷款或商品房预售资金。而开发贷款依据相关规定只能用于工程建设。另外,如《浙江省商品房预售资金监管暂行办法》的规定,商品房预售资金实行封闭管理,除工程款外,工程预算总额的20%可用于项目相应的前期工程费、管理费、销售费、财务费、不可预见费、税费、同步归还本项目开发贷款及其他费用。依据上述规定,房地产项目公司控股股东向信托公司回购股权或回购权益的资金显然不能从商品房预收款中列支。因此,房地产开发企业在使用信托资金时必须考虑还款资金的来源问题。

6. 其他风险

如果使用资金的房地产项目公司是两家或两家以上投资者合作开发的,则全体股东在信托资金的使用问题上必须达成一致意见,因为信托公司一般会要求所有股东签署对股东权益有实质性影响的担保、承诺类文书,只要其中一家股东没有签署,信托资金就可能无法划付;如果以增发股权或转让股权方式使用信托资金的,还应注意项目公司所在地的土地出让政策。在一些城市,如果项目公司股东或者法定代表人发生变更,视为股东之间存在违法的土地交易,因此,在项目公司未取得国有土地使用证之前,不要发生股权及法定代表人变更;信托公司常常会以抛弃转让其名下的质押物例如债权等形式退出,如果发生该类情形,还存在税务风险。

据不完全统计,目前平安信托、中投信托、中诚信托、华能贵诚等多家信托公司已经与国内多家建设工程企业进行了合作,大多数开发企业在融资过程中能通过谈判防控主要风险,但也有一些企业的风险防控意识不强,在交易框架设计、协议签订过程中不够主动,埋下了一定的隐患。

(三) 信托融资法律风险防控

建设工程公司运用信托资金的作用是明显的,在目前行业监管要求自由资金比例不低于35%前提下,利用信托资金可获得三倍于自有资金的运营资金。同时,信托资金也是一把"双刃剑",利用不好,会给地产公司带来负面作用,最主要风险为兑付风险。另外对于股权信托和夹层融资信托,股东追求的利益目标不同、对项目经营的分歧都可能引发管理风险和道德风险。建设公司防控措施如下:

1. 加强对市场环境的研究

地产行业与市场环境具有很大的关联性,地产的市场环境直接影响市场资金充沛情况并影响融资的成本。因此,需要加强对地产市场环境及融资市场环境的研究,了解该行业及资本市场运行规律,在合适的机会寻找合适融资方式,使融资成本与还款能力及资金周转率相适应,降低融资成本给地产公司带来的风险。

2. 强化资金周转率

信托融资的目的是获得更多的利润,信托融资带来的利润大于融资成本时,信托融资方为可行。信托融资成本高,地产公司需投资升值空间很大的项目,要强化内部资金管理及成本控制,加速资金周转率,加速销售回款。

3. 多元化融资,化解融资成本高问题

优先选择成本低的融资渠道。银行贷款融资成本低于信托,银团贷款融资成本低于正常银行的贷款利率水平,政府提供相当的融资担保并明确担保条款对融资是非常有利的,可最大限度降低企业的投资风险及融资成本。

创新融资的新模式,比如说土地资产证券化、土地储备贷款、发行债券或股权融资、夹层融资、股东借款、信托融资、私募、法律法规允许的产业发展基金、企业借贷融资、集团内部融资、引用外资等多种形式。融资多样性可分散单一融资方式带来的风险,要将股权融资、债权融资相结合,根据项目实际情况选择合适的融资方式。

4. 加强对信托融资合同谈判,强化融资主动权

签订信托融资合同时,地产公司一定做好融资准备工作,如将项目的升值空间、高利润、资金周转快等优势介绍给信托公司,要增加合作中的主动性。公司要成立融资决策机构,各业务部门与法律部门、财务部门全程参与,密切关注抵押条款、减少信托公司监管融资企业的条款。

5. 要控制好企业的现金流,制订好还款计划

地产行业是一个同国家经济周期波动同步的行业,宏观经济向上,地产行业向上,反之亦然。尤其在经济下行时,资金周转缓慢,负债比例较高,对资金量需求高。再加上自有资金的比例较低,地产公司对经济周期的波动抗风险能力较弱。因此地产公司在信托融资时,务必做好还款计划,确保企业有充分的现金流,足以保证信托资金还款及时足额到位,做到不违约。

6. 加强对信托公司干涉地产公司管理的控制

对于股权、夹层融资,地产公司原股东与信托公司由于利益目标不同难免会发生冲突,信托公司关键时刻行使决策一票否决权,极可能导致项目管理混乱,让本来陷入资金困境的企业雪上加霜。针对管理型风险,在签订融资协议时,明确信托公司在董事会中的权利,依据信托公司的股权比例给予不同否决权,提高决策效率,防范道德风险,尽量控制信托公司使其不参与建设工程公司日常经营。

第二节　工程中私募基金主要法律风险及防控

一、基本案情

2012年8月,北京某知名房地产开发公司向上海某股权投资中心(有限合伙)借款人民币23亿元,固定年利率为15%,并规定以下放款条件:

(1)股东担保。北京某知名房地产开发企业所有股东向上海某股权投资中心承诺,同意为北京某知名房地产开发公司借款本息及应付款项提供差额补足义务。

(2)股权担保。北京某知名房地产开发企业所有股东与上海某股权投资中心签订《股权转让与回购合同》,将股权合计98%变更到上海某股权投资中心名下,转让款为零元,回购款为零元。

北京某知名房地产开发企业所有股东与上海某股权投资中心签订《管理协议》,将北京某知名房地产开发公司公章、合同专用章、财务专用章交上海某股权投资中心保管。私募资金不仅要求股东提供连带责任担保、股权担保,还对日常经营加强了管理。①

二、关联法条

1.《基础设施和公用事业特许经营管理办法》第二十四条:国家鼓励通过设立产业基金等形式入股提供特许经营项目资本金。鼓励特许经营项目公司进行结构化融资,发行项目收益票据和资产支持票据等。国家鼓励特许经营项目采用成立私募基金,引入战略投资者,发行企业债券、项目收益债券、公司债券、非金融企业债务融资工具等方式拓宽投融资渠道。

2.《私募投资基金监督管理暂行办法》第二十四条:私募基金管理人、私募基金托管人应当按照合同约定,如实向投资者披露基金投资、资产负债、投资收益分配、基金承担的费用和业绩报酬,可能存在的利益冲突情况以及可能影响投资者合法权益的其他重大信息,不得隐瞒或者提供虚假信息。信息披露规则由基金业协会另行制定。

3.《国务院关于鼓励和引导民间投资健康发展的若干意见》第五条:鼓励民间资本参与交通运输建设。鼓励民间资本以独资、控股、参股等方式投资建设公路、水运、港口码头、民用机场、通用航空设施等项目。抓紧研究制定铁路体制改革方案,引入市场竞争,推进投资主体多元化,鼓励民间资本参与铁路干线、铁路支线、铁路轮渡以及站场设施的建设,允许民间资本参股建设煤运通道、客运专线、城际轨道交通等项目。探索建立铁路产业投资基金,积极支持铁路企业加快股改上市,拓宽民间资本进入铁路建设领域的渠道和途径。

---

① 参见:王清明.建设工程法律风险与防控[M].北京:法律出版社,2015.

三、简要评述

(一) 私募融资失败的法律风险与防控

1. 融资失败的原因

(1) 商务条件不能达成一致。比如公司商业模式的认同、公司估值、小股东权利、对赌条款。

(2) 存在实质性的法律障碍。比如公司股权存在瑕疵、缺乏退出机制、主要资产瑕疵、主要证件瑕疵及其他重大法律问题。

(3) 不能获得政府审批。比如不能获得商务部、发改委、国资委、证监会、银监会等部门的审批。

(4) 双方缺乏信任致使协商不能继续。主要表现为双方存在文化差异、分歧升级、决策机制差异。

2. 融资失败的风险

(1) 影响企业的正常运营和发展,导致企业人员和精力的分散、企业发展规划的变更;

(2) 处于竞争的不利位置;

(3) 增加企业成本(包括企业自身发生的费用和中介费用)。

融资失败的风险是私募股权融资项目的天然属性,不可能完全避免,但是可以采取措施减小融资失败的风险发生的可能性,尽量避免发生不必要的融资失败,且可以采取措施减少因为融资失败而带来的损失。

3. 防控措施

(1) 商务条件不能达成一致的风险的防控与解决需关注以下三个方面:在进行融资可行性分析和准备私募备忘录的时候,企业应该给私募股权融资进行正确的地位;确定合理的企业估值,一是企业的价值,二是企业的价格;合理确定其商务条件。

(2) 存在实质性法律障碍风险的防控。融资方需做尽职调查,并不要设置太多的交割条件。

(3) 不能获得政府审批风险的防控。除和政府部门保持良好的关系外,还要熟悉政府审批的法律要求和实施情况:《对外国投资者并购境内企业的规定》的返程投资(法律允许,实际没有批准先例);发改委外商投资项目核准(法律可能要求,实际不要求),对政府审批时限和难度做好充分准备(尤其是在没有先例的情况下)。

(4) 双方缺乏信任致使协商不能继续风险的防控与解决。需注意沟通技术并保持良好的心情和气氛。建立合理的谈判机制,明确谈判小组成员的授权范围和责任,协调各自的工作;建立快速的反馈机制,以免延误谈判进程。

(二) 商业秘密泄露风险与防控

1. 商业秘密泄露的主要原因

(1) 投资方及其中介机构对融资方的尽职调查过程中不可避免接触到融资方的商业秘密：会进行商业尽职调查、财务尽职调查、技术尽职调查、法律尽职调查；投资方将对融资方的商业模式、财务情况、商业关系、行业定位、技术发展、法律结构等有全面的了解。

(2) 投资方及其中介机构可能会有意或无意地泄露融资方的商业秘密。主要是缺少与融资方同等的保护措施，尤其是对中介机构的约束，中介机构对商业秘密的理解不像融资方准确，或是为了其他目的有意泄露或利用。

2. 商业秘密泄露的风险。可能给融资方带来巨大的损失，一是严重削弱竞争优势；二是发生对第三方的违约责任。

3. 防范措施

(1) 投资方及其中介机构必须对融资方承担保密义务。一是完善保密协议，明确保密义务的范围、期限、措施。二是明确泄密责任，即投资方应为其中介机构违反保密信息承担责任。三是约定泄密赔偿金额，该赔偿额应对保密信息接收方有一定的威慑力（可约定损失计算方法或固定的赔偿金额）。

(2) 融资方应根据保密信息的重要程度，逐步披露；高度保密的信息应严格控制披露范围。签署保密协议之前应尽量不披露商业秘密；核心商业秘密可留在最终协议签署前在控制范围内披露；商业秘密接收方的范围应依据尽职调查的需要严格控制。

(3) 做好融资方项目相关人员的保密培训，明确保密要求、提高保密意识；统一资料的提供口径；每个负责人应清楚资料的保密要求；建立内部协调机制，协调资料的提供进度和范围。

(三) 违约风险与防控

1. 违约的主要原因

(1) 陈述与保证不准确。原因包括：未全面准确了解公司情况；出于某些原因，故意不披露；

(2) 不能按期满足交割条件：未通过政府审批，未按时取消法律障碍；

(3) 交割后的承诺不能按期履行完毕。交割后的商务承诺（比如重组、收购等）不能满足，非交割条件的法律障碍不能按期解决，不能实现经营目标。

2. 违约的风险

(1) 违约赔偿，包括投资方的实际损失及/或固定金额的违约金；

(2) 投资方要求融资方或控股股东回购股权；

(3) 投资方要求融资方或控股股东出售股权，在这种情况下股权的转让价格会比较

低,一般会按照评估价值和账面价值或者双方约定其他计算方法去确定一个价格来转让股权;

(4) 发生纠纷、公司不能正常运营或提前清算解散。

3. 防控措施

(1) 真实准确披露公司信息,聘请法律顾问在尽职调查基础上准备交易文件的披露附表。

法律问题如披露,融资方即不构成违约(投资人应在对价中考虑),限制陈述与保证的范围,对融资方来说陈述与保证范围越小越好,因为陈述与保证范围越小的话,融资方违反陈述与保证的可能性就越小,一般情况下我们会加一些词,比如"尽公司所知",加一些重要的词语,比如"重大",也会设定一些金额门槛等。

(2) 重视合同义务(尤其是交割后的义务)、积极履行。在这个环节法律顾问应准备完整清单,协助公司逐项跟进。

(3) 限制赔偿责任:无须就披露事项承担违约责任;确定无损失无赔偿的原则(赔偿实际发生的直接损失);约定赔偿上限和下限(如 200 万元以上开始赔偿,不超过买价 20%);因客观原因不能满足的交割不应承担赔偿责任;回购股权或出售股权仅在极少数特定的情况下方可行使(建议限于主观违约导致重大不利影响的情况下)。

(四) 公司融资后运行困难风险与防控

1. 公司融资后运行困难的主要原因

(1) 投资人可能有否决权。投资人溢价进入,为保障自身权益,一般会要求就公司股东会和/或董事会的重大事项有否决权,实现对公司的部分控制。

(2) 投资人可能要求参与公司运营和管理的权利。例如,担任财务负责人或其他职位,享有重大事项的共同签字权。

(3) 投资人与原股东就公司的运营和发展方向可能发生分歧。

2. 公司融资后运行困难的不利影响

(1) 公司不能及时做出决定,导致丧失商业机会,难有效处理突发事件(如诉讼)。

(2) 公司权力机构可能陷入僵局,导致公司运营陷入停滞。投资人行使否决权,公司机构不能如期做出决议(如年度预算、聘任高管、审计等)。

(3) 公司清算解散。如公司长期不能正常运营,股东可要求清算解散公司。根据《最高人民法院关于适用〈中华人民共和国公司法〉若干问题的规定(二)》规定,如果公司持续两年以上无法召开股东大会,或持续两年以上不能做出有效的股东会或股东大会决议,或公司董事长期冲突,导致公司经营管理发生严重困难,单独或者合计持有公司全部股东表决权百分之十以上的股东有权利提起解散公司诉讼。

3. 防控措施

(1) 投资人的否决权应依据公司的具体情况确定。依据投资人股权比例给予不同否决权以不影响公司正常运营为前提;依据投资人股权比例给予不同否决权;区分资本性事项和经营性事项。

(2) 规定合理的僵局解决机制。僵局发生后,应保证公司在一定时期内仍可正常运营(如延续僵局发生前的惯例),给予各方充分合理的协商时间和机会,规定僵局的最终解决方案(如重新调整股权比例、独立机构意见)。

(五) 产生上市隐患风险与防控

1. 产生上市隐患的主要原因

(1) 投资人主体资格不符合要求。比如设立不合规(审批、资金来源等);委托代持问题(实际股东、PE腐败)。

(2) 投资人额外权利违反"同股同权"。《公司法》第一百二十七条规定,同种类的每一股份应当具有同等权利。

(3) 投资人的否决权存在被认为实际控制人变更的风险,比如共同控制的嫌疑。

(4) 对赌条约导致股权结构存在不确定性。

2. 产生上市隐患的不利影响

(1) 公司上市可能失败;

(2) 公司需要重组。

3. 防控措施

(1) 核查投资人的主体资格,选择具有一定资信的投资方;对投资方进行必要的尽职调查;交易文件中投资方应提供相应的陈述和保证并规定义务违反的法律责任。

(2) 限制投资人额外权利。给予投资人过多权利违反"同股同权"的原则,投资人额外权利的约定应在正式申请上市前失效;否决权可以与持股比例挂钩而非与身份挂钩(如提高表决通过门槛)。

(3) 谨慎设定否决权行使条件。投资人的否决权可能会被认为实际控制人变更。对于计划短期上市的公司应合理规定否决权,区分资本性事项和经营性事项;公司事项与投资人提前沟通,避免投资人正式行使否决权。

(4) 谨慎使用"对赌条款"。应规定对赌机制(如有)在上市前取消。

第三节 工程中融资担保的法律问题

一、基本案情

被上诉人(原审原告、反诉被告)重庆索特盐化股份有限公司(以下简称索特公司)在重庆市万州区观音岩1号拥有四块商业服务用地使用权,并将上述土地抵押给相关银行用于贷款担保,抵押期限自2005年至2011年。2005年12月1日,上诉人(原审被告、反诉原告)重庆新万基房地产开发有限公司(以下简称"新万基公司")与索特公司签订了《金三峡花园联合开发协议》(以下简称《联合开发协议》),在上述土地上联合开发金三峡花园。该协议约定:① 索特公司现已将上述土地抵押给某银行融资贷款,同意在约定时间内将该土地的抵押权解除,并保证不存在其他权利瑕疵;② 以新万基公司出资、索特公司出土地使用权,共同投资、共享利润的方式,共同进行房地产开发。2005年12月1日,新万基公司与索特公司又签订了《联合开发协议之补充协议(一)》(以下简称《补充协议》)。2007年12月20日索特公司以新万基公司并未按照合同约定履行相应义务为由,向法院起诉,要求解除双方签订的《联合开发协议》及《补充协议》;同时,请求判令新万基公司支付违约金1 000万元。新万基公司提起反诉,请求法院判令索特公司承担违约责任,支付违约金6 000万元。(最高法(2008)民一终字第122号)

二、诉讼过程及裁判理由

重庆市高级人民法院经审理认为:首先,双方当事人之间法律关系实质上是土地使用权转让,即索特公司是土地使用权转让人,新万基公司是受让人。其次,当事人之间的土地使用权转让行为违反了《担保法》第四十九条第一款——索特公司在转让抵押财产时未通知抵押权人——而归于无效。此外,由于新万基公司受让的标的物上存在抵押权,根据《最高人民法院关于适用〈中华人民共和国担保法〉若干问题的解释》(以下简称《担保法解释》)第六十七条第一款,新万基公司可以通过行使涤除权消灭该抵押权,从而对转让行为的效力予以补正;但新万基公司并未行使涤除权,该转让行为的效力未能得到补正。故此,《联合开发协议》及《补充协议》属于无效合同,索特公司与新万基公司要求对方支付违约金的请求均不能成立。最后,本案合同无效是因为抵押人未将土地转让的情况通知抵押权人,系索特公司单方的过错导致了合同无效,对新万基公司因此遭受的损失应由索特公司承担赔偿责任。虽然根据《担保法解释》第六十七条第一款,也可由受让人行使涤除权消灭抵押权,从而使转让行为生效,但对受让人而言,该规定系赋予权利,权利人不行使权利并不构成法律上的过错。

新万基公司不服一审判决,向最高人民法院提起上诉称:根据《担保法解释》第六十七条、《物权法》第一百九十一条,在未告知抵押权人的情况下,转让抵押物的行为并不当然无效。本案中,双方约定由索特公司履行先行解除转让土地上的抵押权的义务,能够保护抵押权人的利益,该约定不违反法律的强制性规定,转让合同应为有效合同。索特公司应为此承担违约责任。索特公司答辩称:本案所涉合同因违反《担保法》的强制性规定而无效;索特公司并没有违约,而是新万基公司违约。

最高人民法院经审理认为:《联合开发协议》与《补充协议》合法有效。首先,依据《担保法》第四十九条,抵押期间抵押人转让抵押物应当通知抵押权人,否则转让行为无效;《物权法》第一百九十一条亦规定抵押期间转让抵押物须经抵押权人同意。其立法目的是为了确保抵押权人的利益不受侵害。但《担保法解释》第六十七条和《物权法》第一百九十一条也规定,未经通知或者未经抵押权人同意转让抵押物的,如受让方代为清偿债务消灭抵押权的,转让有效,即受让人通过行使涤除权涤除转让标的物上的抵押权负担的,转让行为有效。本案双方当事人在《联合开发协议》中约定由索特公司在不影响开发进度的前提下办理解除抵押的相关手续,即以约定的方式将先行解除本案所涉土地上的抵押权负担的义务赋予了索特公司。该约定既保障了抵押权人的利益,也不妨害抵押人和受让土地的第三人的利益,与《担保法》《物权法》以及《担保法司法解释》保障各方当事人利益平衡的立法精神并不相悖,不违反法律规定。因此,应当确认该《联合开发协议》及《补充协议》有效,双方应按照合同诚信履行,索特公司有义务根据双方商定的开发进度清偿银行债务,从而解除该转让土地上的抵押权负担。其次,《物权法》第十五条确定了不动产物权变动的原因与结果相区分的原则。物权转让行为不能成就,并不必然导致物权转让的原因即债权合同无效。双方签订的《联合开发协议》及《补充协议》作为讼争土地使用权转让的原因行为是债权形成行为,并非该块土地使用权转让的物权变动行为。相关法律关于未经通知抵押权人而导致物权转让行为无效的规定,其效力不应及于属于物权变动行为的原因行为。因为当事人可以在合同约定中完善物权转让的条件,使其转让行为符合法律规定。本案即属此种情形。

综上所述,双方当事人签订的《联合开发协议》与《补充协议》系当事人的真实意思表示,不违反法律和行政法规的禁止性规定,合法有效。索特公司未履行合同义务的行为,构成违约,应承担合同约定的违约责任。二审法院撤销了一审法院判决,改判索特公司向新万基公司支付违约金4 038万元。

三、关联法条

1.《物权法》第一百九十一条:抵押期间,抵押人经抵押权人同意转让抵押财产的,应当将转让所得的价款向抵押权人提前清偿债务或者提存。转让的价款超过债权数额的部分归抵押人所有,不足部分由债务人清偿。

2.《担保法》第四十九条:抵押期间,抵押人转让已办理登记的抵押物的,应当通知抵押权人并告知受让人转让物已经抵押的情况;抵押人未通知抵押权人或者未告知受让人的,转让行为无效。转让抵押物的价款明显低于其价值的,抵押权人可以要求抵押人提供相应的担保;抵押人不提供的,不得转让抵押物。抵押人转让抵押物所得的价款,应当向抵押权人提前清偿所担保的债权或者向与抵押权人约定的第三人提存。超过债权数额的部分,归抵押人所有,不足部分由债务人清偿。

3.《最高人民法院关于适用〈中华人民共和国担保法〉若干问题的解释》第六十七条:抵押权存续期间,抵押人转让抵押物未通知抵押权人或者未告知受让人的,如果抵押物已经登记的,抵押权人仍可以行使抵押权;取得抵押物所有权的受让人,可以代替债务人清偿其全部债务,使抵押权消灭。受让人清偿债务后可以向抵押人追偿。

如果抵押物未经登记的,抵押权不得对抗受让人,因此给抵押权人造成损失的,由抵押人承担赔偿责任。

4.《最高人民法院关于审理建设工程施工合同纠纷案件适用法律问题的解释》第二条：建设工程施工合同无效，但建设工程经竣工验收合格，承包人请求参照合同约定支付工程价款的，应予支持。

四、主要争议

本案主要争议焦点为：在未告知抵押权人情况下转让抵押物的行为效力问题。

五、简要评论

本案中，索特公司与新万基公司之间表面上成立的是"合作开发房地产合同"，而实际上为"土地使用权转让合同"。本案最关键的问题即，抵押人未经抵押权人同意转让已抵押的土地使用权时，该土地使用权转让协议的效力如何？在这个问题上，一审与二审法院有着不同的认识。这种认识上的分歧具体表现在两处。其一，应当适用哪些法律规范？一审法院认为，本案应当适用《担保法》及其司法解释。二审法院则认为，本案除适用《担保法》及其司法解释外，还可以适用《物权法》相关规定。这些法律和司法解释的规定的立法精神是一致的，它们的指导思想是"要在抵押权人和抵押人、受让抵押标的物的第三人之间实现利益平衡，既充分保障抵押权不受侵害，又不过分妨碍财产的自由流转，充分发挥物的效益"。其二，转让协议有效还是无效？一审法院认为，依据《担保法》第四十九条第一款与《担保法解释》第六十七条第一款，抵押人索特公司转让抵押财产时须通知抵押权人并告知受让人转让物已经抵押的情况。因索特公司未通知抵押权人（建设银行与工商银行），且受让人新万基公司并未行使涤除权来补正该土地使用权转让行为的效力，故此，土地使用权转让协议无效。二审法院认为，本案中，虽然抵押人转让抵押财产时并未通知抵押权人，但鉴于《物权法》第十五条明确区分了负担行为与处分行为，本案中"双方签订的《联合开发协议》及《补充协议》作为讼争土地使用权转让的原因行为是债权形成行为，并非该块土地使用权转让的物权变动行为"。该合同的效力不因抵押人未通知抵押权人而无效。只是作为物权变动行为的土地使用权转让行为因未通知抵押权人且受让人没有行使涤除权而归于无效。"相关法律关于未经通知抵押权人而导致物权转让行为无效的规定，其效力不应及于属于物权变动行为的原因行为"，因此作为债权行为的《联合开发协议》和《补充协议》的效力不受影响。索特公司与新万基公司之间的协议合法有效。现索特公司未履行合同义务，应当承担违约责任。

尽管相对于一审法院，二审法院的说理更为详细，但仍有不少问题值得思考。首先，从案情来看，抵押协议成立于《物权法》施行前，基于法不溯及既往的原则，能同时适用《担保法》及其司法解释与《物权法》的规定吗？退一步说，即便从时间上说，可以同时适用上述法律和司法解释，《物权法》第一百九十一条的抵押财产转让规则与《担保法》第四十九条、《担保法解释》第六十七条确立的抵押财产转让规则，真的是一致而没有冲突吗？

二审法院以《物权法》第十五条已经区分了处分行为(物权行为)与负担行为(债权行为)为基础,认定本案当事人签订的《联合开发协议》及《补充协议》合法有效。问题是,《物权法》第十五条真的意味着我国承认了物权行为的独立性与无因性吗？这些问题不无值得商榷之处。

第四节 工程中资金纠纷的法律性质问题

一、基本案情

梁建军承包了实联化工(江苏)有限公司 35 kV 循环水电站、联碱变电站、合成变电站工程项目后,将工程的土建部分分包给杨海军。2012 年 3 月 20 日,因为资金短缺,杨海军向梁建军借款 350 000 元,并向原告出具一份借条,该借条载明:"借到资金叁拾伍万元整,请下期工程款中结算,转入梁建军账号。"后梁建军多次上门找杨海军索要借款,杨海军一直拖欠未还,梁建军故诉至法院请求判令:1. 被告杨海军偿付借款 350 000元,并承担逾期利息(按银行同期贷款利率自 2012 年 12 月 30 日起至实际归还时止);2. 被告承担本案诉讼费。[(2015)淮中民终字第 00933 号]

二、诉讼过程及裁判理由

一审原告梁建军诉称,2012 年 3 月 20 日,被告杨海军在承建的实联化工工地做工程时,以资金周转需要为由累计向原告借款 35 万元,并出具借条一份,承诺在下期工程款中结算给付。后原告多次上门找被告索要借款,被告一直拖欠未还,故诉至法院请求判令:1. 被告杨海军偿付借款 350 000 元,并承担逾期利息(按银行同期贷款利率自 2012 年 12 月 30 日起至实际归还时止);2. 被告承担本案诉讼费。一审被告杨海军辩称,借款 35 万元是事实,但其已于 2012 年 6 月份双方在结算时将借款还清。

一审淮安经济技术开发区人民法院认为,合法的债务应当清偿。本案中,原告梁建军主张被告杨海军向其借款 35 万元,并向法院提交了被告杨海军出具的借条,被告杨海军对借条的真实性及借款 35 万元的事实予以认可,故能够确认原、被告双方之间的借款为 35 万元。被告杨海军辩称已经向原告归还借款 35 万元,原告梁建军对此不予认可,被告杨海军未能提供向原告梁海军账号转账还款的证据,亦未能提供其他证据证明其已还款,且借条原件仍在原告梁建军手中,故对被告杨海军该辩解,法院不予采信,被告杨海军应向原告梁建军偿还借款 35 万元及利息(按照中国人民银行同期贷款利率支付该款自 2014 年 12 月 10 日计算至判决生效之日的利息)。

二审上诉人杨海军不服提起上诉,请求二审法院撤销一审判决,改判驳回被上诉人一审诉讼请求。二审被上诉人梁建军则认为一审认定事实清楚,适用法律正确;请求驳回上诉,维持原判。

二审江苏省淮安市中级人民法院认为,本案系被上诉人承包了实联化工(江苏)有限公司35 kV循环水电站、联碱变电站、合成变电站工程项目后,将工程的土建部分分包给上诉人,故上诉人与被上诉人之间的纠纷应为建设工程分包合同纠纷。上诉人在工程实际施工中,因资金短缺,向被上诉人借款35万元,并明确约定"请下期工程款中结算",故本案并不属于民间借贷纠纷。因上诉人与被上诉人之间工程款并未结算,且双方之间工程纠纷正在原审法院审理中,根据工程款中结算的约定,双方当事人应在工程纠纷一案中一并解决本案争议纠纷。被上诉人以民间借贷纠纷起诉上诉人,无事实依据。一审法院认定事实错误,本院予以纠正。

三、关联法条

1.《合同法》第二百零六条:借款人应当按照约定的期限返还借款。对借款期限没有约定或者约定不明确,依照本法第六十一条的规定仍不能确定的,借款人可以随时返还;贷款人可以催告借款人在合理期限内返还。

2.《民事诉讼法》第一百七十条:第二审人民法院对上诉案件,经过审理,按照下列情形,分别处理:(一)原判决、裁定认定事实清楚,适用法律正确的,以判决、裁定方式驳回上诉,维持原判决、裁定;(二)原判决、裁定认定事实错误或者适用法律错误的,以判决、裁定方式依法改判、撤销或者变更;(三)原判决认定基本事实不清的,裁定撤销原判决,发回原审人民法院重审,或者查清事实后改判;(四)原判决遗漏当事人或者违法缺席判决等严重违反法定程序的,裁定撤销原判决,发回原审人民法院重审。原审人民法院对发回重审的案件作出判决后,当事人提起上诉的,第二审人民法院不得再次发回重审。

3.《最高人民法院关于审理建设工程施工合同纠纷案件适用法律问题的解释》第十七条:当事人对欠付工程价款利息计付标准有约定的,按照约定处理;没有约定的,按照中国人民银行发布的同期同类贷款利率计算。

四、争议问题

本案主要争议焦点为:被告杨海军向原告梁建军借款35万元并在借款中注明下期工程款中结算的行为,属于借款合同纠纷还是工程款结算纠纷?

五、简要评述

在施工项目的内部承包实践中,内部承包人通过出具借条作为与施工企业进行内部结算的依据,是一种很常见的做法。但当施工企业在内部承包合同尚未结算,即依据该借条提起借款纠纷诉讼时,不同法院对此有不同的认识。有的法院认为,承包人因工程需要向工程公司借款并出具借条,约定还款期限及利息,系双方真实意思表达,且不违反法律、行政法规的禁止性规定,借款合同应属有效;承包人应依据承担借款的还款责任。

对双方工程款结算纠纷,可另案解决。有的法院则认为,承包人与发包人之间的借款,是基于双方签订的工程内部承包协议,且借款全部用于工程施工。因此,双方之间不是单纯的借款合同纠纷,在内部承包合同尚未进行结算的情况下,发包人要求返还借款的诉讼请求不予支持。

在本案中,一审法院所采纳的是第一种审判思路,二审法院采纳的是第二种审判思路。笔者认为第二种思路更能还原案件情况及双方的真实意思表达,有利于解决双方的法律纠纷。

首先,从对外法律关系来看,建设工程相关合同的签订以及工程款的收取和支付等,发包人是法律关系的主体,享有收取工程款的权利,负有支付民工工资、机械费、材料款的义务。

其次,从对内法律关系看,发包人与承包人存在内部承包及内部结算法律关系。本案的客观事实表示借条不过是发包人对外支付相关工程款后,作为双方进行内部结算和工程款抵扣的依据。因此本案中借款并非真正意义上的发包人向承包人支付借款,而是工程款流转过程中的记载形式和结算依据。

最后,从有利于纠纷解决的角度看,如果抛开借款发生的事实基础和双方真实的借款目的,而以普通借贷纠纷来审理本案的话,显然不利于彻底解决发包人与承包人之间的法律纠纷,并对双方的后续内部承包结算和工程款抵扣造成新的争议和障碍。不仅不利于保护承包人的合法权益,更容易因内部承包结算纠纷进入诉讼程序而浪费司法资源,徒增双方当事人的诉累。

值得关注的是,最高人民法院2015年出台的《最高人民法院关于审理民间借贷案件适用法律若干问题的规定》第十五条对内部承包人与施工企业之间的转化型借款有了明确法律规定:"原告以借据、收据、欠条等债权凭证为依据提起民间借贷诉讼,被告依据基础法律关系提出抗辩或者反诉,并提供证据证明债权纠纷非民间借贷行为引起的,人民法院应当依据查明的案件事实,按照基础法律关系审理。当事人通过调解、和解或者清算达成的债权债务协议,不适用前款规定。"本条司法解释对这一问题进行了明确,对当事人间通过调解、和解或者清算达成的债权债务转化成借款协议的,可以直接按借款关系处理而不涉及基础法律关系。

第五节　工程中的民间借贷问题

一、基本案情

2009年9月6日,王秀明与北京东方文川旅游开发有限公司(以下简称东方文川公司)签订爆破工程合同一份,合同以东方文川公司为甲方,以王秀明为乙方。合同签订后,王秀明组织人员进行了施工,王秀明方人员负责凿孔、运输炸药等工作,由东方文川公司联系的北京长城工贸公司负责安装炸药及爆破工作,并提供爆破资质。该工程于2009年12月结束,爆破出的石料由东方文川公司卖出一部分,大部分石料在爆破后未得到清理。截至2010年2月,东方文川公司共向王秀明付款255 000元,所付款项系由石正秋个人账户支出。另查,案外人胡建新于2009年9月7日借给东方文川公司20万元,案外人朱朝生于2009年9月7日至2010年4月5日分6笔借给东方文川公司390万元,石正秋于2009年9月7日至2009年12月9日分4笔借给东方文川公司390万元,上述借款均由东方文川公司出具了借款手续。2010年12月4日和2011年11月21日,王秀明及其他施工队负责人向石正秋索要工程款时,石正秋承认其是本案所涉工程的股东。2013年9月2日,王秀明起诉至法院,要求石正秋、东方文川公司支付工程款699 566.83元。[(2014)京三中民终字第2966号]

二、诉讼过程及裁判理由

一审中,王秀明起诉称:2009年9月6日,其与东方文川公司签订了爆破工程合同,由其为东方文川公司的道路拓宽工程进行爆破施工(该工程由东方文川公司出资质,石正秋出资金,东方文川公司与石正秋系合伙关系)。至2009年12月,其共爆破土方量18万余方,石正秋先后向其支付生活费和运营费共530 000元,剩余699 566.83元一直未付。为此,现特向法院起诉,要求东方文川公司、石正秋支付工程款699 566.83元,并负担本案诉讼费。

一审北京市怀柔区法院认为,当事人对自己提出的主张有责任提供证据。根据现有证据,可以认定王秀明与东方文川公司签订合同并进行爆破施工的事实,王秀明有要求东方文川公司给付相应工程款的权利。但王秀明提出的工程量及欠款的依据,即日期为2011年6月7日的月报表,无东方文川公司方签字或盖章,经法院向月报表中记载的填表人吴琦本人调查,吴琦否认王秀明提供的月报表系其本人出具,故对该月报表中所记载的工程量及欠款数额法院不予认定。根据双方签订的合同,双方以测量实体方为依据计算工程款,现因爆破工作已完成,难以通过鉴定方式确定工程量。王秀明要求东方文川公司给付所欠工程款依据不足,法院不予支持。根据石正秋向法院提供的借条,可以认定石正秋与东方文川公司之间是民间借贷关系,王秀明要求石正秋给付工程款缺乏法律依据,法院不予支持。依照《中华人民共和国合同法》第二百七十九条之规定,判决:驳回原告王秀明的诉讼请求。

二审王秀明上诉称:原审法院未认定石正秋与东方文川公司形成合伙关系系事实认定错误,未认定王秀明提供的工程月报表属于举证责任分配错误,施工工程量是客观存在的事实,可以被测算和鉴定,原判忽略对王秀明有利的证据,通篇记载对东方文川公司有利的内容,倾向性十分明显。故请求撤销原判,判令东方文川公司与石正秋连带支付工程款699 566.83元。二审东方文川公司辩称:前期工程已经结清工程款,爆破工程量没有计算,不认可王秀明提供的证据,同意原审判决。二审石正秋辩称:其与东方文川公司是借贷关系，现同意原审判决，不同意王秀明的上诉请求。

二审北京市第三中级人民法院认为：当事人对自己提出的主张有责任提供证据。根据现有证据，可以认定王秀明与东方文川公司签订合同并进行爆破施工的事实，王秀明有要求东方文川公司给付相应工程款的权利。但王秀明提出的工程量及欠款的依据，即日期为2011年6月7日的月报表，该报表无东方文川公司签字或盖章，经原审法院向月报表中记载的填表人吴琦本人调查，吴琦否认王秀明提供的月报表系其本人出具，故对该月报表中所记载的工程量及欠款数额本院无法确定。根据双方所签合同，双方以测量实体方为依据计算工程款，现因爆破工作已完成，无法通过鉴定方式确定工程量。王秀明虽有权要求支付工程款，但根据现有证据无法确定工程款实际数额，对此，王秀明可待双方结算或搜集相关证据确定工程款数额后另行解决。原审判决对此做实体驳回处理不妥，本院予以纠正。原判根据石正秋向法院提供的借条，认定石正秋与东方文川公司之间是民间借贷关系，理由充分，处理得当。王秀明提供的谈话录音、电话录音等音频材料，不足以证实其主张，本院对于其据此提出的上诉意见不予采信。

三、关联法条

1.《合同法》第二百七十九条：建设工程竣工后，发包人应当根据施工图纸及说明书、国家颁发的施工验收规范和质量检验标准及时进行验收。验收合格的，发包人应当按照约定支付价款，并接收该建设工程。建设工程竣工经验收合格后，方可交付使用；未经验收或者验收不合格的，不得交付使用。

2.《建筑法》第十八条：建筑工程造价应当按照国家有关规定，由发包单位与承包单位在合同中约定。公开招标发包的，其造价的约定，须遵守招标投标法律的规定。发包单位应当按照合同的约定，及时拨付工程款项。

3.《最高人民法院关于审理民间借贷案件适用法律若干问题的规定》第十五条：原告以借据、收据、欠条等债权凭证为依据提起民间借贷诉讼，被告依据基础法律关系提出抗辩或者反诉，并提供证据证明债权纠纷非民间借贷行为引起的，人民法院应当依据查明的案件事实，按照基础法律关系审理。当事人通过调解、和解或者清算达成的债权债务协议，不适用前款规定。

四、争议问题

本案的争议焦点为：石正秋与东方文川公司之间是否为民间借贷关系？

五、简要评论

建设工程涉及民间借贷，还涉及挂靠人、实际施工人于施工过程之中对外发生民间借贷纠纷。具体体现为实际施工人使用挂靠公司（项目部）名义，或以自己名义对外借款，到期不还或恶意勾结第三人虚构借款事实损害公司利益，涉诉后往往会追加或直接以公司为被告主张还款责任。

本案中,在石正秋与东方文川公司间民间借贷关系的认定上,一审、二审法院并无较大的争议,均认为根据石正秋向法院提供的借条,可以认定石正秋与东方文川公司之间是民间借贷关系,因此王秀明要求石正秋给付工程款缺乏法律依据。

此外,2015年8月6日《最高人民法院关于审理民间借贷案件适用法律若干问题的规定》(以下简称《民间借贷解释》)正式施行,其对该类案件的处理提供了一定的思路。

1. 企业之间借款行为合法化

《民间借贷解释》第一条:"本规定所称的民间借贷,是指自然人、法人、其他组织之间及其相互之间进行资金融通的行为。"在司法解释出台之前,企业之间的借款合同是否合法有效一直是法学理论及司法实践界争议较大的问题,各地法院的态度也不尽统一。本司法解释明确民间借款包括自然人、法人、其他组织之间及相互之间资金融通行为,使企业之间为正常经营需要的借款合同合法化。

2. 高利转贷行为可能被认为无效

《民间借贷解释》第十四条:"具有下列情形之一,人民法院应当认定民间借贷合同无效:(一)套取金融机构信贷资金又高利转贷给借款人,且借款人事先知道或者应当知道的;(二)以向其他企业借贷或者向本单位职工集资取得的资金又转贷给借款人牟利,且借款人事先知道或者应当知道的。"

该条明确了套取金融机构信贷资金又高利转贷或者将企业借款用于高利转贷,借款人事先知道或应该知道的,借款合同无效。工程实践中施工企业实现内部承包责任制,将施工企业在《建设工程施工合同》中的垫资义务转移到的内部承包人身上,内部承包人需要资金时,可以向施工企业进行借款。实践中一部分施工企业一个重要的收益就是借款利息的收益,而施工企业自身的借款中,很多一部分款项来源于施工企业对外融资的款项。这种情况下,如果能够有效证明款项的来龙去脉,很可能构成高利转贷,而认定施工企业与内部承包人之间的借款合同无效,合同中约定的利息将不能得到支持。

3. 借款利率规定了上限

《民间借贷解释》第二十六条:"借贷双方约定的利率未超过年利率24%,出借人请求借款人按照约定的利率支付利息的,人民法院应予支持。借贷双方约定的利率超过年利率36%,超过部分的利息约定无效。借款人请求出借人返还已支付的超过年利率36%部分的利息的,人民法院应予支持。"

第六章 工程侵权的法律问题

近年来,随着我国城市化进程的不断推进,住房和城市基础设施建设也在不断增多、加快。随着越来越多的工程建设项目的展开,由工程建设而导致的侵权案件也在逐年增加。工程侵权事件发生的频率越来越高;同时由于此类事件牵涉主体多,涉及金额一般较大,易形成群体性纠纷,妥善处理此类事件愈发重要。然而,因为工程建设的特殊性,工程侵权赔偿事件与一般的损害赔偿事件相比,具有很强的工程特色,包括损害的种类、可赔偿损害的范围、损害赔偿的确定方式、损害赔偿的实现路径在内,都因工程建设的特色而与一般的损害赔偿不同。因此处理此类纠纷过程中要求对工程特色给予足够的重视,运用法律进行解决时要尊重工程特点,否则难免会出现无法公正地保护双方权益,审判中也会出现"案结事难了"的现象。针对这一问题,本章从工程和法律交叉的角度,结合工程实践特点,运用法律对工程侵权问题进行分析,从工程侵权的认定、工程侵权的主体、工程侵权的赔偿三个方面对工程侵权相关问题进行梳理。

第一节 工程侵权的认定

宿州市埇桥区橡胶厂与安徽省皖北煤电恒馨房地产开发有限公司拆迁安置侵权赔偿纠纷上诉案

一、基本案情

宿州市埇桥区橡胶厂(以下简称为橡胶厂)性质为集体所有制企业,由于长期拖欠职工养老保险金等费用,由职工申请,经宿州市埇桥区轻工协会同意,向宿州市埇桥区人民政府请求拍卖橡胶厂土地,以偿付职工的各项费用,获得批准。2004年9月7日,宿州市国土资源局发布挂牌出让淮海南路以东、光华园以北原橡胶厂土地公告。同年9月17日,安徽省皖北煤电恒馨房地产开发有限公司(以下简称为恒馨房产公司)以宿州市大泽林木实业有限公司(以下简称为大泽公司)名义以每亩36.6万元的价格竞买成功(土地面积15823平方米,折合约23.38亩)。2004年7月29日至2004年9月16日,恒馨房产公司付清全部的土地出让金。2004年12月10日,宿州市国土资源局给恒馨房产公司下发了建设用地批准书。2005年6月19日,由橡胶厂职工成立的宿州淮海五金公司资产管理小组(以下简称为资产管理小组),与宿州市恒顺房屋拆除有限公司(以下简称为恒顺公司)、恒馨房产公司签订三方协议,约定:由资产管理小组委托恒顺公司对橡胶厂的地面建筑物、机械设备及其附属物品进行搬迁和拆除工作;现场拆迁中,橡胶厂不派人员到现场进行清点、接收资产,恒顺公司可委托公证人员到现场监督,公证整个拆迁过程等。拆迁过程中,橡胶厂的工作人员黄元、崔某等人签字证明厂内的机器、档案等物资已经由工人代表接收。2005年7月拆迁完毕。后橡胶厂以恒馨房产公司未对其进行拆迁安置和拆迁给其造成重大损失为由,2007年6月21日,橡胶厂向原审法院提起诉讼,请求判令恒馨房产公司赔偿其因拆迁造成的经济损失200万元、补偿安置土地22.5亩。[(2014)皖民四终字第00117号]

二、诉讼过程及裁判理由

一审法院认为,资产管理小组由橡胶厂职工组成,可以代表橡胶厂为意思表示;资产管理小组、恒顺公司、恒馨房产公司三方协议中约定拆迁人为恒顺公司,且恒馨房产公司通过拍卖方式从国土资源局取得土地并支付了全部价款,故恒馨房产公司对橡胶厂不构成侵权,判决驳回橡胶厂诉讼请求。

橡胶厂不服一审判决,上诉称:恒馨房产公司依出让所取得的土地并非"净地",地上仍有橡胶厂所有的厂房建筑、设备、存货、产成品及半成品等合法财产,恒馨房产公司的拆除行为未经橡胶厂同意且橡胶厂对拆除行为已做报警处理;资产管理小组不能代表橡胶厂为意思表示。据此请求认定恒馨房产公司对其构成侵权。恒馨房产公司辩称其从国土资源局处取得的土地应当为"净地",地上应当无附着物,因此其所支付的出让金已经包括拆迁补偿费用;橡胶厂未按照土地出让合同约定按期自行拆除有关附着物,后恒顺公司代其拆除,恒馨房产公司对橡胶厂不构成侵权。

二审法院认为,根据土地出让合同,涉案地块的交付条件应当为"现状土地条件",即包括地上附着物和设备等存在;资产管理小组未进行工商登记,依法认定其不具有代表橡胶厂的能力;最终认定恒馨房产公司构成对橡胶厂的侵权,应赔偿橡胶厂损失701 050.15元。

三、关联法条

1.《侵权责任法》第六条:行为人因过错侵害他人民事权益,应当承担侵权责任。

2.《侵权责任法》第八条:二人以上共同实施侵权行为,造成他人损害的,应当承担连带责任。

3.《侵权责任法》第十九条:侵害他人财产的,财产损失按照损失发生时的市场价格或者其他方式计算。

四、争议问题

本案争议焦点为:恒馨房产公司应否承担橡胶厂厂房、设备、物品等被拆除、损毁的赔偿责任,如应承担,该赔偿责任应如何确定。

五、简要评论

本案中争议焦点牵涉到土地交付条件和共同侵权两部分内容。

首先,根据法律规定,任何单位和个人进行建设,需要使用土地的,必须依法申请使用国有土地,并通过出让或者划拨的形式取得建设用地使用权。本案中恒馨房产公司通过有偿出让的方式竞买到系争地块。除特殊情况外,开展工程建设需要土地为净地,应包括下述标准:1. 从目前招挂拍出让实践的角度看,红线内场地平整,红线外现状基础设施的宗地是净地;2. 从物质的角度来讲,净地是指完成基础设施配套,场地内达到开工条件的土地;3. 从权属的角度看,净地是指没有设定他项权利,土地占有、使用、收益、处分等权力不受限制的土地。恒馨房产公司主张其从国土资源局处通过出让方式取得的土地应当为净地,故其上不应当有附属建筑或者其他设备堆积等存在,并以此为理由主张其不应当负赔偿责任。但本案中所披露信息表明,恒馨房产公司从国土资源局处取得土地的交付条件为"现状土地条件",并非净地,因此恒馨房产公司所取得土地上即存在橡胶厂所有的附属建筑和设备堆积。恒馨房产公司主张对系争地块上的建筑和附着物的搬迁和拆除行为是其开发利用自己拥有使用权的系争地块的正常行为,不构成对橡胶厂的侵权;恒馨房产公司对其地块的使用权并不能够成为其排除并肆意侵害他人物权的依据,橡胶厂对系争地块上建筑和附着物的物权所有权受到法律保护,因此恒馨房产公司有关土地交付条件明确为净地则不构成侵权的主张不成立。

其次,根据法律规定,共同侵权行为是指加害人为二人或二人以上共同侵害他人合法民事权益造成损害,加害人应当承担连带责任的侵权行为。共同侵权行为须有两个或两个以上主体,包括两个或者两个以上的自然人和法人或者非法人单位构成的情形。本案中,恒馨房产公司另一主张为其已经与资产管理小组协商一致,并和恒顺公司签订三方协议约定对系争地块上的地面建筑物、机械设备及其附属物品进行搬迁和拆除;资产管理小组能够代表橡胶厂为意思表示,因此己方行为不构成侵权。但审理中查明该资产管理小组并没有取得橡胶厂的授权,并且未经工商登记,因此资产管理小组不能视为橡胶厂代表,即上述协议并未得到橡胶厂的同意。未经所有权人同意擅自对其建筑物和附着物的搬迁和拆除工作构成对橡胶厂所有权的侵害,因此侵权行为成立。根据三方协议,拆迁工作的具体实施单位为恒馨房产公司和恒顺公司,资产管理小组虽然并未直接实施搬迁工作,但是其与上述二者共同构成侵害橡胶厂财产权的行为,三者构成共同侵权,应当承担连带赔偿责任。案中,资产管理小组和恒顺公司未经工商登记,不具备主体资格,应当以其直接责任者为主体承担赔偿责任。但是根据橡胶厂的诉讼请求,其未对资产管理小组、恒顺公司或其直接责任者主张损害赔偿,故应当由恒馨房产公司对橡胶厂厂房、物品等被拆除和损毁的损失承担全部赔偿责任。

周保东与淮安联创置业有限公司排除妨害纠纷上诉案

一、基本案情

周保东经拆迁安置成为韩侯小区某安置房屋业主,淮安联创置业有限公司(以下简称为联创公司)系金汇花园小区的建设单位,金汇花园小区南与韩侯花园为邻。因周保东等附近居民多次反映施工导致其房屋及房屋附近道路、排水沟等出现裂缝,联创公司在该项目建设过程中经淮安经济技术开发区新港办事处、小区业主委托,对金汇花园小区A幢楼施工场地南侧韩侯小区涉案楼房受施工影响情况进行对比鉴定。经过三次鉴定,结果表明房屋确实受到施工因素影响出现一些变化,但是不会影响到房屋结构安全;该变化出现的原因是因为施工单位的错误施工方案导致的,后经采取措施,影响逐步变小。而后联创公司又为周保东涉案房屋(毛坯房)进行了维修,使其外观基本恢复。周保东就房屋受到联创公司施工影响一事,主张其房屋贬值8万元,要求联创公司赔偿;联创公司以自己为建设单位,工程已发包给其他施工单位施工为由,拒绝赔偿,有关此事双方无法达成一致,诉至法院。[(2014)淮中民终字第2418号]

二、诉讼过程及裁判理由

一审过程中,法院认为根据三次鉴定结果可以确定金汇花园小区的施工作业确实对周保东的房屋产生了影响,但是并没有对其产生危害安全的结果。原告所主张的危害房屋安全的损害行为并不成立,根据法律规定驳回原告周保东诉讼请求。

周保东对一审判决不服,提起二审。二审中,周保东主张:因联创公司打桩导致其新房有数十条裂缝,其损坏结果必然导致上诉人房屋贬值,就算是鉴定结果表明其施工行为并没有导致危害房屋安全的结果,但是房屋裂缝导致价值减损的结果应当由联创公司予以赔偿。联创公司辩称:鉴定结果证明房屋安全可以居住,施工行为未危及到安全就不需承担赔偿损失的责任。二审法院认定施工行为和受损结果之间确有因果关系,但是该受损结果已经通过联创公司对裂缝的修复得到补偿;因周保东所有房屋为安置房,其目的即为保障所有人的居住权,即使对房屋进行价格评估,也不能根据现有评估价格来确定房屋是否贬值、贬值损失多少,而且该损失还必须与被上诉人的施工行为有因果关系,被上诉人才应赔偿,因此,上诉人该鉴定申请没有必要,为减少诉讼成本,驳回周保东鉴定请求,且不赔偿贬值损失。二审认定维持一审判决。

三、关联法条

1.《物权法》第九十一条:不动产权利人挖掘土地、建造建筑物、铺设管线以及安装设备等,不得危及相邻不动产的安全。

2.《侵权责任法》第六条第一款:行为人因过错侵害他人民事权益,应当承担侵权责任。

3.《侵权责任法》第二十条：侵害他人人身权益造成财产损失的，按照被侵权人因此受到的损失赔偿；被侵权人的损失难以确定，侵权人因此获得利益的，按照其获得的利益赔偿；侵权人因此获得的利益难以确定，被侵权人和侵权人就赔偿数额协商不一致，向人民法院提起诉讼的，由人民法院根据实际情况确定赔偿数额。

四、争议问题

本案主要争议焦点为：1. 联创公司是否应当为施工行为导致的损害结果承担责任？2. 周保东所有房屋的价值贬损部分是否应当进行赔偿？

五、简要评论

首先，根据法律规定，不动产权利人挖掘土地、建造建筑物、铺设管线以及安装设备等，不得危及相邻不动产的安全。"危及相邻不动产的安全"是指相邻不动产遭受实际损害或处于损害危险状态之中，即不动产权利人在其土地上作业、施工时，应当采取必要措施，防止对相毗邻的不动产造成损害或面临损害的危险，否则应当承担消除危险直至赔偿损失的民事责任。根据工程对比鉴定结果显示，金汇花园小区的施工作业过程存在问题，对周保东房屋基础土体产生了挤压，导致其房屋产生了裂缝，应当认定该施工行为和周保东房屋出现裂缝的损害事实之间存在因果关系。根据《物权法》第九十一条规定，联创公司作为金汇花园小区的建设单位应当对该地块上的施工作业承担管理职责，保证其上的施工行为不会对相邻地块产生不利影响，否则，需要承担相应赔偿责任。因此联创公司所主张的其并未实际参与施工为由拒绝承担赔偿责任的理由不成立，本案中联创公司确有过错，应当对损害结果承担赔偿责任。

其次，根据法律规定，行为人因过错侵害他人民事权益，应当承担侵权责任，侵害财产导致损失的，应当赔偿损失。侵害他人人身权益造成财产损失的，按照被侵权人因此受到的损失赔偿。周保东房屋因联创公司所有地块上的施工行为遭受到损害，可以向联创公司就其所遭受到的损害请求损害赔偿。该损害赔偿的范围应当以其财产损失为限，应当包括使用价值和交换价值。鉴定结论中所说的不影响结构安全的表达并不意味着结构完全不会受到影响，在工程中裂缝的存在亦可能对建筑结构的耐久性产生影响，判决书信息也表明还存在有部分结构砂浆脱落的现象出现，这也是部分结构遭到损害的直接表现；同时，墙体裂缝的存在同样会对观感产生影响，影响到业主的使用，亦是一种切实的损失。所以根据《侵权责任法》第六条第一款、第二十条规定，一审法院所述结构安全并以此为由驳回起诉不甚妥当。

二审法院认为周保东房屋是安置房，是以满足周保东的居住为目的的，并且房屋价值鉴定困难，因果关系证明困难，以此为理由不予准许其提出的市场价格减损部分的鉴定申请。对此，笔者持不同意见。根据判决书所披露信息，周保东房屋为拆迁安置房，但是并没有明确表明周保东所有的房屋是否可以进入市场流通，先分类予以讨论。假如其房屋可以进入市场流通,则周保东房屋的价值减损则为其所遭受到的确定的损失自不待言;假如其房屋不可进入市场流通,因金汇花园小区的施工行为导致房屋裂缝出现也会给其房屋价值带来影响。因此,无论是基于何种情况,该损害结果都是会导致周保东遭受损失的,因此二审法院所说房屋为安置房,保障居住为主要目的的理由不成立。另外,二审法院所说房屋价值鉴定困难和因果关系证明困难为由拒绝周保东诉讼请求的理由亦存有疑义,技术困难的存在影响到具体数额的判定不应当成为阻断被侵权人主张损害赔偿的理由;更何况,对于周保东房屋开裂所导致的价值减损是可以通过房地产估价等相关方式计算得出的,而且可以通过相应技术确定因施工行为引发的开裂所导致的价格减损的具体数额,法院驳回其鉴定申请的理由实难苟同。

合浦县永好百货超市与北海百利投资有限公司相邻关系纠纷上诉案

一、基本案情

2011年8月1日合浦县人民政府以合政函〔2011〕114号文同意合浦县国土资源局出让一地块地下通道使用权,受让人竞得土地使用权后须在2011年9月1日前开工,2012年1月10日前竣工;施工要确保人员和周边建筑等安全,并妥善组织好交通,工程竣工后要按原貌恢复地形地貌及其他建(构)筑物。2011年8月31日,北海百利投资有限公司(以下简称为百利公司)以2 440万元的总成交价竞得上述地块的国有建设用地使用权,并于同日与合浦县国土资源局签订了《成交确认书》,双方再次确定了合浦县人民政府114号批复的土地出让条件,要求百利公司在签订《成交确认书》10天后开工,2012年1月10日前竣工。次日,百利公司与合浦县国土资源局签订《国有建设用地使用权出让合同》,约定2011年9月10日之前开工,2012年1月10日前竣工。百利公司于2012年3月21日交纳了该宗土地出让金2 440万元,2013年1月17日取得建设用地规划许可证,2013年4月22日取得合浦县人民政府颁发的合国用〔2013〕第2288号国有土地使用权证。百利公司于2011年9月30日取得建设工程规划许可证,2011年11月6日与某工程公司签订《建设工程施工合同》,将涉案工程发包给某工程公司承建,其在系争工程周长范围内,设置围蔽高度约2米的施工围栏,用明挖施工方法施工。2013年6月,涉案主体工程竣工验收,随后广场地面逐步清理,至同年9月全面恢复通行,2013年11月涉案工程整体通过竣工验收。2013年6月,永好百货超市以百利公司违章(规)施工、越权施工、超期施工,造成大规模粉尘、扬尘、噪声等污染,给其造成商户解约、租金损失等财产经营损失为由诉至一审法院,请求判令百利公司赔偿各种经济损失共计11 455 446元并承担本案诉讼费。[(2014)桂民一终字第21号]

二、诉讼过程及裁判理由

一审中,百利公司申请对解约合同中的签名进行司法鉴定,但永好百货超市以无法联系各人为由拒绝进行司法鉴定。

一审法院认为,永好百货超市并未提供能够证明百利公司的粉尘、噪声对其造成损害的证据;永好百货超市和商户解决的事情发生在2011年10月28日,系争工程尚未开工,不能够证明百利公司的施工作业对其经营活动产生的负面影响;同时其所主张的车位本不属于永好百货超市所有,不可主张因车位被破坏给其造成损失;永好百货超市所主张百利公司施工过程中的围挡等影响其通行权,降低营业收益亦缺乏相应的证据证明。因此一审法院对永好百货超市的请求全部予以驳回。

永好百货超市不服一审判决,认为百利公司擅自拖延施工工期,并在闹市区采用明挖方式施工,对周边环境影响巨大;百利公司施工过程因工程现场与永好百货超市经营场所的地理切近关系导致其受到影响,通行权、采光权、免受噪声侵害权、土地和建筑物利用权、商业景观权等一系列的相邻权遭受到侵害,其损害切实存在并与百利公司的施工行为之间具有因果关系。百利公司辩称永好百货超市主张的各种相邻权受到侵害缺乏相应证据,主张的各项损失亦缺乏法律依据,请求驳回上诉。

二审法院认为永好百货超市所提出的诸多上诉请求缺乏证据支撑,没有法律依据,判决驳回上诉,维持原判。

三、关联法条

1.《民法通则》第八十三条:不动产的相邻各方,应当按照有利生产、方便生活、团结互助、公平合理的精神,正确处理截水、排水、通行、通风、采光等方面的相邻关系。给相邻方造成妨碍或者损失的,应当停止侵害,排除妨碍,赔偿损失。

2.《物权法》第八十四条:不动产的相邻权利人应当按照有利生产、方便生活、团结互助、公平合理的原则,正确处理相邻关系。

3.《物权法》第八十八条:不动产权利人因建造、修缮建筑物以及铺设电线、电缆、水管、暖气和燃气管线等必须利用相邻土地、建筑物的,该土地、建筑物的权利人应当提供必要的便利。

4.《物权法》第九十二条:不动产权利人因用水、排水、通行、铺设管线等利用相邻不动产的,应当尽量避免对相邻的不动产权利人造成损害;造成损害的,应当给予赔偿。

四、争议问题

本案主要争议焦点为:百利公司的建设行为是否因相邻关系给永好百货超市带来了损害。

五、简要评论

根据《民法通则》第八十三条规定:"不动产的相邻各方,应当按照有利生产、方便生活、团结互助、公平合理的精神,正确处理截水、排水、通行、通风、采光等方面的相邻关系。给相邻方造成妨碍或者损失的,应当停止侵害,排除妨碍,赔偿损失。"相邻关系是两个或两个以上相毗邻的不动产所有人或使用人之间,在行使不动产所有权或使用权时,应当给予他方便利和接受限制而发生的权利义务关系。相邻关系实际上是在斟酌、平衡相邻各方的利益和公共秩序后,对各方行使所有权或使用权的一种限制或节制,因此,相邻关系的权利人之间存在相互容忍的义务。判断容忍义务的界限在于是否超过了社会一般人能容忍的合理限度。如果超过了合理限度,即便是合法行使权利,受害人主张排除妨碍和损失赔偿也是能够得到法律支持的。《物权法》第三十九条规定不动产权利人对其不动产依法享有占有、使用、收益和处分的权利。建筑作为不动产的体现形式之一,相邻权利人对其自然享有收益的权利。在案例中,永好百货超市所主张的超市经营收入和商铺出租收入即其收益权能的体现。根据可赔偿损害的判定规则,在判断该损害是否属于可赔偿间接损害时,需要就该间接损害与致害行为之间的因果关系、该损害结果的可预见程度、致害行为的可归责性等因素综合考量。

依此规则对案例进行分析:百利公司取得了建设用地规划许可证、建设工程规划许可证,同时对于其施工行为,也取得了建设工程施工许可证,所以百利公司修建地下商场的工程建设行为是合法的,也是不可苛责的。根据《物权法》和《民法通则》的规定,相邻关系各方在利用不动产过程中互负容忍义务。百利公司在工程建设活动中的释放的噪声、粉尘,以及其对永好百货超市及其消费者的通行权、采光通风权等诸多权能的影响都是处于合理范围内的,是符合国家规定的,同时也是符合当地实际情况的,并没有超出容忍义务的范围;其施工现场布置也符合要求,并未对永好百货超市的通行权造成实际上的损害,所以百利公司的工程建设行为对永好百货超市的影响无法被界定为损害。因此认定百利公司的工程建设行为合法,与永好百货超市的经营收入减少和商铺收入减少之间并没有因果关系,也没有可归责性;永好百货超市的超市经营收入减少和商铺出租收入减少不是因百利公司造成的损害,不考虑其预见度问题。所以不应支持其赔偿请求。本案中,百利公司的工程建设行为对永好百货超市的噪声、粉尘污染和通行权的干扰并没有超出容忍义务的范围,不构成损害。

但是如果百利公司建设行为超出了容忍义务范围,不具备合理性,如工程施工过程中造成的粉尘污染严重超过了国家标准,影响到了周边环境卫生,进而导致消费者不愿意到永好百货超市所开设的商场消费,永好百货超市遭受到的超市经营收入和商铺出租收入的减损就和百利公司的建设行为之间就具备了相当的因果关系;同时,因百利公司建设行为导致永好百货超市收入减少的内容是相对确定的,是可以通过利润计算的方式确定下来的,即如果不发生百利公司的致害行为永好百货超市能收到的收益是确定的事实,而非是臆断、虚妄的;同时,百利公司的建设行为违法并且具有可归责性,应当认定永好百货超市遭受到的损害是可赔偿损害,百利公司就需要对永好百货超市进行赔偿。

在本案审理中,法官采取了类似的论证步骤,认为永好百货超市所主张的超市经营收入和商铺出租收入的减少与百利公司的工程建设行为之间没有因果关系,对永好百货超市的主张不予支持。至于永好百货公司主张的因百利公司延宕工期导致其所遭受影响的周期变长,因为百利公司的建设行为并未对永好百货公司造成损害,所以该延宕行为仅是百利公司和其施工单位之间法律关系所包括的内容,与永好百货公司无碍,因此此主张亦不能成立。

赵立斌与中国工商银行股份有限公司锦州分行相邻采光、日照纠纷上诉案

一、基本案情

赵立斌系锦州经济技术开发区天港 3 号住宅楼的建筑物区分所有权人,中国工商银行股份有限公司锦州分行(以下简称为锦州分行)经锦州经济技术开发区规划建设局批准在天港 3 号住宅楼东侧,锦州分行拥有国有土地使用权地上建设工商银行辽西区域档案中心库房,该库房为主体四层,局部五层建筑,设计建筑高度为 19.8 米。工商银行辽西区域档案中心库房建设完成后,赵立斌以该库房侵害其相邻采光、日照为由提起诉讼。[(2014)锦民一终字第 00516 号]

二、诉讼过程及裁判理由

一审法院认为工商银行辽西区域档案中心库房在审批时即已对周边建筑的光照因素有所考虑,满足大寒日日照 2 小时的最低标准。赵立斌主张的侵害相邻权不成立,判决驳回诉讼请求。

赵立斌认为工商银行辽西区域档案中心库房与其所在住宅楼之间的间距过小,不满足《锦州市建筑间距、住宅日照、建筑退让管理规定》要求,且该建筑与规划不符,属违章建筑;锦州分行建设行为侵害了其采光权,不仅限于最低 2 小时这一范围。其不服一审判决,提起上诉。

二审法院认为工商银行辽西区域档案中心库房是否属于违章建筑与本案不属于同一法律关系,赵立斌所主张采光权受到侵害于法无据,不予支持。

三、关联法条

1.《物权法》第八十五条:法律、法规对处理相邻关系有规定的,依照其规定;法律、法规没有规定的,可以按照当地习惯。

2.《物权法》第八十九条:建造建筑物,不得违反国家有关工程建设标准,妨碍相邻建筑物的通风、采光和日照。

四、争议问题

本案的争议焦点为:锦州分行建设工商银行辽西区域档案中心库房对张立斌住房光照产生的影响是否构成侵权。

五、简要评论

本案争议问题的处理关键在于相邻关系中的容忍义务：工程建设导致未危及相邻建筑安全的损害情况中，因为相邻建筑的建筑安全性并不会受到直接损害，受到工程建设的影响相对于危及其安全行为较为缓和，没有后者那么强的刚性，可被称为"软影响"，即该影响并不当然被认定为是对相邻建筑的损害，只有超过一定限度之后才被认为构成损害。

容忍义务的本质特征是其所遭受干扰的"合理性"。《物权法》第八十九条规定建造建筑物应当符合国家工程技术标准，第九十条规定排放污染物不得违反国家规定，所以可以认定为该处的工程技术标准和国家规定是保护此类权益的依据，是相邻关系中不动产权利人行使其不动产权利的合理边界。故应当认为该工程技术标准和国家规定是关于此类影响最低限度的要求，但是并不是唯一标准。在判断工程建设行为是否造成了未危及相邻建筑安全的损害时，需要首先判断该影响是否符合工程技术标准、是否符合国家规定，对于不符合的，该影响一定构成损害，行为人需要承担相应的法律责任；否则不一定不需要承担责任。从法律规定可以推导出：如果工程建设对相邻建筑造成的影响没有造成损害，或者损害极为轻微，或者符合当地的通行习惯，则不认为该影响是损害，是相邻权利人的容忍义务。但是如果不动产权利人刻意"用足"其技术标准或规定中允许的影响范围，由此会导致相邻权利人的权益受到无端侵害，成为致害方的"利益来源"，显然也是不对的。

在判定该影响是否构成损害时，也应该通过利益衡量的方法，以符合法律法规的规定作为客观标准，同时对损害行为的"合理性"进行判断。应当指出，法律法规的规定、工程技术标准和国家规定都只是判断该影响是否构成损害的标准之一，其存在为判断是否属于损害提供了重要参考，但是并不是决定性标准，不能僵化使用这一标准。并不是所有符合技术规范和国家规定的极限值要求的就具有合理性的。在此基础上对当地习惯、影响的价值、建筑的社会价值、不动产利用的先后关系、影响的性质和持续时间等因素综合考虑，依照社会一般观念和当地习惯判断其合理性。超出合理性范围的影响才被认定为损害，该行为才是损害行为。

根据《物权法》第八十五条之规定，处理相邻关系的首要原则是法律法规，法律法规没有规定的，还可以依照当地习惯审查是否具备"合理性"，可见当地习惯在审查处理相邻关系的方式是否妥当来讲存在参考意义，并不是仅可依靠国家法律法规的规定。所以，尽管不动产权利人是符合技术标准或国家规定的，但是如果相邻权利人能够证明不动产权利人行为"异乎寻常"，确实会造成"重大损害"，也可以将其认定为是损害，向其主张损害赔偿。

由此可知在确定工程建设给相邻建筑带来的影响是否属于损害时，需要综合考虑该损害事件的多种因素，判断路径应当如下：首先确定该影响是否违反了工程技术标准或者其他国家和地方规定,如果违反,则该影响必然构成损害,可以主张损害赔偿;如果未违反上述标准或者规定,则考量该部分影响所导致相邻权利人受影响的程度,程度超过一般范畴的,也应当被认定为构成损害,该影响程度的评估标准应当包括影响前后的变化、影响的持续时间、当地的习惯、影响的必要性等多项内容,在司法过程中应当属于法官自由裁量的范围。鉴于相邻权利人所负有的容忍义务,需要综合是否违反标准以及该影响的程度作出判断,只有突破合理性范畴的影响才可视为损害并主张损害赔偿。

本案中锦州分行建设工商银行辽西区域档案中心库房,应当按照批准的规划方案进行。该规划方案的存在仅可证明该建筑在行政管理角度而言是合法建筑,但是并不可以此为依据主张未侵害周边建筑或其所有人、使用人的权利。根据《锦州市建筑间距、住宅日照、建筑退让管理规定》的规定,对于光照部分,新建建筑应当满足原有建筑大寒日日照2个小时的最低标准(新城区),锦州分行的建设行为并不会违反该规定;张立斌提出的间距不满足规定要求的主张并不能构成认定锦州分行建设行为侵害其光照权的理由,因此应当认定锦州分行的建设行为对张立斌的住宅确实有产生影响,但是该影响的产生根据前述判断原则并未达到产生侵权损害的标准,因此认定不构成侵权。

日照华信建筑工程有限公司与费洪伟损害责任赔偿纠纷上诉案

一、基本案情

日照华信建筑工程有限公司(以下简称为华信公司)承建日照市东港区石臼街道祥博社区的居民楼土建部分工程,并于2011年8月完工,费洪伟承包该居民楼防水工程。费洪伟于2011年9月25日在检查完施工的防水工程后,通过华信公司搭建的脚手架返回地面时,因脚手架坍塌致使费洪伟跌落摔伤,费洪伟摔伤后被送往日照市人民医院住院治疗21天。费洪伟以该脚手架的所有人为华信公司为由要求其承担相应责任,对上述损失予以赔偿,主张赔偿医疗费、误工费等各项损失共计188 439.51元和精神损失费3 000元。华信公司一审中以该脚手架并非自己搭建为由拒绝承担责任,而后二审中又以其已告知费洪伟脚手架存在安全隐患,拒绝其使用为由,主张不予赔偿。[(2013)日民一终字第973号]

二、诉讼过程及裁判理由

一审法院认为,事故发生工程为华信公司承建工程,审理中虽然华信公司不认可脚手架等建筑附属物由其搭建并管理,但未提供证据证明该脚手架等建筑附属物系他人所有及管理,故应推定华信公司对搭建在其承建工程上的建筑附属物有管理义务,华信公司因疏于管理建筑设施与费洪伟摔伤致损失存在因果关系,应对费洪伟的损失承担赔偿责任,酌定由华信公司赔偿费洪伟各项损失的50%;费洪伟在施工过程中擅自使用华信公司脚手架,同样存在过错,自行承担部分责任。

华信公司不服提起上诉，主张其在事故发生前已经告诉费洪伟脚手架存在隐患不得使用，费洪伟也已经保证不会继续使用该脚手架进行施工，在脱离本公司管理后，费洪伟自行使用与自己无关；同时，费洪伟在工作中发生事故，并不是因为本公司导致的，而是因为其承担工程产生的结果，故应当由发包单位承担赔偿责任，自己并不是本案适格被告，据此请求二审法院判令对费洪伟的损害事实不承担赔偿责任。

二审法院认为，华信公司主张其已经明确告知费洪伟的事实，因为仅有的证据是其雇佣工作人员做出的，因存在利害关系导致这一证据证明力存在瑕疵，同时缺乏其他相关证据佐证，对此主张不予采信；费洪伟在施工过程中是通过华信公司所搭建的脚手架进行的，也是因为该脚手架的倒塌导致受伤的，适用建筑物倒塌的责任规定并无不当，对原审判决予以维持。

三、关联法条

1.《侵权责任法》第六条：行为人因过错侵害他人民事权益，应当承担侵权责任。

根据法律规定推定行为人有过错，行为人不能证明自己没有过错的，应当承担侵权责任。

2.《侵权责任法》第十六条：侵害他人造成人身损害的，应当赔偿医疗费、护理费、交通费等为治疗和康复支出的合理费用，以及因误工减少的收入。造成残疾的，还应当赔偿残疾生活辅助具费和残疾赔偿金。造成死亡的，还应当赔偿丧葬费和死亡赔偿金。

3.《侵权责任法》第二十六条：被侵权人对损害的发生也有过错的，可以减轻侵权人的责任。

4.《侵权责任法》第八十六条：建筑物、构筑物或者其他设施倒塌造成他人损害的，由建设单位与施工单位承担连带责任。建设单位、施工单位赔偿后，有其他责任人的，有权向其他责任人追偿。

因其他责任人的原因，建筑物、构筑物或者其他设施倒塌造成他人损害的，由其他责任人承担侵权责任。

四、争议问题

本案的争议焦点为：费洪伟因华信公司脚手架倒塌受伤一事是否适用《侵权责任法》第八十六条的规定。（判决书中写作《侵权责任法》第八十五条，应当为笔误，实际为第八十六条。）

五、简要评论

《侵权责任法》中规定建筑物、构筑物或者其他设施倒塌造成他人损害的，由建设单位与施工单位承担连带责任。建设单位、施工单位赔偿后，有其他责任人的，有权向其他责任人追偿。本案导致事故发生的脚手架究竟属于何方控制之下是本案争议焦点的核心问题。本案中，华信公司首先主张该脚手架并非由其搭设，并且不知道为何人搭设。据判决书所披露的案情可知，华信公司为该居民楼的施工单位，在2011年8月完成本工程的工程建设，本案事故发生于2011年9月25日，据此可知，截至本案发生时，工程长期处于华信公司的控制之下；根据法律规定，建设工程在移交给建设单位前，施工单位应当对工程和相关附属设施负有照管义务。在本案中，因为华信公司是该工程的施工单位，在该工程移交之前，华信公司对于该工程及其附属设施负有照管义务。就案中脚手架而言，华信公司虽主张其并非脚手架的所有人，但是因该脚手架处于工程现场这一位置信息，无论华信公司是否为该脚手架的所有人，其均应当对其负有照管义务，应当保证脚手架处于安全使用状态，并且不会给周边人、财物带来损害。

  本案中，费洪伟承担居民楼的防水工程，据判决书所披露信息，费洪伟和华信公司之间并无合同关系；费洪伟在施工过程中，借助于工程现场的脚手架上下屋顶，而后在从高处返回地面时脚手架倒塌导致其受伤结果的发生。华信公司主张其已经善意提醒过费洪伟该脚手架可能存在安全隐患并劝阻其使用脚手架的行为确实存在可以为其免责的可能，但是华信公司并未对该事实的确实发生提供足够证据加以佐证，法院对此不予采信，也据此可以认定其未尽警示提醒义务。所以，本案中尽管费洪伟和华信公司之间并无关于利用脚手架的合同关系存在，但是因为其受伤是因为脚手架的倒塌所导致的；本案事实的发生有一定程度上是因为华信公司没有妥善履行其照管义务，未对可能倒塌的脚手架恪尽警示提醒义务导致的。故对于华信公司而言，因为其管理义务，应当为脚手架的倒塌承担的赔偿责任；但是本案中费洪伟在和华信公司之间并无合同关系的情形下，未经对方同意即使用对方控制下的脚手架开展施工工作并且未注意脚手架的安全情况导致损害结果的发生，因此其对损害结果的发生也有一定的过错，根据《侵权责任法》的规定，被侵权人对损害结果的发生，也有过错，可以减轻侵权人的责任，因此华信公司无须对费洪伟的损害结果承担全部赔偿责任，仅需负责自己过错原因力范围内的部分。

张五平等与马喜军财产损害赔偿纠纷上诉案

一、基本案情

  1989年，席金胜在自家院内修建机井一口，用于附近农田的灌溉，灌溉自然形成流水渠，水渠两边均为农田。而后，原告张五平在水渠南边修建房院，水渠北边案外人修建房院并于2001年将该房院卖给马喜军，水渠形成巷道。巷道形成后，席金胜继续使用该巷道进行排水，该巷道几户人家均未进行人工修缮及改造，该巷道承载通行与排水双重功能并保持原始地貌。2014年8月5日，被告马喜军发现位于该水渠的自来水上水检查井水管漏水，井内水深约为井深的一半，并在同辉公司进行现场取样鉴定时，自来水公司的工作人员打开了上水检查井总水管，确认该水管漏水的事实。依自来水供水系统的管理权划分的方法，主水管属自来水公司管理，用户的支流水管由用户管理，属众所周知的事实,该水管应系被告马喜军管理。同日,被告席金胜发现自家六层楼房地下室大量积水,经检查该地下室积水来自自己所有的机井水,席金胜就用水泵进行抽水,从原告北房外水渠排放,排水时间约为3小时。2014年8月5日之后,原告张五平家的北房、外墙、厕所被发现出现裂缝及房屋有地基下沉的情形。后张五平与马喜军、席金胜就损害赔偿事宜协商不成,诉至法院。[(2015)天民一终字第243号]

二、诉讼过程及裁判理由

一审过程中,鉴定机构对张五平房屋开裂、下沉的成因进行鉴定,认定主要原因系席金胜六层楼房地下室大量积水后向张五平房屋北侧排水渠排水所致,次要原因系马喜军自来水上水检查井漏水所致。

一审法院认为,张五平房屋自2014年8月5日之后迅速出现开裂,根据损害事实与席金胜、马喜军二人的漏水和排水之间在发生时间上具有相当紧密的关系,认定抑或推断相互之间具有因果关系;另水渠/巷道形成时间早于张五平房屋修建时间,张五平于本案事实中未尽到必要的注意义务,有一定的过错,应适当减轻侵权人席金胜、马喜军的责任,酌定张五平自行承担30%责任,席金胜、马喜军分别承担70%责任中的60%、40%。张五平不服一审判决,提起上诉。二审法院认可鉴定机构鉴定意见,认为张五平房屋损害结果与席金胜、马喜军二人的侵害行为之间具有因果关系,判令二人对张五平的全部损失承担赔偿责任和鉴定费用,分担比例为60%,40%。

三、关联法条

1.《物权法》第三十七条:侵害物权,造成权利人损害的,权利人可以请求损害赔偿,也可以请求承担其他民事责任。

2.《物权法》第九十二条:不动产权利人因用水、排水、通行、铺设管线等利用相邻不动产的,应当尽量避免对相邻的不动产权利人造成损害;造成损害的,应当给予赔偿。

3.《侵权责任法》第六条:行为人因过错侵害他人民事权益,应当承担侵权责任。

4.《侵权责任法》第二十六条:被侵权人对损害的发生也有过错的,可以减轻侵权人的责任。

四、争议问题

本案主要争议焦点为:张五平的房屋受损和席金胜、马喜军二人行为之间是否具有因果关系,以及是否存在减轻责任的事由。

五、简要评论

首先,本案中的侵害行为和损害结果之间系水对土壤的浸泡导致土壤承载力下降进而引起基础发生不规则沉降,最后表现为房屋开裂,损害过程作用机理相对较为复杂;同时由于环境开放性和损害结果滞后性的特点,导致并不像一般侵权行为和损害结果之间的因果关系一样,可以凭常识得出判断。因而此类因果关系的判断需要借助于技术鉴定方可得出其是否具有关联关系,然后经由法律考量,判定二者之间是否具有法律上的因果关系。本案中,席金胜管理的水管出现漏水和马喜军的抽排水行为与张五平房屋开裂事实之间的因果关系判断即属此例。本案一审过程中,因席金胜、马喜军二人的质疑,法院对于鉴定机构的鉴定意见未予采纳,而是通过二人行为与张五平房屋受损之间的时间紧密性,经由常识判断得出它们之间具有因果关系这一认定结果。后三人对法院该认定结果均有不服,在上诉过程中均有提出因果关系认定不妥的异议。如前所述,工程领域内侵权行为和损害结果之间作用机理复杂、环境开放易受影响、损害结果滞后等特性共同导致了因果关系认定过程需要经由专业机构的专业判断才可作出。二审过程中,法院采信了鉴定机构有关因果关系的判断,根据鉴定意见判定席金胜因自来水管漏水对损害事实的贡献力较大,是损害结果发生的主要原因;马喜军的排水行为对损害事实的贡献力相对席金胜较小,是损害结果发生的次要原因,是以根据鉴定意见可认定二者行为与损害结果之间具有因果关系,并且原因力认定分别判定二者承担60%和40%责任,根据《侵权责任法》第六条、《物权法》第九十二条规定,应当承担赔偿责任。

其次,一审法院在判决中提到,因水渠/巷道形成在前,张五平房屋修建在后,后者对于前者的存在是知晓的,并且应当采取相应的防护措施,所以对于损害结果的出现也有一定的过失,根据《侵权责任法》第二十六条规定要求对席金胜、马喜军二人的责任予以减轻。有关此部分减轻责任情形的认定同样属于因果关系认定的一部分:从结果而论,张五平的房屋损害结果之所以出现可以根据鉴定结果的鉴定意见,认定为席金胜管理的水管漏水为主要原因,占60%,剩余的40%才为马喜军的排水行为导致的;诚然,马喜军的排水行为是发生在水渠/巷道上,但是根据历史信息判断,过往的正常排水行为并没有导致张五平房子出现损坏,证明张五平对房屋所做防护是能够抵抗正常排水行为所造成影响的,马喜军的异常排水行为和其铲掉护坡的行为才是导致损害结果发生的原因,所以张五平对该损害结果的发生是没有过错的,即对席金胜、马喜军二人而言不存在减轻责任的情形。

如皋市一鸣物业有限公司诉如皋市新美锦网络科技鸿泰加盟店等侵权责任纠纷案

一、基本案情

2013年5月26日,如皋市新美锦网络科技鸿泰加盟店(以下简称为鸿泰加盟店)与陈建签订《房屋租赁合同》,约定陈建将其位于如皋市如城街道华府名庭5某楼最东侧二层四间约600 m²的房屋(5幢248号店面房)出租给鸿泰加盟店用于经营网吧;租赁期自2013年7月26日起5年,租金16万元/年,合同签订之日起三日内付清首年房租;水电费、物业费及国家相关税费等费用由鸿泰加盟店自行负责;系争房屋所在小区的物业管理公司为如皋市一鸣物业有限公司(以下简称为一鸣物业)。合同签订后,陈建即交付房屋及电费卡、水费卡,鸿泰加盟店亦按约支付房屋租金;鸿泰加盟店承租房屋后,未按《房屋租赁合同》约定交纳物业服务费用。

鸿泰加盟店承租房屋后进行装修。2013年7月19日房屋供电被切断,装修人员孙长龙报警,后供电恢复;2013年7月22日供电再次被切断,孙长龙再次报警,民警出面协调,但纠纷未能解决。鸿泰加盟店以陈建与一鸣物业之间交接手续存在瑕疵导致系争房屋停水停电给自己带来损失为由,提起诉讼,请求停止用电用水妨害并对损失给予赔偿。[(2014)通中商终字第0491号]

二、诉讼过程及裁判理由

一审法院认为鸿泰加盟店从陈建处租得房屋(已实现通水通电),对该房屋享有占有、使用、收益的权利;对于他人妨碍用水用电的,其作为权利人有权请求排除妨碍,造成损害的,可以请求损害赔偿。案中一鸣物业在没有合理依据的情况下在鸿泰加盟店装修期间多次停水停电,给鸿泰加盟店造成了损失,判决其对鸿泰加盟店因此遭受的损失承担侵权损害赔偿责任。

一鸣物业对一审判决中对损害赔偿的计算期间和计算依据错误,不服一审判决提起上诉。

二审法院认为鸿泰加盟店装修期间,一鸣物业于7月份采取多次停水停电措施,并且无相关证据证明上述干扰于2013年8月1日停止;一审法院认为鸿泰加盟店因停水停电事由的存在停止装修是其所采取的合理减损措施,鸿泰加盟店的实际损失计算期间和计算依据并无不妥,判决驳回上诉,维持原判。

三、关联法条

1.《物权法》第三十五条:妨害物权或者可能妨害物权的,权利人可以请求排除妨害或者消除危险。

2.《物权法》第三十七条:侵害物权,造成权利人损害的,权利人可以请求损害赔偿,也可以请求承担其他民事责任。

3.《侵权责任法》第六条第一款:行为人因过错侵害他人民事权益,应当承担侵权责任。

4.《物业管理条例》第四十四条第一款:物业管理区域内,供水、供电、供气、供热、通信、有线电视等单位应当向最终用户收取有关费用。

四、争议问题

本案的争议焦点为:一鸣物业停水停电行为是否构成对鸿泰加盟店的侵权,以及鸿泰加盟店所遭受损害如何确定。

五、简要评论

首先,本案中,一鸣物业是系争房屋所在小区的物业管理公司,因为系争房屋的所有者陈建没有缴纳物业费,所以采取了停水停电处理,并由此导致了损害结果的发生。根据《物业管理条例》第二条规定:本条例所称物业管理,是指业主通过选聘物业服务企业,由业主和物业服务企业按照物业服务合同约定,对房屋及配套的设施设备和相关场地进行维修、养护、管理,维护物业管理区域内的环境卫生和相关秩序的活动。因此物业管理公司所收取的物业费内涵应当是:物业产权人、使用人委托物业管理单位对居住小区内的房屋建筑及其设备、公用设施、绿化、卫生、交通、治安和环境等项目进行日常维护、修缮、整治及提供其他与居民生活相关的服务所收取的费用。物业公司向业主所提供的服务主要包括"设备设施的维修、养护、管理,维护物业管理区域内的环境卫生和相关秩序的活动",其所收取的物业费也应当是上述服务内容的对价,这属于业主和物业管理公司之间委托物业管理法律关系中的内容。同时根据《物业管理条例》第四十四条第一款规定:物业管理区域内,供水、供电、供气、供热、通信、有线电视等单位应当向最终用户收取有关费用;业主和供水、供电单位之间的供水、供电法律关系的内容,应当是供水、供电单位向业主提供供水、供电服务,业主向单位支付费用,本不涉及物业管理公司。但由于住宅小区中物业管理公司对基础设施管理者的定位,相关单位存在委托物业管理公司代为维护基础设施、代为收缴费用的情形,物业管理公司仅有依据本合同关系中的有关约定,在特定情形下才可停水停电,且可推断该特殊情形不包括物业费迟延缴纳。案中陈建未缴纳物业费属于委托物业管理法律关系中的内容,供水、供电服务为陈建与供水、供电单位之间的合同关系内容;物业管理公司滥用其受托维护基础设施的身份,因业主违反委托物业管理合同关系,擅自停水停电,侵害业主享受水电供应的权利,没有法律依据,构成侵权;案中,系争房屋已经被租赁给了鸿泰加盟店,因停水停电行为导致鸿泰加盟店遭受到装修迟滞的影响而遭受损害,所以物业管理公司的停水停电行为对鸿泰加盟店构成侵权,应当进行赔偿;同时该物业管理公司的停水停电行为与陈建无关,所以二者不构成共同侵权,同时《房屋租赁合同》中为提示有相关水电费按时交纳的条款约定,陈建亦不构成违约,是以陈建对鸿泰加盟店无须承担赔偿责任。

其次,鸿泰加盟店租赁房屋用于经营网吧,开业前进行装修是必要的,一鸣物业公司在2013年7月份接连多次对案涉房屋实施断电、断水行为,鸿泰加盟店为避免损失扩大,停止装修是合理的,否则还会造成窝工损失。鸿泰加盟店在一鸣物业公司实施侵权行为后即诉至法院,要求一鸣物业公司停止其侵权行为,但一鸣物业公司在诉讼中一直认为其行为是合法的,在此情况下没有理由相信一鸣物业公司会通过积极的行为恢复案涉房屋的供电供水。虽然案涉房屋在2013年8—10月有电费发生,但一鸣物业公司并未举证证明该电费的发生系由于鸿泰加盟店继续实施装修行为所产生,无法认定在鸿泰加盟店起诉后,一鸣物业公司恢复了案涉房屋的供电。即使一鸣物业公司恢复了供电,但也没有证据证实一鸣物业公司恢复了案涉房屋的供水,在无水供应的情况下鸿泰加盟店的装修亦不能正常实施。由于案涉房屋无法正常装修,导致鸿泰加盟店合理利用房屋经营网吧的时间被延后,鸿泰加盟店在支付租赁费的同时无法使用该房屋,故认定其所遭受的损失包括停水停电期间的租金。同时,案中鸿泰加盟店在停水停电后存在停止装修的情形,对由此导致的窝工损失、违约责任损失同样属于应当赔偿损害的一部分,但是案中鸿泰加盟店对本部分内容未提出主张,所以法院亦未对其作出裁判。

第二节 工程侵权的主体

兰州外语职业学院与兰州理工大学建筑勘察设计院等排除妨害纠纷上诉案

一、基本案情

2004年8月12日,兰州外语职业学院(以下简称为外语学院)与兰州理工大学建筑勘察设计院(以下简称为工大设计院)签订《工程地质勘察合同》,由工大设计院完成原告外语学院2#教学楼、3#公寓楼、图书馆的工程测量、工程地质、水文地质的勘察工作并提交勘察结果。2006年5月11日,原告外语学院又与被告工大设计院签订了《建设工程设计合同(一)》,工程名称:兰州外语职业学院综合教学楼,设计费用359 000元,设计合理使用年限为50年。工大设计院完成了设计。2006年7月25日,原告外语学院与甘肃西铁建筑安装有限责任公司(以下简称为西铁公司)签订《建设工程施工合同》,由西铁公司完成外语学院2#综合教学楼的施工建设,工程监理单位为甘肃建隆工程监理有限公司(以下简称为建隆公司)。2006年8月24日,原告外语学院与被告建隆公司签订《建设工程委托监理合同》,由被告建隆公司对外语学院2#综合教学楼的施工建设进行施工监督。该工程2007年9月竣工验收合格后交付使用。2005年以来,原告外语学院靠近和平中学挡土墙长期渗漏,至2009年4月该教学楼墙体开裂、下沉,与该楼体毗连的重力式挡土墙墙体开裂、下沉。经鉴定认为该事故发生原因与外语学院室外管网持续性渗水有关。根据2002年3月7日外语学院与临直公司的会议纪要载明,外语学院的室外管网由临直公司承建,于2002年3月3日之前全部完工。[(2014)甘民一终字第66号]

二、诉讼过程及裁判理由

一审法院在审理过程中,对事故发生原因进行鉴定,并依据鉴定结论认定:对事故发生有较大促进作用的室外管网存在质量问题,其施工单位临直公司对其应当承担损害赔偿责任;工大设计院在勘察过程中没有发现室外管网的质量问题和土壤条件缺陷,在设计过程中亦没有采取相应的措施,故对事故发生有一定责任;西铁公司作为施工单位,在施工过程中应当发现地下管沟,施工时也未对地下管沟采取保护措施,其也应当承担责任;建隆公司进驻工地后该工程井桩基础已经基本完成,仅剩余少量地面收尾工作,不存在发现该缺陷的可能,其对基础工程造成的损失建隆公司不承担责任;建设单位未向勘察、设计、施工单位提供总下水管网资料,且下水管网长时间渗漏未进行维护对损失的发生有一定原因,也存在过失,应当减轻上述主体的责任。判令西铁公司、工大设计院、临直公司三主体承担责任依次为:40%、20%、35%。

外语学院、临直公司、工大设计院、西铁公司均不服一审判决,提起上诉。

二审法院在审理过程中发现,鉴定意见中所述引起事故发生的室外管网并非由临直公司而是西铁公司所建设,所以临直公司对损害结果的发生没有责任;据此,工大设计院在勘查和设计过程中亦不存在过失,也不承担责任。外语学院在使用过程中,应进行维护保养,对事故的发生存在重大过失。改判西铁公司承担40%责任,临直公司与工大设计院不承担赔偿责任。

三、关联法条

1.《合同法》第一百二十二条:因当事人一方的违约行为,侵害对方人身、财产权益的,受损害方有权选择依照本法要求其承担违约责任或者依照其他法律要求其承担侵权责任。

2.《侵权责任法》第六条第一款:行为人因过错侵害他人民事权益,应当承担侵权责任。

3.《侵权责任法》第十条:二人以上实施危及他人人身、财产安全的行为,其中一人或者数人的行为造成他人损害,能够确定具体侵权人的,由侵权人承担责任;不能确定具体侵权人的,行为人承担连带责任。

4.《侵权责任法》第十四条第一款规定:连带责任人根据各自责任大小确定相应的赔偿数额;难以确定责任大小的,平均承担赔偿责任。

四、争议问题

本案的争议焦点:各涉案主体行为对外语学院损害之间的因果关系判定。

五、简要评论

根据法律规定,主张侵权成立需要证明致害行为和损害结果之间具有因果关系。因果关系是侵权行为成立的基础,不论是大陆法系还是英美法系都把因果关系作为侵权责任的基本构成要件。目前通说认为因果关系分为责任成立部分的责任成立的因果关系和属于法律效果部分的责任范围的因果关系,侵权责任的认定过程也体现了两个"因果关系的运作过程",即运用不同的理论进行责任成立的因果关系的认定和责任范围的因果关系的认定。因此,在侵权行为的处理过程中应当对责任成立的因果关系和责任范围的因果关系分别进行认定。针对工程侵权中因果关系认定问题,亦可参照上述分类方式分为责任成立的因果关系和责任范围的因果关系的认定。在两种因果关系的认定过程中,所面临的难点问题主要包括两点:1.责任成立因果关系认定困难。工程建设行为具有建设行为长期性、影响因素专业性和建设环境开放性的特点,导致工程侵权行为具有异于一般侵权行为的外在特征,这一特征同时导致了损害结果的滞后性,与前述因素共同给工程侵权行为中责任成立因果关系的认定带来困难。就事件中所发生的事实,很难找到工程建设行为和损害结果之间的因果关系,并且其所存在的因果关系中各种影响因素所贡献比例的大小也需要专业的检测之后方可得出结论。也就是说,上述原因导致工程侵权责任成立因果关系的认定中存在很大问题,就目前的因果关系证明规则难以找到有效的证明途径,在救济被侵权人的权利的同时保护行为人的自由,这就是责任成立因果关系认定的困难之处。2.责任范围因果关系认定模糊。工程建设行为的特点在导致了工程侵权责任成立因果关系认定困难之后,对后续的损害赔偿中责任范围因果关系的认定产生了影响。前述工程侵权损害结果的滞后性对于判定工程建设行为对损害结果的因果关系贡献度带来很大的影响,同时由于并发损害多、影响因素多样和可赔偿损害认定难的问题最终共同引发了责任范围因果关系认定模糊的结果。故而,在侵权行为成立后,确认损害赔偿范围的过程中面临的首要问题就是如何确定责任范围因果关系的认定。本案中,外语学院所遭受到的损害和西铁公司、工大设计院、临直公司等之间行为是否具有因果关系的判断即面临这一问题,法院在审理过程中因缺乏专业知识而导致对因果关系认定的混沌局面,由此也导致了一审二审之间认定结果不同。

针对工程侵权案件因果关系认定难的问题,通过适用因果关系推定理论,能够为前述有关因果关系证明困境提供帮助。关于这一问题,我国台湾地区民法学界认为:对于此类损害,被害人在证明加害人工作或行为具有相当之危害性,并且在其工作或活动中受到损害,无需证明二者之间的因果关系。这种理论认为在此类特殊情境下,只要出现损害结果,即推定高度危险行为和损害结果之间存在因果关系,即可请求损害赔偿。如果建设单位或施工单位可以提供反证证明其行为与损害结果无关,行为人免责,亦即完成因果关系上举证责任之转换。前述被害人证明加害人工作或者行为具有相当之危害性和其所遭受到了的实际损害,这一证明事实即为基础事实的证成,根据因果关系推定理论,基础事实证成后即推定拟证事实和行为之间具有因果关系;行为人需要提供具有足够证明力、能证明推定因果关系不存在的证据,才可推翻该推定因果关系,否则需要承担相应的侵权责任。故,在工程建设中存在的诸如土方施工、地下开挖等相邻权利人事实上难以证明工程建设方建设行为与其所遭受损害结果之间因果关系的情况下,可以借鉴因果关系推定理论,如果工程施工方不能证明其所实施行为与损害后果之间没有因果关系,就需要承担损害赔偿责任。这种确定因果关系的原则能够将因果关系举证责任转移给具备技术和资料优势的一方来承担,不至于被侵害方因技术劣势无法得到权利救济,同时又要求其必须证明具有相当可能性的因果关系,也保证了工程建设方的利益,使其不会陷于无尽的诉讼中,能够较好地对双方的权益进行保护。

就本案而言,外语学院遭受到系争教学楼墙体开裂、下沉,与该楼体毗连的重力式挡土墙墙体开裂、下沉等损害。就上述损害的发生,外语学院并不具备足够的专业知识评判其他主体的行为与该损害结果之间是否具有因果关系,在一审过程中所得到的鉴定结论也仅仅是从事故产生的工程原因角度进行判断得出的结论,并不能够直接证明因果关系的存在与否,待证因果关系是否存在尚需法院进一步解读判断之后才可确定。通过对事故的鉴定,损害是由于地基承载力下降导致的;地基承载力下降的产生原因在于系争教学楼附近的地下管网漏水;该漏水管网存在不符合规范的情形,漏水亦是该部分工程的缺陷。经查该漏水管网的责任单位应当为西铁公司,即是由于本工程施工单位的不当施工导致出现的损害结果,因此判定西铁公司需要对损害结果的发生承担损害赔偿责任。对于勘察设计单位(工大设计院而言)其勘察行为和设计行为并不存在瑕疵,对于该损害结果的发生没有因果关系,则其不应当承担责任;临直公司所负责的工程为系争教学楼附近的地下管网,该管网并非导致系争教学楼出现事故的"涉案"管网,因此临直公司为与该案无关第三人,与本案损害结果之发生无因果关系,不应当承担责任。需要注意的是,通过鉴定可知,外语学院在利用该教学楼过程中,存在诸如未定期对管道进行相应维护和检修、挡土墙存在设计缺陷等问题,自身存在使用、管理不当,发现问题没有采取及时、有效的措施,使损失进一步扩大。因此,就侵权成立的因果关系而言,仅西铁公司对该损害的发生负有责任,同时因为外语学院对损害结果的发生同样有过错,应当对西铁公司的责任给予相应的减轻。

对于责任范围的因果关系而言。在鉴定报告中,对外语学院所遭受到损失进行修复的费用中包括一项重力式挡土墙加固费用。经查外语学院当初的挡土墙为护坡式挡土墙,2007年9月与挡土墙相毗邻的系争教学楼建成后,挡土墙更主要是起到支撑的作用。一审法院在本案审理中认为,检测中心虽然对挡土墙的加固设计重新进行了完善、优化,但可使挡土墙的深度达到持力层,成为格力式重力挡土墙,使原来的性质完全发生了变化。鉴定报告中对该挡土墙的修复加固作业仅为保障系争教学楼安全所做措施,与本案所致损害结果并无因果关系,不应作为本案定案依据。

大连恒艺装饰装修工程有限公司等诉周依学等提供劳务者受害纠纷案

一、基本案情

2012年6月7日,大连筑成建设集团有限公司(以下简称为筑成集团)与锦州港股份有限公司就"锦州港生产调度中心工程(土建)施工"签订合同,主要工程内容包括土建、CFD桩基础处理、装饰、电气、采暖通风、给排水及砼梁、板、墙体中预埋等。2012年7月29日筑成集团将"锦州港生产调度中心工程"的脚手架的搭建及维护工作发包给大连东远建筑劳务分包有限公司(以下简称为东远公司),并与之签订《"锦州港生产调度中心"项目施工用脚手架搭拆工程施工合同》。2013年3月10日,筑成集团作为总包单位将"锦州港生产调度中心工程"的玻璃幕墙安装施工、干挂花岗岩理石和抹灰工程的施工分包给大连恒艺装饰装修工程有限公司（以下简称为恒艺公司），并与之签订《分包合同》；2013年4月10日，恒艺公司将外墙干挂理石分包给周依学，并与之签订了《单项工程承包合同书》。2013年5月17日在外墙干挂理石施工过程中，由于东远公司的脚手架架设不规范，以及被告周依学雇佣的工人上料超过负重，脚手架发生垮塌，直接造成周依学雇佣的现场施工人员姜正友等人伤亡。

2013年11月，锦州市安全生产监督管理局锦安监管〔2013〕134号文件（以下简称为134号文件）对此次事故经过、原因和事故责任认定作出批复，建议恒艺公司作为具体施工单位对事故负主要责任；筑成集团作为总包单位，对事故负重要责任。为不延误工程工期，避免损失扩大，恒艺公司先行垫付了姜正友死亡赔偿金合计66万元。[（2015）大民一终字第46号]

二、诉讼过程及裁判理由

一审过程中，恒艺公司诉称东远公司作为脚手架施工单位应对脚手架失稳倒塌负责；周依学作为外墙干挂理石分包商，应对事故发生承担责任；请求二者对其预先支付的赔偿金承担连带赔偿责任。

周依学认为134号文件中未列明自己应当承担责任，自己不应承担赔偿责任；同时筑成集团作为总包方应当承担相应管理责任。东远公司则认为没有过错，134号文件中并没有对自己责任的认定，自己不应当承担赔偿责任。

一审法院审理认为恒艺公司与死者之间为雇佣关系，其应当对死者在雇佣关系中遭受到的人身损害承担赔偿责任；事故发生原因系死者作业过程中存在违章、违规作业情形，与其他各方主体无涉。据此判决损失应当由恒艺公司承担，驳回诉讼请求。

恒艺公司不服提起上诉，二审法院经审理认为恒艺公司和周依学之间并非劳动关系，而是承揽合同关系，恒艺公司与死者之间不存在雇佣关系；东远公司对于事故的发生存在对脚手架疏于管理等过错，应当承担相应的赔偿责任；筑成集团存在未严格检查、管理混乱，对事故的发生同样有过错；据此判决各方责任承担比例为：恒艺公司承担50%，周依学承担25%，东远公司承担15%，筑成集团承担10%。

三、关联法条

《侵权责任法》第八十六条：建筑物、构筑物或者其他设施倒塌造成他人损害的，由建设单位与施工单位承担连带责任。建设单位、施工单位赔偿后，有其他责任人的，有权向其他责任人追偿。

因其他责任人的原因，建筑物、构筑物或者其他设施倒塌造成他人损害的，由其他责任人承担侵权责任。

四、争议问题

本案的主要争议焦点为：1. 恒艺公司和周依学、死者姜正友之间为雇佣关系抑或承揽关系；2. 东远公司、周依学、筑成集团对事故的发生是否具有过错。

五、简要评论

2003年12月26日最高人民法院颁布的《最高人民法院关于审理人身损害赔偿案件适用法律若干问题的解释》(以下简称《人身损害赔偿解释》)对二者采取了不同的归责原则。雇佣关系适用无过错原则，即雇员在从事雇佣活动中致人损害或遭受人身损害，不论雇主是否尽到合理义务、是否存在过错，都应当承担赔偿责任，在承担赔偿责任后，雇主可以对过错人行使追偿权；承揽关系则适用过错责任原则，即承揽人在完成工作过程中对第三人造成损害或者造成自身损害的，定作人一般不承担赔偿责任，只有定作人对定作、指示或者选任有过失的情况下，才承担相应的赔偿责任。不同关系下，当事人在实体权益、举证责任等方面存在很大的差异，因此在人身损害赔偿案件中，如何正确区别二者就显得尤为必要。对于雇佣关系和承揽关系应从如下几点加以区别：第一，从主体角度看，雇佣关系为一般民事关系，其主体没有特殊性要求，受雇人必须亲自完成雇佣劳动，不能再雇佣他人。而承揽关系为商事关系，其主体一般为商事主体，尤其是承揽人一般要求其具备特殊的技能、工具甚至资质等，必要时承揽人可以雇佣工作人员。第二，从利益关系看，一般的，因承揽人具备特殊的技能、工具甚至资质等，故承揽人的报酬利益高于受雇人的报酬利益。而根据高风险高收益的原则，受雇人不承担结果不发生之风险，而承揽人则应自己承担承揽工作过程中的风险。第三，从工作性质看，雇佣关系中所从事的工作，多为劳务，至于该劳务是否达到雇佣人预期之结果，并非所问，即雇佣关系建立后，受雇人按约定付出了劳动，就应当获得报酬，无论雇佣劳动是否取得实际效果。而承揽关系中所完成的工作体现为成果，承揽人只有按照约定提供了工作成果，才能取得报酬利益，否则即便承揽人付出了劳动，也不能索要报酬利益。根据《人身损害赔偿解释》第十条规定，承揽人在完成工作过程中对第三人造成损害或者造成自身损害的，定作人不承担赔偿责任。但定作人对定作、指示或者选任有过失的，应当承担相应的赔偿责任。本案中，恒艺公司和周依学签订《单项工程承包合同》并在其中约定周依学应按约完成相应的工程，至于是否本人完成则在所不问，其在工程中也确实另行招揽其他人员完成工程；同时周依学根据合同应当完成的为限额工作，其所获得报酬也应当为与工作成果相对应的约定报酬。是以应当认定恒艺公司与周依学之间实际为承揽关系，死者姜正友与周依学之间为临时雇佣关系。

根据《侵权责任法》第八十六条规定，发生建筑物、构筑物倒塌致人损害的，建设单位和施工单位应当承担连带赔偿责任；如果倒塌原因系他人所致的，可向其追偿要求其承担相应责任。就本案而言，姜正友因脚手架倒塌导致死亡，对于这一损害结果，案中各主

体应当依其过错程度承担赔偿责任。详细如下:

首先,恒艺公司对于这一损害结果的发生负有主要责任。恒艺公司作为案涉工程的承包方,根据《建筑法》第四十四条第一款规定:建筑施工企业必须依法加强对建筑安全生产的管理,执行安全生产责任制度,采取有效措施,防止伤亡和其他安全生产事故的发生;《建筑工程安全生产管理条例》第二十四条第四款规定:分包单位应当服从总承包单位的安全生产管理,分包单位不服从管理导致生产安全事故的,由分包单位承担主要责任;恒艺公司有保证安全生产的安全的义务。恒艺公司在冬歇期复工后没有严格按照规范要求认真检查脚手架的牢固性和安全性的情况下,盲目组织人员上架作业,且施工现场管理混乱,现场安全管理不到位,日常安全检查不彻底,没有按规程检查脚手架的所有项目,对现场作业人员的违章违规行为监管不力,对现场作业人员的安全教育流于形式,对案涉事故的发生具有主要过错,应当承担过错赔偿责任。

其次,周依学对事故的发生负有重要责任。根据134号文件的事故认定:事故发生时脚手架跳板上放置了超过规定荷载的装饰用石材,脚手架结构步距过大,造成脚手架荷载超过极限,是案涉事故发生的直接原因。为了施工方便,随意拆卸挂砖处的脚手架连墙杆,致使脚手架受力结构发生变化且脚手架连墙杆数量不足亦是案涉事故发生的重要原因。周依学雇佣的工人施工不当是造成案涉事故发生的原因之一,其主观存在过错,周依学作为雇主,应当承担赔偿责任。

再次,东远公司作为脚手架的建设管理单位,对事故的发生同样负有相应责任。113号文件指出:脚手架结构步距过大、脚手架连墙杆数量不足且部分连墙杆呈仰角设置,受力不合理亦为案涉事故的重要原因,案涉脚手架是由东远公司搭建,依据东远公司与恒艺公司签订的施工合同,东远公司需要负责案涉脚手架的搭建及维护工作。但东远公司搭建的脚手架既未能符合安全生产的需要且在日常生产过程中,疏于管理,使施工工人能够随意拆卸挂砖处的脚手架连墙杆,根据上述事实认定东远公司对案涉事故的发生具有重大过错,应当依据过错程度承担相应的赔偿责任。

最后,筑成集团作为系争的总承包单位,根据《建筑法》第四十五条规定:施工现场安全由建筑施工企业负责。实行施工总承包的,由总承包单位负责。分包单位向总承包单位负责,服从总承包单位对施工现场的安全生产管理;《建筑工程安全生产管理条例》第二十四条第一款规定:建设工程实行施工总承包的,由总承包单位对施工现场的安全生产负总责。亦需要承担相应责任。工程项目部安全生产管理组织机构不健全,现场施工组织、工作协调及安全生产管理不到位,其亦存在过错,应当承担相应的赔偿责任。

对于上述各方而言,恒艺公司作为装修工作的具体施工分包单位,应当承担主要责任;周依学作为雇主应当对雇员的违规作业行为承担重要责任;脚手架单位未能保障脚手架的安全稳定,应当承担管理疏忽过错导致的责任;对于筑成集团,则引起总包单位属性,应对工程善尽管理义务,就管理机构确实承担安全责任。但恒艺公司所为诉讼请求中不包括对筑成集团的主张,则其所应承担的赔偿份额不予处理。

南阳市力强建筑劳务分包有限公司与徐培军、宜城市华龙建筑安装有限公司、南阳市佳诚劳务有限责任公司健康权纠纷上诉案

一、基本案情

2010年12月宜城市华龙建筑安装有限公司（以下简称为华龙公司）与襄樊市冠通实业集团公司签订了承建社旗县太阳城1—3号商住楼工程的合同。2010年12月10日华龙公司与南阳市佳诚劳务有限责任公司（以下简称为佳诚公司）签订工程分包合同，由佳诚公司承建1、3号楼。2011年3月17日华龙公司与南阳市力强建筑劳务分包有限公司（以下简称为力强公司）签订工程分包合同，由力强公司承建2号楼工程。华龙公司、佳诚公司、力强公司均有资质，华龙公司和二者签订合同中已约定安全事故由佳诚公司、力强公司负责，华龙公司不承担施工人员人身受到伤害的赔偿责任。佳诚公司承建1、3号楼时租赁了李氏建筑设备租赁公司（以下简称为李氏公司）的塔吊，2011年5月21日佳诚公司将塔吊转租给力强公司使用，佳诚公司与李氏公司的租赁合同解除。徐培军随郭功宝的施工队干活，郭功宝承包了佳诚公司1、3号楼的施工工程。郭功宝组织的施工队没有相应资质。2011年5月23日上午10时许，徐培军在太阳城工地1号楼1层卸模板时，被工地高空掉下来的钢筋将头上的安全帽砸烂后伤及头部。徐培军被送往社旗县人民医院抢救，诊断为特重型闭合性颅脑损伤，颅骨骨折。徐培军自2011年5月23日至11月21日住院治疗，徐培军受伤后第一个月需4人护理，第二至六月需2人护理，花费医疗费50 217元、手术费1 500元、外购药品686元、鉴定费800元、交通费222元、伙食补助费3 560元、护理费17 440元、误工费4 560元、残疾赔偿金72 779.2元。事故发生后，因三被告相互推诿赔偿责任，形成纠纷。徐培军诉至法院请求损害赔偿。[（2012）南民二终字第790号]

二、诉讼过程及裁判理由

一审法院认为：徐培军在施工过程中受到伤害，造成残疾，应当得到赔偿；佳诚公司和力强公司在施工过程中均应当注意施工安全，防止高空坠物；事故发生区域处于佳诚公司和力强公司的施工范围内，造成该高空坠落钢筋的可能是二者中的任何一方，并且无法确定具体责任人为何方；华龙公司根据约定对施工人员人身伤害不承担责任，因此判令佳诚公司和力强公司分别按照损失的50%对徐培军承担赔偿责任，且相互之间互负连带责任。

力强公司不服一审判决，认为华龙公司同属施工方，应当共同承担赔偿责任；华龙公司辩称其并没有在事发区域施工，并且在合同中明确其对施工人员人身损害不负赔偿责任。

二审法院认为：致害钢筋的来源无法明确，且佳诚公司和力强公司都有可能导致该

钢筋高空坠落,二者均有可能为侵权人,因而判令其分别承担50%责任且互负连带责任,维持原判。

三、关联法条

1.《侵权责任法》第十条:二人以上实施危及他人人身、财产安全的行为,其中一人或者数人的行为造成他人损害,能够确定具体侵权人的,由侵权人承担责任;不能确定具体侵权人的,行为人承担连带责任。

2.《侵权责任法》第十二条:二人以上分别实施侵权行为造成同一损害,能够确定责任大小的,各自承担相应的责任;难以确定责任大小的,平均承担赔偿责任

3.《侵权责任法》第十六条:侵害他人造成人身损害的,应当赔偿医疗费、护理费、交通费等为治疗和康复支出的合理费用,以及因误工减少的收入。造成残疾的,还应当赔偿残疾生活辅助具费和残疾赔偿金。造成死亡的,还应当赔偿丧葬费和死亡赔偿金。

4.《侵权责任法》第七十三条:从事高空、高压、地下挖掘活动或者使用高速轨道运输工具造成他人损害的,经营者应当承担侵权责任,但能够证明损害是因受害人故意或者不可抗力造成的,不承担责任。被侵权人对损害的发生有过失的,可以减轻经营者的责任。

四、争议问题

本案的争议焦点为:各方损害责任的承担方式。

五、简要评论

本案为共同危险行为责任承担问题。共同危险行为是指数人共同实施危及他人人身安全的行为并造成损害结果,而实际侵害行为人又无法确定的侵权行为。共同危险行为成立后,虽然真正侵害行为人只能是其中一人或一部分人,但如果无法确定谁是真正的侵害行为人,共同实施危险行为的数人承担连带责任。本案中损害是由高空坠物造成的,根据《侵权责任法》第七十三条的规定,因高空坠物导致他人损害的,行为人应当承担侵权责任。佳诚公司和力强公司负责了事故发生区域的工程施工工作,事故发生时,两家公司均有可能有施工人员故意或过失的导致钢筋从高空坠落砸到徐培军。根据判决书中所披露的信息,钢筋坠落自何处已不可确定,则根据《侵权责任法》第十条的规定,可以认定二者对该损害结果应当承担连带责任,亦即二者构成共同危险。至于华龙公司,首先其并不在事故发生区域内施工,其并不存在危险行为,更不可能与佳诚公司和力强公司构成共同危险;其次,佳诚公司和力强公司都具有相应的施工资质,华龙公司与其签订有相应的承包合同,并且约定施工人员的人身损害赔偿与其无关,则华龙公司与佳诚公司下属施工人员的人员损害赔偿并无直接关系。华龙公司与徐培军受侵害结果之间既无侵权因果关系,又无合同关系,则认定华龙公司不承担赔偿责任并无不妥。

有关责任在佳诚公司和力强公司的内部承担问题,根据共同危险理论,共同危险行为人应当就受害人所受到的损害承担连带赔偿责任,这一点与共同加害行为没有区别。在共同危险行为中,各危险行为人应平均责任数额。因为这种行为本身无法确定为加害人,更无法判明过错轻重,只能根据实际情况,直接推定全体被告都是直接加害人,而且共同危险行为人在实际共同危险行为中,致人损害的概率相等,由于其责任的不可分割性,所以共同危险行为人的责任一般是平分担的,各人以相等的份额对损害结果负责,在等额的基础上实行连带责任。其中一共同危险行为人承担了超出自己份额以外的责任后,有权向未承担责任的其他义务人追偿。因此,佳诚公司和力强公司对徐培军应当按照各50%的比例承担赔偿责任,且相互之间互为连带关系。

河南鸿运建设工程有限公司、济源市城市供水工程处与酒军涛地面施工损害责任纠纷案

一、基本案情

2011年10月11日,济源市城市供水工程处(以下简称为供水工程处)与河南鸿运建设工程有限公司(以下简称为鸿运公司)签订协议,约定鸿运公司施工应服从供水工程处管理,并按照供水工程处要求及有关施工标准,做好施工现场管理,文明施工,保质保量按时完成供水工程处所确定的工作任务;鸿运公司在施工中,应严格执行国家安全方针、政策和施工规范,并认真贯彻落实,鸿运公司在施工中出现的一切安全责任事故由鸿运公司承担,与供水工程处无关。2012年3月28日,供水工程处向住建局提出书面申请,申请管线开挖。2012年3月29日,住建局同意供水工程处的管线开挖意见。2012年4月23日22时许,路灯已经熄灭,天气为小雨,酒军涛骑车撞到施工标志牌(系鸿运公司设立)后摔倒受伤。后酒军涛与住建局、自来水公司、供水工程处和鸿运公司就损害赔偿事宜协商不成,诉至法院。[(2013)济中民三终字第139号][(2014)济中民申字第6号]

二、诉讼过程及裁判理由

一审庭审过程中,各方对于酒军涛摔倒事实不持异议。后经各方同意,法院指定洛阳鑫正法医临床司法鉴定所对酒军涛伤情进行鉴定,鉴定所比照《劳动能力鉴定——职工工伤与职业病致残等级分级》开展鉴定工作,认定其为7级伤残,认定需要后续治疗费用43 000—56 000元。鸿运公司辩称其为配合供水工程处开展管线开挖施工,按照供水工程处的指示与要求,与供水工程处在事发地点联合施工,且其已经严格按照要求设置了安全警示标志,其没有过错,不应承担赔偿责任;供水工程处辩称其已经将该工程发包给鸿运公司,酒军涛受伤与其无关。一审法院认为鸿运公司虽然设置提醒标志,但是该标志在夜间不足以构成设置明显标志且其未采取安全措施,故鸿运公司作为主要施工人

应当承担主要赔偿责任;根据供水工程处和鸿运公司所签订的协议,在施工过程中鸿运公司应当服从前者的管理,供水工程处作为本工程的管理者应当承担一定的赔偿责任;自来水公司和住建局与该工程并无直接关系,与酒军涛的摔伤事实无因果关系,不承担赔偿责任。一审法院判定鸿运公司和供水工程处对于酒军涛的损害按照70%、30%分别承担损害赔偿责任。

鸿运公司、供水工程处不服一审判决,依法提起上诉。二审法院认定该案件为一般人身损害赔偿,而非交通事故赔偿,鉴定机构依据并无不当;鸿运公司施工过程中未按照要求设置明显标志和采取安全措施,给他人造成伤害,应当对损害的发生及后果承担赔偿责任;供水工程处和鸿运公司之间协议内容为其内部关系,酒军涛要求其承担赔偿责任于法有据。故判定维持一审判决。

供水工程处不服二审判决,提出再审申请。供水工程处辩称其并非法律意义上的施工人,不应当承担赔偿责任;且其已于协议中明确要求鸿运公司承担一切安全责任事故的后果,自己不应承担责任;酒军涛受伤应比照一般交通事故处理,根据交警认定其疏于观察路面情况,承担全部责任,要求其承担本案全责。济源市中级人民法院认为其再审理由不成立,驳回其再审申请。

三、关联法条

1.《侵权责任法》第六条:行为人因过错侵害他人民事权益,应当承担侵权责任。

根据法律规定推定行为人有过错,行为人不能证明自己没有过错的,应当承担侵权责任。

2.《侵权责任法》第十条:二人以上实施危及他人人身、财产安全的行为,其中一人或者数人的行为造成他人损害,能够确定具体侵权人的,由侵权人承担责任;不能确定具体侵权人的,行为人承担连带责任。

3.《侵权责任法》第九十一条第一款:在公共场所或者道路上挖坑、修缮安装地下设施等,没有设置明显标志和采取安全措施造成他人损害的,施工人应当承担侵权责任。

四、争议问题

本案在审理过程中有关以下两点事实有较大争议:1. 酒军涛撞到标志牌摔伤是否应当比照交通事故责任认定?2. 供水工程处是否需要承担损害赔偿责任,以及其与鸿运公司之间责任分担比例?

五、简要评论

本案中酒军涛撞到标志牌摔伤一事究竟如何定性对于侵权事件的成立、赔偿数额的确定和赔偿责任的分配都有着根本性的影响。本案中,酒军涛于案发日22时许骑自行车行驶时,撞到施工工地的标志牌上受伤,各方当事人对此事实均不持异议。本案中,鸿运公司作为施工人,在道路上进行开挖施工,虽然在施工现场设置有防护牌,但是事故发生在晚上,并且天下小雨;在可视条件不佳的情况下,鸿运公司所设置的防护牌不足以提醒过往行人注意,从而加以避让,故该事故的发生实为因鸿运公司违反警示提醒义务导致的损害事件,其符合《侵权责任法》第九十一条规定的相关要件,故而应当使用该条规定,不应当比照交通事故责任处理,交通警察所做的"酒军涛疏于观察路面情况,承担全部责任"的认定不应当作为本案的认定依据。基于此,鸿运公司未按照要求恪尽警示提醒义务,应当对酒军涛的损害结果承担赔偿责任。

涉案工程为城市供水管道工程,城市自来水公司仅为本工程的最终用户,并非该工程的建设单位,其与本案中酒军涛受伤一事之间并无因果关系;住建局作为行政机关,其仅为对该工程施工条件的审核,并未直接参与到施工或者具体监管过程中,其与本案系争事实之间亦无因果关系。故二者与酒军涛之间并不构成侵权关系,对酒军涛所遭受之损害亦无赔偿责任。但是供水工程处系为本工程的建设单位,其处于管理者地位。具体而言,本案的事发地点是基于城市供水管道铺设而形成的、位于道路上的施工现场,根据《侵权责任法》第九十一条规定,鸿运公司自然应当承担赔偿责任,但是对于供水工程处却存在相当争议。

一方认为供水工程处并没有直接开展本工程施工,该工程的直接责任人为鸿运公司,酒军涛所遭受的损害也是鸿运公司直接造成的,供水工程处与该事实之间并无因果关系,不应当承担赔偿责任,且已经在协议中明确由此导致的安全生产责任全部由鸿运公司承担,故而不应当承担任何责任。另一方则认为供水工程处作为该部分工程的发包人,对该部分工程应当承担监督管理职责;同时该部分工程实施过程中,其与鸿运公司都负责了部分工程施工,二者同是本部分工程的施工人,因此于该事故的发生,供水工程处同样负有相应的责任。

本案中,事故发生地所在工程的建设单位是供水工程处,其对于本工程的生产实施负有监督管理职责,在施工过程中,鸿运公司应当服从其管理,并按照供水工程处有关标准和要求开展施工工作并做好安全保障,所以其应当对本工程的导致的侵害行为承担相应的责任;同时,根据其与鸿运公司的协议,其对鸿运公司还附有相当的监管权利:根据协议中的约定,其有权对后者未按照规定开展施工工作要求及时整改,并对后者进行相应的处罚;再次,事故发生地所在的工程并非鸿运公司单独施工的,该部分工程中管道的铺设和安装工程是由供水工程处完成的,双方在此部分工程中实为相互配合、联合施工的合作模式。至于供水工程处与鸿运公司所签订协议中约定鸿运公司承担所有安全生产责任:首先,该约定属于供水工程处和鸿运公司两者之间的内部约定,根据相对性原则,其不应当对第三人产生拘束力,酒军涛对供水工程公司的损害赔偿请求权并不因约定的存在而消灭;其次,该约定为双方合意产生的私法约定,供水工程处对工程的监督照管义务是法律所课予的,私法约定并不能够免除其履行法定义务的责任;最后,根据该约定,供水工程处可以主张鸿运公司对其承担上述赔偿责任遭受的损失进行赔偿,但是其属于另一法律关系,与酒军涛损害赔偿无关。因此,根据上述三点原因,供水工程处对于系争工程导致酒军涛受伤致损一事应当承担损害赔偿责任。

陈建春与馆陶县住房和城乡规划建设局、馆陶县交通运输局生命权、健康权、身体权纠纷案

一、基本案情

2001年6月20日,邯郸市交通局(以下简称为交通局)与馆陶县人民政府(以下简称为县政府)签订协议书,将309国道馆陶段下行线723+700—726+050段的路产路权移交给交通局,该路段全长2 350米,该段东西直线路面宽7米,路界平均宽22米,斜线路面宽12米,路界宽30米,有西苏村中桥一座,现称陶山街及街上卫西干渠桥等。2009年住建局将路面重建并加宽,该路面宽20.74米,而卫西干渠桥宽仍为9.50米,桥与路面两侧约有6米开放路面,且未设任何警示标志。该街道路及桥梁的管理人系馆陶县住房和城乡规划建设局(以下简称为住建局)。2011年农历七月二十四日晚8时左右,陈建春骑电动车沿陶山街由东向西靠道路右侧行驶时,突然发现前面就是卫西干渠,躲避不及,撞到了大桥北边护栏上,造成受伤事故。〔(2014)邯市民二终字第889号〕

二、诉讼过程及裁判理由

一审法院认为事发路段系处于住建局管理下的,住建局未尽到行业具体管理职责,对损害的发生负有赔偿责任;同时陈建春因未尽小心谨慎安全注意义务,对事故的发生也有过失;县政府和交通局对事发路段没有管理职责,不应当承担民事责任。一审判决住建局对陈建春本次事故的损失承担60%的民事赔偿责任。

住建局以一审判决认定事实不清、判定责任过重为由提起上诉。

二审法院审理认为,事发路段设计存在路宽桥窄,存在安全隐患,但住建局作为管理人员在事发路段未设置警示标志,对损害结果的发生存在过错;同时考虑到陈建春骑电动车行驶过程中未注意路况变化,导致损害发生,本身也有过错。改判住建局和陈建春各承担50%责任。

三、关联法条

1.《民法通则》第一百二十六条:建筑物或者其他设施以及建筑物上的搁置物、悬挂物发生倒塌、脱落、坠落造成他人损害的,它的所有人或者管理人应当承担民事责任,但能够证明自己没有过错的除外。

2.《民法通则》第一百三十一条:受害人对于损害的发生也有过错的,可以减轻侵害人的民事责任。

3.《最高人民法院关于审理人身损害赔偿案件适用法律若干问题的解释》第十六条

第一款第一项、第二款规定：下列情形，适用民法通则第一百二十六条的规定，由所有人或者管理人承担赔偿责任，但能够证明自己没有过错的除外：（一）道路、桥梁、隧道等人工建造的构筑物因维护、管理瑕疵致人损害的。……

前款第（一）项情形，因设计、施工缺陷造成损害的，由所有人、管理人与设计、施工者承担连带责任。

四、争议问题

本案的争议焦点为：县政府、交通局、住建局对于事故的发生是否需要承担相应责任，何种责任，以及责任分配。

五、简要评论

本案中，经由判决书披露信息可知，陈建春事故发生的原因在于事发路段路宽桥窄、缺少警示标志。事发路段属于公共构筑物的范畴，要解决本案争议焦点，需要首先确定公共构筑物致害赔偿责任的性质。

公共构筑物，是指国家因公共利益需要所提供的为公众使用的建筑等有体物及设备。称公共者，应指公众利益和公众使用，即指多数人，且不以不特定之多数人的利益和使用为限，包括一般公民所使用的公共物和行政主体本身使用的公共设施。称设施者，应指建筑物等有体物及设备，原则上包括道路、桥梁、隧道、堤防渠堰、上下水道、运动场馆、公园、名胜古迹等。构成公共构筑物致害他人的人身损害赔偿责任，必须具备以下要件：(1)致害物需为公共构筑物。(2)该公共构筑物须为特定的人维护、管理、施工、设计。(3)该公共构筑物存在维护、管理的瑕疵或施工、设计的缺陷。(4)须因维护、管理瑕疵或施工、设计缺陷造成他人人身损害。

关于公共构筑物致害赔偿责任属于国家赔偿责任还是民事赔偿责任，法学理论界和司法实务界存在两种观点：在理论上，学者认为公共构筑物致害责任属于国家赔偿责任，由《国家赔偿法》调整，适用《民法通则》第一百二十一条；在实务上，桥梁、道路等公共营造物，因设置管理欠缺发生的赔偿问题不属于违法行使职权的问题，不纳入国家赔偿的范围，受害人可以依照《民法通则》的有关规定，向负责管理的企业、事业单位请求赔偿，因此我国立法机关在《国家赔偿法》中并未将公共构筑物致害责任作为国家赔偿责任的范围。审判中，公共构筑物致害责任属于普通的民事赔偿责任，适用《民法通则》第一百二十六条。

在我国目前的法治体系下，公共构筑物致害责任可根据《民法通则》关于特殊侵权行为的立法精神，适用《民法通则》第一百二十六条建筑物责任的有关规定。公共构筑物的赔偿责任可以被理解为是一种特殊的国家赔偿责任，区别于国家行政机关及其工作人员因具体行政行为致害的行政赔偿责任，本质上属于民事赔偿责任。故在我国《国家赔偿法》未有相关规定的情况下，本案适用《民法通则》第一百二十六条和《最高人民法院关于人身损害赔偿案件适用法律若干问题的解释》第十六条是适当的。

本案中,根据交通局和县政府于 2011 年 6 月 20 日所签订的协议书显示,事发路段的所有人自合同生效时由县政府转为交通局,此时路段并不存在安全隐患;后 2009 年,住建局对事发路段的路面部分进行加宽,但是并未对桥梁进行加宽,由此导致桥路结合处有开放路面,并且住建局对于该处危险未设置任何警示标志,此时事发路段的管理人为住建局。根据《最高人民法院关于审理人身损害赔偿案件适用法律若干问题的解释》第十六条第一款第(一)项、第二款规定,陈建春可以要求事发道路的所有人、管理人与设计、施工者承担连带责任。但是案件审理过程中,一审法院以交通局没有城市道路的管理职责为由,判令其不承担民事赔偿责任;二审法院对此亦未提出异议。根据前述规定,交通局作为事发路段的所有人,其与住建局(管理人)应当对陈建春因事发路段设计缺陷、安全隐患遭受到的损害承担连带赔偿责任。笔者对法院判决持不同意见。

对于责任承担部分,一审法院认为"受害人陈建春作为成年人,具有完全民事行为能力,且长期在城内居住和工作,对于已经允许通行的该段道路,骑电动车通行时,未尽小心谨慎安全注意义务,应减轻被告住建局的民事责任。"并以此为由要求陈建春承担 40% 责任;后在住建局上诉后,二审法院在未提交任何新证据的情况下将陈建春所需承担的责任份额增加到 50%,并且对此项改判未给予任何实质性说明,仅表述为"综合本案陈建春受伤的实际情况,本院认为馆陶县住房和城乡规划建设局与陈建春对损害的发生各承担 50% 的责任为宜",难免会引人遐想,影响判决的公正性和严肃性。

根据我国立法原则和司法判例,在受害人也有过失情形下,因受害人过失减轻侵权人赔偿责任的操作模式基本雷同于按份责任的处理方式,究竟能多大程度上减小侵权人责任,需要参照责任份额的方式加以确定。责任份额的确定是法官自由裁量权的范围,清晰说明侵权责任份额决定的运算法则是不可能的,也不存在详细或者严格的规则,但这并不意味着无章可循。理论界认为,对于侵权责任份额确定,主要需要考虑两个因素:过错和原因力。首先,对于过错进行认定。大多数侵权行为以过错为构成要件,将过错程度作为确定责任的依据,能够体现公平的原则,也是我国司法实践的通常做法。确定赔偿数额时,应当对每个责任主体对损害结果发生的过错进行比较,有故意或者有重大过失等较大过错的,承担的赔偿数额较大;过错较小的,比如只有轻微过失的,可以承担较少的赔偿数额。其次是对原因力进行比较。原因力是指在构成损害结果的多个原因中,每一个原因对于损害结果发生或者扩大所起的作用。原因力也是确定责任份额的一个方面,特别是在无过错责任的情况下,需要对各责任主体在损害发生所起作用进行比较,所起的作用较大的,应当承担较大的赔偿数额;所起的作用较小的,可以分担较小的赔偿数额。本案中,损害赔偿的目的在于填补陈建春的损失,弥补侵权行为给其造成的损害,根据现有理论,可以采取最终责任分担原则为主要的责任确定方式。

最终责任分担,是以填补被侵权人损害为目的,对于损害总额相等的赔偿责任在数个侵权人之间进行分配,以实现分配正义的过程。最终责任分担体现自己责任的原则,因此最终责任分担原则的核心内容是"以原因力比例为主、可责难性比例为辅"。侵权责任人只对自己所造成的损害负最终赔偿责任,其分配的基本规则就是使最终责任份额与其造成的损害比例相等。最终责任分担原则的意义在于:第一,通过分配正义确保矫正正义的实现。即按照自己责任的原则分配最终责任份额,以实现侵权法由致害人填补被侵权人的矫正正义功能。第二,预防被侵权人的多重受偿,实现权利义务的平衡。第三,作为风险责任分担和分摊请求权与追偿请求权产生的基础。依据最终分配原则对本案情形进行分析:陈建春疏于观察路面情况,至于在无可挽回时始采取措施,对于损害结果的发生负有责任;住建局对事发路段进行扩建时,仅对道路部分进行了拓宽,未处理桥梁部分,同时对于道路和桥梁交汇处未设置任何警示标志提醒,对损害结果也应当承担责任。对比陈建春和住建局二人的原因力,住建局的行为导致安全隐患的存在,是导致该损害结果出现的根本原因,显然其对损害结果发生的原因力更大。对比二者的过错程度,住建局的设计、建设存在严重的缺陷,非常不符合日常生活的预期,同时其未设置任何形式的警示标志增加了自身的过错程度;反观陈建春的过错,其在行驶过程中基于路面安全的预期,疏于观察路面情况显然是日常生活中常见的,也是可以预期接受的,相对于住建局的过错要低得多。综合上述两点内容,根据最终责任分担原则,陈建春所承担的责任份额应当相对于住建局要小,但是一审判决为40%之后,二审判决在没有任何新证据或给出合理解释的情况下,径行改为50%,难以令人信服。

甘肃省平凉公路管理局华亭公路管理段与毛国平财产损害赔偿纠纷上诉案

一、基本案情

甘肃省道304线马峡镇标段公路属甘肃省平凉公路管理局华亭公路段(以下简称为华亭公路段)的管理辖区,华亭公路段的职责是对辖区公路进行管理、维修、维护。毛国平家住宅房近邻甘肃省道304线马峡镇标段公路,路面高度高于毛国平家住宅房,公路边坡坡脚没有设置排水沟,未确保雨水排流通畅,公路上的雨水汇集到院内浸泡到地基,浸水后致房屋产生基础不均匀下沉,墙体开裂。毛国平以华亭公路段为被告诉至法院请求对其房屋所遭受的损害给予赔偿。[(2015)平中民一终字第315号]

二、诉讼过程及裁判理由

一审过程中,法院认为华亭公路段作为公路管理者,应对所辖区的公路进行维修、维护、管理,确保公路的畅通等。华亭公路段明知毛国平近邻公路的住宅房屋高度低于公路,应当在公路边设置排水设施,确保雨水排流通畅,但未尽到该义务,导致公路上的雨水汇集到毛国平院内浸泡到地基,浸水后致房屋产生基础不均匀而基础下沉,墙体开裂,华亭公路段有过错,故给毛国平造成的经济损失应予赔偿;华亭公路段以其并非实际设计者、施工者为由主张其并非本案适格被告未得到一审法院认可。根据双方所提交的证据情况,法院判令华亭公路段对毛国平受损房屋进行修复,如修复不成应当进行重建。

华亭公路段坚持认为其并非本案的适格被告,对一审判决不服,提起上诉。

二审法院认为系争路段施工人为平凉公路管理局工程建设处,华亭公路段仅为系争路段的管理者,其职责亦应当限定为对路段的公路管理;对毛国平的损害应由施工人承担责任,本案中华亭公路段主体不适格。并据此裁定撤销一审判决,并驳回毛国平起诉。

三、关联法条

1.《侵权责任法》第六条:行为人因过错侵害他人民事权益,应当承担侵权责任。

根据法律规定推定行为人有过错,行为人不能证明自己没有过错的,应当承担侵权责任。

2.《侵权责任法》第二十八条:损害是因第三人造成的,第三人应当承担侵权责任。

3.《物权法》第三十六条:造成不动产或者动产毁损的,权利人可以请求修理、重作、更换或者恢复原状。

4.《物权法》第九十一条:不动产权利人挖掘土地、建造建筑物、铺设管线以及安装设备等,不得危及相邻不动产的安全。

5.《物权法》第九十二条:不动产权利人因用水、排水、通行、铺设管线等利用相邻不动产的,应当尽量避免对相邻的不动产权利人造成损害;造成损害的,应当给予赔偿。

四、争议问题

本案的争议焦点为:华亭公路段是否为本案中的适格被告,本案中侵权人为何。

五、简要评论

本案中毛国平房屋出现倾斜、开裂的原因有二:一方面系争房屋地基高度低于公路,同时公路两侧路边未设置排水设施,因此导致公路上的雨水汇集到系争房屋院内,房屋地基因此受到浸泡而承载力下降;另一方面,系争房屋屋后为甘肃省道304线马峡镇标段公路的基础接茬,因工作段设施导致雨水浸泡了系争房屋地基影响承载力。在两个因素的综合作用下出现基础不均匀沉降,最终导致墙体开裂的结果。根据裁决书所披露的信息,系争路段存在两方面的缺陷:1.公路两侧未设置排水设施;2.系争路段在毛国平屋后留有基础接茬并未进行相应处理。

毛国平对其所拥有的房屋这一不动产享有不受他人危及、侵害的权利,但是因为系争路段的两个缺陷存在导致系争房屋出现沉降、开裂,不动产受到损害。根据《物权法》第九十一条、第九十二条规定,系争房屋受到损害后应当向不动产权利人(系争路段所有人)或者施工人主张损害赔偿;另外,因为系争路段存在公路两侧未设置排水设施这一设计缺陷,并由于该设计缺陷的存在导致了系争房屋受损,因此毛国平亦可以向设计单位主张损害赔偿。因为工程建设行为存在多工种配合作业的天然特点,工程建设致相邻建筑损害赔偿法律关系中往往存在着"连键式"非终局损害赔偿结构形态。赔偿权利人选择不同的权利救济途径将会影响到损害赔偿的路径，但是其终局赔偿义务人并不会因此而改变。损害赔偿主体的范围应当包括所有人、设计人和施工人。

华亭公路段是甘肃省平凉公路管理局（以下简称为平凉公路局）内设的公路管理机构，后者为甘肃省交通厅直属的事业性公路管理养护部门，其职责范围为负责平凉市辖区国道、省道和主要县际公路的路网规划、改造建设、养护维修及通行费征收工作。根据《公路法》及有关规定，华亭公路段仅负责系争路段的管理养护工作，该路段的所有人、设计人、施工人均另有他人。同时，二审法院判决中所指明的"对毛国平的损害应由施工人承担责任"亦有偏颇，根据前述，毛国平房屋受损事实的损害赔偿责任主体应当为包括所有人、设计人和施工人在内的群体，不包括华亭公路段在内，但亦不应局限于施工人。

张光诉山东高阳建设有限公司、淄博集成房地产发展有限公司侵权责任纠纷案

一、基本案情

2010年11月26日1时30分许，张光驾驶鲁CWH25号"太阳牌"125型普通二轮摩托车沿淄博市淄川区沿河街由北向南行驶至青岛一建建筑工地门前时，与山东高阳建设有限公司（以下简称为高阳公司）在此施工时所留土堆相刮，导致张光所驾驶的摩托车摔倒，而后原告张光的头部又与公路东侧淄博集成房地产发展有限公司（以下简称为集成公司）的"上湖御园"住宅小区的广告牌下方外露的角铁部位接触，致使张光头部严重受伤，车辆损坏。张光受伤后被送往淄博市淄川区医院住院治疗，住院24天，共计花费医疗费77 067.80元。2010年12月15日淄博市公安局交警支队淄川大队作出淄公交（川）认定〔2010〕第2010120023号道路交通事故认定书一份，该认定书对事故发生的时间、地点、经过进行了陈述，并对事故形成的原因进行了分析，认定张光承担事故的主要责任，高阳公司承担事故的次要责任。对事故认定书，张光认为其责任划分方面不符合事实；高阳公司对事故认定书本身没有异议，但对于责任划分有异议，认为认定书对现场没有作出客观全面的调查，没有作出合理的认定。张光以高阳公司的土堆构成路障、集成公司广告设置存在安全隐患为由将二者诉至法院，请求损害赔偿共计8万元。〔（2011）淄民三终字第441号〕

二、诉讼过程及裁判理由

一审法院认为交警事故认定书责任认定不妥，不予采信；张光在夜间驾驶时疏于观察，且未戴安全头盔，存在过错，承担40%责任；高阳公司未经批准将土方堆积在道路上，并且未设置明显的警示标志，未采取必要的防护措施，承担40%责任；集成公司未经批准登记设立广告围栏，造成张光遭受人身损害，承担20%责任。

后高阳公司和集成公司不服一审判决：高阳公司认为张光对事故的发生应当承担

主要责任,要求自己承担40%责任,比例过高;集成公司认为其广告围栏的设置行为已获得城市管理执法局的批准,其未经工商部门登记的行为与损害结果之间并无因果关系,其不是侵权主体,不应当承担赔偿责任。两公司共同提起上诉。二审过程中张光放弃对集成公司的诉讼请求。

二审法院维持一审观点,对于张光放弃权利的行为予以支持,判令高阳公司承担40%责任。

三、关联法条

1.《侵权责任法》第六条:行为人因过错侵害他人民事权益,应当承担侵权责任。

2.《侵权责任法》第十二条:二人以上分别实施侵权行为造成同一损害,能够确定责任大小的,各自承担相应的责任;难以确定责任大小的,平均承担赔偿责任。

3.《侵权责任法》第十六条:侵害他人造成人身损害的,应当赔偿医疗费、护理费、交通费等为治疗和康复支出的合理费用,以及因误工减少的收入。造成残疾的,还应当赔偿残疾生活辅助具费和残疾赔偿金。造成死亡的,还应当赔偿丧葬费和死亡赔偿金。

4.《侵权责任法》第二十六条:被侵权人对损害的发生也有过错的,可以减轻侵权人的责任。

5.《侵权责任法》第八十九条:在公共道路上堆放、倾倒、遗撒妨碍通行的物品造成他人损害的,有关单位或者个人应当承担侵权责任。

6.《最高人民法院、公安部关于处理道路交通事故案件有关问题的通知》第四条规定:当事人仅就公安机关作出的道路交通事故责任认定和伤残评定不服,向人民法院提起行政诉讼或民事诉讼的,人民法院不予受理。当事人对作出的行政处罚不服提起行政诉讼或就损害赔偿问题提起民事诉讼的,以及人民法院审理交通肇事刑事案件时,人民法院经审查认为公安机关所作出的责任认定、伤残评定确属不妥,则不予采信,以人民法院审理认定的案件事实作为定案的依据。

四、争议问题

本案的争议焦点为:无意思联络的数人竞合侵权行为,行为人应当承担什么样的责任。

五、简要评论

本案是无意思联络的数人侵权责任承担问题。根据《侵权责任法》规定:二人以上分别实施侵权行为造成同一损害,能够确认责任大小的,各自承担相应的责任;难以确定责任大小的,平均承担赔偿责任。本条是关于无意思联络数人侵权在累积(竞合)因果关系的情形下如何承担责任的规定,这是为区分共同危险行为和并发侵权行为而单独规定的竞合侵权行为,行为人各自承担分别责任,即限制连带责任的适用。竞合侵权行为的构成要件:(1)数人无意思联络。(2)分别实施侵权行为。(3)造成同一损害结果。(4)数个侵权行为是损害发生的共同原因或者竞合原因。数个侵权行为是损害发生的竞合原因,又称"多因一果"致人损害,其构成要件如下:(1)各行为人的行为均为作为行为,对损害结果的发生均有原因力。(2)各行为人的行为相互间接结合。(3)各行为人没有共同的意思联络。(4)损害结果同一。

在本案中,高阳公司在事故发生地点堆放土方并且未设置明显的警示标志或者采取安全措施是导致事故发生的原因之一,集成公司未经工商管理部门批准登记,在道路边违法设置广告围栏的行为也是导致事故发生的原因。在高阳公司和集成公司的两个行为共同导致了本案中事故的发生。高阳公司和集成公司的行为对张光的人身损害均有原因力,并且两个行为对于本案损害结果的实现是缺一不可的,都是构成张光人身损害的直接原因,两公司没有共同的意思联络,其原因力可分,符合"多因一果"类型的竞合侵权行为的构成要件,高阳公司和集成公司行为与损害结果间存在累积因果关系,二者应承担按份责任。根据案例披露信息,比较本案两公司的过错大小及违法行为对损害结果发生的原因力比例,高阳公司的过错程度和对张光人身损害的原因力相对比集成公司要大,因此,一审法院判决高阳公司承担40%的赔偿责任,集成公司承担20%的赔偿责任。二审期间,张光自愿放弃对集成公司的诉讼请求,系对自己权利的处分,符合法律规定。

另外,一审法院在本案中根据《最高人民法院、公安部关于处理道路交通事故案件有关问题的通知》第四条规定,不予采信公安机关作出的责任认定书,而是根据审理认定的案件事实,综合考虑各方的过错及其行为致损害结果的原因力比例,正确适用过失相抵原则,最后确认原告承担40%的赔偿责任,两被告承担60%的赔偿责任,可资赞同。

安康市交通工程监理有限公司等与冯传友等健康权纠纷上诉案

一、基本案情

博泰公司于2013年4月28日通过招投标方式承建紫公路紫阳县汉王镇土地庙大桥改造项目。博泰公司委托肖永成具体负责工程施工,2013年5月27日成立项目部,于6月4日动工。2013年5月,紫阳县交通运输局(以下简称为交通局)副局长王永国与安康市交通工程监理有限公司(以下简称为安交监理公司)办公室主任戎光华口头协议,提出由安交监理公司派出监理工程师肖春杰负责驻地监理,但双方未明确监理工程费用、未签订工程监理合同,后肖春杰到施工现场实地查看和查阅了施工设计图。

肖永成施工中租用李昌霜所有的现代225型挖掘机1台进行施工,月租金4万元,冯传友系李昌霜雇佣的挖掘机操作员。6月5日,肖兰英(肖永成女儿)在施工现场发现大桥耳拱出现裂纹后给肖永成打电话汇报,肖永成随即安排工地停止施工,并电话请示紫阳县交通运输局副局长王永国,王永国回复同意项目部停工,并要求项目部将拆除方案上报监理审查同意后并经紫阳县交通运输局审批后再行开工。

肖春杰2013年6月6日上午到达施工工地,下午13时许,肖春杰指挥冯传友驾驶挖掘机在桥面进行施工,李昌霜也随挖掘机在施工现场。下午14时3分,大桥从西头突然垮塌,正在桥面上施工的挖掘机和冯传友、肖春杰、李昌霜三人直接坠入河沟中,肖春杰当场死亡、李昌霜经抢救无效死亡、冯传友重伤。冯传友就赔偿事宜与各方主体未达成一致,提起诉讼。[(2014)安中民一终字第00239号]

二、诉讼过程及裁判理由

一审法院认为,本案中交通局和安交监理公司间构成委托监理合同关系;博泰公司与李昌霜之间构成承揽合同关系;事故中交通运输局未及时向监理通报险情存在过失、安交监理公司雇员强令工人冒险作业存在过失、博泰公司选用小型挖掘机违反设计方案存在过失、李昌霜违反安全作业规范行为存在过失,故各方分别承担冯传友所遭受损失的20％、25％、25％、20％;冯传友因其对损害结果发生也有一定过失,自行承担10％。

安交监理公司和交通局对责任分配不满,提起上诉。二审法院认为一审法院判决适当,驳回上诉,维持原判。

三、关联法条

1.《合同法》第三十六条:法律、行政法规规定或者当事人约定采用书面形式订立合同,当事人未采用书面形式但一方已经履行主要义务,对方接受的,该合同成立。

2.《合同法》第六十一条:合同生效后,当事人就质量、价款或者报酬、履行地点等内容没有约定或者约定不明确的,可以协议补充;不能达成补充协议的,按照合同有关条款或者交易习惯确定。

3.《侵权责任法》第十二条:二人以上分别实施侵权行为造成同一损害,能够确定责任大小的,各自承担相应的责任;难以确定责任大小的,平均承担赔偿责任。

4.《侵权责任法》第二十六条:被侵权人对损害的发生也有过错的,可以减轻侵权人的责任。

5.《侵权责任法》第三十四条:用人单位的工作人员因执行工作任务造成他人损害的,由用人单位承担侵权责任。

四、争议问题

本案的争议焦点为:各方在本次事故中是否需要承担责任。

五、简要评论

本案同样为无意思联络的数人侵权责任承担问题。根据《侵权责任法》第十二条的规定,各方主体根据对损害结果原因力的大小分别承担赔偿责任。本案中涉案主体较多,分别进行论述。

对于安交监理公司而言,其在本案中并没有和交通局签订书面的监理合同;诉讼中也以此为由主张肖春杰的行为为其个人行为,与公司无关,拒绝承担赔偿责任。《合同法》第二百七十六条规定,建设单位和监理单位之间应当就委托监理过程中双方的权利义务关系签订书面的监理合同加以明确。但是如果不签订书面合同,是否会导致委托监理关系不成立呢?根据《合同法》第三十六条的规定:法律、行政法规规定或者当事人约定采用书面形式订立合同,当事人未采用书面形式但一方已经履行主要义务,对方接受的,该合同成立。故而,双方未签订监理合同并不影响双方委托监理关系的成立,同时根据《合同法》第六十一条的规定,相关权利义务关系可以依据交易习惯加以明确。所以,认定安交监理公司为本工程监理单位,肖春杰的监理行为为职务行为,根据《侵权责任法》第三十四条规定,由此产生的后果由公司承担。肖春杰在本案中未尽妥善注意义务,强令工人冒险作业,存有重大过失,是造成事故发生和冯传友人身损害的主要过错原因,由于肖春杰的行为系执行工作的职务行为,应由安交监理公司承担赔偿责任。安交监理公司的侵权责任成立。

对于交通局而言,其为事故发生工程的建设单位。据判决书所披露信息,博泰公司现场负责人肖永成发现工程存在安全隐患后要求停工,并向交通局进行了汇报。交通局获悉该汇报后,并未就工程中出现的险情和停工安排向监理公司或监理工程师通报,其过错也是造成事故发生的原因,故应由其承担相应的赔偿责任。所以交通局侵权责任成立。

对于博泰公司而言,博泰公司"租用"李昌霜的挖掘机施工,双方之间的合同关系虽名为"租赁合同",但标的物挖掘机并未转移使用权,仍由李昌霜和其雇佣人员控制、操作,只是在博泰公司施工人员指示下完成和交付施工成果,双方之间的合同关系应属于承揽合同关系;博泰公司作为定作人,违反施工设计方案,未选用小型挖掘机进行桥面卸载施工,在选任方面存有过失,而且未认真履行安全生产管理制度,也应当承担相应的赔偿责任。博泰公司侵权责任成立。

对于李昌霜而言,首先其是受害人冯传友的雇主,雇员在从事雇佣活动中遭受到人身损害,雇主应当承担赔偿责任;另,本案中李昌霜作为提供承揽服务的专业人员,应当熟悉机械性能,对施工现场安全情况有相应判断。本案中其冒险上桥施工,存有忽视安全、冒险作业的过失。李昌霜侵权责任成立,但由于李昌霜已经在该事故中死亡,其妻子冯传玲作为挖掘机的共有人和李昌霜财产的继承人,应当承担赔偿责任。

对于冯传友而言,其对于事故的发生同样存有过失。事故当天,冯传友在肖春杰、李昌霜指挥下驾驶挖掘机施工,在围观群众发现险情后,三人撤离桥面;但是在肖春杰再次指挥恢复施工时,冯传友未向其提出安全性异议,驾驶挖掘机返回桥面,后桥梁坍塌造成事故,冯传友对于损害结果的产生负有过错。根据《侵权责任法》二十六条规定,冯传友的过失可以相应减少其他侵权人的赔偿责任。

王某诉某物业管理有限公司等健康权纠纷案

一、基本案情

2011年7月7日12时许,永升大厦事故客梯在下行至4楼时停止运行,然后从4楼下滑至1楼,发生蹲底故障,导致包括王某在内的多人不同程度受伤。后经鉴定,王某伤情构成十级伤残,伤后需休息6个月、营养2个月、护理2个月。永升大厦内事故电梯的管理单位为某物业管理有限公司(以下简称为物业公司)。

事故电梯的制造单位为A公司、安装单位为B公司;该电梯由物业公司负责运营管理、B公司负责维护保养,双方签订期限为2010年11月10日至2011年11月9日的《电梯维修保养服务合同》,合同中约定,对不属于B公司保养责任引起的故障,应及时书面通知物业公司整改;当存在的故障可能严重影响电梯安全运行时,必须及时通知物业公司停止使用电梯;合同范围内的电梯零部件因老化、自然损坏必须调换时,B公司应及时告知物业公司,在征得物业公司同意后在规定时间内进行更换修理。2011年6月14日,B公司向物业公司送达了《工地备忘录》,提示物业公司电梯设备老化,需要对电梯控制柜内的继电器以及齿轮箱曳引机油等进行置换更新。2011年7月2日,B公司对永升大厦1#电梯进行了维护保养,在维护保养报告中的"本次工作中的发现""建议""需客户处理的事项"三栏中,B公司未作记载。事发后,质量技术监督局对事故电梯进行了安全监督检查;2011年7月13日特种设备监督检验技术研究院出具2011—57号《安全技术鉴定报告》,指出:控制柜内继电器老化接触不良,干扰电梯运行控制系统,导致系统位置丢失;1LS开关调整位置发生偏移,导致基站信号提供不准确,运行时产生蹲底。

王某就遭受损害以物业管理公司、A公司、B公司侵害其健康权为由,向法院提起诉讼。[(2013)徐民一(民)初字第3445号]

二、诉讼过程及裁判理由

王某诉称起因事故电梯的故障受伤,物业公司作为电梯管理人员未尽安全保障义务;A公司作为生产单位因电梯存在质量问题;B公司作为保养单位未尽维修保养义务,均应对其所遭受损害承担赔偿责任。法院审理认为物业公司作为事故电梯的管理人,未尽妥善管理责任,对故障的发生存在过错,应当承担赔偿责任;A公司和B公司不存在过错,无需承担责任;王某对事故的发生无过错,不存在减轻责任情形。据此判定物业管理公司对因该事故给王某造成的损害承担赔偿责任。

三、关联法条

1.《侵权责任法》第六条第一款:行为人因过错侵害他人民事权益,应当承担侵权责任。

2.《侵权责任法》第十六条:侵害他人造成人身损害的,应当赔偿医疗费、护理费、交通费等为治疗和康复支出的合理费用,以及因误工减少的收入。造成残疾的,还应当赔偿残疾生活辅助具费和残疾赔偿金。造成死亡的,还应当赔偿丧葬费和死亡赔偿金。

四、争议问题

本案的争议焦点为:各方是否构成侵权以及各自责任的承担。

五、简要评论

对于事故电梯的生产厂家 A 公司而言,其对于该事故的发生没有过错。涉案电梯于 2004 年 12 月经特种设备监督检验技术研究院验收检验合格投入使用。另 2011 年 5 月 16 日,特种设备监督检验技术研究院对该电梯进行了定期检验,检验结论为合格。同时根据事故发生后特种设备监督检验技术研究院出具的鉴定报告,事故发生的原因在于控制柜内继电器老化接触不良,干扰电梯运行控制系统,导致系统位置丢失;1LS 开关调整位置发生偏移,导致基站信号提供不准确,运行时产生蹲底。上述对事故原因的判定并未指向 A 公司生产电梯存在缺陷等内容,而是因为电梯相关部件老化故障。因此 A 公司就该事故的发生而言,没有过错,无须承担赔偿责任。

对于事故电梯的维护保养人 B 公司而言,根据 B 公司与电梯管理人员物业管理公司所签订的《电梯维修保养服务合同》,其应当定期对电梯进行检查并将存在的安全隐患及时汇报给物业公司,其更换相应配件等都需要在物业公司审核同意后方可进行。本案中,B 公司约在事发前 3 周向物业公司送达了《工地备忘录》,告知物业公司因涉案电梯需更换控制柜内继电器、接触器以及齿轮箱内曳引机油,并将不更换可能会导致的后果进行了告知。根据 B 公司与物业公司签订的维保合同的约定,电梯零部件因老化、自然损坏必须调换时,B 公司应及时告知物业公司,在征得物业公司同意后并在物业公司许可的时间内某某电梯有限公司才能进行更换修理,故本院认定对于老化的继电器更换事宜,B 公司已尽到了及时告知的义务,并无过错。

对于物业公司而言,物业公司在收到《工地备忘录》后未能及时与 B 公司联系更换电梯控制柜内继电器,导致电梯控制柜内继电器老化接触不良而发生涉案电梯蹲底事故致王某等人受伤,物业公司对此存在过错。另,特种设备监督检验技术研究院出具的《安全技术鉴定报告》载明,层楼出错的原因有很多,如温度过高造成器件零点漂移,电梯断电造成电梯位置偏差。物业公司作为涉案电梯的管理方,在电梯机房空调损坏的情况下未能及时加以修复,致使事发当日电梯机房在开窗通风的情况下,机房温度高于室外温度(37℃—38℃),此因素亦可能系造成涉案电梯故障的诱发因素之一,故物业公司未确保电梯机房正常温度亦存在过错。综上,物业公司作为涉案电梯的运行维护的管理者,对其管理范围的电梯设施未尽到管理责任,对故障的发生存在过错,应当对原告的损失承担赔偿责任。A 公司、B 公司不存在过错,不应承担赔偿责任。

第三节 工程侵权的赔偿

北京市民望房地产开发有限责任公司与张玲改噪声污染责任纠纷上诉案

一、基本案情

2009年张玲改购买民望房地产开发有限责任公司（以下简称为民望公司）开发的北京市通州区潞苑南大街古韵新居小区的二手房一套。张玲改所在的单元地上共有11层，张玲改房屋位于第10层。该单元系一梯四户的格局，张玲改家与该电梯的电梯井并不紧邻，而是隔了一户邻居。该房屋所在的古韵新居小区系由民望公司开发建设，小区电梯亦由民望公司购买安装。2014年7月，张玲改以所在楼栋电梯噪音过大，严重影响工作和生活为由，向法院提起起诉，请求判令民望公司采取措施降低噪声，并赔偿精神抚慰金4 000元。[（2015）三中民终字第00700号]

二、诉讼过程及裁判理由

一审法院认为张玲改所在单元电梯运行声音虽然满足《民用建筑隔声设计规范》，但不符合GB 12348—2008《工业企业厂界环境噪声排放标准》中关于结构传播固定设备室内排放限值要求。因此判令民望公司限期内采取措施降低噪声。对于张玲改的精神损害赔偿则不予认可。

民望公司不服一审判决，提起上诉。二审法院认为一审法院认定事实正确，裁判适当，驳回民望公司上诉，维持原判。

三、关联法条

1.《侵权责任法》第十五条：承担侵权责任的方式主要有：（一）停止侵害；（二）排除妨碍；（三）消除危险；（四）返还财产；（五）恢复原状；（六）赔偿损失；（七）赔礼道歉；（八）消除影响、恢复名誉。承担侵权责任的方式，可以单独适用，也可以合并适用。

2.《侵权责任法》第六十五条：因污染环境造成损害的，污染者应当承担侵权责任。

四、争议问题

本案的争议焦点为：系争电梯的运行噪声是否构成对张玲改的侵权，以及需要如何承担赔偿责任。

五、简要评论

根据《侵权责任法》第六十五条规定：因污染环境造成损害的，污染者应当承担侵权责任。以此条为依据主张损害赔偿的，需要首先证明拟证行为确实造成了损害，即本案中张玲改拟证的电梯噪声超出国家标准,因此首先需要明确国家标准要求是什么。判决书披露信息显示,电梯噪声对张玲改房间产生的影响符合《民用建筑隔声设计规范》(GB 50118—2010),但不符合《工业企业厂界环境噪声排放标准》(GB 12348—2008)中关于结构传播固定设备室内排放限值(倍频带声压级)0 类、1 类夜间 A 类房间: $250\,\mathrm{Hz} \leqslant 30\,\mathrm{dB(A)}$,$500\,\mathrm{Hz} \leqslant 24\,\mathrm{dB(A)}$ 的要求。《民用建筑隔声设计规范》适用于全国城镇新建、改建和扩建的住宅、学校、医院、旅馆、办公建筑及商业建筑等六类建筑中主要用房的隔声、吸声、减噪设计;即这一规定目的在于就建筑物的隔声属性作出相应规定,但是并没有对建筑内部设备设施产生噪声的相关规定。《工业企业厂界环境噪声排放标准》主要用于规定工业企业和固定设备厂界环境噪声排放限值及其测量方法;虽然国家环保部相关复函指出《工业企业厂界环境噪声排放标准》(GB 12348—2008)不适用于居民楼内为本楼居民日常生活提供服务而设置的电梯设备产生噪声的评价。但相关复函是行政机关从环境噪声污染行政执法角度对国家标准的适用范围予以的限定,并非民事案件确定是否构成噪声污染的限定性依据。鉴于本案系民事噪声污染责任纠纷,目前国家没有对居民楼内电梯产生噪声进行评价的明确标准,既然《工业企业厂界环境噪声排放标准》(GB 12348—2008)规定了标准,其所替代的《工业企业厂界噪声标准》(GB 12348—90)和《工业企业厂界噪声测量方法》(GB 12349—90)曾适用于评价居民楼内电梯、设备产生的噪声,且无论噪声是来自于居民楼内为本楼居民日常生活提供服务而设置的设备还是居民楼以外,当其噪声达到一定程度时,均会对居民的生活一定影响。从切实依法保护公民健康权,维护公民合法权益出发的角度出发,本案可以参照适用《工业企业厂界环境噪声排放标准》(GB 12348—2008)作为判定标准。

本案中,张玲改所有并居住使用的房屋及该房屋所在的楼宇系民望公司开发建设,该楼宇内的电梯亦系由民望公司安装。民望公司作为开发商,在开发建设房屋时,应对与电梯有关的事宜进行合理的设计、选购、安装等,以保证电梯在日后运行中产生的噪音符合国家相关标准,且不对居民造成噪声污染。据前述标准而言,系争电梯的噪声指数超过国家标准的规定,认定噪声构成了对张玲改的侵权,民望公司应当承担侵权责任。

最后,根据《侵权责任法》第十五条的规定,侵权责任的承担形式包括:(一)停止侵害;(二)排除妨碍;(三)消除危险;(四)返还财产;(五)恢复原状;(六)赔偿损失;(七)赔礼道歉;(八)消除影响、恢复名誉。本案中,张玲改可以主张民望公司采取的包括停止侵害、赔偿损失。电梯噪声超出国家标准,对张玲改工作生活确实造成影响,从停止侵害角度,可以主张采取措施降低噪声;但就赔偿损失而言,需要有损害结果的产生。上述噪声给张玲改生活带来的影响尚未达到严重程度,根据我国法律规定,其所提出的精神抚慰金的赔偿请求于法无据,不应得到支持。

刘桂成诉马恒贵等财产损害赔偿纠纷案

一、基本案情

2013年5月23日,曹振忠所有的位于本市槐荫区吴家铺办事处东曹村济齐路路北的房屋部分坍塌,2013年5月24日,曹振忠与刘桂成经协商,由刘桂成派人将曹振忠坍塌的房屋拆除,刘桂成派司机徐大卫驾驶液压剪负责拆除房屋,徐大卫在拆除曹振忠所有的房屋过程中,造成了相邻的马恒贵所有的房屋倒塌。刘桂成系山东省龙成建筑工程有限公司(以下简称为龙成公司)济南分公司负责人,其挂靠在龙成公司下从事建筑业务。另,马恒贵所提交的土地使用合同中明确该土地上所建房屋高度不得超过7米,不得超过两层;本案中,所涉房屋为三层,据马恒贵自述,房屋层高为3.1米,已经超过了合同中所限制的高度。房屋违反合同规定,为违章建筑。[(2015)济民四终字第468号]

二、诉讼过程及裁判理由

一审法院认为,刘桂成超出龙成公司经营范围承接业务,应当对其行为承担责任,主张龙成公司承担赔偿责任的意见不予认可;刘桂成在曹振忠的雇佣下从事房屋拆除活动,因拆除工作失误导致马恒贵房屋毁损,应对马恒贵房屋毁损损害承担损害赔偿责任;曹振忠选用不具有相应资质的自然人刘桂成为拆迁行为,存在过失,应当对马恒贵房屋毁损损害承担次要赔偿责任。法院判决刘桂成、曹振忠分别对马恒贵房屋毁损的全部损失分别承担70%和30%的赔偿责任。

宣判后,刘桂成不服一审判决,提起上诉。

二审法院判决驳回上诉,维持原判。

三、关联法条

1. 《侵权责任法》第六条:行为人因过错侵害他人民事权益,应当承担侵权责任。

2. 《侵权责任法》第十九条:侵害他人财产的,财产损失按照损失发生时的市场价格或者其他方式计算。

3. 《侵权责任法》第八十六条:建筑物、构筑物或者其他设施倒塌造成他人损害的,由建设单位与施工单位承担连带责任。建设单位、施工单位赔偿后,有其他责任人的,有权向其他责任人追偿。

因其他责任人的原因,建筑物、构筑物或者其他设施倒塌造成他人损害的,由其他责任人承担侵权责任。

四、争议问题

本案的争议焦点为:1. 致损各方的所需承担责任的比例分配;2. 损失赔偿范围如何确定。

五、简要评论

本案中，曹振忠雇佣刘桂成对其所有且处于危险状态的房屋进行拆除作业，因该拆除作业危及马恒贵房屋安全导致后者房屋出现毁损灭失结果，二人需对马恒贵所遭受的损害进行赔偿。对此侵权行为的成立概无异议，仅对该侵权行为成立后，各方所需负担责任的比例分别为多少以及损害赔偿的范围存在疑惑。

针对本案第一个争议焦点，前已述及，最终责任分担体现责任自负的原则，因此最终责任分担原则的核心内容是"以原因力比例为主、可责难性比例为辅"。侵权责任人只对自己所造成的损害负最终赔偿责任，其分配的基本规则就是使最终责任份额与其造成的损害比例相等。最终责任分担原则的意义在于：第一，通过分配正义确保矫正正义的实现。即按照责任自负的原则分配最终责任份额，以实现侵权法由致害人填补被侵权人的矫正正义功能。第二，预防被侵权人的多重受偿，实现权利义务的平衡。第三，作为风险责任分担和分摊请求权与追偿请求权产生的基础。本案中，刘桂成明知自己不具备相应的资质仍然承担房屋拆迁工作，导致损害结果的出现，其应当承担主要的责任；曹振忠明知自己房屋和马恒贵房屋之间的结构联系，轻易操作有可能会出现毁损到对方房屋的结果，并且在如此情势下依然没有审慎选择房屋拆除人，而是私自委托给不具备相应资质的刘桂成进行相应工作，故其应对马恒贵房屋的毁损结果承担一定的责任，相对于刘桂成而言，曹振忠并没有直接导致损害结果的出现，因此相对处于次要地位。本案判决中刘、曹二人7∶3的责任比例也符合这一论断。

对于本案第二个争议焦点来说，其包括两部分内容：1. 违章建筑受到侵害是否可以主张损害赔偿？2. 如何确定具体的赔偿范围。

就第一部分内容而言，一般有三种意见：第一种观点认为，违章建筑不可主张损害赔偿；第二种观点认为，违章建筑可以就遭受到损害所对应的材料部分主张损害赔偿，其他部分则不可；第三种观点认为，违章建筑虽然违反公法，但并不影响该违章建筑受到司法保护的权利，其受到侵害后依然可以主张损害赔偿，但是该赔偿对应的价值应当为使用价值而非交换价值。

本案而言，应采纳第三种观点，马恒贵可以就房屋受损一事主张损害赔偿，但是该损害赔偿对应的应当为其房屋的使用价值。首先，根据《中华人民共和国土地管理法》第七十一条、第八十三条的规定，违章建筑由县级以上土管部门作出处罚，限期拆除拒不拆除的，由作出处罚决定的机关申请人民法院强制执行。因此公民个人或其他机关、单位擅自拆除违章建筑属违法行为，应当承担赔偿责任。因为违章建筑人享有就违章建筑被私力侵害得到赔偿损失的权利。违章建筑的基本材料及其他设施、设备是其合法取得，该部分财产被侵害，所有人享有赔偿请求权。侵害方拆除的建筑虽然属于违章建筑，但其自助行为超出法律规定的必要限度，因而构成了侵权，应当承担赔偿责任。另外，根据物权理论，只要是物，就存在所有权（无主财产例外），不存在物权处于空白点的状态。就违章建筑而言，因违章建筑被法定部门行使公权力予以拆除或自行拆除前，违章建筑人基于建筑物的建材的合法取得、建筑物是其建筑而对违章建筑进行着实际的控制、支配和保护。因此，违章建筑占有人可以行使占有保护请求权，当然也可以行使因占有物被侵害而发生的赔偿损失请求权。而且，法律不保护非法权益并不是说非法权益人得不到后果，而是得不到预期的后果，如对被损害物恢复原状等。违章建筑虽是一种非法权益，但也是法律所调整范围之内。在违章建筑中，作拆除处罚的，拆除后的残值自然归违章建筑人合法拥有，国家并不予以没收。因此，在非法权益的前提下，可以承认违章建筑自身可以被赋予某种相对合理的权益，这种权益完全可以得到法律上的某种救济。就本案而言，马恒贵所建设的房屋存在不符合土地使用合同要求的情形，违反《土地管理法》《城乡规划法》等公法上的规定，甚至可能没有获得合法的手续（原判决书中对本部分内容并未披露相关信息）。但我国《物权法》第二百四十五条规定："占有的不动产或者动产被侵占的，占有人有权请求返还原物；对妨害占有的行为，占有人有权请求排除妨害或者消除危险；因侵占或者妨害造成损害的，占有人有权请求损害赔偿。"因此，马恒贵对于该房屋仍然享有占有的权利，并且该占有事实受到法律的保护，除经公权力部分的拆除外，不受其他私主体的侵害。然而，根据我国房地产管理法律法规的规定，其虽然对该房屋存在占有，但是该房屋并不能够进入市场交换变现，亦其仅享有使用价值，此为损害赔偿范围计算中需要注意的内容。

就如何确定具体的赔偿范围而言，其应以权利人客观的财产、财产利益遭受损失的数额来确定，同时坚持完全补偿原则，达到填补被侵权人损失的目的；但对损失的赔偿必须有一个前提，就是赔偿的损失必须是合法合理的，不合法、不合理的损失不应赔偿，对因受害人故意或过失而造成扩大的财产损失不应赔偿，应由受害人自己承担。在确定赔偿数额时，根据损益相抵的原则，对受害人自身原因造成的扩大损失，应从全部损失中扣除，以其相抵以后的损失额予以赔偿。

财产损害包括直接损害、间接损害。民法学界关于直接损害和间接损害的认识大体相同：直接损失是指因损害行为造成的直接财产的减少，如物的灭失、价值减损等；间接损害是指损害行为造成的损害后果所引发的损害，是通过其他媒介因素介入引发的损害。根据直接损害的定义，因为其是由致损行为导致的直接财产的减少，其与致损行为之间具有因果关系，所以认为直接损害是可赔偿损害；对于间接损害，因为其发生有其他媒介因素的介入，是因损害后果引发的后续损害，其与致害行为之间关系相对直接损害较为遥远，对所有间接损害都不加判断地进行赔偿则会使加害人陷入无穷无尽的赔偿中，显然是不正确的，所以并非所有的间接损害都是可赔偿损害。有学者基于损害的个案特色显著，无法给出统一标准，主张判定可赔偿损害时需要综合考虑致害行为的违法性、可归责性、对损害结果的因果关系贡献度和政策因素。这一主张给出了确定可赔偿损害的原则性指导，指出了需考量因素的内容。根据这一指导原则，结合工程侵权损害的特色，在确定可赔偿损害时可以以损害与致害行为之间的因果关系和损害是否具有确定性作为考量基准。损害的确定性包括损害发生的相对确定。只有在损害与致害行为之间具有相当因果关系,并且该损害的发生不仅具有理论上的可能性,而是基于合理理性判断存在发生的现实可能性,才可以将损害认定为可赔偿损害。本案中,马恒贵房屋为经营性房屋,存在收益的客观可能性,因曹振忠和刘桂成的侵权行为遭受到毁损后果,因此其对于该收益的损失亦可以归为可赔偿损害,可以请求予以赔偿。查判决所列明信息,马恒贵在诉讼请求中不包括相应主张,故法院亦未作出相应判决。

于长庆、于晓光与大连土地储备中心财产损害赔偿纠纷案

一、基本案情

于长庆系中山区解放路 500 号 1 层 2 号房屋的所有人,该房屋的用途为住宅;于晓光于 2003 年 2 月取得《个体工商户营业执照》,经营大连市中山区李美达医康美容会所,该执照有效期自 2003 年 4 月 28 日始,至 2007 年 4 月 27 日止,使用案涉房屋作为经营场所,但是于长庆和于晓光并未办理案涉房屋性质的变更手续。2004 年 10 月 18 日,大连土地储备中心(以下简称为储备中心)取得了拆字〔2004〕第 031 号房屋拆迁许可证,对包括系争房屋在内特定区域内的房屋实施拆迁。拆迁开始后,于长庆与储备中心在补偿标准上存在争议。2005 年 11 月在拆迁双方当事人未达成拆迁补偿安置协议的情况下,储备中心将于长庆的房屋拆除。事后于长庆和于晓光多次与储备中心协商拆迁补偿事宜,但双方一直未能达成补偿协议。2007 年 8 月拆迁双方当事人经协商后,共同委托大丰公司对于长庆的被拆迁房屋进行了评估。该估价机构按资产评估出具了评估报告,于长庆的被拆迁房屋估价结果为每平方米 12 000 元。2007 年 11 月,于长庆和于晓光向国土局提出裁决申请,该局受理后,对双方的争议进行了审理,双方对被拆迁房屋的坐落面积以及房屋权证注明的房屋用途没有异议,但补偿数额上,争议较大。于长庆和于晓光要求按经商用房以及评估机构作出的评估价格给予 113 万元,同时要求赔偿经济损失 146 万元,储备中心对评估报告提出异议,认为该评估报告中的估价时点和估价目的违反拆迁法规规定,并向原估价机构申请复估,估价机构对估价目的与估价时点按建设部《估价指导意见》的要求进行了修改,重新作出了评估报告,估价结果为每平方米 6 252 元,国土局告知于长庆和于晓光对复估的结果有申请鉴定的权利,但于长庆表示不再申请鉴定,国土局根据该评估报告作出了裁决。该裁决后于 2008 年 10 月 27 日被大连市中山区人民法院行政判决书(2008)中行初字第 30 号以不属于国土局行政裁决范围为由予以撤销。后于长庆和于晓光多次找储备中心协商拆迁补偿事宜,但一直协商不成,故起诉到法院,请求储备中心赔偿各项经济损失,其中包括房屋毁损财产损失、装修费用、设备财产损失、设备闲置损失、员工安置费、屋内物品损失、广告推广费、顾客违约损失等。双方协商不成,于长庆、于晓光以储备中心侵害财产权为由提起诉讼。〔(2014)辽民一终字第 107 号〕

二、诉讼过程及裁判理由

一审诉讼过程中,于长庆、于晓光二人共提交三份《致委托方的函》(评估报告),其中:第一份《致委托方的函》2007年11月29日作出,委托人为储备中心,评估时点为2004年10月18日,评估结果为58.9万元整;第二次《致委托方的函》2007年8月20日作出,委托人为于长庆及储备中心,评估时点为2007年8月16日,评估结果为:113万元整;第三份《致委托方的函》2011年7月20日作出,委托人为于长庆,评估时点为2011年7月5日,评估结果为:2011年:332.56万元整;2010年:273.26万元整;2009年:182.81万元整;2008年:141.07万元整;2006年:114.9万元整;2005年:108万元整。

一审法院认为储备中心在未与于长庆、于晓光达成一致前提下,径行拆迁其房屋的行为构成对后二者财产权益的侵害,应当对其损失进行赔偿;被拆迁人所遭受到的损失以于长庆所提交的第三份评估报告为准,并采取2011年的评估结果作为房屋价值判定依据;因被拆迁人举证原因,未支持设备闲置损失、员工安置费、屋内物品损失广告推广费用;对装修费用主张、设备财产损失予以确认;对顾客违约损失予以确认并对扣除成本后收益部分加以确认要求储备中心进行赔付;另,对于于长庆、于晓光所主张的借款的利息损失,一审法院认为已包括在房屋评估费用中,不再另行赔付。

于长庆、于晓光二人不服一审判决,提起上诉。

二审法院判决驳回上诉,维持原判。

三、关联法条

1. 《侵权责任法》第十九条:侵害他人财产的,财产损失按照损失发生时的市场价格或者其他方式计算。

2. 《民法通则》第七十一条:财产所有权是指所有人依法对自己的财产享有占有、使用、收益和处分的权利。

3. 《民法通则》第七十五条:公民的个人财产,包括公民的合法收入、房屋、储蓄、生活用品、文物、图书资料、林木、牲畜和法律允许公民所有的生产资料以及其他合法财产。

公民的合法财产受法律保护,禁止任何组织或者个人侵占、哄抢、破坏或者非法查封、扣押、冻结、没收。

4. 《民法通则》第一百一十七条第二款、第三款:损坏国家的、集体的财产或者他人财产的,应当恢复原状或者折价赔偿。

受害人因此遭受其他重大损失的,侵害人并应当赔偿损失。

5. 《城市房屋拆迁管理条例》第十六条:拆迁人与被拆迁人或者拆迁人、被拆迁人与房屋承租人达不成拆迁补偿安置协议的,经当事人申请,由房屋拆迁管理部门裁决。房屋拆迁管理部门是被拆迁人的,由同级人民政府裁决。裁决应当自收到申请之日起30日内作出。

当事人对裁决不服的,可以自裁决书送达之日起 3 个月内向人民法院起诉。拆迁人依照本条例规定已对被拆迁人给予货币补偿或者提供拆迁安置用房、周转用房的,诉讼期间不停止拆迁的执行。

6.《城市房屋拆迁管理条例》第十七条:被拆迁人或者房屋承租人在裁决规定的搬迁期限内未搬迁的,由房屋所在地的市、县人民政府责成有关部门强制拆迁,或者由房屋拆迁管理部门依法申请人民法院强制拆迁。

实施强制拆迁前,拆迁人应当就被拆除房屋的有关事项,向公证机关办理证据保全。(《城市房屋拆迁管理条例》已被 2011 年 1 月 21 日颁布的《国有土地上房屋征收与补偿条例》废止,现不再具备法律效力。)

四、争议问题

本案的争议焦点为:1. 损害赔偿计算基准时的确定;2. 损失赔偿范围如何确定。

五、简要评论

本案中储备中心在未与被拆迁人达成一致的情况下径行拆除被拆迁房屋的行为构成侵权,各方对此不持异议。然而被拆迁人与储备中心长时间沟通协商均未达成一致导致本案长时间延宕以致最后进入诉讼程序;如判决书中所披露出的信息而言,在此期间进行的三次房地产价格评估所得结果之间相差甚巨,究竟以何者为准势必会对相关当事人的权益产生较大的影响,这也是本案的第一个争议焦点。

针对这一争议焦点,首先,因为房地产价格波动巨大,计算基准时的不同对于计算所得价格有较大影响,在计算有关房地产的侵权案件的赔偿价格时,对于损害赔偿计算时间点尤其需要注意。根据损害赔偿的完全赔偿原则,在工程侵权损害赔偿中,赔偿人有权就其在该工程建设致害事件中遭受到的所有与致损行为有关的损害请求损害赔偿,以恢复到权利未受侵害之应有状态。在《侵权责任法》第十九条中规定,侵害他人财产权益的,财产损失的计算基准时是损害发生时。其中损害发生时是侵权行为发生的时间。因为工程建设的特点,房地产价格波动大、具体的损害发生时点难以确定的问题可能会导致依据该计算方式得出的结果无法充分补偿相邻权利人,与完全赔偿原则相悖,这也是本案中于长庆和于晓光与储备中心之间难以达成一致的核心问题所在,而这一问题的焦点在于损害赔偿计算基准时的确定。

针对纠纷解决过程中价格出现波动导致无法向赔偿权利人作出完全赔偿其损害的现象,在确定损害计算基准时方面,需要对《侵权责任法》第十九条的规定重新考量,根据域外的立法经验,大致有两种确定方式:1. 修正的损害发生时作为计算基准时。修正的损害发生时说与我国《侵权责任法》第十九条的规定较为类似,也是以损害发生时作为损失的计算基准时,但是据此得出损失数额之后,还要依据相当因果关系分析价格波动因素带来的影响。修正的损害发生时计算方法中根据当事人是否能够预见到损害后的价格波动衡量是否将价格波动纳入到考量范围,被认为是混淆了损害赔偿范围确定和对确定损害的金钱评价,应当将损害和损害的计算区分开来;同时,损害行为发生后因价格波动导致的财产损失货币价值的变化与损害自身的变化无关,自然也没有理由适用因果关系的道理,故以损害发生时作计算基准点并辅以相当因果关系判断是否对价格波动赔偿的方法有失妥当。2. 纠纷解决时作为计算基准时。纠纷解决时作为计算标准时的做法是直接将损害发生后的结果纳入到计算损失的范围内,计算财产损害时径直采纠纷解决时为基准时间。但是采纠纷解决时作为计算基准时的同样存在问题,对于被侵权物涨价的,如果被侵权人恶意拖延由此被损物价格在拖延期间内上涨,由此侵权人的利益将无法保障;在被侵权人本预期出卖被侵权物的情况下,采取纠纷解决时作为计算基准点,则所赔偿的损失又不是权利未受侵害应有的状态,与损害赔偿补偿受损利益的旨趣不符。

上述分析可知,对于现实生活中变化万端的损害赔偿法律关系,采取一种统一固定的基准时间对损失进行金钱评价的想法是不现实的;在上述分析中,无论是采取以损害发生时,还是以纠纷解决时作为损害赔偿计算基准时都存在其不合理之处。因为各损害中主体不同、被损害物不同、救济途径和救济可能性均不相同,由此采取何种方式都会存在"补了西窗破东窗"的尴尬结果。对于工程侵权损害事件中赔偿确定问题,该结论同样适用。由此,在对工程侵权损害进行金钱评价时,需要综合考虑受侵害权利、赔偿权利人、赔偿义务人和致害行为的个性,选择合适的计算基准时,以期达到保障赔偿权利人权利,恢复至权利未受侵害应有之状态。试举例言之,在赔偿权利人对相邻建筑的需求是以自用为主要需求、其他因素无特殊情节的情况下,应当以纠纷解决时作为计算基准时,因为赔偿权利人对其需求以使用权能为主,以此算出的损害赔偿可以保证赔偿权利人在赔偿结束后,以所得赔偿重新置办与原有建筑相同的居所,符合损害赔偿补偿赔偿权利人因损害行为遭受到的所有损害的目的;若该赔偿权利人是以该建筑作为投资项目,并且有足够的能力判断最高价格出售建筑获得其价值利益的,应当以最高价格时作为其计算基准时。当然这些判断都需要相关方能够证明上述情况的存在,否则要承担因举证不能带来的不利。

所以对于损害赔偿计算基准时,可以采取《侵权责任法》第十九条中规定的损害发生时计算损害作为原则指导,同时综合考虑受侵害权利、赔偿权利人、赔偿义务人和致害行为的特性,在案件处理中选择有针对性的计算基准时点,以保证实现损害赔偿的完全赔偿原则。

就本案而言,系争房屋因储备中心的侵权行为遭受到毁损灭失的结果,储备中心应当对系争房屋所有人进行完全赔偿。系争房屋登记用途为住宅,因此于长庆因此所遭受到的损失为系争房屋所附着的财产权益的损失;根据完全补偿原则,当此时,储备中心应当补偿的损失为恢复至其房屋作为住宅未被损害的情况,故此,对一审判决中于长庆所提交的三份评估报告,其中第一份的评估时点为2004年10月18日,评估用途为住宅;第二份的评估时点为2007年8月16日,评估用途为商业;第三份的评估时点为2011年

7月5日,评估用途为住宅。据此,应当认定第三份评估结果从评估时点和评估用途上来讲更加符合本案实际需求,能够实现对于长庆的完全补偿。因此应当采取第三份评估结果,即为纠纷解决时作为评估基准时,同时根据登记用途,即法律所认可的用途作为评判依据,对其房屋价值进行评判。

对第二个争议焦点而言,如前一案例所述,损害赔偿的确定应以权利人客观的财产、财产利益遭受损失的数额来确定,同时坚持完全补偿原则,达到填补被侵权人损失的目的;但对损失的赔偿必须有一个前提,就是赔偿的损失必须是合法合理的,不合法、不合理的损失不应赔偿,对因受害人故意或过失而造成扩大的财产损失不应赔偿,应由受害人自己承担。在确定赔偿数额时,根据损益相抵的原则,对受害人自身原因造成的扩大损失,应从全部损失中扣除,以其相抵以后的损失额予以赔偿。

就本案而言,房屋所遭受到的损失应当为其房屋价值的减损,相对较为简单。在其所提出的诉讼请求中,房屋毁损所直接对应的价值减损为其所遭受到直接损失;对民间借贷购房而产生的利息损失不是拆迁导致的直接损失范围而且包含房屋升值损失,故对该部分请求不应予以支持。对于被拆迁人所主张的其他损失,就装修费用、设备财产损失、设备闲置损失、员工安置费、屋内物品损失、广告推广费、顾客违约损失等分别言之:装修费用损失即为因储备中心的拆迁行为所导致的直接经济损失,并且该经济损失处于可以预期的准确状态,应当属于可赔偿损害,应当予以赔偿,被拆迁人在主张该部分费用时需要提供相应的证据支持,如果不能直接证明该部分价格,则应当通过通常的评估方式测得该部分所对应的费用;设备财产损失与前者相同,亦属于可赔偿损害,应当给予赔偿;设备闲置损失、员工安置费因缺乏相应的证据支撑,不能认定为可赔偿损害,不应予以赔偿;广告推广费部分相对较为复杂,就本案而言,系争房屋登记用途为住宅,被侵权人擅自将其转变为经营性用房并为进行变更登记,故对拆迁人而言无法预期该部分损害的实际存在,不应当视作为可赔偿损害,另即使登载为经营性用房,然该部分费用具有很强的不可预期性,广告推广所带来的收益并不必然构成推广人的收益,同样不可直接视为可赔偿损害;顾客违约损失虽然同属于因经营性原因所导致的损失,但是该部分费用为侵权行为发生时所必然产生的费用,具有确定性,因此该部分费用同样属于可赔偿损害,应当予以赔偿。

河南新正阳钢构股份有限公司与嵩县远鸿购物广场有限公司建筑物倒塌损害责任纠纷上诉案

一、基本案情

2005年3月和8月,河南新正阳钢构股份有限公司(以下简称为正阳公司)和房屋所有权人田洪武两次签订建筑钢结构工程承包合同,两合同均约定:田洪武将其远鸿广场的轻钢屋面工程发包给洛阳正阳公司承建;工程质量要求达到国家相关规范合格标准,因工程质量问题发生的一切事故,由承包方负责。该工程同年6月竣工。合同约定工程竣工后该房屋由嵩县远鸿购物广场有限公司(以下简称为远鸿公司)占有使用。2006年该房屋出现房屋漏雨现象,远鸿公司与正阳公司曾达成损失补偿协议。2011年6月24日晚,嵩县突降暴雨、冰雹,远鸿公司的轻钢屋面坍塌,商场内的商品也造成了严重的浸泡损失。2011年7月,远鸿公司对洛阳正阳公司承建工程质量问题及轻钢屋顶坍塌的原因委托鉴定,河南科技咨询司法鉴定中心进行鉴定,并于2011年7月14日和9月13日出具了鉴定报告和补充鉴定报告,鉴定结论为：1.轻钢屋盖中主受力桁架高度不足,弦杆和腹杆截面偏小,且均为单角钢,不能满足规范规定的强度和稳定要求,不能承受规范所要求的荷载,主受力桁架失稳,是造成这次坍塌事故的主要原因。2.所用杆件的材料小于标准截面尺寸,使主桁架的承载能力有所减小,檩条布置不在桁架节点,使主桁架杆件内的次应力增大,减小了主桁架承受外荷载能力;材料含硫量超标,影响焊接质量及焊接的缺陷,也是造成桁架承载能力减小的原因。[(2014)洛民终字第2963号]

二、诉讼过程及裁判理由

一审过程中,法院认为远鸿购物广场轻钢屋面工程坍塌遭受损害,可以向建设方(田洪武)提起诉讼,也可以向作为远鸿购物广场轻钢屋面工程施工单位的正阳公司提起诉讼,诉讼主体适格;正阳公司对轻钢屋面工程的施工中擅自降低工程技术标准,致不符合国家标准要求,在恶劣天气下失稳对远鸿公司带来损害,应当承担赔偿责任;远鸿公司遭受到的损害包括受损商品、房屋顶棚和部分室内装修、抢险救灾费、鉴定费损失等直接损失和一、三楼租金损失、二楼经营损失等可得利益损失。

正阳公司对其应承担赔偿的损害范围和计算方法等持有异议,提起上诉。

二审法院认为,一审中对远鸿公司损失范围确定合理,判决驳回上诉,维持原判。

三、关联法条

1.《侵权责任法》第二十条：侵害他人人身权益造成财产损失的,按照被侵权人因此受到的损失赔偿;被侵权人的损失难以确定,侵权人因此获得利益的,按照其获得的利益赔偿;侵权人因此获得的利益难以确定,被侵权人和侵权人就赔偿数额协商不一致,向人民法院提起诉讼的,由人民法院根据实际情况确定赔偿数额。

2.《侵权责任法》第八十六条：建筑物、构筑物或者其他设施倒塌造成他人损害的,由建设单位与施工单位承担连带责任。建设单位、施工单位赔偿后,有其他责任人的,有权向其他责任人追偿。

3.《物权法》第二百四十五条：占有的不动产或者动产被侵占的,占有人有权请求返还原物;对妨害占有的行为,占有人有权请求排除妨害或者消除危险;因侵占或者妨害造成损害的,占有人有权请求损害赔偿。

四、争议问题

本案的争议焦点为：事故中远鸿公司所遭受到的损失中应当赔偿的损害范围为何。

五、简要评论

损害赔偿的目的在于填补赔偿权利人所遭受到的损害，所以损害赔偿的基本功能是补偿功能。补偿功能意味着赔偿权利人能且仅能就其所遭受到的损害向赔偿义务人主张损害赔偿，以此使其恢复到损害没有发生时的状态，即为损害赔偿的完全赔偿原则。损害赔偿的目的在于使赔偿权利人归于权利未受损害时应有的状态，因此对于因加害人造成的受害人全部损失都应该予以赔偿。赔偿权利人在主张上述损失时，需要证明这些损害均是因为赔偿义务人的加害行为造成的，即存在因果关系。完全赔偿规则源自于侵权法上的"全有全无规则"，即只要加害行为和损失之间具有因果关系，损失就可以完全得到赔偿。《侵权责任法》和《物权法》均未对完全赔偿责任作出明文规定，但是完全赔偿规则作为符合因果关系推导得出的结论，是得到理论界和实务界一致认可的，在工程侵权损害赔偿中亦得遵照执行。侵权中所遭受到的损害包括直接损害和间接损害。

本案中，远鸿公司所主张的的损失包括商场内受损的商品、房屋顶棚及部分室内装修等损失等直接损失，还包括一楼租金损失、三楼租金损失和二楼经营损失等间接损失。对于直接损失部分，应分为自有物品损失和赔偿租户的损失。对于自有物品损失，该部分损失产生的原因在于正阳公司施作的轻钢屋面质量存在问题，得向正阳公司主张损害赔偿；根据《侵权责任法》第八十六条规定，远鸿公司应当对租户的损失进行相应的赔偿，并在赔偿之后，远鸿公司有权向最终赔偿义务人，即正阳公司追偿。双方在庭审过程中对这一部分争议不大，正阳公司对于远鸿公司所主张的一楼租金损失、三楼租金损失和二楼经营损失等间接损失部分内容存有较大分歧。

这些损失为可得利益损失，为一种间接损害。可得利益损失既存在于合同领域，也存在于侵权领域。就侵权法上的可得利益损失而言，其主要有以下情形：1. 因侵害人身权而造成的可得利益损失，如因劳动能力的丧减或生命的消逝而导致的未来收入损失等；2. 因侵害财产权益而造成的可得利益损失，如因经营性财产遭受毁损而造成的利润损失等。可得利益损失要被认定为可赔偿损害，应当满足确定性和因果关系两个要件要求。所谓可得利益损失的确定性，是指可得利益损失的存在"是一个确定的事实，而不是臆想的、虚构的、尚未发生的现象"。这实际上也是所有可赔偿性损失所必须具备的要件。因为可得利益本身即为具有很强的未来性、假设性特征，因此对于其确定性的证明应当符合合理确定性标准，并不要求其对该损害的数额具有绝对确定性或者数学意义上的精确性。所谓可得利益损失的因果关系证成即该损失必须属于因果关系范围内应当予以赔偿的项目。有些学者认为对于可得利益损失因果关系的判定不仅应当考虑事物发展的因果关系，同时还要考虑法规保护目的、可预见性、政策考量等因素，应当是一种考量诸多因素的判断方式。大致可以通过三条思路对其加以确定：首先，该可得利益损失应当是权益受损所导致的，对于因社会环境、市场行情变化导致的不视为具有因果关系；其次，可得利益损失原则上应当是权利受损所导致的通常结果，如果为特殊的、反常的，一般不应被视为具有因果关系；最后，可得利益应当属于法规所保护的范围，即为财产损失所导致的财产上可得利益的损失方可视为具有因果关系。

根据上述理论，本案中，远鸿公司所主张的可得利益损失应当按照两种情形分别对待。对于一楼租金损失和三楼租金损失：该起事故是由于正阳公司在轻钢屋面工程施工过程中，为降低成本，人为改变图纸设计，偷工减料，使用劣质焊材，焊接存在缺陷，导致整个轻钢屋面荷载能力严重下降造成的；由于该事故的发生，导致远鸿公司出租出去的一楼空间和三楼空间无法正常营业，由此远鸿公司预期的租金无法正常收回，该损失的发生是因为正阳公司的侵害行为导致的，损害结果和致损行为之间具有因果关系；同时，该部分费用根据远鸿公司和承租人之间所签订的合同是可以确定出来的，其符合合理性原则的要求，因此该部分费用损失为可赔偿损害，正阳公司应当向与远鸿公司予以赔偿。如果远鸿公司与租户合同中有约定违约条款，远鸿公司因不能提供满足合同条件要求的出租场地而需要承担违约责任的，该部分损失应当属于预期损害，其符合可得利益损失的构成要件，远鸿公司由此遭受到的损害同样可以向正阳公司主张赔偿。本案中远鸿公司未提出此项请求，未予处理。对于远鸿公司所主张的二楼的经营损失则相对较为复杂。根据前述理论，提出可得利益损失赔偿请求的，需要满足合理性和存在因果关系的要求。因正阳公司侵权行为导致远鸿公司无法正常经营遭受到损失，因果关系条件具备；但是对于合理性或者可预见性这一点来讲，远鸿公司需要提交相应证据证明其所主张的损害赔偿具有合理性。

李和平与姚德全侵权责任纠纷上诉案

一、基本案情

2011年冬天，李和平院内20年前集资铺设的地下自来水管接头漏水，渗出的水流至李和平家后院的菜园内，李和平随后将菜园内的水排至院外的排水渠中；李和平菜园子地边1992年修建的土打墙和紧贴土打墙边的原告姚德全1995年修建的小房子及院墙的基础受到自来水浸泡，导致姚德全的小房子成了危房，已经不能使用。经呼图壁县价格认证中心进行鉴定，姚德全受损房屋、院墙需维修费用合计32 937元，其中：1. 建筑施工材料实心砖15 785元；2. 砖筑墙体人工费6 314元；3. 室内墙面抹草泥1 837元；4. 室外墙面勾缝944元；5. 室内墙面粉刷涂料459元；6. 室内地面混凝土地坪2 058元；7. 室内砌筑火墙450元；8. 屋面铺设檩条、椽子、苇帘子等人工费1 080元；9. 屋面铺抹草泥浆3 423元；10. 建筑施工材料苇板587元。姚德全就此事将李和平诉至法院。

［(2013)昌中民一终字第00597号］

二、诉讼过程及裁判理由

一审法院认为李和平地下自来水管道漏水导致姚德全房屋沉降变为危房等损害这一事实成立,李和平行为构成侵权,应当对相应损失进行赔偿;查姚德全对损害结果的发生同样有过错,应当减轻李和平的损害赔偿责任;据此判定李和平赔偿姚德全 8 000 元。

李和平认为漏水管道的管理人和产权人是村委会,不应当由其承担赔偿责任,不服一审判决,提起上诉。

二审法院认为一审查明事实正确,李和平主张管道管理人员和产权人是村委会缺乏证据支撑,不予采信。判决驳回上诉,维持原判。

三、关联法条

1.《侵权责任法》第六条第一款:行为人因过错侵害他人民事权益,应当承担侵权责任。

2.《侵权责任法》第二十六条:被侵权人对损害的发生也有过错的,可以减轻侵权人的责任。

四、争议问题

本案的争议焦点为:李和平应当承担赔偿责任的范围为何。

五、简要评论

本案审理过程中李和平提出姚德全房屋本身存在时间较长、室内地面低于院落地面、未设置防水设施等,以此为由认定姚德全对于房屋的损害结果也有过失,应当相应减轻李和平的赔偿责任,原审法院和二审法院对其此观点都予以支持并采纳。其所对应的法学原理应当为与有过失制度减轻责任制度。

与有过失又称促成过失、过失相抵或者受害人过错,其含义是原告对自己的安全失于通常的注意。首先,根据与有过失理论,受害人的行为虽然共同造成了损害的发生,但如果其自身并无过失,即受害人主观上并无道德伦理上的可责难性,则不能因此而减免侵害人的赔偿责任。与有过失中的过失既包括受害人的积极作为又包括消极的不作为。《侵权责任法》第二十六条规定中所述被侵权人对损害的发生也有过错的即为此例,是以应当限定为有过错这一范围内。本案中李和平所主张系争房屋"建造已达 18 年之久"这一事实中,姚德全就损害结果的发生而言并无过错,不可据此减轻李和平损害赔偿责任;但是房屋建造已达 18 年之久可导致房屋价值的降低,由此导致损害数额减小,然而此为另一议题,与因果关系无涉。其次,受害人虽然有过失行为,但如果该过失并未对损害结果的发生施加任何作用力,便不能因此而减免侵害人的赔偿责任。与有过失要求侵害人的行为和受害人的过失行为共同导致了损害结果的发生,并且两者的行为与损害结果的发生之间存在相当的因果关系,且此类损害结果必须为"同一损害",而不能但凡受害人有过失行为就不假思索地适用与有过失规则。根据判决书中所披露的信息,"原告姚德全在建筑小房子和院墙时,把小房子室内地面低于院内地面,这样平时雨雪水也很容易渗入小房子地基",法院据此认定姚德全该行为对损害结果的发生存有过错,并以此为理由要求依职权减轻李和平赔偿责任。但是姚德全此行为是否留有过失暂且不论,该行为对损害结果的发生实无促进作用。据案情介绍,李和平管理的管道漏水区域所处位置低于姚德全室内地面达 70 厘米,据此可知,该室内地面低于院落地面的做法并不会对损害结果的发生存有帮助作用。

对此两种,应当认为因姚德全房屋建成时间较长,基础本身即不稳固;同时姚德全房屋室内地面低于室外地面,导致其房屋极易受到雨雪水影响,两种原因共同导致系争房屋基础不稳固,处于危险状态。该危险状态的存在,对于事故的发生有促进作用,因此可以减轻李和平赔偿责任。

李和平所主张姚德全未对房屋修筑防水坡的行为符合与有过失规则内容。据判决书所披露的信息,姚德全明知李和平的菜园要经常浇水,浇水时很容易渗入小房地基,会造成地基泡水下沉的结果,还是没有做加固处理,还把小房子墙紧贴着被告的土打墙,也没筑防水坡,存在过失,据《侵权责任法》规定,可以减轻李和平的赔偿责任。因此,本案中姚德全因李和平排水所遭受到的损害中,存在过失,符合与有过失规则规定,应当减轻李和平的赔偿责任。

钟腊香与韦青相邻关系纠纷上诉案

一、基本案情

2011 年,韦青所有的广州市海珠区敦和路 78 号之十五 301 房(以下简称 301 房)因钟腊香所有的同楼 401 房的漏水事故遭受损失。自 2011 年 1 月起,韦青与钟腊香就天花板渗水事宜协商未果,于 2012 年 1 月 18 日提起诉讼。一审过程中钟腊香重做了防水,对漏水进行了修复;韦青对损失修复费用申请了造价鉴定,钟腊香对鉴定费用持有较大异议。[(2012)穗中法民五终字第 2997 号]

二、诉讼过程及裁判理由

一审过程中,对于损害修复费用鉴定结果,钟腊香提出四点质疑:1. 损害原因未作限制;2. 修复范围过大,修复方式不合理;3. 修复费用未按比例分担;4. 不认可因果关系判定。鉴定机构分别进行答复,认为钟腊香所提出的各种主张均不成立;法院根据鉴定结果判决钟腊香对韦青 301 房遭受漏水损失修复费用予以赔偿,费用以鉴定机构所做估价为准,判定损害赔偿数额为 8 950.61 元;同时韦青预支付的鉴定费 2 000 元,钟腊香应支付给韦青。

钟腊香认为一审过程中鉴定机构所做鉴定结果有误,不服一审判决,提起上诉。

二审法院认为,钟腊香所提上诉请求与事实不符,一审事实认定清楚,责任认定合理,二审判决驳回上诉,维持原判。

三、关联法条

《侵权责任法》第六条第一款:行为人因过错侵害他人民事权益,应当承担侵权责任。

四、争议问题

本案的争议焦点为:钟腊香需要对韦青承担的损害的修复方式和赔偿数额。

五、简要评论

本案赔偿数额确定中的难点在于修复方式的确定:在工程受损并且损坏可以被修复的情况下,赔偿权利人可以选择要求赔偿义务人支付修复该部分损害的修复费用,即恢复原状花费。针对这部分费用的主张在工程实践中往往存在较大的争议,需要明确其确定标准和计算方法。

首先,要选择合理的修复方式。在工程建设中,针对同一损害,可能存在数种修复方式。因修复方式的不同,其所对应的修复过程和修复花费也不相同。以构件损坏为例,可以通过在该构件之外另增加受力结构减少该构件在结构中的荷载,以此保证低强度构件不危及建筑结构安全;也可以采取将该结构构件拆除,并重做一构件代替其在结构中的作用。两种方式都可以满足修复损坏的作用,但是后者明显耗时更长,同时费用也更高。现代民法中保护赔偿权利人损害受赔偿权利的同时,还需要保障社会各参与主体的行为自由。如果任由赔偿权利人选择修复方式主张赔偿费用,则会导致赔偿义务人不可预见到行为所导致赔偿的终点,显然是不合理的,也是不符合法律保护目的的。另根据民法损害赔偿"最低限度地救济被害人"的原则,在多种修复方式都可以对建筑所遭受的损害进行修复,如无特殊情况(如赔偿权利人对修复时间的合理要求、修复方式带来副作用等),需要选择花费最低的修复方式。

其次,对修复花费要合理估价。赔偿权利人对修复花费进行主张时,其对修复花费的估价方式也需要进行合理性考量。工程建设领域中施工单位水平良莠不齐,可能会存在某些施工单位对工程报价过高的情况。如果将此项内容确定的权利交由赔偿权利人任意行使,则会导致赔偿义务人所承担赔偿内容因第三方介入而扩大的情况。对于此部分花费的确定,确定标准应当是按照工程造价基本原则,参考当地定额标准确定该部分修复所对应的费用。

所以在主张建筑修复费用时,需要就修复方式的合理性和估价的合理性作出证明,在具有多种修复方式时,在修复方式都可以满足修复的前提下,一般需要选择花费低的修复方式;在计算修复费用时,需要按照工程造价基本原则,以当地定额标准为参考进行计算。

本案中,韦青与钟腊香是不动产的相邻权利人,应当按照有利生产、方便生活、团结互助、公平合理的原则,正确处理相邻关系。钟腊香作为 401 房的所有权人,对其所有的物业在使用过程中造成韦青房屋的损害,依法应承担相应的民事责任,钟腊香应在其责任范围内对 301 房阳台、餐厅、厕所天花板部位的修复承担维修费用,故韦青要求钟腊香赔偿经济损失的诉讼请求,合法有理。案例判决中采纳了鉴定机构对修复费用的修复意见作为最终钟腊香赔偿数额,但钟腊香对鉴定意见中修复费用的确定方式有较大意见,其中争议焦点主要体现在对修复方式的确定上。

依据前述理论,对钟腊香应赔偿的修复费用中,应当就不同的损坏结果选取不同的修复方式,并根据修复方式的不同确定其修复费用。钟腊香主张在鉴定机构确定修复费用的过程中采用的修复方式多为更换方式,未直接进行局部修复,导致整体修复费用偏高。根据《侵权责任法》的规定,此处修复的目的在于恢复至权利未受侵害状态,因此修复应当达到的首要目的是恢复原初状态,是修复方式的首要要求;其次基于经济原因的考虑,应该在多种修复方式都可以满足修复的前提下,一般需要选择花费低的修复方式,而后根据按照工程造价基本原则,以当地定额标准为参考对修复费用进行计算。本案中为漏水导致装修受损事故,修复中如对受损的面层进行修复,首先需要进行面层铲除,假如只针对渗漏部位(引起发霉的面层)进行拆除及修复,则新旧装修层面会产生明显的差异,影响到整体的美观,无法达成恢复原初状态的目的,因此应当对其做整体更换处理,则认定鉴定机构所采取的计算方式并无瑕疵。

第七章　工程担保与保险的法律问题

　　建设工程因其周期长、规模大、过程复杂等特点决定了其风险的普遍性。工程担保和工程保险是建设工程风险管理的有效途径，这两项制度的推行有利于分散、转移建设工程各方当事人所承受的风险，进一步规范建筑市场秩序、确保工程质量与施工安全，并在最大程度上减少风险产生所带来的损失。然而，两者虽然都是风险转移和损失补偿的重要手段，却在风险承担主体、风险对象、风险责任等方面存在很大差别。简单来说，工程担保是一种信用机制，并不是一种最终的风险转移手段；而工程保险是一种行之有效的风险转移手段。

　　工程担保是指在建设工程领域中，由担保人向债权人提供的，保证债务人履行合同约定义务的担保。工程担保实际上是对工程建设合同双方履行合同约定义务的一种保证。工程担保一般根据法律法规的规定或者建设工程合同约定，由担保人向债权人提供的，当债务人不履行合同约定的义务时，由担保人代为履行或承担担保责任的行为。

　　我国的《担保法》中共规定五种担保方式：保证、抵押、质押、留置、定金。我国在工程担保中主要采用保证、抵押、质押和保证金这四种。

　　工程保险是适用于工程建设领域的一种保险制度。这是一种针对工程建设过程中，因意外事故或者自然灾害而造成的人身伤害或者财产损失，由保险公司承担赔偿责任的综合性保险。工程保险的本质其实是一种财产险。它们都是通过投保人向保险组织缴纳保险费用，当被保险人遭受损失时由保险公司来进行补偿。建筑行业由于其行业的特殊性，风险发生率也较高。充分利用保险这种风险规避手段进行风险分担或者损失补偿，可以降低工程风险的不确定性，对于促进我国建筑市场的健康发展有着重要的意义。对于建设工程的各方主体来说，通过工程保险，他们将自己无力防范或回避的风险转移给保险人，从而转移了自己将要承担的风险损失。

　　建设工程活动涉及的险种较多，主要包括：建筑工程一切险（及第三者责任险）、安装工程一切险（及第三者责任险）、机器损坏险、机动车辆险、建筑职工意外伤害险、勘察设计责任保险、工程监理责任保险等。

第一节 工 程 担 保

潘航诉东兴公司保证合同纠纷案

一、基本案情

2009年4月15日,盛基公司与东兴公司签订工程施工合同,合同约定:东兴公司负责延边大学科技信息中心消防工程的施工,工程总造价203万元,盛基公司将此工程分包给东兴公司,由吉林白山国泰置业有限公司(法定代表人是潘航)进行担保,东兴公司向担保方支付人民币50万元作为担保金,若合同因盛基公司原因不能履行,担保方必须在一个月内归还东兴公司担保金,并支付违约金10万元;如因东兴公司原因工程中途停工且不再复工,担保金不退。合同履行完成至工程竣工后,担保金不退,无偿归盛基公司及担保方所有。如盛基公司不能按照合同约定支付工程款,此款项由担保方支付。潘航在工程施工合同中"担保方"处签名,却并未盖公章。东兴公司向潘航交付担保金50万元。现潘航因与东兴公司保证合同纠纷诉至法院。[(2016)最高法民再6号]

二、诉讼过程及裁判理由

一审法院认为东兴公司与潘航未约定保证期间,保证期间为2010年9月19日起6个月。东兴公司于2010年9月19日对潘航提起诉讼,要求其承担保证责任,符合法律规定,不免除潘航的保证责任,应对工程款1 183 618.80元及利息负连带清偿责任。吉林高院二审认为(2012)吉民一终字第105号民事判决书已判决主债务人盛基公司向东兴公司承担主债务的给付责任,根据《担保法》第十八条的规定,连带责任保证的保证人承担的责任为连带责任,故一审判决保证人潘航承担主债务给付责任,适用法律不当,潘航应当对(2012)吉民一终字第105号民事判决确定的盛基公司的给付义务承担连带责任。案件经过最高法再审,判决结果为潘航对于吉林省高级人民法院(2012)吉民一终字第105号民事判决确定的盛基公司的给付义务承担一般保证责任。

三、关联法条

1.《担保法》第十九条:当事人对保证方式没有约定或者约定不明确的,按照连带责任保证承担保证责任。

2.《担保法》第二十条:一般保证和连带责任保证的保证人享有债务人的抗辩权。债务人放弃对债务的抗辩权的,保证人仍有权抗辩。抗辩权是指债权人行使债权时,债务人根据法定事由,对抗债权人行使请求权的权利。

3.《担保法》第二十六条:连带责任保证的保证人与债权人未约定保证期间的,债权人有权自主债务履行期届满之日起六个月内要求保证人承担保证责任。在合同约定的保证期间和前款规定的保证期间,债权人未要求保证人承担保证责任的,保证人免除保证责任。

4.《最高人民法院关于适用〈担保法〉若干问题的解释》第三十三条:一般保证的债权人在保证期间届满前对债务人提起诉讼或者申请仲裁的,从判决或者仲裁裁决生效之日起,开始计算保证合同的诉讼时效。连带责任保证的债权人在保证期间届满前要求保证人承担保证责任的,从债权人要求保证人承担保证责任之日起,开始计算保证合同的诉讼时效。

5.《最高人民法院关于适用〈担保法〉若干问题的解释》第二十二条:第三人单方以书面形式向债权人出具担保书,债权人接受且未提出异议的,保证合同成立。合同中虽然没有保证条款,但是,保证人在主合同上以保证人的身份签字或者盖章的,保证合同成立。

四、争议问题

最高人民法院归纳本案争议的焦点如下:1. 潘航是否承担保证责任及是否返还担保金的问题;2. 潘航承担保证责任的方式问题。前者在案件三审中不存在争议,均认为潘航应作为保证人承担保证责任且应依约定返还保证金。但在后者保证方式上,三级法院均存在分歧。

五、简要评论

保证方式可分为一般保证和连带保证。所谓一般保证,是指当事人在保证合同中约定,债务人不能履行债务时,由保证人承担保证责任的保证。所谓连带保证,是指当事人在保证合同中约定保证人与债务人对债务承担连带责任的保证。这两种保证之间最大的区别在于保证人是否享有先诉抗辩权。在一般保证情况下,保证人享有先诉抗辩权,即一般保证的保证人在主合同纠纷未经审判或者仲裁,并就债务人财产依法强制执行仍不能履行债务前,对债权人可以拒绝承担保证责任。而在连带保证的情况下,保证人不享有先诉抗辩权,即连带保证的债务人在主合同规定的债务履行期届满没有履行债务的,债权人可以要求债务人履行债务,也可以要求保证人在其保证范围内承担保证责任。上述情况表明,保证人在不同的保证方式中所处的地位不同,其利益受到法律保护的程度也有差异。

本案中,二审判决以合同没有约定保证方式为由,认定本案的保证方式属于连带责任保证,并判决潘航对盛基公司的债务承担连带保证责任。最高人民法院依据《工程施工合同》第十一条"履约担保"中关于"如甲方(盛基公司)不能按照合同约定支付工程款,此款项由担保方支付"的约定,认为该条不仅约定了保证方式,而且符合一般保证的法律特征,潘航依照合同约定及担保法的规定,应当承担一般保证责任,及时纠正了一、二审法院的错误判决。

苏中建设集团诉三陆置业公司建设工程施工合同纠纷案

一、基本案情

2010年5月1日,原告苏中建设集团与被告三陆置业公司签订了《建设工程施工合同》一份,双方约定:原告为被告施工"领秀天成"商住楼工程。在《施工合同》履行过程中,双方于2010年11月15日签订《协议书》一份,对工程保证金的支付、返还、资金成本,以及被告不能按时偿还工程保证金及资金成本时须"以房抵款"进行了约定。2010年12月30日,双方签订《协议》一份,对被告应于2011年1月10日向原告支付的工程款3 000万元延期支付、利息计算,以及与前述工程保证金合在一起另行提供112套住宅进行"让与担保"事宜进行了约定。2012年7月31日签订《变更与补充协议书》一份,对上述《协议书》、《协议》约定的部分事项进行了变更,补充了截至2012年7月31日新增工程进度款如何支付的内容,并对该《变更与补充协议书》项下全部款项如何支付重新提供了抵押担保。原告如约进行了施工。涉案工程土建工作已接近完毕,隐蔽工程和主体结构已验收合格。但是,被告没有完全按照《施工合同》《协议书》《协议》的约定全面履行自己的义务,给原告造成经济损失,双方形成纠纷。

关于抵押担保部分,被告辩称,《抵押担保合同书》中约定的抵押物为尚未建成的房屋,抵押物无法在建设工程中分离单独办理房屋产权证明,也就无法办理抵押登记手续。双方在合同中虽然明确约定采取抵押担保方式,但其实双方采取的是以预售方式实现抵押,是典型的让与担保,让与担保不是《担保法》规定的担保方式,根据物权法定原则,此种担保方式无效,基于无效协议所产生的违约金不应得到支持。[(2014)东民一初字第1号]

二、诉讼过程及裁判理由

就抵押担保部分,法院认为,原、被告双方签订的抵押担保合同约定:抵押人自愿以其开发建设的位于山东省东营市黄河路以北、海东路以东的"领秀天成商住楼"项目39套商铺的所有权及房屋占用范围内的建设用地使用权提供抵押担保。双方签订抵押担保合同之后,虽未依法办理抵押登记手续,但并不影响抵押担保合同的效力。合同约定是双方真实意思表示,依法对双方均具有约束力,故被告应依合同约定承担违约责任。

三、关联法条

1.《物权法》第一百八十条:债务人或者第三人有权处分的下列财产可以抵押:(一)建筑物和其他土地附着物;(二)建设用地使用权;(三)以招标、拍卖、公开协商等方式取得的荒地等土地承包经营权;(四)生产设备、原材料、半成品、产品;(五)正在建造的建筑物、船舶、航空器;(六)交通运输工具;(七)法律、行政法规未禁止抵押的其他财产。抵押人可以将前款所列财产一并抵押。

2.《物权法》第一百八十七条：以本法第一百八十条第一款第一项至第三项规定的财产或者第五项规定的正在建造的建筑物抵押的，应当办理抵押登记。抵押权自登记时设立。

3.《合同法》第八条：依法成立的合同，对当事人具有法律约束力。当事人应当按照约定履行自己的义务，不得擅自变更或者解除合同。依法成立的合同，受法律保护。

4.《合同法》第四十四条：依法成立的合同，自成立时生效。法律、行政法规规定应当办理批准、登记等手续生效的，依照其规定。

5.《担保法》第四十一条：当事人以本法第四十二条规定的财产抵押的，应当办理抵押物登记，抵押合同自登记之日起生效。

四、争议问题

本案的争议焦点为：被告设立的抵押担保是否有效；被告是否应按照《抵押担保合同书》向原告支付违约金。

五、简要评论

《担保法》第四十一条规定抵押合同自登记之日起生效；《物权法》第一百八十七条规定抵押权自登记时设立。可见《物权法》具有修正《担保法》规定的效力，因此应以《物权法》的规定确定合同的效力。在本案中，抵押物未进行登记，抵押权没有设立，合同约定的抵押物不发生由抵押权人优先受偿的法律效力和后果。但是抵押合同的订立是以发生物权变动为目的的原因行为，属于债权关系范畴，其成立、生效应当依据《合同法》确定。本案《抵押担保合同书》基于各方当事人意思自治而签订，合同自约定生效之日成立并生效，各方当事人应当受到合同义务的约束；抵押人违反合同约定不履行抵押物登记的义务；抵押权未设立，不影响抵押合同的效力，抵押人应依约承担违约责任。

中信银行泉州分行与厦门宏璟公司、三信织造公司、宏泰公司、林劫波、陈晓凌金融借款合同纠纷

一、基本案情

被告人厦门宏璟公司于2014年4月21日向原告中信银行泉州分行借款人民币135 000 000元，借款期限为1年。为担保债权得到清偿，厦门宏璟公司以自有的坐落于厦门市集美区后溪镇北部集美台商投资区后溪工业组团J2008Y06地块土地及在建工程为上述债权提供抵押担保，被告人三信织造公司自愿向原告中信银行泉州分行提供承担连带责任保证的最高额保证，担保的主债权本金最高额度为人民币3 000万元整。被告宏泰公司、林劫波、陈晓凌自愿向原告中信银行泉州分行提供承担连带责任的最高额

保证,担保的主债权本金最高额度为人民币 135 000 000 元。后厦门宏璟公司因经营不善倒闭。原告诉请为：1. 宏璟公司立即偿还上述贷款本息；2. 被告三信织造、宏泰公司、林劫波、陈晓凌承担连带保证责任。[(2014)闽民初字第 104 号]

二、诉讼过程及裁判理由

福建省高级人民法院认为在建工程抵押作为一般抵押权,设立抵押的债务不限于工程建设资金,抵押人可因其他债务将在建工程抵押给债权人。因此,本案中的抵押合同是有效的。判决原告中信银行泉州支行胜诉,被告履行给付金钱义务。

三、关联法条

1.《物权法》第一百七十条：担保物权人在债务人不履行到期债务或者发生当事人约定的实现担保物权的情形,依法享有就担保财产优先受偿的权利,但法律另有规定的除外。

2.《物权法》第一百七十六条：被担保的债权既有物的担保又有人的担保的,债务人不履行到期债务或者发生当事人约定的实现担保物权的情形,债权人应当按照约定实现债权；没有约定或者约定不明确,债务人自己提供物的担保的,债权人应当先就该物的担保实现债权；第三人提供物的担保的,债权人可以就物的担保实现债权,也可以要求保证人承担保证责任。提供担保的第三人承担担保责任后,有权向债务人追偿。

3.《物权法》第一百八十条：债务人或者第三人有权处分的下列财产可以抵押：（一）建筑物和其他土地附着物；（二）建设用地使用权；（三）以招标、拍卖、公开协商等方式取得的荒地等土地承包经营权；（四）生产设备、原材料、半成品、产品；（五）正在建造的建筑物、船舶、航空器；（六）交通运输工具；（七）法律、行政法规未禁止抵押的其他财产。抵押人可以将前款所列财产一并抵押。

4.《物权法》第二百零三条：为担保债务的履行,债务人或者第三人对一定期间内将要连续发生的债权提供担保财产的,债务人不履行到期债务或者发生当事人约定的实现抵押权的情形,抵押权人有权在最高债权额限度内就该担保财产优先受偿。最高额抵押权设立前已经存在的债权,经当事人同意,可以转入最高额抵押担保的债权范围。

5.《担保法》第十八条：当事人在保证合同中约定保证人与债务人对债务承担连带责任的,为连带责任保证。连带责任保证的债务人在主合同规定的债务履行期届满没有履行债务的,债权人可以要求债务人履行债务,也可以要求保证人在其保证范围内承担保证责任。

6.《担保法》第五十三条：债务履行期届满抵押权人未受清偿的,可以与抵押人协议以抵押物折价或者以拍卖、变卖该抵押物所得的价款受偿；协议不成的,抵押权人可以向人民法院提起诉讼。抵押物折价或者拍卖、变卖后,其价款超过债权数额的部分归抵押人所有,不足部分由债务人清偿。

7.《合同法》第一百九十六条：借款合同是借款人向贷款人借款，到期返还借款并支付利息的合同。

四、争议问题

本案在一系列证据和事实问题上不存在疑问，但就J2008Y06土地及在建工程为宏璟公司贷款提供抵押担保，是否违背法律强制性规定，进而认定抵押担保合同无效上存有较大争议。

五、简要评论

根据《城市房地产抵押管理办法》第三条："本办法所称在建工程抵押，是指抵押人为取得在建工程继续建造资金的贷款，以其合法方式取得的土地使用权连同在建工程的投入资产，以不转移占有的方式抵押给贷款银行作为偿还贷款履行担保的行为。"即在建工程抵押贷款只能用于工程继续建设，不能用于企业流动资金，案涉在建工程抵押贷款明显违反该办法的规定，但是《物权法》一百八十条已将"正在建造的建筑物"纳入可以抵押的财产，对在建工程所担保的债权范围及登记方式都进行了改变，即取消了对在建工程抵押担保的债权范围、种类的限定。我们认为，在建工程抵押作为一般抵押权，设立抵押的债务不限于工程建设资金，抵押人可因其他债务将在建工程抵押给债权人。法院据此判决是正确的。

中行龙珠支行与国托公司、粤荣公司金融借款合同纠纷案

一、基本案情

中行龙珠支行与国托公司分别于2007年11月15日、2008年8月1日及2008年12月1日签订《人民币借款合同》及两份《人民币借款合同补充协议》，约定由其向国托公司提供贷款21 000万元，用于美源广场项目建设，期限36个月；国托公司以其名下的土地及地上建筑物为上述贷款提供抵押担保。当地房产部门不受理在建工程抵押业务，中行龙珠支行和国托公司到海口市国土部门办理了海口市他项〔2009〕第0039号土地他项权利证明书，并在该证明书内"他项权利种类及范围"中注明抵押物为土地使用权及地上建筑物。美源公司、粤荣公司分别以其持有的国托公司的股权为该笔贷款提供质押担保，并依法办理了质押登记手续。合同签订后，中行龙珠支行向国托公司发放贷款。后因国托公司档案及财务资料被公安机关调走，法定代表人也被带走接受调查，公司不能正常运作，资金链断掉，因而不能按期还款，遂起争议。[（2015）民二终字第269号]

二、诉讼过程及裁判理由

海南省高级人民法院一审判决认为，因抵押协议中涉及的地上建筑物未办理登记，

中行龙珠支行对此不享有优先受偿权。中行龙珠支行不服一审判决,提起上诉。2015年12月15日,最高院第一巡回法庭受理了案件。第一巡回法庭认为一审适用法律错误,实体部分处理不当,予以纠正。依据《物权法》第一百八十二条第二款的规定,案涉地上建筑物也应视为一并抵押,该土地使用权之抵押权效力及于地上建筑物,中行龙珠支行亦应就本案享有的债权依法对案涉地上建筑物享有优先受偿权。因此,判决中行龙珠支行对国托公司提供抵押的土地使用权及其地上建筑物在债权范围内享有优先受偿权。

三、关联法条

1.《担保法》第四十七条:债务履行期届满,债务人不履行债务致使抵押物被人民法院依法扣押的,自扣押之日起抵押权人有权收取由抵押物分离的天然孳息以及抵押人就抵押物可以收取的法定孳息。抵押权人未将扣押抵押物的事实通知应当清偿法定孳息的义务人的,抵押权的效力不及于该孳息。

2.《担保法》第四十二条第二款:办理抵押物登记的部门如下:(二)以城市房地产或者乡(镇)、村企业的厂房等建筑物抵押的,为县级以上地方人民政府规定的部门。

3.《最高人民法院关于适用〈担保法〉若干问题的解释》第六十条:以《担保法》第四十二第(二)项规定的不动产抵押的,县级以上地方人民政府对登记部门未作规定,当事人在土地管理部门或者房产管理部门办理了抵押物登记手续,人民法院可以确认其登记的效力。

4.《物权法》第一百八十条:债务人或者第三人有权处分的下列财产可以抵押:(一)建筑物和其他土地附着物;(二)建设用地使用权;(三)以招标、拍卖、公开协商等方式取得的荒地等土地承包经营权;(四)生产设备、原材料、半成品、产品;(五)正在建造的建筑物、船舶、航空器;(六)交通运输工具;(七)法律、行政法规未禁止抵押的其他财产。抵押人可以将前款所列财产一并抵押。

5.《物权法》第一百八十七条:以本法第一百八十条第一款第(一)项至第(三)项规定的财产或者第(五)项规定的正在建造的建筑物抵押的,应当办理抵押登记。抵押权自登记时设立。

6.《物权法》第一百八十二条:以建筑物抵押的,该建筑物占用范围内的建设用地使用权一并抵押。以建设用地使用权抵押的,该土地上的建筑物一并抵押。抵押人未依照前款规定一并抵押的,未抵押的财产视为一并抵押。

7.《城市房地产管理法》第六十二条第一款:房地产抵押时,应当向县级以上地方人民政府规定的部门办理抵押登记。

四、争议问题

本案争议焦点为:中行龙珠支行对案涉地上建筑物是否享有优先受偿权。具体包括:1. 案涉地上建筑物是否已依法办理抵押登记手续;2. 中行龙珠支行能否依据《物权法》第一百八十二条之规定对案涉地上建筑物享有优先受偿权。

五、简要评论

中行龙珠支行与国托公司订立的借款合同是主合同，土地使用权和在建工程的抵押合同属于从合同，从合同的效力依附于主合同。中行龙珠支行与国托公司订立的借款合同系双方真实意思表示且不违背法律法规的强制性规定，应当认定有效；但土地及在建工程抵押，依照《物权法》第一百八十条第一、二款应办理登记。当地房地产管理部门当时还不受理在建工程抵押登记业务，故在国土部门的抵押应产生登记的效力；且《城市房地产抵押管理办法》及《房屋登记办法》属于部门规章，《担保法》及《城市房地产管理法》作为法律的位阶高于上述两个部门规章，应当优先适用。所以本案中适用《担保法》第四十二条第二款以及《最高人民法院关于适用〈担保法〉若干问题的解释》第六十条规定，认定在国土部门办理的权利凭证具有抵押登记的效力。一审法院在未查明当地县级以上人民政府是否明确规定在建工程抵押登记的办理部门为房地产行政主管部门的情况下，直接依据《城市房地产抵押管理办法》的规定认定案涉地上建筑物未办理抵押登记，违背了《担保法》及《城市房地产管理法》的规定。

关于中行龙珠支行能否依据《物权法》第一百八十二条的规定对案涉地上建筑物享有优先受偿权的问题：中行龙珠支行即使未办理地上建筑物抵押登记，但基于其已依法办理了土地抵押登记手续，可依据《物权法》第一百八十二条的规定，将该土地的抵押效力及于地上建筑物。因此，根据《物权法》第一百八十二条第一款"以建筑物抵押的，该建筑物占用范围内的建设用地使用权一并抵押。以建设用地使用权抵押的，该土地上的建筑物一并抵押"及该条第二款"抵押人未依照前款规定一并抵押的，未抵押的财产视为一并抵押"的规定，当事人应对土地使用权及其地上建筑物一并抵押；如果当事人未按照该条第一款规定一并抵押时，则法律直接规定"视为一并抵押"。即只要土地使用权或地上建筑物之一项办理抵押登记，即使另外一项没有办理抵押登记，亦依法推定为两者一并抵押。因此，上诉人中行龙珠支行对案涉地上建筑物亦享有优先受偿权，于法有据，应得到法院的确认。

泰成公司与枣庄泰诺公司建设工程施工合同纠纷案

一、基本案情

2012年2月28日，原告泰成公司与被告枣庄泰诺公司就位于枣庄市薛城区燕山路燕山公馆的土建、安装工程总承包项目承包发包事宜，签订了《建设工程施工合同》，发包人为被告枣庄泰诺公司，承包人为原告泰成公司。双方在合同中约定，发包人超过半个月不能及时支付工程款，则从应该付款之日起第十六天开始每拖延一天，发包人每天按该合同款的万分之五向承包人支付违约金，并赔偿由此引起的停工、误工和机械设备租赁等费用的一切损失,违约金和经济费用之和不超过工程造价的百分之三;以在建的本工程担保,根据有关法律,承包人享有优先权;发包人应及时支付工程款,如发包人无法按约定支付结算款的,以本项目在建房产的施工成本价进行抵扣工程款。合同签订后,原告泰成公司按约施工,被告枣庄泰诺公司没有按照合同约定支付工程款。为此双方起争议诉至法院。[(2014)鲁民一终字第347号]

二、诉讼过程及裁判理由

枣庄市中级人民法院认为,原告泰成公司与被告枣庄泰诺公司就燕山公馆土建、安装工程总承包项目签订的《建设工程施工合同》,因双方具备相应的建设资质、意思表示真实,内容不违反法律、行政法规禁止性规定,该合同合法有效。合同中的结算方式、违约责任等条款对原、被告双方具有约束力。被告枣庄泰诺公司没有按照双方合同约定支付工程进度款,最终导致工程中途停工。根据双方签订建设工程施工合同的约定,被告承担相应的违约责任,并且原告浙江泰成公司对涉案工程价款享有优先受偿权。枣庄泰诺公司不服原审判决,以原审认定事实错误为由,向山东省高级人民法院提起上诉。山东省高级人民法院判决:驳回上诉,维持原判。

三、关联法条

1.《最高人民法院关于建筑工程价款优先受偿权问题的批复》第三条规定:建筑工程价款包括承包人为建设工程应当支付的工作人员报酬、材料款等实际支出的费用,不包括承包人因发包人违约所造成的损失。

2.《合同法》第一百零七条:当事人一方不履行合同义务或者履行合同义务不符合约定的,应当承担继续履行、采取补救措施或者赔偿损失等违约责任。

3.《合同法》第一百零八条:当事人一方明确表示或者以自己的行为表明不履行合同义务的,对方可以在履行期限届满之前要求其承担违约责任。

4.《合同法》第一百一十三条:当事人一方不履行合同义务或者履行合同义务不符合约定,给对方造成损失的,损失赔偿额应当相当于因违约所造成的损失,包括合同履行后可以获得的利益,但不得超过违反合同一方订立合同时预见到或者应当预见到的因违反合同可能造成的损失。

5.《合同法》第二百六十九条:建设工程合同是承包人进行工程建设,发包人支付价款的合同。建设工程合同包括工程勘察、设计、施工合同。

6.《合同法》第二百八十三条:发包人未按照约定的时间和要求提供原材料、设备、场地、资金、技术资料的,承包人可以顺延工程日期,并有权要求赔偿停工、窝工等损失。

7.《合同法》第二百八十四条:因发包人的原因致使工程中途停建、缓建的,发包人应当采取措施弥补或者减少损失,赔偿承包人因此造成的停工、窝工、倒运、机械设备调迁、材料和构件积压等损失和实际费用。

8.《合同法》第二百八十六条：发包人未按照约定支付价款的，承包人可以催告发包人在合理期限内支付价款。发包人逾期不支付的，除按照建设工程的性质不宜折价、拍卖的以外，承包人可以与发包人协议将该工程折价，也可以申请人民法院将该工程依法拍卖。建设工程的价款就该工程折价或者拍卖的价款优先受偿。

四、争议问题

本案的争议焦点为：原告泰成公司对涉案工程因停工造成的损失是否享有优先受偿权。

五、简要评论

本案判决涉及目前建设工程案件审理中的一个重要问题，即建设工程价款优先受偿权的行使范围问题。《最高人民法院关于建设工程价款优先受偿权问题的批复》第一条规定："人民法院在审理房地产纠纷案件和办理执行案件中，应当依照《合同法》第二百八十六条的规定，认定建筑工程的承包人的优先受偿权优于抵押权和其他债权。"建设工程价款优先受偿权所保护的范围系投入或者物化到建设工程中、对建设工程所产生增值部分的工作人员报酬、材料款等实际支出的费用，在发包人欠付工程款的情况下，施工人由于无法取回其"实际投入"或者物化到建设工程中的该部分价值，从而设定了一种对拍卖价款的物上代位，即施工人可以从该工程拍卖或者折价款项中优先取得其实际投入或者物化到建设工程中的价值；而对于未"实际投入"到建筑物中的价值，无论其表现形式如何，均不能对建设工程取得优先受偿的地位。本案中，原告诉请的塔吊租赁费、钢管租赁费和现场留置钢筋材料这三项费用，均系浙江泰成公司作为承包人在施工过程中因停工所造成的实际损失，这些损失属于承包人浙江泰成公司为施工涉案工程实际支出的费用，应属于工程价款中直接费用的范围，与发包人枣庄泰诺公司应当承担的违约损害赔偿费用和违约造成的违约金、利息等损失有本质的不同，法院将该3项费用纳入建设工程价款优先受偿权的保护范围符合立法本意。

恒明星公司与照明管理处、华建永邦公司等保证合同纠纷案

一、基本案情

恒明星公司于2010年4月28日中标常州市"一路两区"景观照明工程楼宇亮化工程十六标段，照明管理处为该工程建设单位。照明管理处与恒明星公司于2010年5月13日签订的《建设工程施工合同》第二十五条约定，发包人向承包人提供支付担保，担保方式为支付工程预付款；承包人向发包人提供履约担保，担保方式为：(1)合同总价5%的银行保函或由具有独立法人资格的经济实体企业出具的履约保函；(2)额度为中标价与有效投标报价平均值之差的中标差额保证金。华建永邦公司于2010年5月13日按

照上述《建设工程施工合同》向照明管理处提供不可撤销连带担保责任的《承包商履约保函》。恒明星公司于2010年5月15日正式开工,至2010年10月10日,江南商场、新龙大厦、药业公司的工程已完工,但嘉业国贸大楼的工程未完成。2011年5月17日,恒明星公司向照明管理处提交付款申请,提出因嘉业国贸大楼的业主一直不肯让施工人员进入顶楼进行施工作业,使整个工程长期处于停工状态;经多方努力,现嘉业国贸大楼业主终于同意在有条件的情况下允许开通进入顶楼的通道,使工程具有了重新施工的条件。后恒明星公司并未安排人员进场施工。2011年8月19日,照明管理处向华建永邦公司提交了书面索赔申请及相关证据材料,要求华建永邦公司承担保函项下的不可撤销连带保证责任,向照明管理处支付保函金额,但未果。[(2015)苏商再提字第00099号]

二、诉讼过程及裁判理由

江苏省常州市钟楼区人民法院一审审理认为,照明管理处与恒明星公司签订的建设工程施工合同以及华建永邦向照明管理处出具的承包商履约保函均是各方当事人真实意思表示,依法成立。根据履约保函的约定,在保函保证期间内,如果照明管理处认为恒明星公司有违反合同约定行为并要求赔偿,应以书面形式向华建永邦公司提出索赔申请;申请应当说明承包商违约情况,并提供项目总监及其监理单位出具的承包商违约书面确认书等。而恒明星公司在重新约定的施工期间内仍不复工,并当庭表示拒绝继续履行该建设工程施工合同,显然构成违约。遂判决华建永邦公司给付照明管理费235万元。被告不服,提起上诉。江苏省常州市中级人民法院判决:驳回上诉,维持原判。

江苏省高级人民法院再审认为,恒明星公司存在违约行为,恒明星公司收到照明管理处支付的100万后,并未安排人员进场施工,构成违约。撤销一、二审判决,照明管理处可待实际损失发生后另行向华建永邦公司主张权利。

三、关联法条

1.《合同法》第一百零七条:当事人一方不履行合同义务或者履行合同义务不符合约定的,应当承担继续履行、采取补救措施或者赔偿损失等违约责任。

2. 原建设部《关于在房地产开发项目中推行工程建设合同担保的若干规定(试行)》第三条第一款:本规定所称工程建设合同担保,是指在工程建设活动中,根据法律法规规定或合同约定,由担保人向债权人提供的,保证债务人不履行债务时,由担保人代为履行或者承担责任的法律行为。

3. 原建设部《关于在房地产开发项目中推行工程建设合同担保的若干规定(试行)》第二十七条:承包商由于非业主的原因而不履行工程建设合同约定的义务时,由保证人按照下列方式之一,履行保证责任:(一)向承包商提供资金、设备或者技术援助,使其能继续履行合同义务;(二)直接接管该项工程或者另觅经业主同意的有资质的其他承包商,继续履行合同义务,业主仍按原合同约定支付工程款,超出原合同部分的,由保证人在保证额度内代为支付;(三)按照合同约定,在担保额度范围内,向业主支付赔偿金。

四、争议问题

本案的争议焦点为:华建永邦公司承担履约保证责任的金额如何确定,该金额是否与实际损失相关。

五、简要评论

本案履约保证责任的范围应当以恒明星违约造成照明管理处的实际损失为限,理由如下:一方面,尽管《承包商履约保函》中明确约定华建永邦公司提供的是不可撤销的连带担保,在保函保证期间,如照明管理处认为承包商恒明星公司违反合同约定并履行相关手续,华建永邦公司就应当在保证金额范围内承担担保责任;但同时约定保证人在保函项下累计承担担保责任赔付的最高金额不超过上述担保金额。这说明平均投标报价与承包商的中标价之间的差额仅是双方约定的承担担保责任的最高额,但双方并没有约定一旦出现违约行为必然按照此数额赔偿;另一方面,履约保函的性质系保证人为承包商向业主提供相应的工程担保,于承包商不履行债务时,由其代为履行或承担责任,即继续履行、采取补救措施或者赔偿损失等违约责任,因而在本案中照明管理处要求华建永邦公司直接支付赔偿金即是要求华建永邦公司对违约损害赔偿承担担保责任,而损失赔偿额应当相当于因违约所造成的损失,保证人承担担保责任的范围同样应当以违约所造成的实际损失为依据。

日懋城建公司诉中宣公司、河北百联公司建设工程施工合同纠纷案

一、基本案情

2012年6月8日,原告日懋城建公司与被告中宣公司签订了《河北省宣化县洋河南新区经七街道路景观绿化工程施工合同》(以下简称《施工合同》),约定由原告对该工程及市政建设工程进行施工。同日,原告又与被告河北百联公司签订了《抵押担保合同》,约定:为确保被告中宣公司按《施工合同》约定向原告支付工程款,河北百联公司以位于宣化县洋河南镇柳林之村、头合子村面积为38 496.1 m² 的土地(土地证号:宣化县国用〔2011〕第130721—023—4号),为中宣公司提供1 500万元的抵押担保。同时,原告与被告中宣公司又签订了《补充协议》,约定绿化工程于2013年春节开工。2012年11月29日,原告代被告中宣公司向北京筑基公司支付工程款5 252 251元,双方约定被告中宣公司应于2013年4月30日前将该笔款项归还原告;2013年2月1日,原告与被告、中宣公司北京筑基公司又签订了《工程合作协议书》,约定由原告代被告中宣公司向北京筑基公司支付工程款70万元,被告中宣公司应于2013年4月30日前将该笔款项归还原告。现被告中宣公司未将上述款项按约定支付原告,亦未能按合同约定提供项目建设的相关

手续,造成不能进场施工。[(2013)张商初字第222号]

二、诉讼过程及裁判理由

法院认为,虽然原告与被告中宣公司约定将《工程合作协议书》中涉及的工程款计入《施工合同》总价中,但该约定并未取得被告河北百联公司的同意或追认,超出了《抵押担保合同》约定的担保范围,违反了《担保法》第二十四条的规定。因此,河北百联公司不应对原告与被告中宣公司签订的《工程合作协议书》项下的款项承担担保责任。

三、关联法条

1.《合同法》第一百零七条:当事人一方不履行合同义务或者履行合同义务不符合约定的,应当承担继续履行、采取补救措施或者赔偿损失等违约责任。

2.《物权法》第一百七十九条:为担保债务的履行,债务人或者第三人不转移财产的占有,将该财产抵押给债权人的,债务人不履行到期债务或者发生当事人约定的实现抵押权的情形,债权人有权就该财产优先受偿。

3.《物权法》第一百十八七条:以本法第一百八十条第一款第一项至第三项规定的财产或者第五项规定的正在建造的建筑物抵押的,应当办理抵押登记。抵押权自登记时设立。

4.《担保法》第二十四条:债权人与债务人协议变更主合同的,应当取得保证人书面同意,未经保证人书面同意的,保证人不再承担保证责任。保证合同另有约定的,按照约定。

5.《最高人民法院关于适用〈中华人民共和国担保法〉若干问题的解释》第三十条:保证期间,债权人与债务人对主合同数量、价款、币种、利率等内容作了变动,未经保证人同意的,如果减轻债务人的债务的,保证人仍应当对变更后的合同承担保证责任;如果加重债务人的债务的,保证人对加重的部分不承担保证责任。债权人与债务人对主合同履行期限作了变动,未经保证人书面同意的,保证期间为原合同约定的或者法律规定的期间。债权人与债务人协议变动主合同内容,但并未实际履行的,保证人仍应当承担保证责任。

四、争议问题

本案在事实认定和法律适用上均不存在争议,但在司法实践中,主合同内容的变更对保证人保证责任的影响往往容易引发争议。

五、简要评论

主合同变更往往对保证人的利益有着重大影响。债权人与债务人协商对主合同内容进行变更,应当征得保证人的同意。但是,这不等于说主合同内容的任何变更,只要没有经过保证人的同意,保证人均不承担责任。对于主合同变更的内容应当作具体分析,有些变更对保证人并没有不利影响,有些变更甚至有利于保证人,如债权人与债务人协商同意免除债务人支付债务利息和部分本金等。此时,如果因主合同内容的此种变更未经保证人同意而完全免除保证责任,则是有失公平的。即使主合同的变更会对保证人产生不利影响,加重了保证人的责任,从公平原则的角度考虑,保证人只应对加重其责任的部分不承担责任。因此,主合同发生变更对于保证人所承担保证责任的影响,重点在于是否加重了保证人的责任,是否超出了保证人所承诺的范围,这也是《最高人民法院关于适用〈中华人民共和国担保法〉若干问题的解释》第三十条的意旨。由此可见,变更主合同未经保证人同意,保证人并不必然不承担保证责任。

东冠公司与世纪园城公司、华建永邦公司等建设工程施工合同纠纷案

一、基本案情

东冠公司作为承包人,世纪园城公司作为发包人,双方签订《建设工程施工合同》及《常州园城豪景花园工程补充协议》,约定承包范围为常州园城豪景家园1#、2#、5#、6#、7#、9#楼全部土建(土方除外)、一般水电安装(消防除外)工程,合同还对工程质量标准、工期、工程造价、履约保证金、付款方式、工程造价结算等方面进行了约定。世纪园城公司与华建永邦公司签订《工程款支付担保协议书》,约定华建永邦公司为世纪园城公司出具以东冠公司为受益人,保证方式为连带责任的工程款支付保函。2012年10月23日,华建永邦公司为此签发《业主工程款支付保函》,承诺担保金额为525.40万元,保证期间为自保函签发之日起至发包人付清除保修金以外合同约定的全部工程款之日止。

后东冠公司与世纪园城公司就合同履行中出现的问题又陆续签订《常州园城豪景花园工程补充协议(二)》《会谈纪要》以及《关于工程款支付暨抵押协议书》,对工程款支付方式等合同内容进行了变更,却并未告知华建永邦公司。现因工程款支付发生争议诉至法院。[(2014)浙杭民终字第1586号]

二、诉讼过程及裁判理由

杭州市滨江区人民法院一审认为,依据华建永邦公司出具的保函,华建永邦公司保证的债务金额为525.40万元,保证期间为自2012年10月23日至发包人付清除保修金以外合同约定的全部工程款之日止。依据《担保法》的规定,该保证期间视为约定不明,应自主债务履行期间届满之日起2年。虽然本案东冠公司与世纪园城公司对于工程款支付方式等合同内容进行了变更,但保证期间未届满,华建永邦公司仍应按照原保证合同的约定承担保证责任。

杭州市中级人民法院二审赞同一审的观点,认为虽然东冠公司与世纪园城公司对于工程款支付方式等合同内容进行了变更,但并没有对工程款支付时间进行变更,即未对华建永邦公司保证所对应的主合同条款进行变更。现华建永邦公司在保证期间未届满前,应按照保函的承诺对工程款支付承担连带责任。

三、关联法条

1.《担保法》第十九条:当事人对保证方式没有约定或者约定不明确的,按照连带责任保证承担保证责任。

2.《担保法》第二十一条:保证担保的范围包括主债权及利息、违约金、损害赔偿金和实现债权的费用。保证合同另有约定的,按照约定。当事人对保证担保的范围没有约定或者约定不明确的,保证人应当对全部债务承担责任。

3.《最高人民法院关于适用〈中华人民共和国担保法〉若干问题的解释》第三十二条:保证合同约定的保证期间早于或者等于主债务履行期限的,视为没有约定,保证期间为主债务履行期届满之日起六个月。保证合同约定保证人承担保证责任直至主债务本息还清时为止等类似内容的,视为约定不明,保证期间为主债务履行期届满之日起二年。

4.《合同法》第六十条:当事人应当按照约定全面履行自己的义务。当事人应当遵循诚实信用原则,根据合同的性质、目的和交易习惯履行通知、协助、保密等义务。

5.《合同法》第八十条:债权人转让权利的,应当通知债务人。未经通知,该转让对债务人不发生效力。债权人转让权利的通知不得撤销,但经受让人同意的除外。

6.《合同法》第一百零七条:当事人一方不履行合同义务或者履行合同义务不符合约定的,应当承担继续履行、采取补救措施或者赔偿损失等违约责任。

7.《合同法》第一百一十四条:当事人可以约定一方违约时应当根据违约情况向对方支付一定数额的违约金,也可以约定因违约产生的损失赔偿额的计算方法。约定的违约金低于造成的损失的,当事人可以请求人民法院或者仲裁机构予以增加;约定的违约金过分高于造成的损失的,当事人可以请求人民法院或者仲裁机构予以适当减少。当事人就迟延履行约定违约金的,违约方支付违约金后,还应当履行债务。

8.《合同法》第二百八十六条:发包人未按照约定支付价款的,承包人可以催告发包人在合理期限内支付价款。发包人逾期不支付的,除按照建设工程的性质不宜折价、拍卖的以外,承包人可以与发包人协议将该工程折价,也可以申请人民法院将该工程依法拍卖。建设工程的价款就该工程折价或者拍卖的价款优先受偿。

9.《最高人民法院关于适用〈中华人民共和国合同法〉若干问题的解释(二)》第二十九条:当事人主张约定的违约金过高请求予以适当减少的,人民法院应当以实际损失为基础,兼顾合同的履行情况、当事人的过错程度以及预期利益等综合因素,根据公平原则和诚实信用原则予以衡量,并作出裁决。当事人约定的违约金超过造成损失的30%的,一般可以认定为合同法第一百一十四条第二款规定的"过分高于造成的损失"。

10.《最高人民法院关于审理建设工程施工合同纠纷案件适用法律问题的解释》第

九条：发包人具有下列情形之一,致使承包人无法施工,且在催告的合理期限内仍未履行相应义务,承包人请求解除建设工程施工合同的,应予支持:(一)未按约定支付工程价款的;(二)提供的主要建筑材料、建筑构配件和设备不符合强制性标准的;(三)不履行合同约定的协助义务的。

四、争议问题

本案的争议焦点为:承包人东冠公司与发包人世纪园城公司对主合同条款进行变更,且并未告知华建永邦公司,担保人华建永邦是否能够免除承担保证责任。

五、简要评论

根据《担保法》第二十四条规定,债权人和债务人之间协议变更主合同内容已经实际有效发生,但未经保证人同意,或保证合同中明确约定"主合同内容变更,保证人不再承担保证责任",则保证人可依法免除保证责任。但根据《最高人民法院关于适用〈中华人民共和国担保法〉若干问题的解释》第三十条的规定:1. 主合同内容的变更,未经保证人同意的,如果减轻债务人的债务的,保证人仍应当对变更后的合同承担保证责任;如果加重债务的,保证人对加重的部分不承担保证责任。2. 主合同履行期限作了变动,未经保证人书面同意的,保证期间为原合同约定或法律规定的期间。3. 主合同内容变更而并未实际履行,则保证人仍应承担保证责任。但在本案中,虽然东冠公司与世纪园城公司对于工程款支付方式等合同内容进行了变更,而工程价款是双方根据施工工程中形成的工程款支付申请表结合实际工程量进行确认的,并没有对工程款支付时间进行变更,即未对华建永邦公司保证所对应的主合同条款进行变更。二审法院以未对主合同条款进行变更判决华建永邦公司承担保证责任具有合理性。

国宾酒店与建行深圳分行、金浩安公司保证合同纠纷案

一、基本案情

2007年11月19日,国宾酒店与金浩安公司经协商签订了《河南省信阳市固始县国宾大酒店施工总承包协议书》,约定金浩安公司承包国宾酒店室内装饰安装工程。应金浩安公司的申请,建行深圳分行为其向国宾酒店提供最高限额为200万元的连带责任履约保证。2008年1月15日,国宾酒店与金浩安公司连续签订《补充协议1》《补充协议2》,对国宾酒店垫资工程款的物业抵押事项作出了约定。其后,国宾酒店发现金浩安公司不具备合法的建筑施工企业资质;因现场部分楼层施工条件不完备、工程量有变化,国宾酒店未能将部分物业划归金浩安公司,以致工程未如期完工,造成相应的经济损失发生纠纷。[(2013)信中法民终字第142号]

二、诉讼过程及裁判理由

一审法院认为：国宾酒店与金浩安公司签订的《固始县国宾酒店施工总承包协议》，虽然在真实自愿的情况下签订的，但由于金浩安公司未取得合法的建筑施工企业资质，违背法律的强制性规定，相关协议和合同均应认定无效。该协议为主合同，主合同无效，建行深圳分行出具的具有担保合同性质的履约保函也无效。主合同无效，虽然不存在履行主合同的问题，但是，各方当事人仍应根据其过错，对因合同无效给相关权利人造成的经济损失依法承担相应责任。结合案情，国宾酒店应承担60%的过错责任，金浩安公司承担40%的过错责任，建行深圳分行对金浩安公司不能清偿部分的1/3向国宾酒店承担民事赔偿责任。建行深圳分行承担责任后，有权向金浩安公司追偿。河南省信阳市中级人民法院终审判决认同一审法院的观点，判决：驳回上诉，维持原判。

三、关联法条

1. 《合同法》第五十二条：有下列情形之一的，合同无效：（一）一方以欺诈、胁迫的手段订立合同，损害国家利益；（二）恶意串通，损害国家、集体或者第三人利益；（三）以合法形式掩盖非法目的；（四）损害社会公共利益；（五）违反法律、行政法规的强制性规定。

2. 《合同法》第五十八条：合同无效或者被撤销后，因该合同取得的财产，应当予以返还；不能返还或者没有必要返还的，应当折价补偿。有过错的一方应当赔偿对方因此所受到的损失，双方都有过错的，应当各自承担相应的责任。

3. 《担保法》第五条：担保合同是主合同的从合同，主合同无效，担保合同无效。担保合同另有约定的，按照约定。担保合同被确认无效后，债务人、担保人、债权人有过错的，应当根据其过错各自承担相应的民事责任。

4. 《担保法》第三十一条：保证人承担保证责任后，有权向债务人追偿。

5. 《最高人民法院关于适用〈中华人民共和国担保法〉若干问题的解释》第八条：主合同无效而导致担保合同无效，担保人无过错的，担保人不承担民事责任；担保人有过错的，担保人承担民事责任的部分，不应超过债务人不能清偿部分的三分之一。

6. 《最高人民法院关于审理建设工程施工合同纠纷案件适用法律问题的解释》第一条：建设工程合同具有下列情形之一的，应当根据合同法第五十二条第（五）项的规定，认定无效：（一）承包人未取得建筑施工企业资质或者超越资质等级的；（二）没有资质的实际施工人借用有资质的建筑施工企业名义的；（三）建设工程必须进行招标而未招标或者中标无效的。

四、争议问题

本案主要争议问题为：1. 国宾大酒店与金浩安公司签订的《国宾大酒店施工总承包

协议》是否合法有效(金浩安公司是否具备合法建筑施工企业资质),及建行深圳分行的履约担保函的效力问题。2. 责任分配问题,即金浩安公司承担国宾酒店延期竣工而造成损失的 40%、建行深圳分行承担金浩安公司不能清偿部分的 1/3 的赔偿责任是否正确,该损失是否应全部由国宾酒店承担。

五、简要评论

根据《最高人民法院关于审理建设工程施工合同纠纷案件适用法律问题的解释》第一条的规定,承包人未取得建筑施工企业资质的,签订的建设工程施工合同无效。建筑业企业资质等级标准是建筑业企业资质的一个分级标准。依法取得工商行政管理部门颁发的《企业法人营业执照》的企业,在中华人民共和国境内从事土木工程、建筑工程、线路管道设备安装工程、装修工程的新建、扩建、改建等活动,应当申请建筑业企业资质。在本案中,金浩安公司虽然提供了中国室内装饰协会于 2011 年 3 月 18 日颁发的《室内装饰企业资质等级证书》,但该项资质审查权力于 2002 年 11 月 1 日被国务院以国发〔2002〕24 号《国务院关于取消第一批行政审批项目的决定》予以取消,且《建筑企业资质管理规定》规定,建筑业企业资质的许可,应由政府建设主管部门实施,故不能认定其具有合法的建筑施工企业资质。因此,国宾酒店与金浩安公司签订的相关协议和合同,依据《合同法》五十二条第五款的规定应认定为无效。主合同无效,除担保合同另有约定外,具有担保合同性质的履约保函自然无效。

依据《担保法》第五条第二款的规定,担保合同被确认无效后,债务人、担保人、债权人有过错的,应当根据其过错各自承担相应的民事责任。在本案中,履约担保协议的成立是作为主合同成立的先决条件。作为担保人的建行深圳支行在接受金浩安公司的保证请求时,应依法严格审查金浩安公司的建筑施工企业资质,实地准确考察国宾酒店装饰工程的现状和工程量,再向国宾酒店出具《履约保函》,但是建行深圳支行并没有履行自身的审慎查明义务,对于损害结果的产生负有过错,应承担相应的民事责任。法院依据《担保法》第五条和《最高人民法院关于适用〈中华人民共和国担保法〉若干问题的解释》第八条的规定,判令建行深圳分行承担金浩安公司不能清偿部分的 1/3 的赔偿责任是比较恰当的。

中地公司与华严公司、新福安公司担保合同纠纷案

一、基本案情

2000 年 3 月 9 日,华严公司与中地公司、新福安公司签订了一份协议。该协议约定:新福安公司将其开发的南市区 1881 地块的工程建设项目交由中地公司总承包,中地公司支付给新福安公司质量保证金人民币 120 万元。新福安公司确保在收到该款后 45 个有效工作日内,将资金退还给中地公司。为确保资金的安全,新福安公司用华严公

司 14 万美元的银行存单进行质押。如新福安公司未能如期返还保证金,则该存款自动属于中地公司所有,不再签署其他文件。协议上除了中地公司和新福安公司盖章外,华严公司在担保鉴证方一栏中也盖了章。协议盖章处注有新福安公司合同经办人书写的收到中地公司编号为 bh035494、金额为 120 万元的支票一张的内容。协议签订的同一天,华严公司向中地公司出具了"担保备忘录"一份,该备忘录承诺,在担保质押期间,存单交由中地公司保管,不提前支取,不挂失资金。协议签订后,中地公司即如数支付了"保证金",但新福安公司未能如期还款。中地公司与华严公司交涉时发现华严公司已将美元存单向银行挂失并支取。中地公司也提出协议中所谓的工程项目是不存在的。支付质量保证金及在 45 个工作日后返还,实质上是非法融资。[(2002)沪一中民三(商)终字第 82 号]

二、诉讼过程及裁判理由

一审法院认为:新福安公司在尚未取得土地使用权证书时即与中地公司签订工程总承包协议,且收取所谓的工程质量保证金,是名为发包实为借贷的规避法律行为,故该协议为无效;对此各方均有过错。新福安公司应将收到的"质保金"全额返还给中地公司。华严公司对无效协议中"质保金"进行担保,并在担保期间违反承诺,将质押给中地公司的存单上的存款向银行挂失和支取,对中地公司具有明显的损害行为,故应对中地公司在追索质保金中的损失负赔偿责任。据此判决,中地公司、新福安公司、华严公司于 2000 年 3 月 9 日签订的协议无效;新福安公司应返还中地公司人民币 120 万元;如新福安公司返还中地公司人民币 120 万元不足的,则由华严公司对不足部分负赔偿责任。

二审法院认为,原审新福安公司应返还被上诉人中地公司人民币 120 万元之不足部分负全额赔偿责任不当,应予纠正。中地公司明知企业之间不得借贷仍与新福安公司签订协议,中地公司亦明知定期存款开户证实书,不得作为质押的权利凭证,但仍接受质押。故中地公司对此无效行为,均有过错,亦应承担相应的民事责任。因此判决中地公司、新福安公司、华严公司于 2000 年 3 月 9 日签订的协议无效;新福安公司应返还中地公司人民币 120 万元;华严公司对新福安公司应返还被上诉人上海中地建设工程有限公司人民币 120 万元之不足部分的 50% 负赔偿责任;华严公司在承担全部赔偿责任之后有权向新福安公司追偿。

三、关联法条

1.《担保法》第五条:担保合同是主合同的从合同,主合同无效,担保合同无效。担保合同另有约定的,按照约定。担保合同被确认无效后,债务人、担保人、债权人有过错的,应当根据其过错各自承担相应的民事责任。

2.《最高人民法院关于适用〈中华人民共和国担保法〉若干问题的解释》第八条:主合同无效而导致担保合同无效,担保人无过错的,担保人不承担民事责任;担保人有过错的,担保人承担民事责任的部分,不应超过债务人不能清偿部分的三分之一。

四、争议问题

本案的争议焦点为:华严公司在明知其担保行为不合法仍作出担保,并且在担保之后,违背担保承诺,损害他人权益的情况下,应负怎样的赔偿责任。

五、简要评论

我国《担保法》第五条第一款规定,担保合同是主合同的从合同,主合同无效的,担保合同也无效。根据此规定,担保合同因主合同无效而无效的,担保人对主合同的无效在大多数的情况下是没有过错的,因而不承担任何责任。那么,在主合同无效导致担保合同无效的情况下,担保人具有哪些过错才承担责任呢?一般而言,有两种过错:一是担保人明知主合同无效而为之担保;二是担保人对无效主合同的成立起过作用,如起过中介或者其他促使主合同成立的作用。应当说明的是,担保人的这两种过错并不是造成主合同无效的原因,也就是说,担保人的过错与主合同无效没有因果关系,主合同无效的责任应由主合同当事人承担,而不是由主合同之外的第三人承担。因而担保人所要承担的责任相对于主合同当事人来说要小得多。那么,担保人到底承担多大的责任呢?最高人民法院的司法解释规定:"担保人有过错的,担保人承担民事责任的部分,不应超过债务人不能清偿部分的三分之一。"理由是,主合同无效涉及债权人、债务人的过错,担保人也有过错,三方均有过错,按均分计算划分,担保人承担的责任份额不超过三分之一。需要说明两点:一是三分之一是上限,不是一律都按三分之一划分,特别是在主合同导致担保合同无效的情况下,担保人承担责任的份额相比债权人或债务人来说应当少得多;二是作为上限的三分之一,是债务人不能清偿部分的三分之一,而不是全部债务的三分之一。

在本案中,根据《担保法》第五条第二款的规定,担保合同被确认无效后,华严公司作为担保人有过错,应根据其过错承担相应的民事责任。对此,法院的判决是恰当的。但是依据《最高人民法院关于适用〈中华人民共和国担保法〉若干问题的解释》第八条的规定,华严公司对被上诉人上海新福安房地产有限公司应返还被上诉人上海中地建设工程有限公司人民币120万元之不足部分的50%负赔偿责任,在数额上是值得商榷的,承担民事责任的部分,不应超过债务人不能清偿部分的三分之一。

杭州怡和置业有限公司与浙江亿泰实业集团有限公司保证合同纠纷案

一、基本案情

2007年1月22日,原告杭州怡和置业有限公司与浙江亿和丰达担保有限公司(以下简称亿和担保)就杭州怡和大厦建设工程项目签订《业主支付委托保证合同》一份,合同约定：原告向亿和担保缴存共计人民币45万元的保证金，作为保函项下的专项支付资金。合同签订后，原告依约向亿和担保缴存保证金45万元，亿和担保就工程款支付义务向施工单位实事集团建设工程有限公司（以下简称实事集团）出具保函。2010年10月28日，杭州怡和大厦建设工程竣工验收。2012年12月7日，原告与被告浙江亿泰实业集团有限公司及亿和担保三方共同签订《债务转让协议》，协议约定：原告转入亿和担保的工程保证金45万元，此笔债务及利息由被告来承担归还。2014年10月，原告就涉案工程与施工单位实事集团结清了工程款款项，原告据此要求被告退还保证金450 000元，但被告迟迟未能履行，故诉至法院。[（2014）杭西商初字第3197号]

二、诉讼过程及裁判理由

杭州市西湖区人民法院认为，原告与亿和担保所签订的《业主支付委托保证合同》以及原被告和亿和担保三方签订的《债务转让协议》主体合格，内容合法，且未违反相关法律规定，故应确认有效，双方均应履行。现原告就杭州怡和大厦建设工程与施工单位实事集团结清了全部工程款款项，原告作为反担保人应承担的保证责任已实际解除，被告理应退还原告缴存的45万元保证金，故原告之诉请符合法律规定，予以支持。

三、关联法条

1.《合同法》第八条：依法成立的合同，对当事人具有法律约束力。当事人应当按照约定履行自己的义务，不得擅自变更或者解除合同。依法成立的合同，受法律保护。

2.《合同法》第一百零七条：当事人一方不履行合同义务或者履行合同义务不符合约定的，应当承担继续履行、采取补救措施或者赔偿损失等违约责任。

3.《合同法》第一百零九条：当事人一方未支付价款或者报酬的，对方可以要求其支付价款或者报酬。

四、争议问题

本案并不存在较大的争议。反担保措施普遍运用于工程担保领域，反担保的解除在实务的认定中存在一定困惑。

五、简要评论

担保就是为了保证主合同的履行、款项的偿还等顺利进行，以债务人或第三人的信用或者特定财产来督促债务人履行债务。从本质上说，反担保也是担保的一种。区别在于，本担保担保的是主债权的实现，而反担保担保的是追偿权的实现。反担保由债务人提供，保障担保机构在代偿后能够向债务人或债务人提供的第三方担保进行有效追偿。建设工程担保一旦确定承包单位，就需要设置合理的反担保措施。本案作为反担保的解除的个案具有示范效应，反担保的解除是指在反担保合同或条款有效期内未发生约定的反担保责任,于合同期满后反担保义务解除。此时反担保合同失效,已办理抵押或质押登记的,应到登记机关办理注销登记手续。本案中原告怡和公司已就杭州怡和大厦建设工程与施工单位实事集团结清全部工程款项,原告作为反担保人应承担的保证责任已实际解除,被告亿泰公司理应退还原告缴存的45万元保证金。

银河公司与来舟林场建设工程合同纠纷案

一、基本案情

2010年9月22日,原告银河公司与被告来舟林场经协商签订建设施工合同一份,约定:由银河公司承建来舟林场危旧房改造项目4♯、5♯、6♯、7♯楼工程,合同工期为总日历天数180天;合同价款为4 248 092元;本合同双方约定履约保证金到发包方账户后生效。该合同第二部分通用条款约定:工程具备竣工验收条件,承包人按国家工程竣工验收有关规定,向发包人提供完整竣工资料及竣工验收报告……工程竣工验收通过,承包人送交竣工验收报告的日期为实际竣工日期,工程按发包人要求修改后通过竣工验收的,实际竣工日期为承包人修改后提请发包人验收的日期。第十四条约定:承包人不能按协议书约定的竣工日期或工程师同意顺延的竣工日期竣工的,承包人承担违约责任。第三部分专用条款约定:履约担保金额为本工程施工合同价款总额的10%;在合同执行过程中如出现下列情况之一时发包人有权从履约保证金中得到赔偿,如履约保证金不够赔偿,将另外加收赔偿金额:1. 因承包人原因导致发包人解除本合同,则发包人有权没收全部履约保证金;2. 因承包人违约,发包人有权直接从履约保证金中扣除违约金。实际竣工日期:以工程接收证书中写明的日期为准。原告银河公司于2010年9月22日、2010年9月25日先后两次向被告来舟林场转账支付了42.5万元合同履约保证金,并组织人员进场施工。2012年3月20日,被告来舟林场在《房屋建筑工程竣工验收报告》上签章注明"符合要求,同意验收。"其后,原告银河公司根据被告来舟林场的整改通知,对工程中存在问题进行了整改,于2012年9月12日完成了防雷装置施工并经南平市气象局验收合格。2012年12月14日,被告来舟林场在《危旧房改造综合验收记录》上签章本案讼争工程"质量均符合要求,同意验收。"后原告要求被告返还履约保证金42.5万元,被告认为原告无权要求返还履约保证金。[(2014)延民初字第455号]

二、诉讼过程及裁判理由

福建省南平市延平区人民法院认为,本案系建设工程施工合同纠纷,原告银河公司在取得本案讼争工程的承建资格后,已依双方约定向被告来舟林场交纳42.5万元的履约保证金。鉴于原、被告双方在合同中对返还履约保证金的时间和方式均未作约定,原告应在证明其已完成履约义务后方可主张返还履约保证金。原告提起诉讼,其证据尚不足以证明其履约是否充分完整,应待工程决算完成后予以综合判断,故本院对原告的诉讼请求不予支持；原告可待工程决算完成之后，再行主张权利。因此，判决驳回原告的诉讼请求。

三、关联法条

1.《招标投标法》第四十六条：招标文件要求中标人提交履约保证金的，中标人应当提交。

2.《合同法》第二百八十一条：因施工人的原因致使建设工程质量不符合约定的，发包人有权要求施工人在合理期限内无偿修理或者返工、改建。经过修理或者返工、改建后，造成逾期交付的，施工人应当承担违约责任。

3.《招标投标法》第六十条：中标人不履行与招标人订立的合同的，履约保证金不予退还，给招标人造成的损失超过履约保证金数额的，还应当对超过部分予以赔偿；没有提交履约保证金的，应当对招标人的损失承担赔偿责任。

四、争议问题

本案的争议焦点为：履约保证金的性质及返还条件。

五、简要评论

履约保证金是担保承包商完全履行合同，主要担保工期和质量符合合同的约定。承包商全面充分履行自己的义务后，招标人必须将履约保证金全额返还给承包商。现行的法律法规中并没有对履约保证金的定义和性质进行规定，实践中对于履约保证金的性质主要有两种说法：一种认为是履约定金或违约定金；另一种认为其作为一种独立的合同之债的担保方式。我们认为，将履约保证金定位于工程合同中的担保形式比较合适。首先定金罚则非常明确，就是交付定金一方违约就不能要求对方返还定金，而收取定金一方违约则要双倍返还定金。但履约保证金有很大的自由度，例如在本案中，发包商与承包商可以在建设施工合同中约定，发包人可直接从履约保证金中扣除违约金，违约金的数额每日1 000元。因此将履约违约金定位为定金是不符合实践中的具体做法的。其次，在约定定金的情形下，一方当事人违约，则定金罚则即发生作用，且是全部的、彻底的发生作用，其对整个合同起到的是结果的担保，而不能像履约保证金那样可以使合同当事人可以适时地修订自己的行为以最终使合同得以履行。而促使协议充分完整履行才是履约保证金的目的。

关于履约保证金的返还，因原被告对于履约义务并没有进行约定，依据一般实践的做法，应在证明已充分完整完成履约义务后方可主张返还履约保证金。在本案中，原告已完成讼争工程的建设，并已经竣工验收合格后交付给被告使用，因此，被告负有返还原告履约保证金的义务。但是，原告并未按照约定时间完成讼争工程建设，依据双方协议的约定，原告需支付相应的违约金，且该违约金可直接从履约保证金中扣除。因此，原告实际可得履约保证金应是扣除相应违约金后的数额。

凯达建筑公司与叶舞高速公司建设工程合同纠纷案

一、基本案情

2010年4月2日,凯达建筑公司作为中标人与叶舞高速公司签订焦(作)桐(柏)高速公路叶县至舞钢段房建工程承包合同,由凯达建筑公司对YWFJ—3标段进行施工。应叶舞高速公司的要求,2010年4月9日、4月28日,凯达建筑公司向其交付履约保证金111万元;2010年4月23日凯达建筑公司向叶舞高速公司交付安全风险保证押金10万元,同年7月19日交付附加履约担保金398 398元。根据叶舞高速公司下发的平叶舞高速〔2009〕22号文及双方签订的安全生产目标责任书的规定,工程完工未出现安全事故的,双倍返还安全风险抵押金。上述工程,凯达建筑公司于2010年11月30日完工,同年12月21日交付使用。但叶舞高速公司至今没有进行验收结算。叶舞高速公司以上述款项已按照凯达建筑公司的委托支付书支付完毕为由拒绝支付,引起纠纷。〔(2013)平民三终字第563号〕

二、诉讼过程及裁判理由

一审法院认为,本案系建设工程施工合同纠纷,双方签订的《合同协议书》是双方当事人真实意思表示,不违反法律的强制性规定,应为合法有效,对双方当事人均有法律约束力。凯达建筑公司按照与叶舞高速公司签订的焦(作)桐(柏)高速公路叶县至舞钢段房建工程承包合同,向叶舞高速公司交付了履约保证金、附加履约担保金、安全风险抵押金。工程完工交付使用后,叶舞高速公司应按照合同及招投标文件规定及时退还履约保证金、附加履约担保金,并双倍返还安全风险抵押金。委托支付书已经支付的款项,其中949 000元并未注明系支付的履约保证金或附加履约担保金,同时时间及付款数不符。另外一笔600 000元,汇款用途载明房建3标借款,并不是履约保证金或附加履约担保金,同时该笔款项收款人为凯达建筑公司,不是委托支付书中载明的收款人。因此,叶舞高速公司已将履约保证金、附加履约担保金支付完毕的辩称理由不能成立。叶舞高速公司不服一审判决提起上诉,二审法院判决驳回上诉维持原判。

三、相关法条

1.《合同法》第六十条:当事人应当按照约定全面履行自己的义务。当事人应当遵循诚实信用原则,根据合同的性质、目的和交易习惯履行通知、协助、保密等义务。

2.《合同法》第一百零七条:当事人一方不履行合同义务或者履行合同义务不符合约定的,应当承担继续履行、采取补救措施或者赔偿损失等违约责任。

3.《合同法》第一百零九条:当事人一方未支付价款或者报酬的,对方可以要求其支付价款或者报酬。

4.《合同法》第二百八十六条：发包人未按照约定支付价款的，承包人可以催告发包人在合理期限内支付价款。发包人逾期不支付的，除按照建设工程的性质不宜折价、拍卖的以外，承包人可以与发包人协议将该工程折价，也可以申请人民法院将该工程依法拍卖。建设工程的价款就该工程折价或者拍卖的价款优先受偿。

5.《最高人民法院关于审理建设工程施工合同纠纷案件适用法律问题的解释》第十四条：当事人对建设工程实际竣工日期有争议的，按照以下情形分别处理：（一）建设工程经竣工验收合格的，以竣工验收合格之日为竣工日期；（二）承包人已经提交竣工验收报告，发包人拖延验收的，以承包人提交验收报告之日为竣工日期；（三）建设工程未经竣工验收，发包人擅自使用的，以转移占有建设工程之日为竣工日期。

四、争议问题

本案的争议焦点为：凯达建筑公司按合同约定交付的履约保证金、附加履约担保金、安全风险抵押金的相关款项，叶舞高速公司是否要返还。

五、简要评论

履约保证金是担保承包商完全履行合同，主要担保工期和质量符合合同的约定，风险保证金是承包商担保在工期内不出现事故的约定。履约保证金与风险保证金在承包商全面、充分履行自己的义务后，招标人必须全额将相关保证金及时返还给承包商。

第一，在本案中凯达建筑公司于2010年11月30日完成工程，同年12月21日交付使用，无违约事项的发生。工程完工交付使用后，叶舞高速公司应按照合同及招投标文件规定及时退还履约保证金、附加履约担保金，并双倍返还安全风险抵押金。被告叶舞高速公路以双方《招投标文件》约定的"正常的履约担保将在工程交工验收合格、交工验收委员会出具交工验收报告后退还给承包人"为抗辩理由，认为凯达建筑公司诉求的履约保证金现在不具备返还的条件。此抗辩理由是不够恰当的：涉案工程在2010年12月21日交付后，被告对于此工程并未提出任何工程质量的异议，且工程项目焦（作）桐（柏）高速公路叶县至舞钢段已经于2010年12月26日建成通车，直至此诉讼阶段，被告未对此进行验收结算。被告的消极不作为的行为，违反了民法上的诚实信用原则，损害了凯达建筑公司的利益。因此，法院根据《最高人民法院关于审理建设工程施工合同纠纷案件适用法律问题的解释》第十四条的规定推定涉案工程符合相关质量标准、工程已竣工是恰当的。

第二，被告以履约保证金、附加履约担保金、安全风险抵押金已按照凯达建筑公司的委托支付书支付完毕为由拒绝支付是没有事实依据的。叶舞高速公司称按照凯达建筑公司的委托支付书已经支付的两笔款项，但在价款用途上都未注明系支付的履约保证金或附加履约担保金。民法上的意思表示，是指将企图发生一定的私法上效果的内心意思,表示于外部,内心的意思因外部表示而客观,合为一体。合同法上的一重要价值观念即保护当事人的意思自治,同时为维护交易安全,将意思自治由意思主义转向表达主义,也即以外部表示为准则。建设工程合同受合同法的调整。在本案中,叶舞高速公司称上述款项已支付给原告,但是因外部表示并不是支付履约保证金等款项,并且,叶舞高速公路的相关负责人此前皆同意退还原告履约保证金、附加履约担保金、安全风险抵押金,因此被告的抗辩理由不应成立,法院的判决符合法律和事实。

曙光控股集团有限公司与圣固(江苏)机械有限公司建设工程施工合同纠纷案

一、基本案情

2010年9月4日,曙光控股集团有限公司(以下简称曙光公司)与圣固(江苏)机械有限公司(以下简称圣固公司)双方签订一份厂房土建工程施工合同,合同约定由曙光公司承建圣固公司位于金湖县衡阳南路与金宝南线西面转角处的1号厂房1栋、2号厂房2栋、3号厂房1栋,承包范围为施工图范围内的一切项目(不含屋顶双T板、双T板吊装及屋顶防水),约定合同签订后7日内开工,140天内完工(1号厂房尽量100天完工),合同价款为1253万元。同时承包人向发包人提供履约担保金50万元,履约担保时间为担保金在工程竣工前返还。2012年5、6月份,圣固公司搬入未经竣工验收的厂房。后双方就工程款结算协商不成,原告于2012年9月10日诉至法院。[(2014)苏民终字第0138号]

二、诉讼过程及裁判理由

淮安市中级人民法院认为,依据合同约定,担保金至竣工验收时返还,现圣固公司在未竣工的情况下使用应视为工程竣工验收合格,故圣固公司收取曙光公司50万元的担保金应予返还。

三、关联法条

《最高人民法院关于审理建设工程施工合同纠纷案件适用法律问题的解释》第十三条:建设工程未经竣工验收,发包人擅自使用后,又以使用部分质量不符合约定为由主张权利的,不予支持;但承包人应当在建设工程的合理使用寿命内对地基基础工程和主体结构质量承担民事责任。

四、争议问题

本案的争议焦点为:涉案工程的主体结构是否存在质量问题以及曙光公司主张工程款优先受偿权应否予以支持。

五、简要评论

实践中,为提前获得投资收益或者是由于拖欠工程款等原因,发包方在工程未经竣工验收时就提前使用的情况时有发生,这种做法实际上蕴涵着巨大的法律风险。发包人将未经验收合格的工程投入使用的,可视为对工程质量的认可,或者虽然工程质量不合格,但自愿承担质量责任。发包人使用未经验收的工程,其应当预见工程质量可能存在问题。随着发包人的提前使用,其工程质量责任风险由施工单位随之转移给建设单位。建设工程未经竣工验收,发包人擅自使用的,承、发包双方对此类工程质量问题应由谁承担责任一直争论不休。《最高人民法院关于审理建设工程施工合同纠纷案件适用法律问题的解释》第十三条对此作出了明确的规定:"建设工程未经竣工验收,发包人擅自使用后,又以使用部分质量不符合约定为由主张权利的,不予支持;但是承包人应当在建设工程的合理使用寿命内对地基基础工程和主体结构质量承担民事责任。"在理解和适用本条时,需注意如下问题:第一,发包人擅自使用未经验收的建设工程的,仅对其擅自使用部分出现的质量问题承担风险责任。第二,本条规定仅适用于建设工程的非结构性质量问题;对于建筑工程在合理使用寿命内地基基础工程和主体结构质量出现问题,无论建筑工程是否经过验收、发包人是否擅自使用,承包人都要承担责任。

关于履约担保金的问题,根据双方关于履约担保金的约定,圣固公司关于涉案工程系挂靠施工的主张未获支持,涉案工程因圣固公司擅自使用而视为合格,且圣固公司主张涉案工程主体结构存在质量问题的证据不足,应推定曙光公司履行了合同义务,因此,依照约定,该50万元担保金应由圣固公司返还给曙光公司。

此外,关于优先受偿权问题,《最高人民法院关于建设工程价款优先受偿权问题的批复》规定,人民法院在审理房地产纠纷案件和办理执行案件中,应当依照《合同法》第二百八十六条的规定,认定建筑工程的承包人的优先受偿权优于抵押权和其他债权;建筑工程价款包括承包人为建设工程应当支付的工作人员报酬、材料款等实际支出的费用,不包括承包人因发包人违约造成的损失。因此,曙光公司要求享有建设工程价款优先受偿权的请求符合法律规定。

宝厦集团与瑞琴公司、徐琴武建设工程施工合同纠纷案

一、基本案情

宝厦集团与瑞琴公司于2007年签订了建筑工程施工承包合同,由宝厦集团承包瑞琴公司新建厂房、配套房工程。为保证合同的履行,宝厦集团向瑞琴公司支付了质量保证金人民币200万元。后由于瑞琴公司自身原因致使合同无法继续履行,工程一直未开工,宝厦集团也未进场。2008年8月24日,瑞琴公司作为还款计划人向宝厦集团出具还款计划,并实际返还部分保证金。2011年2月,瑞琴公司(甲方)、宝厦集团(乙方)、徐

琴武(丙方)签订《还款协议》,约定甲方原支付给乙方的50万元工程款暂时作为保证金退还乙方;给予乙方一次性补偿20万元;还款协议书甲方由徐琴武个人进行担保,同时将抵押物品(钨金)给予乙方抵押(附有关机构出具的鉴定证书),抵押物品实际交付给乙方保存,待甲方还款全部履行后由乙方归还给甲方。其后,瑞琴公司并无工程款返还给宝厦集团。[(2013)宝民三(民)初字第1375号]

二、诉讼过程及裁判理由

上海市宝山区人民法院认为,当事人行使权利、履行义务应当遵循诚实信用原则。宝厦集团与瑞琴公司于2011年8月22日签订的备忘录确认了瑞琴公司拖欠保证金的数额,并约定了迟延还款的违约责任,故被告应依据诚信全面履行付款义务。瑞琴公司至今未偿还拖欠的保证金,宝厦集团主张返还,并要求按合同约定的标准即日千分之五支付受理之日起的违约金,具有事实和法律依据。原被告三方于2011年2月签订的还款协议中约定瑞琴公司由徐琴武进行担保,但各方对保证方式没有作出约定,根据《担保法》的相关规定,保证人应按照连带责任保证承担保证责任。故徐琴武对瑞琴公司的上述债务承担连带责任。

三、关联法条

1.《合同法》第一百一十四条:当事人可以约定一方违约时应当根据违约情况向对方支付一定数额的违约金,也可以约定因违约产生的损失赔偿额的计算方法。约定的违约金低于造成的损失的,当事人可以请求人民法院或者仲裁机构予以增加;约定的违约金过分高于造成的损失的,当事人可以请求人民法院或者仲裁机构予以适当减少。当事人就迟延履行约定违约金的,违约方支付违约金后,还应当履行债务。

2.《担保法》第十八条:当事人在保证合同中约定保证人与债务人对债务承担连带责任的,为连带责任保证。连带责任保证的债务人在主合同规定的债务履行期届满没有履行债务的,债权人可以要求债务人履行债务,也可以要求保证人在其保证范围内承担保证责任。

3.《担保法》第十九条:当事人对保证方式没有约定或者约定不明确的,按照连带责任保证承担保证责任。

四、争议问题

本案中因被告的缺席,原告方证据材料的可采性,并不存在较大的争议。但是在现行的法律法规中,对于建设工程施工合同当中的质量保证金的性质并没有予以明确定位,常常引发纠纷。

五、简要评论

根据《建筑工程质量保证金管理办法》的规定,质保金是发、承包人在合同中约定扣留工程款中的一部分资金,以确保承包人在工程缺陷责任期内对工程质量缺陷予以修复的一笔款项。质保金条款作为合同付款义务方保护自己权益的一种手段,被广泛运用到诸如建设工程、承揽加工以及买卖等合同关系当中。

对于质量保证金的性质,有三种观点:第一种观点认为,质量保证金是违约金或定金,但合同中一般均有对违约金和定金的约定,且两者的适用均有规则,尤其是定金应当适用定金罚则,合同违约方应无权收回定金或应双倍返还定金。这种理解不甚妥当。第二种观点认为,质量保证金属于物权范畴,是一种质押担保方式,即金钱质。就主合同与担保的主从关系来看,质量保证金本身就是主合同价款的一部分,如果认定其为一种担保,那么就会出现以主合同价款担保主合同这样不合担保逻辑关系的现象。从构成要件来分析,约定质保金与担保法规定的担保种类也无一相符。再者,法定担保中没有质保金这一种类。因此,约定质保金不宜解释为担保。第三种观点是将质保金看作附条件给付的工程款,是合同一方就所供标的物的质量向对方所作的一种承诺。这一承诺为合同价款中的特定部分的给付设定了特定条件,这个条件就是标的物的质量合格。我们赞同此种说法,这没有脱离质量保证金本身就是主合同价款的一部分的事实,也对给付条件有了明确的解释。

第二节 工程保险

平安保险公司、华泰保险公司、阳光保险公司诉四川路桥公司财产保险合同纠纷案

一、基本案情

2011年4月19日,三原告共同与被告所属的乐自高速公路路基土建工程十一合同项目经理部签订建设工程保险协议,协议约定保费为712 314.37元,被告应在保险单生效届满6个月后15日内支付10%的保险费即71 231.44元。到期后,经原告多次催收未果,遂诉请被告如数支付尚欠保费及逾期利息损失。[(2014)荣民二初字第88号]

二、诉讼过程及裁判理由

四川省荣县人民法院经审理认为:依法成立的合同,对当事人具有法律约束力。作为首席承保人的平安保险公司向被告四川路桥公司签发的"建设工程一切险"保单和其后平安保险公司、华泰保险公司、阳光保险公司共同就保单中的乐自高速公路LJ11合同项目与四川路桥公司"乐自高速公路路基土建工程十一合同项目经理部"签订的《乐自高速公路路基土建工程项目保险协议》,均系双方当事人真实意思表示,合法有效。遂判决被告赔偿原告违约损失。

三、关联法条

1.《保险法》第十四条:保险合同成立后,投保人按照约定交付保险费,保险人按照约定的时间开始承担保险责任。

2.《合同法》第三十七条：采用合同书形式订立合同，在签字或者盖章之前，当事人一方已经履行主要义务，对方接受的，该合同成立。

3.《合同法》第一百零七条：当事人一方不履行合同义务或者履行合同义务不符合约定的，应当承担继续履行、采取补救措施或者赔偿损失等违约责任。

四、争议问题

本案争议焦点为：该保险合同是否生效及生效时间。

五、简要评论

由三原告提供的证据可以查明，作为首席承保人的平安保险公司向被告四川路桥公司签发的"建设工程一切险"保单和其后平安保险公司、华泰保险公司、阳光保险公司共同就保单中的乐自高速公路 LJ11 合同项目与四川路桥公司"乐自高速公路路基土建工程十一合同项目经理部"签订的《乐自高速公路路基土建工程项目保险协议》，均系双方当事人真实意思表示，合法有效。虽然协议中平安保险公司和阳光保险公司未签署签订日期，但四川路桥公司乐自高速公路路基土建工程十一合同项目经理部已于 2011 年 5 月 23 日按约支付了总保费的 90%，根据《合同法》第三十七条的规定：采用合同书形式订立合同，在签字或者盖章之前，当事人一方已经履行主要义务，对方接受的，该合同成立。本案协议应认定于 2011 年 5 月 23 日成立生效，各方应全面履行义务。为此，三原告诉请被告赔偿逾期付款损失的理由成立。

中国平安财产保险股份有限公司广东分公司诉广东省基础工程公司财产保险合同纠纷案

一、基本案情

2012 年 6 月 28 日，广东省基础工程公司向中国平安财产保险股份有限公司广东分公司投保建筑工程一切险并填写投保单，注明工程名称为省道 280 线茂湛高速公路出口至水东港段路面改造工程，地点在省道 280 线茂湛高速公路出口至水东港，建筑期限自 2012 年 6 月 30 日至 2013 年 8 月 31 日，工程所有人为省道 280 线高州市区至羊南路口段路面改造工程项目管理处，广东省基础工程公司于 2012 年 6 月 28 日收到上述保险单及保险条款。中国平安财产保险股份有限公司广东分公司承保后开具相应金额的保险费发票并交付广东省基础工程公司，但广东省基础工程公司未交纳保险费。2013 年 6 月 21 日，中国平安财产保险股份有限公司广东分公司向广东省基础工程公司发函催收保险费。广东省基础工程公司表示其已于 2013 年 4 月 20 日将保险费发票退还中国平安财产保险股份有限公司广东分公司员工许某，双方口头协商一致解除保险合同，但未

能提供相关证据。现双方就保险费缴纳产生纠纷诉至法院。[(2015)穗中法金民终字第154号]

二、诉讼过程及理由

原审法院认为广东省基础工程公司向中国平安财产保险股份有限公司广东分公司投保建筑工程一切险并填写投保单,中国平安财产保险股份有限公司广东分公司予以承保并签发保险单,故双方保险合同依法成立并生效。广东省基础工程公司未依约支付保险费,显属违约,违约方应依法赔付守约方的损失。二审法院对于原审法院认定的事实予以采纳,但是认为本案属于在保险责任未开始前广东省基础工程公司要求解除保险合同的情形,按照前述合同约定,保险责任开始前,投保人要求解除保险合同的,即便投保人已支付保险费,保险人仍须退还保险费;那么,在保险责任开始前,投保人要求解除保险合同的,投保人未缴纳保险费的,投保人即不需要再支付保险费,只需按约定支付手续费即可。原审判决投保人支付保险费不当,应予以撤销。

三、关联法条

1.《保险法》第五条:保险活动当事人行使权利、履行义务应当遵循诚实信用原则。

2.《保险法》第十三条:投保人提出保险要求,经保险人同意承保,保险合同成立。保险人应当及时向投保人签发保险单或者其他保险凭证。依法成立的保险合同,自成立时生效。投保人和保险人可以对合同的效力约定附条件或者附期限。

3.《保险法》第十四条:保险合同成立后,投保人按照约定交付保险费,保险人按照约定的时间开始承担保险责任。

4.《合同法》第六十条:当事人应当按照约定全面履行自己的义务。当事人应当遵循诚实信用原则,根据合同的性质、目的和交易习惯履行通知、协助、保密等义务。

5.《合同法》第一百零七条:当事人一方不履行合同义务或者履行合同义务不符合约定的,应当承担继续履行、采取补救措施或者赔偿损失等违约责任。

6.《合同法》第一百一十二条:当事人一方不履行合同义务或者履行合同义务不符合约定的,在履行义务或者采取补救措施后,对方还有其他损失的,应当赔偿损失。

7.《合同法》第一百一十三条第一款:当事人一方不履行合同义务或者履行合同义务不符合约定,给对方造成损失的,损失赔偿额应当相当于因违约所造成的损失,包括合同履行后可以获得的利益,但不得超过违反合同一方订立合同时预见到或者应当预见到的因违反合同可能造成的损失。

四、争议问题

本案的争议焦点为:涉案保险合同是否成立并生效;被告解除保险合同是否产生效力。

五、简要评论

根据《保险法》第十三条规定:"投保人提出保险要求,经保险人同意承保,保险合同成立。"广东省基础工程公司向中国平安财产保险股份有限公司广东分公司投保建筑工程一切险并填写投保单,中国平安财产保险股份有限公司广东分公司予以承保并签发保险单,故双方保险合同依法成立并生效。广东省基础工程公司认为《建筑工程一切险保险单》中"投保人在约定交费日后交付保险费的,保险人对交费之前发生的保险事故不承担保险责任"的约定,表明涉案保险合同是附缴纳保费条件才生效的合同。对此,法院认为,上述约定系对保险人开始承担保险责任时间的约定,而非对保险合同效力所附的条件或期限。保险合同生效不同于保险责任开始,本案保险合同已经成立并生效。

关于保险合同的解除,《保险法》第十四条规定"保险合同成立后,投保人按照约定交付保险费,保险人按照约定的时间开始承担保险责任"。《建筑工程一切险条款》第五十三条约定"保险责任开始前,投保人要求解除保险合同的,应当按本保险合同的约定向保险人支付手续费,保险人应当退还保险费……"。由于广东省基础工程公司一直未交付保险费,故中国平安财产保险股份有限公司广东分公司的保险责任未开始。因此,本案属于在保险责任未开始前广东省基础工程公司要求解除保险合同的情形,按照前述合同约定,保险责任开始前,投保人要求解除保险合同的,即便投保人已支付保险费,保险人仍须退还保险费;那么,在保险责任开始前,投保人要求解除保险合同的,投保人未缴纳保险费的,投保人即不需要再支付保险费,只需按约定支付手续费即可。再者,保险合同是射幸合同,保险条款对交纳保险费的时间有明确的约定,但是中国平安财产保险股份有限公司广东分公司未在合理期间内向广东省基础工程公司主张,中国平安财产保险股份有限公司广东分公司一直未交纳保险费,广东省基础工程公司之保险责任一直未开始,现保险期间已届满,保险事故确定不会发生,中国平安财产保险股份有限公司广东分公司才主张保险费与保险合同的性质相违背。

浙江恒立交通工程有限公司诉紫金财产保险股份有限公司浙江分公司财产保险合同纠纷案

一、基本案情

2011年2月23日,原告浙江恒立交通工程有限公司通过招投的方式竞得31省道延伸段诸暨金村至金沙段改建工程1标段工程的施工权。2011年8月1日,原告就31省道延伸段诸暨金村至金沙段改建工程1标段工程向被告投保,约定险种为建筑工程一切险,保险期间为2011年8月4日0时起至2013年5月31日24时止,物质投保部分总保险金额为人民币94 511 319元、第三者责任险赔偿限额为100万元,共计保险费为255 455元,并特别约定特种风险(地震、海啸、洪水、暴风、暴雨)赔偿限额为物质损失部分保险金额的80%。保险合同签订后,原告依约支付保险费。2012年3月5日、2012年4月25日原告所承建的工程两次因暴雨将部分建设工程冲毁,造成原告损失。双方对保险理赔事项经协商未达成一致意见而提起诉讼。〔(2014)绍诸商初字第252号〕

二、诉讼过程及理由

浙江省诸暨市人民法院认为:原、被告双方之间的保险合同关系成立、有效。被告应从合同约定的时间开始承担保险责任。原告在保险期间内发生保险事故,被告对原告的损失应予理赔。遂判决被告应支付原告保险理赔款及利息。

三、关联法条

1.《保险法》第十四条:保险合同成立后,投保人按照约定交付保险费,保险人按照约定的时间开始承担保险责任。

2.《保险法》第二十三条:保险人收到被保险人或者受益人的赔偿或者给付保险金的请求后,应当及时作出核定;情形复杂的,应当在30日内作出核定,但合同另有约定的除外。保险人应当将核定结果通知被保险人或者受益人;对属于保险责任的,在与被保险人或者受益人达成赔偿或者给付保险金的协议后10日内,履行赔偿或者给付保险金义务。保险合同对赔偿或者给付保险金的期限有约定的,保险人应当按照约定履行赔偿或者给付保险金义务。保险人未及时履行前款规定义务的,除支付保险金外,应当赔偿被保险人或者受益人因此受到的损失。

四、争议问题

本案的争议焦点为:原告所受的事故损失是否属于被告理赔范围。

五、简要评论

所谓建筑工程一切险是指:承保各类民用、工业和公用事业建筑工程项目,包括道路、水坝、桥梁、港埠等,在建造过程中因自然灾害或意外事故而引起的一切损失的险种。其中自然灾害包括:地震、海啸、雷电、飓风、台风、龙卷风、风暴、暴雨、洪水、水灾、冻灾、冰雹、地崩、山崩、雪崩、火山爆发、地面下陷下沉及其他人力不可抗拒的破坏力强大的自然现象。意外事故指:不可预料的以及被保险人无法控制并造成物质损失或人身伤亡的突发性事件,包括火灾和爆炸。本案原、被告双方在订立保险合同时约定的承保险种为建筑工程一切险,双方对责任免除作出特别约定。根据约定,原告在本案中所受到的事故损失不属于保险责任免除范围;原告制作施工方案、开工报告等资料的时间均早于其向被告投保的时间,这些资料中明确记载了工程项目的具体事项,上述记载的内容与原告向被告提交的损失清单一致。由此可见,本案原告发生的两次事故均在被告的承保范围内,而且,原告向被告提供的理赔损失清单中列明的损失项目属被告理赔范围。原告将其承建的工程项目向被告投保建筑工程一切险,双方之间的保险合同关系成立、有效。被告应从合同约定的时间开始承担保险责任。因此,原告在保险期间内发生保险事故,被告对原告的损失应予理赔。

北京市二建公司诉平安保险佛山分公司财产保险合同纠纷案

一、基本案情

北京市二建公司向平安保险佛山分公司投保了建筑工程一切险及第三者责任,承保工程:南海区九江镇污水处理厂三级管网梅圳、镇南、烟南标段铺设项目,铺设污水管道等。保险期间:自2011年8月13日00时起至2013年2月12日24时止。2011年9月20日14时30分,烟南变电站发生因外力破坏导致线路停电事故,经现场勘查取证,认定此事故为北京市二建公司在施工过程中破坏电缆所导致。因此,北京市二建公司在本事故中应负全部责任,并应向抢修工程单位支付修复及由此而引起其他用户损失的一切费用。2011年10月21日,被保险人北京市二建公司向平安保险佛山分公司报案称其公司施工过程中破坏电缆,向平安保险佛山分公司提出索赔。[(2014)佛中法民二终字第74号]

二、诉讼过程及理由

一审法院广东省佛山市禅城区人民法院经审理认为:北京市二建公司、平安保险佛山分公司之间签订的保险合同,是双方的真实意思表示,其有效性与有关法律法规并不相悖,北京市二建公司按约定交纳了保险费,亦出具了保险单,故双方的保险合同关系已成立并生效,平安保险佛山分公司应依约承担保险责任。遂判决平安保险佛山分公司向北京市二建公司支付赔款及利息。被告不服提起上诉,二审法院判决驳回上诉,维持原判。

三、关联法条

1.《保险法》第十四条:保险合同成立后,投保人按照约定交付保险费,保险人按照约定的时间开始承担保险责任。

四、争议问题

本案的争议焦点为:北京市二建公司的行为是否属于重大过失行为,即案涉事故是否属于平安保险佛山分公司的保险责任范围。

五、简要评论

平安保险佛山分公司上诉主张北京市二建公司未按合同约定了解电缆、管道的位置及采取必要措施避免损失发生,存在重大过失,因此,其不负保险赔偿责任。但是,平安保险佛山分公司制作的现场查勘记录及理赔通知书反映北京市二建公司在施工前向南方电网了解了电缆位置,为现场查勘双方共同确认的情况,平安保险佛山分公司并在此基础上出具定损意见。因此,法院认为北京市二建公司"向供电部门查询有关电缆的走向、位置等信息,根据了解的相关信息进行设计及施工,已尽到了相应的义务,其无法预知在征询供电部门意见后进行设计及施工会损坏电缆",认定其不存在过错,具有事实依据。平安保险佛山分公司上诉认为北京市二建公司在施工过程中存在重大过失,依据不足。《中国平安财产保险股份有限公司建筑工程一切险及第三者责任保险保险合同》第4部分扩展条款第三条约定"地下电缆、管道及设施特别条款兹经双方同意,保险人负责赔偿被保险人对原有的地下电缆、管道及其他地下设施造成的损失。但被保险人须在工程开工前,向有关当局了解这些电缆、管道及其他地下设施的确切位置,并采取措施防止损失发生。"现北京市二建公司在施工过程中损坏地下电缆造成的损失,属于上述条款约定的保险责任范围,平安保险佛山分公司理应赔偿。

舟山市宏达交通工程有限责任公司诉中国人民财产保险股份有限公司舟山市定海支公司财产损失保险合同纠纷案

一、基本案情

舟山市宏达交通工程有限责任公司(以下简称宏达公司)投标由业主舟山市定海区国润旅游开发有限公司(以下简称国润公司)招标的位于舟山市临城新区长峙岛与皇地基岛之间的舟山碧海蓝天凤凰湾围海工程——金凤桥工程,于2012年1月17日中标,并于2月6日签订建设工程施工合同。2012年4月1日,业主国润公司作为投保人就金凤桥工程向被告中国人民财产保险股份有限公司舟山市定海支公司(以下简称保险公司)投保建筑工程一切险(2009版),并缴纳保险费。被告于同日出具保险单。2012年4月9日,施工过程中发生深10米内的钻机施工平台毁损、钢护筒拔出的事故。宏达公司及时向保险公司报案。随后,被告以原告不具备主体资格为由拒绝支付赔付。[(2014)浙舟商终字第56号]

二、诉讼过程及裁判理由

一审舟山市定海区人民法院认为:原被告及业主国润公司订立的建筑工程一切险条款(2009版)合法有效,各自应当履约。国润公司已按约交纳保险费,被告应按照约定的时间开始承担保险责任。现投保工程舟山碧海蓝天凤凰湾围海工程——金凤桥工程发生事故损失,被告应当按约定赔偿。业主国润公司放弃索赔,不损害他人利益,应予准许。遂判决保险公司赔偿给宏达公司保险范围内的各项损失。保险公司不服提起上诉,二审浙江省舟山市中级人民法院判决驳回上诉,维持原判。

三、关联法条

1. 《保险法》第十条第三款：保险人是指与投保人订立保险合同，并按照合同约定承担赔偿或者给付保险金责任的保险公司。

2. 《保险法》第十二条第四款：财产保险是以财产及其有关利益为保险标的的保险。

3. 《保险法》第二十三条第一款：保险人收到被保险人或者受益人的赔偿或者给付保险金的请求后，应当及时作出核定；情形复杂的，应当在30日内作出核定，但合同另有约定的除外。保险人应当将核定结果通知被保险人或者受益人；对属于保险责任的，在与被保险人或者受益人达成赔偿或者给付保险金的协议后10日内，履行赔偿或者给付保险金义务。保险合同对赔偿或者给付保险金的期限有约定的，保险人应当按照约定履行赔偿或者给付保险金义务。

4. 《保险法》第四十八款：保险事故发生时，被保险人对保险标的不具有保险利益的，不得向保险人请求赔偿保险金。

四、争议问题

本案的争议焦点为：原告是否享有本案保险金请求权的主体资格？保险责任内的损失应该如何认定？后者由法院根据事实和证据规则予以确定不存在争议。前者涉及保险利益问题，值得探讨。

五、简要评论

本案的争议焦点，本案的原告宏达公司是否享有本案保险金请求权的主体资格？宏达公司要对保险标的享有保险金请求权就必须对保险标的具有保险利益。保险利益是指投保人或者被保险人对保险标的具有法律上承认的利益。财产保险的保险利益具有以下3个成立条件：（1）合法性，即法律上承认的利益。非法的利益不受法律保护，以合法形式掩盖非法目的的订立的合同一律无效。（2）经济性，即应当有经济利益。这是财产保险的目的所要求的。财产保险是以补偿损失的保险，若损失不是经济利益，无法用金钱进行衡量，就不能填补。（3）可确定性，即必须是确定的利益。所谓确定利益，是指投保人或者保险人对保险标的的现有价值（具体财产的价额）或因现有利益而产生的期待利益已经确定。确定的保险标的的价值是保险人在保险事故发生后进行赔偿的依据，若是该价值无法确定，保险人就无法赔偿。

本案中，2012年4月1日，国润公司投保建筑工程一切险（2009版）时虽没有将宏达公司列为被保险人，但是之前宏达公司通过招投标已同业主国润公司签订建设工程施工合同，且之后也向保险公司提交保险事项批改申请书，保险公司已同意并出具批单，该批单出具时间为2012年5月23号，即宏达公司于该日成为建筑工程一切险的被保险人。所以，宏达公司对本案的保险标的金凤桥工程具有合法的利益，而且宏达公司通过对金凤桥工程的建设,获取其经济上的利益,倘若该工程出现停工、损失等问题都会导致其经济利益的损失。所以,从2012年5月23日起,宏达公司对保险标的具有保险利益,即宏达公司享有本案保险金请求权的主体资格。但是本案中保险事故发生于2012年4月9日,即被保险人对其身份形成之前的保险事故是否享有保险金请求权?我国《保险法》没有规定。但是本案一审法院直接引用《保险法》第十条第三款和第十二条第四款的规定,指出被保险人对其身份形成之前的保险事故享有保险金请求权。故我们认为一审法院如此认定没有法律依据,这种做法不利于维护保险合同的稳定,增加了保险人的责任,不利于保障保险人的合法权益。

信义光伏产业(安徽)控股有限公司诉中国人民财产保险股份有限公司芜湖市分公司财产保险合同纠纷案

一、基本案情

原告信义光伏产业(安徽)控股有限公司(以下简称信义公司)向被告中国人民财产保险股份有限公司芜湖市分公司(以下简称保险公司)投保工程保险,投保单上在投保险种一栏约定"建筑、安装工程保险",2010年8月26日,被告保险公司出具保险单号PGGH201034021600000002的《建筑工程一切险(2009版)保险单》。保险期间为自2010年8月27日至2012年2月26日止。2011年6月17日下午,原告信义公司其中一条光伏生产线在进行试车过程中,发生挡焰墙倒塌的事故,造成原告损失2 463 839.67元。事故发生后,被告拒绝对原告的损失予以全额赔付。[(2013)芜经开民二初字第00175号]

二、诉讼过程及裁判理由

一审安徽省芜湖经济技术开发区人民法院经审理认为:财产保险遵循"最大诚信"原则,原告信义公司依约交纳保险费,保险公司收取保费并出具保险单及保险条款附件,签订的保险合同是双方真实意思表示,合法有效。原告发生保险事故,被告应支付保险赔偿金。遂判决被告中国人民财产保险股份有限公司芜湖市分公司赔偿原告信义光伏产业(安徽)控股有限公司相应的保险金额及利息。

三、关联法条

1.《保险法》第十三条:投保人提出保险要求,经保险人同意承保,保险合同成立。保险人应当及时向投保人签发保险单或者其他保险凭证。保险单或者其他保险凭证应当载明当事人双方约定的合同内容。当事人也可以约定采用其他书面形式载明合同内容。依法成立的保险合同,自成立时生效。投保人和保险人可以对合同的效力约定附条件或者附期限。

2.《保险法》第十四条：保险合同成立后，投保人按照约定交付保险费，保险人按照约定的时间开始承担保险责任。

3.《保险法》第三十条：采用保险人提供的格式条款订立的保险合同，保险人与投保人、被保险人或者受益人对合同条款有争议的，应当按照通常理解予以解释。对合同条款有两种以上解释的，人民法院或者仲裁机构应当作出有利于被保险人和受益人的解释。

四、争议问题

本案的争议焦点为：本案的保险险种究竟是建筑工程一切险还是建筑安装工程险？本次保险事故的发生时间是否在投保期间内？前者涉及投保单与保险单内容不一致时的认定问题，后者涉及保险条款的解释原则。两个问题均有探讨的价值。

五、简要评论

1. 投保单与保险单的内容不一致，以哪一个为准？

投保单是投保人表示愿意同保险人订立保险合同的书面申请。它是由保险人事先准备、具有统一格式的书据。投保单虽然不是正式合同的文本，但却是投保人履行如实告知义务的重要的书面依据。保险单是保险人和投保人之间订立的保险合同的正式书面表现形式。

投保单与保险单的内容不一致，以哪一个为准？虽然我国《保险法》没有规定，可以适用《合同法》的有关规定。投保人填写投保单可以视为投保人向保险人发出要约，而保险人签发保险单即是对投保人要约的承诺。但是当两者内容不一致时，即保险人在保险单中对投保单的内容做出了修改，那么就需要对该修改内容进行具体分析。根据我国《合同法》第三十条规定："承诺的内容应当与要约的内容一致。受要约人对要约的内容作出实质性变更的，为新要约。"第三十一条规定："承诺对要约的内容作出非实质性变更的，除要约人及时表示反对或者要约表明承诺不得对要约的内容作出任何变更的以外，该承诺有效，合同的内容以承诺为准。"本案中，信义公司向被告填写的投保单的内容为建筑安装工程险，而保险公司向信义公司出具的保险单的内容为建筑工程一切险。即保险公司的签单构成新要约，不是对信义公司的承诺，信义公司与保险公司关于建筑安装工程险的保险合同没有成立。但是，针对保险公司的建筑工程一切险的新要约，信义公司虽然没有作出新的承诺，但是投保人信义公司直接接受保单，交付保险费，并未提出异议，这可以认定为承诺。此承诺之表示可以经由保险费之交付得知。所以，信义公司和保险公司签订的保险合同为建筑工程一切险合同。

2. 对保险合同条款争议，什么情况下适用有利于被保险人的解释？

疑义利益的解释原则，是指当保险人与投保人、被保险人或者受益人对合同的内容发生争议时，应当作有利于被保险人的解释。疑义利益解释原则是保险合同的一大解释原则,我国《保险法》第三十条也确立了该原则。

在实务中,对于疑义利益原则的把握,应该紧扣立法的原意,秉承公平正义的原则,合理恰当地使用该原则。该原则能够改变投保人、被保险人和受益人的在保险签订中的弱势地位,更好地保护其合法权益;但是我们在使用该原则时应该注意其适用的前提条件,即:一方面该原则仅适用保险合同中的格式条款,所谓格式条款,是指格式条款是当事人为了重复使用而预先拟定、并在订立合同时未与对方协商的条款。保险人与投保人、被保险人对格式条款有争议时,应按照有利于被保险人的原则;另一方面应在按照通常理解仍有不同解释的情况下方可适用,不能恣意扩大该原则的适用范围。本案中,保险公司签发的保险单中约定试车期间为2012年1月27日至2012年2月26日,但是信义公司要约上载明:"六、保险期限:工程期预计18个月,投保时确定具体日期,试车期1月,保证期1年。预计2011年初首条生产线点火、其余生产线随后间隔3个月左右再点火,所有生产线完工日期为2011年下半年。"该要约中并没有约定具体的试车时间。所以推知,保险单上的时间不是被保险人的真实意思表示,订立合同时,保险人亦未与投保人协商,属于保险合同中的格式条款。

太平洋财保凉山支公司诉木里运能公司财产保险合同纠纷案

一、基本案情

2013年6月,木里运能公司将自有的包括木里县卡卓水电站在内的三处水电站建筑工程在被告太平洋财保凉山支公司投保建筑工程一切险。双方在保险合同中约定:本保险按照《木里县运能水电开发有限公司工程造价清单》投保,物质损失保险总金额为1.9亿元,其中卡卓水电站建筑工程保险金额为2754万元,建设期财务费用保险金额为826万元,其他费用保险金额为584万元,保险期限从2013年6月15日00时起至2015年12月31日24时止。2013年7月18日晚,保险标的卡卓水电站所在地的木里县唐央乡遭受强降雨,致使该电站厂房已开挖边坡出现卸荷后大面积垮塌,马道面出现10—20厘米宽裂缝,马道以上已完成的喷锚支护严重损坏,厂房上游侧出现大面积滑坡体。在该事故发生后,木里运能公司对发生垮塌的边坡进行加固处理修复。此后,木里运能公司根据工程实际变更的情况要求太平洋财保凉山支公司到现场配合设计等单位对损失情况及修复方案等进行准确、全面的查勘定损,但太平洋财保凉山支公司却以该次事故损失金额在保险理赔的免赔金额范围内,应由木里运能公司自行承担为由,拒绝到现场进行查勘定损。随后,木里运能公司按照国家的相关规定在工程上增加投资588.74万元,还产生设计费、建设期财务费等损失48万余元,木里运能公司认为上述损失属于本案涉及的建筑工程一切险的保险理赔范围,太平洋财保凉山支公司应当按照合同约定在保险限额内予以足额赔偿,但太平洋财保凉山支公司拒绝理赔,木里运能公司诉至法院。[(2015)川凉中民初字第223号]

二、诉讼过程及裁判理由

凉山彝族自治州中级人民法院认为,《建筑工程一切险》第三款第(二)、(三)项因被告未尽到明确提示与说明义务对原告不产生效力,但根据《保险协议》及《投保单》的约定:"暴雨、滑坡造成事故的免赔额是 60 万元或损失金额的 20%,以高者为准"。由于该免赔条款在《保险协议》及《投保单》中均有约定,且在《投保单》中是以人工手写形式载明,故被告对该免赔条款已尽到明确提示与说明义务,该免赔条款对原告具有约束力;另外,法院认可被告出具的《中期公估报告》中确定的损失金额作为理赔依据,该损失数额在免赔额内,故依法判决驳回原告木里县运能水电开发有限公司的诉讼请求。

三、关联法条

1. 《保险法》第十二条第二款:财产保险的被保险人在保险事故发生时,对保险标的应当具有保险利益。

2. 《保险法》第十二条第四款:财产保险是以财产及其有关利益为保险标的的保险。

3. 《保险法》第十三条:投保人提出保险要求,经保险人同意承保,保险合同成立。保险人应当及时向投保人签发保险单或者其他保险凭证。保险单或者其他保险凭证应当载明当事人双方约定的合同内容。当事人也可以约定采用其他书面形式载明合同内容。依法成立的保险合同,自成立时生效。投保人和保险人可以对合同的效力约定附条件或者附期限。

4. 《保险法》第十四条:保险合同成立后,投保人按照约定交付保险费,保险人按照约定的时间开始承担保险责任。

5. 《保险法》第十七条:订立保险合同,采用保险人提供的格式条款的,保险人向投保人提供的投保单应当附格式条款,保险人应当向投保人说明合同的内容。对保险合同中免除保险人责任的条款,保险人在订立合同时应当在投保单、保险单或者其他保险凭证上作出足以引起投保人注意的提示,并对该条款的内容以书面或者口头形式向投保人作出明确说明;未作提示或者明确说明的,该条款不产生效力。

6. 《保险法》第十八条第三款:受益人是指人身保险合同中由被保险人或者投保人指定的享有保险金请求权的人。投保人、被保险人可以为受益人。

7. 《保险法》第一百二十九条第一款:保险活动当事人可以委托保险公估机构等依法设立的独立评估机构或者具有相关专业知识的人员,对保险事故进行评估和鉴定。

8. 《最高人民法院关于中华人民共和国保险法司法解释(二)》第九条第一款:保险人提供的格式合同文本中的责任免除条款、免赔额、免赔率、比例赔付或者给付等免除或者减轻保险人责任的条款,可以认定为保险法第十七条第二款规定的"免除保险人责任的条款"。

9. 《最高人民法院关于中华人民共和国保险法司法解释(二)》第十一条:保险合同

订立时,保险人在投保单或者保险单等其他保险凭证上,对保险合同中免除保险人责任的条款,以足以引起投保人注意的文字、字体、符号或者其他明显标志作出提示的,人民法院应当认定其履行了保险法第十七条第二款规定的提示义务。

保险人对保险合同中有关免除保险人责任条款的概念、内容及其法律后果以书面或者口头形式向投保人作出常人能够理解的解释说明的,人民法院应当认定保险人履行了保险法第十七条第二款规定的明确说明义务。

10.《最高人民法院关于中华人民共和国保险法司法解释(二)》第十三条第一款：保险人对其履行了明确说明义务负举证责任。

四、争议问题

本案主要的争议焦点为：《建筑工程一切险基本条款》及投保单中免赔条款约定的适用和效力问题。

五、简要评论

原告木里运能公司是按照卡卓电站整个工程造价投保建筑工程一切险,在双方签订的《保险协议》第二条工程地址范围约定为"由投保人提供的用于本保险工程施工的场所以及在施工合同中指定作为施工场地组成部分的其他场所",双方在该协议及投保单中并未对已完工结算工程及保险合同成立后开建的工程有特别约定及交接清单；在《工程造价清单》中也未将该部分工程排除在外,原告投保也是按整个工程的造价缴纳保险费用,故原告投保的建筑工程一切险并不具有排他性,且《建筑工程一切险基本条款》第三条第二、三项属免责条款,根据《最高人民法院关于中华人民共和国保险法司法解释(二)》第十一条"保险合同订立时,保险人在投保单或者保险单等其他保险凭证上,对保险合同中免除保险人责任的条款,以足以引起投保人注意的文字、字体、符号或者其他明显标志作出提示的,人民法院应当认定其履行了《保险法》第十七条第二款规定的提示义务。保险人对保险合同中有关免除保险人责任条款的概念、内容及其法律后果以书面或者口头形式向投保人作出常人能够理解的解释说明的,人民法院应当认定保险人履行了《保险法》第十七条第二款规定的明确说明义务"及《保险法》第十七条第二款"对保险合同中免除保险人责任的条款,保险人在订立合同时应当在投保单、保险单或者其他保险凭证上作出足以引投保人注意的提示,并对该条款的内容以书面或者口头形式向投保人作出明确说明；未作提示或者明确说明的,该条款不产生效力"之规定,由于被告在投保单或其他保险凭证中均未就上述免责条款以足以引起投保人注意的文字、字体、符号或者其他明显标志作出提示,其没有尽到明确提示与说明义务,故《建筑工程一切险》第三款第二、三项对原告不产生效力。

中建五局安徽分公司诉民安财产保险有限公司蚌埠中心支公司财产保险合同纠纷案

一、基本案情

2012年1月,原告承建蚌埠市东海大道延伸段道路施工工程,工程地址为蚌埠市东海大道(财大路—凤阳界)。2012年3月14日,原告与被告签订《建筑工程一切险》保险合同,保险期限为2012年3月15日至2013年5月14日。其中第三者责任险中约定:每次事故赔偿限额为200 000元、人身伤亡赔偿限额150 000元、财产损失赔偿限额50 000元,累计赔偿限额1 000 000元。合同还注明:每次事故指不论一次事故或一个事件引起的一系列事故。2012年10月26日23时30分许,李洋驾驶小轿车,载李家瑶、史璐璐沿凤阳县凤翔大道由东向西,行驶至凤翔大道与蚌埠市东海大道改扩建工程连接处时,连续撞击翻越路上的沙、土堆后,翻落到原告施工路段上失火,造成李洋、李家瑶、史璐璐三人在车内被烧死亡的事故。经公安机关交通管理部门认定,李洋负主要责任,原告负此事故的次要责任。法院判决原告承担该事故人身死亡各项赔偿30%费用,赔偿三死者家属合计490 460.35元。以上三案判决均已生效执行,赔偿款原告已经先后付清,但被告一直未予赔偿保险金。故原告请求判令被告支付保险赔偿款490 460.35元。[(2015)龙民二初字第00046号]

二、诉讼过程及裁判理由

蚌埠市龙子湖区人民法院认为,中建五局安徽分公司是本案适格的原告,本次事故在双方约定的保险范围之内,但作为一次事故引起的保险理赔纠纷,依法应当认定本案的赔偿限额为每次事故人身伤亡赔偿限额150 000元,而非原告所认为的每次事故累计赔偿限额可达1 000 000元。故依法判决如下:被告民安财产保险有限公司蚌埠中心支公司在《建筑工程一切险》的赔偿限额内赔偿原告中国建筑第五工程局有限公司安徽分公司保险理赔款142 500元,驳回其他诉讼请求。

三、关联法条

1.《保险法》第十条:保险合同是投保人与保险人约定保险权利义务关系的协议。投保人是指与保险人订立保险合同,并按照合同约定负有支付保险费义务的人。保险人是指与投保人订立保险合同,并按照合同约定承担赔偿或者给付保险金责任的保险公司。

2.《公司法》第十四条第一款:公司可以设立分公司。设立分公司,应当向公司登记机关申请登记,领取营业执照。分公司不具有法人资格,其民事责任由公司承担。

四、争议问题

本案法院归纳本案的争议焦点有三:1. 中建五局安徽分公司是否是本案适格的原

告；2.本次事故是否在双方约定的保险范围之内；3.本案事故关于第三者责任险的赔偿限额应为每次事故人身伤亡赔偿限额150 000元，还是累计赔偿限额1 000 000元。我们认为争议焦点1有法律明文规定，争议焦点2、3在《建筑工程一切险》保险合同条款中也有明确约定，本案事实上并无较大争议，关键问题在于原被告双方对保险条款的理解适用。

五、简要评论

双方在《建筑工程一切险》的第三者责任险中明确约定："每次事故赔偿限额为200 000元、每次事故人身伤亡赔偿限额150 000元、每次事故财产损失赔偿限额50 000元，累计赔偿限额1 000 000元"，并在合同中进一步明确："每次事故指不论一次事故或一个事件引起的一系列事故"。虽然因本次事故导致李洋、李家瑶、史璐璐三人在车内被焚烧死亡的结果，并引发了多起死者亲属提起的交通事故责任损害赔偿诉讼，但归根结底仍为一次事故而非多次事故，且"每次事故人身伤亡赔偿限额150 000元"的条款属"每次事故赔偿限额为200 000元"项下的细化条款，"每次事故赔偿限额为200 000元"的语义中并没有事故人数的限定性约定，即每次事故不论涉及多少人其赔偿限额均为200 000元，作为其项下的细化条款，"每次事故人身伤亡赔偿限额150 000元"也当然不能理解为"每次事故每人人身伤亡赔偿限额150 000元"，故作为一次事故引起的保险理赔纠纷，依法应当认定本案的赔偿限额为每次事故人身伤亡赔偿限额150 000元，而非原告所认为的每次事故累计赔偿限额可达1 000 000元。

中恒公司诉太平洋财保公司北京分公司财产保险合同纠纷案

一、基本案情

2011年5月23日，李爱国与中恒公司签订了融资租赁合同，租赁物为挖掘机（CLG922D，发动机号73181432）。中恒公司为此挖掘机在太平洋财保公司北京分公司投保了工程机械设备综合保险，保险金额90万元，保险期间为2013年5月24日00时起至2014年5月23日24时止。保险条款责任免除第六条第十二项规定"因自身重量或因施工工地土质疏松导致标的下陷"保险公司不负责赔偿。附加险第四条规定"在保险期间内，在保险单中载明的区域范围内，保险标的因碰撞、倾覆造成的损失，保险合同按照本附加险和主险的约定负责赔偿。"附加碰撞、倾覆保险条款释义倾覆是指保险标的因自然灾害或者意外事故，造成自身翻倒，失去正常状态或行驶能力，不经施救不能恢复使用。附加碰撞、倾覆保险财产损失每次事故绝对免赔额为2 000元。2013年11月17日，于巍操作柳工CLG922D挖掘机在桦甸市公吉乡双河后山水库坝基上挖排水管时，挖掘机车身前倾，导致挖掘机从水库坝基上滑入水库中，于巍采取自救措施但未能成功，造成挖掘机倾斜，失去正常状态，大部分陷入水库淤泥中，车辆熄火。事故发生后，中恒公司及时通知了保险公司,保险公司对事故现场进行了勘查。保险公司以此次事故主要原因是由于施工工地土质疏松导致挖掘机下陷,保险人不负责赔偿为由作出拒赔通知书。中恒公司索赔未果,提起诉讼。[(2015)桦民二初字第761号]

二、诉讼过程及裁判理由

法院认为,中恒公司与太平洋财保公司北京分公司订立的工程机械保险合同,系双方当事人的真实意思表示,不违反国家法律和行政法规的强制性规定,合同合法有效。保险事故发生后,保险公司应依合同约定履行赔偿义务。关于保险公司以挖掘机在一水库内下排水管,施工地点充满危险性与不确定性,大大增加了危险程度为由,抗辩中恒公司未尽到投保人、被保险人的通知义务,保险人不承担赔偿责任的问题,经查,中恒公司挖掘机是在水库坝基上施工,并非在水库内施工,没有增加挖掘机的危险程度,中恒公司没有必要通知保险公司。至于挖掘机从水库坝基上滑入水库内,属意外情况,与保险公司认定的事实不符。因此,保险公司抗辩理由不能成立。遂判决保险公司依照保险合同的约定对中恒公司进行赔偿。

三、关联法条

1. 《保险法》第十四条:保险合同成立后,投保人按照约定交付保险费,保险人按照约定的时间开始承担保险责任。

2. 《保险法》第二十一条:投保人、被保险人或者受益人知道保险事故发生后,应当及时通知保险人。故意或者因重大过失未及时通知,致使保险事故的性质、原因、损失程度等难以确定的,保险人对无法确定的部分,不承担赔偿或者给付保险金的责任,但保险人通过其他途径已经及时知道或者应当及时知道保险事故发生的除外。

3. 《保险法》第五十二条:在合同有效期内,保险标的的危险程度显著增加的,被保险人应当按照合同约定及时通知保险人,保险人可以按照合同约定增加保险费或者解除合同。保险人解除合同的,应当将已收取的保险费,按照合同约定扣除自保险责任开始之日起至合同解除之日止应收的部分后,退还投保人。

被保险人未履行前款规定的通知义务的,因保险标的的危险程度显著增加而发生的保险事故,保险人不承担赔偿保险金的责任。

4. 《保险法》第五十七条:保险事故发生时,被保险人应当尽力采取必要的措施,防止或者减少损失。

保险事故发生后,被保险人为防止或者减少保险标的的损失所支付的必要的、合理的费用,由保险人承担;保险人所承担的费用数额在保险标的损失赔偿金额以外另行计算,最高不超过保险金额的数额。

四、争议问题

本案的争议焦点为:本次事故是否属于保险责任范围,保险公司应否承担赔偿责任。具体来说,原告的操作是否使得保险标的危险程度显著增加,原告应否履行通知义务。

五、简要评论

根据我国《保险法》第五十二条规定,在合同有效期内,保险标的的危险程度显著增加的,被保险人应当按照合同约定及时通知保险人,保险人可以按照合同约定增加保险费或者解除合同。被保险人未履行前款规定的通知义务的,因保险标的的危险程度显著增加而发生的保险事故,保险人不承担赔偿保险金的责任。危险增加通知义务是一项法定义务,不以当事人约定为必要,也不以当事人约定排除而排除;该义务是一项不真正义务,若违反,将导致权利减损或丧失。其主要特征在于相对人通常不得请求履行此种义务,而其违反亦不发生损害赔偿责任,但须承担不履行的不利后果。本案争议焦点之一就是被保险人作业过程中的行为是否属于增加危险应该通知保险人的情形,此种情形应当根据施工是否是可预见的正常的施工方式及范围而具体确定;而本案中并不存在超出合同约定的施工范围的情形,故被保险人没有此义务。

关于本次事故是否属于保险责任范围,保险公司应否承担赔偿责任问题。保险合同附加保险条款约定,保险范围包括保险标的因自然灾害或意外事故,造成自身翻倒,失去正常状态或行驶能力,不经施救不能恢复使用的情形。本案中,中恒公司挖掘机在水库坝基上施工,因意外情况挖掘机滑入水库内,造成挖掘机失去正常状态,自救不能,大部分陷入水库淤泥中,该情形符合保险合同附加险规定的情形,属于保险责任范围。因此,保险公司抗辩事故原因属于保单约定的除外责任的理由不能成立,保险公司对事故造成的损失应承担赔偿责任。法院的判决是恰当的。

第十二工程局诉人保浙江分公司、太保浙江分公司财产保险合同纠纷案

一、基本案情

2006年7月13日,原告作为投保人,与保险人即本案二被告签订《漩门三期围垦工程海堤Ⅱ标建筑工程一切险、安装工程一切险及第三者责任险保险合同》。合同对被保险工程、保险险种、保险金额、保险责任、保险期限等进行了约定。2008年9月14日至15日和2008年9月29日至30日,被保险工程玉环漩门三期围垦海堤Ⅱ标段工程分别受"森拉克"与"蔷薇"台风外围影响,造成了一定的财产损失,原告分别在2008年9月16日和9月30日报案,但被告拒绝理赔。原告认为《漩门三期围垦工程海堤Ⅱ标建筑工程一切险、安装工程一切险及第三者责任险保险合同》合法有效,合同签订后,双方当事人应全面、诚信履约。根据该合同的真实意思表示,本次事故属于保险责任范围,二被告拒绝赔偿的行为严重侵害了原告的合法权益。为此,原告起诉至法院。[(2009)杭上商初字第1159号]

二、诉讼过程及裁判理由

法院认为,第十二工程局与人保浙江分公司、太保浙江分公司于2006年7月签订的《建筑工程一切险、安装工程一切险及第三者责任险保险合同》是双方真实意思表示,不违反法律、行政法规的强制性规定,应认定真实有效。保险标的因该两场台风影响所致的毁损事故,应当属于《保险合同》约定的保险事故。但根据保险合同中的免赔额条款,人保浙江分公司、太保浙江分公司无须为该两次事故承担保险赔付义务。遂驳回原告第十二工程局有限公司的诉讼请求。

三、关联法条

1.《保险法》第五条:保险活动当事人行使权利、履行义务应当遵循诚实信用原则。

2.《保险法》第十七条第二款:对保险合同中免除保险人责任的条款,保险人在订立合同时应当在投保单、保险单或者其他保险凭证上作出足以引起投保人注意的提示,并对该条款的内容以书面或者口头形式向投保人作出明确说明;未作提示或者明确说明的,该条款不产生效力。

3.《最高人民法院关于适用〈中华人民共和国保险法〉若干问题的解释(二)》第九条第一款:保险人提供的格式合同文本中的责任免除条款、免赔额、免赔率、比例赔付或者给付等免除或者减轻保险人责任的条款,可以认定为保险法第十七条第二款规定的"免除保险人责任的条款"。

四、争议问题

本案的争议焦点为:该事故是否属于保险责任的范围,保险合同中的"免赔额"条款能否发生效力,被告据此是否应当承担赔偿责任。

五、简要评论

免赔额,是指在保险合同中规定的损失在一定限度内保险人不负赔偿责任的额度。保单中订立免赔额条款的目的是:第一,使投保人在增强责任心、减少事故发生的同时,从中享受到缴纳较低保险费的好处;第二,保险人可避免处理大量的小额赔款案件,节省双方的保险理赔费用,这对双方均有益。免赔额可分为"绝对免赔额"和"相对免赔额"。绝对赔偿额是指保险人以只赔偿超过一定限额的损失为赔偿原则的起点金额。这就是说保险人只赔偿超过该起点金额部分的损失。我国现行保险条款一般都采取绝对免赔额方式。相对免赔额是指保险人对保险标的损失进行赔付的起点金额。这就是说在保险条款中规定一个金额(或百分比),保险标的的损失只有达到这个金额(或百分比),保险人才不作任何扣除而全部予以赔付,否则不予赔偿。

本案中,《保险合同》第八条约定台风、风暴属于特殊风险范畴,每次事故绝对免赔额

150万元或损失金额的20%,两者以高者为准。涉案事故因台风"森拉克"及"蔷薇"所致,应当属于合同约定的特殊风险范畴。由于两次事故损失均低于《保险合同》约定的特殊风险事故绝对免赔额150万元,人保浙江分公司、太保浙江分公司根据合同约定无须为该两次事故承担保险赔付义务。

众志机电公司诉太平保险公司财产保险合同纠纷案

一、基本案情

2012年4月6日,众志机电公司与案外人江门建滔电子发展有限公司签订了《工程施工合同》,承包后者的立式干燥机安装工程。2012年6月7日,众志机电公司为该工程与太平保险公司签订《安装工程一切险保险合同》,太平保险公司向其出具了保单号码为63002070220120000020的安装工程一切险保险单及承保明细表,保险期限从2012年6月8日起至2012年11月4日止。2012年6月17日,众志机电公司在对上述立式干燥机进行安装调试过程中发生意外事故。事故发生后,众志机电公司即向太平保险公司报案。双方共同委托公估公司对事故进行保险评估后,对安装工程实际总价值及事故造成的损失均未提异议。但太平保险公司认为众志机电公司不足额投保,应按照公估公司评估的理赔金额45 268.20元赔偿。而众志机电公司要求应在保险限额内理赔。
[(2014)穗中法金民终字第875号]

二、诉讼过程及裁判理由

一审广州市天河区人民法院经审理查明:众志机电公司与太平保险公司签订《安装工程一切险保险合同》,是双方当事人的真实意思表示,合同内容并不违反法律、行政法规的禁止性规定,合同依法成立生效,众志机电公司、太平保险公司双方均应按照合同约定履行各自的义务。在合同约定的保险期间内,众志机电公司在安装工程过程中发生意外事故并造成损失,太平保险公司理应依约向众志机电公司赔付保险金。遂判决太平保险公司向众志机电公司支付保险金及相应利息。被告不服提起上诉,二审广东省广州市中级人民法院判决驳回上诉,维持原判。

三、关联法条

1.《保险法》第二十三条:保险人收到被保险人或者受益人的赔偿或者给付保险金的请求后,应当及时作出核定;情形复杂的,应当在30日内作出核定,但合同另有约定的除外。保险人应当将核定结果通知被保险人或者受益人;对属于保险责任的,在与被保险人或者受益人达成赔偿或者给付保险金的协议后10日内,履行赔偿或者给付保险金义务。保险合同对赔偿或者给付保险金的期限有约定的,保险人应当按照约定履行赔偿或者给付保险金义务。保险人未及时履行前款规定义务的,除支付保险金外,应当赔偿被保险人或者受益人因此受到的损失。任何单位和个人不得非法干预保险人履行赔偿或者给付保险金的义务,也不得限制被保险人或者受益人取得保险金的权利。

2.《保险法》第五十五条:投保人和保险人约定保险标的的保险价值并在合同中载明的,保险标的发生损失时,以约定的保险价值为赔偿计算标准。投保人和保险人未约定保险标的的保险价值的,保险标的发生损失时,以保险事故发生时保险标的的实际价值为赔偿计算标准。保险金额不得超过保险价值。超过保险价值的,超过部分无效,保险人应当退还相应的保险费。保险金额低于保险价值的,除合同另有约定外,保险人按照保险金额与保险价值的比例承担赔偿保险金的责任。

四、争议问题

本案的争议焦点为:众志机电公司是否已足额投保,太平保险公司应否赔付保险金的数额问题。

五、简要评论

根据保险金额和保险价值的关系,可以将保险合同分为三类,即足额保险合同、超额保险合同和不足额保险合同。不足额保险合同是指保险金额小于保险价值的合同。一般在不足额保险中,事故发生后,保险金的赔付应根据《保险法》第五十五条第四款规定:"保险金额低于保险价值的,除合同另有约定外,保险人按照保险金额与保险价值的比例承担赔偿保险金的责任。"根据该规定可知,只要合同当事人没有约定额外的赔偿原则,就必须采取比例责任原则。即在不足额保险场合,保险事故发生之后,在保险价值全部损失时,保险公司会按照保险金额的数额赔偿;在保险价值部分损失时,保险公司会按照比赔偿原则进行赔付,即赔偿金额按保险金额与保险价值的比例计算。本案中,众志机电公司的安装工程实际总价值为83 379 434元,事故造成J11#号立式干燥机受损,损失金额为1 010 000元,根据保险金额和保险价值的关系,即4 150 000元小于83 379 434元,可以看出,众志机电公司是不足额投保。关于太平保险公司应赔付保险金的数额,依据《安装工程一切险保险合同》保险条款第十三条第二款约定,保险金额低于应保险金额时,按保险金额与应保险金额的比例乘以实际损失计算赔偿。

日照人民财保公司诉碧天源公司保险合同纠纷案

一、基本案情

2012年11月,碧天源公司在日照人民财保处购买了雇主责任险,保险期限自2012年11月5日至2013年11月4日。2012年11月29日,碧天源公司的雇员卢存强在派沃泰二期工程工地吊装天沟过程中,为躲避吊装掉落到地面,造成身体多处受伤住院治疗。对于卢存强的损失,碧天源公司已赔付完毕,共赔付 92 262 元。后碧天源公司多次与日照人民财保协商上述保险理赔事宜,日照人民财保拒赔,为此,碧天源公司诉至法院。[(2015)日商终字第 71 号]

二、诉讼过程及裁判理由

一审法院认为,碧天源公司在日照人民财保处投保雇主责任险,双方保险合同关系成立且合法有效。碧天源公司雇员在保险期间发生事故,且碧天源公司已经履行完毕雇主赔偿责任,按照保险合同约定,碧天源公司有权要求日照人民财保依照雇主责任险赔付保险金。碧天源公司在投保人声明处加盖公章,应视为日照人民财保处就免责条款、免赔额及伤残赔偿比例表等条款履行了提示义务。而就明确说明义务的履行,保险人仅以投保单上投保人在投保人声明栏上的盖章证实其已履行完毕明确说明义务证据不足,该条款不对投保人产生效力。二审法院维持了一审判决。

三、关联法条

1.《保险法》第十七条:订立保险合同,采用保险人提供的格式条款的,保险人向投保人提供的投保单应当附格式条款,保险人应当向投保人说明合同的内容。对保险合同中免除保险人责任的条款,保险人在订立合同时应当在投保单、保险单或者其他保险凭证上作出足以引起投保人注意的提示,并对该条款的内容以书面或者口头形式向投保人作出明确说明;未作提示或者明确说明的,该条款不产生效力。

2.《最高人民法院关于中华人民共和国保险法司法解释(二)》第九条:保险人提供的格式合同文本中的责任免除条款、免赔额、免赔率、比例赔付或者给付等免除或者减轻保险人责任的条款,可以认定为保险法第十七条第二款规定的"免除保险人责任的条款"。

3.《最高人民法院关于中华人民共和国保险法司法解释(二)》第十三条:保险人对其履行了明确说明义务负举证责任。投保人对保险人履行了符合本解释第十一条第二款要求的明确说明义务在相关文书上签字、盖章或者以其他形式予以确认的,应当认定保险人履行了该项义务。但另有证据证明保险人未履行明确说明义务的除外。

四、争议问题

本案的争议焦点为:护理费、伙食补助费、交通费、鉴定费是否应赔付、人身伤残赔偿金应是否按保险合同约定的伤残等级比例系数确定、非医保用药和自费用药保险人是否应予赔付。这取决于保险合同中该免责条款对投保人能否生效。

五、简要评论

保险人说明义务是指保险人于保险合同订立阶段,依法应当履行的,将保险合同条款、所含专业术语及有关文件内容，向投保人陈述、解释清楚，以便使投保人准确地理解自己的合同权利与义务的法定义务。实践中保险合同多为格式合同，对于其中免除或减轻保险人责任的条款，要求保险人书面或口头对投保人进行说明义务。

在本案所涉保险合同格式条款中，护理费、伙食补助费、交通费、鉴定费不赔的条款、人身伤残赔偿金应按保险合同约定的伤残等级比例系数确定的条款、非医保用药和自费用药保险人不应予以赔付的条款皆属于可以免除或减轻保险人责任的条款，应认定为免责条款，保险人应对以上条款对投保人碧天源公司履行提示和明确说明义务。本案所涉及保险合同的保险条款通篇使用了文字加粗加黑形式印刷，但在通篇同一印刷方式的情况下，加粗加黑印刷已经不能起到提请投保人注意免责条款的作用。且该书面条款中未包含对免责条款的具体含义、后果、专业名词等方面进行解释的内容，保险人亦无证据证实其确实采用了其他方式向投保人履行了明确说明义务。综上，保险人仅以投保单上投保人在投保人声明栏上的签章证实其已履行完毕提示说明义务证据不足，法院根据《保险法》第十七条第二款的规定，认定争议焦点所涉及的保险合同免责条款无效，有利于投保人合法权益的维护。

南昌旭日公司诉池州人寿保险公司财产保险合同纠纷案

一、基本案情

2012年10月12日，南昌旭日公司为其承建的石台县雍溪桥桥梁工程，与池州人寿保险公司签订了保险合同，投保了建筑工程一切险，保险金额1 166 329.24元，保险期自2012年10月14日0时起至2013年6月13日24时止。双方特别约定：特殊风险如暴风、暴雨、洪水、泥石流风险设每次事故绝对免赔额5万元或损失金额10%，两者以高者为准。南昌旭日公司按约支付了保险费。2013年3月26日，因突发暴雨，洪水致保险标的受损。事故发生后，南昌旭日公司向池州人寿保险公司报案，并于2013年5月15日向池州人寿保险公司出具了书面报告要求给付赔偿款97 840元。因双方对事故损失及理赔金额分歧较大，池州人寿保险公司至今未履行合同义务。[（2014）石民二初字第00064号]

二、诉讼过程及理由

安徽省石台县人民法院认为：南昌旭日公司为其承建的工程向池州人寿保险公司投保建筑工程一切险，是双方真实意思表示，不违反法律、行政法规的强制规定，财产保险合同合法有效，双方当事人应当依约履行。关于合同免责条款的提示和明确说明义务，池州人寿保险公司在保险单特别约定条款中已使用加黑字体对绝对免赔额、免赔率以专条列出，南昌旭日公司在涉案投保单中关于免赔额说明部分已盖章确认，且南昌旭日公司也未有证据证明池州人寿保险公司未履行明确说明义务，应当认定池州人寿保险公司已履行了免责条款的提示和明确说明义务,该免责条款发生法律效力。遂判决被告承担免责以外的保险赔偿责任。

三、关联法条

1.《合同法》第八条:依法成立的合同,对当事人具有法律约束力。当事人应当按照约定履行自己的义务,不得擅自变更或者解除合同。

2.《保险法》第二十三条:保险人收到被保险人或者受益人的赔偿或者给付保险金的请求后,应当及时作出核定;情形复杂的,应当在 30 日内作出核定,但合同另有约定的除外。保险人应当将核定结果通知被保险人或者受益人;对属于保险责任的,在与被保险人或者受益人达成赔偿或者给付保险金的协议后 10 日内,履行赔偿或者给付保险金义务。保险合同对赔偿或者给付保险金的期限有约定的,保险人应当按照约定履行赔偿或者给付保险金义务。

保险人未及时履行前款规定义务的,除支付保险金外,应当赔偿被保险人或者受益人因此受到的损失

3.《保险法》第二十四条:保险人依照本法第二十三条的规定作出核定后,对不属于保险责任的,应当自作出核定之日起 3 日内向被保险人或者受益人发出拒绝赔偿或者拒绝给付保险金通知书,并说明理由。

4.《最高人民法院关于中华人民共和国保险法司法解释(二)》第十一条第一款:保险合同订立时,保险人在投保单或者保险单等其他保险凭证上,对保险合同中免除保险人责任的条款,以足以引起投保人注意的文字、字体、符号或者其他明显标志作出提示的,人民法院应当认定其履行了保险法第十七条第二款规定的提示义务。

5.《最高人民法院关于中华人民共和国保险法司法解释(二)》第十三条第二款:投保人对保险人履行了符合本解释第十一条第二款要求的明确说明义务在相关文书上签字、盖章或者以其他形式予以确认的,应当认定保险人履行了该项义务。但另有证据证明保险人未履行明确说明义务的除外。

四、争议问题

本案的争议焦点为:被告是否尽到了提示和明确说明义务,该免责条款对原告是否产生效力。

五、简要评论

明确说明义务,是《保险法》第十七条规定的,即对保险合同中免除保险人责任的条款,保险人在订立合同时应当在投保单、保险单或者其他保险凭证上作出足以引起投保人注意的提示,并对该条款的内容以书面或者口头形式向投保人作出明确说明;未作提示或者明确说明的,该条款不产生效力。保险人的明确说明义务在履行形式上应当满足

两方面标准：第一，保险人在订立合同时应当在投保单、保险单或者其他保险凭证上对免责条款作出足以引起投保人注意的提示；第二，保险人对免责条款的内容应当以书面或者口头形式向投保人作出明确说明。保险人在保险合同订立时采用足以引起投保人注意的文字、符号、字体等特别标识对免责条款进行提示，且投保人对保险人已履行符合前款要求的明确说明义务签字或盖章认可。所谓"明确说明"，是指保险人在与投保人签订保险合同之前或者签订保险合同之时，对于保险合同所约定的免责条款，除了在保险单上提示投保人注意外，还应当对有关免责条款的概念、内容及其法律后果等以书面或者口头形式向投保人或其代理人作出解释，以使投保人明了该条款的真实含义和法律后果。如果保险人在订立合同时未向投保人就免除保险人责任的条款进行明确说明，即使该免责条款本身不违反法律法规的强制性规定，该免责条款也不产生效力。《保险法》之所以如此规定，目的在于加大格式合同提供者即保险人的义务，以此维护投保人、被保险人的合法权益。

具体到本案中，关于双方绝对免赔额度问题，双方特别约定：特殊风险如暴风、暴雨、洪水、泥石流风险设每次事故绝对免赔额5万元或损失金额10%，两者以高者为准。池州人寿保险公司在保险单特别约定条款中已使用加黑字体对绝对免赔额、免赔率以专条列出，南昌旭日公司在涉案投保单中关于免赔额说明部分已盖章确认，且南昌旭日公司也未有证据证明池州人寿保险公司未履行明确说明义务，应当认定池州人寿保险公司已履行了免责条款的提示和明确说明义务，该免责条款发生法律效力。

威远路桥公司诉平保青海分公司、人保青海分公司营业部财产损失保险合同纠纷案

一、基本案情

2011年6月21日，威远路桥公司与平保青海分公司、人保青海分公司营业部签订了建设工程一切险保险合同。两被告对原告威远路桥公司所承建的共和至玉树公路工程建设工程（包括永久和临时工程及材料）共同进行承保（被告平保青海分公司承担55%的保险责任，人保青海分公司营业部承担45%的保险责任）；保险期限自2011年6月29日至2014年6月28日。2013年5月，玛多县连续降雪导致原告威远路桥公司承建的A9合同段工程设施中沥青拌和站碎石料仓7间防护棚受损，被告平保青海分公司接到通知后派员对现场进行了查勘。原告威远路桥公司支付854 060元对受损的碎石料工棚进行修复后向被告提出理赔。被告拒绝，认为该事故不属于保险合同约定的事项，不构成保险事故。[(2015)青民二终字第70号]

二、诉讼过程及裁判理由

一审西宁市中级人民法院认为原告威远路桥公司与被告平保青海分公司、人保青海分公司营业部签订的保险合同系双方在平等自愿协商的基础上签订的，且符合法律规定,该保险合同有效,依法应予保护。原告威远路桥公司财产受损原因符合双方在保险合同中约定的其他保险事故的情形,双方合同所约定的"暴风""暴雪"赔偿责任格式条款,加重了被保险人的责任,不利于保护投保人利益,违背诚实信用原则,被告平保青海分公司、人保青海分公司营业部辩称此次事故不属于保险事故不予赔付的理由缺乏法律和合同依据,本院不予支持,二保险人应按照保险合同的约定,承担各自的赔付责任。遂判决平保青海分公司按55％的保险责任比例赔付原告;人保青海分公司营业部按45％的保险责任比例赔付原告。被告不服提起上诉,二审青海省高级人民法院判决驳回上诉,维持原判。

三、关联法条

1.《保险法》第十九条:采用保险人提供的格式条款订立的保险合同中的下列条款无效:(一)免除保险人依法应承担的义务或者加重投保人、被保险人责任的;(二)排除投保人、被保险人或者受益人依法享有的权利的。

2.《保险法》第三十条:采用保险人提供的格式条款订立的保险合同,保险人与投保人、被保险人或者受益人对合同条款有争议的,应当按照通常理解予以解释。对合同条款有两种以上解释的,人民法院或者仲裁机构应当作出有利于被保险人和受益人的解释。

四、争议问题

本案的争议焦点为:1. 本次事故是否属于双方保险合同中约定的情形,二被告是否应承担责任;2. 原被告双方对保险条款中"暴雪"的理解存在争议如何解决。

五、简要评论

本案例是原被告双方对合同中使用的语言文字的理解发生争议所引起的诉讼案件,涉及保险合同的解释原则。我国的保险合同的解释原则与方法主要有下列几种:通常理解解释原则、合乎逻辑的解释原则、专业解释原则、诚实信用解释原则和有利于被保险人的解释原则。这几种解释原则虽然没有一个先后的顺序,但是有利于被保险人的解释原则通常都处于通常理解解释原则之后,即有利于被保险人的解释原则将通常理解解释原则作为其适用的前提条件。当保险合同的当事人对保险合同的某些内容发生争议时,首先应该按照通常理解解释原则进行解释,即按照保险合同的有关语句、条款、合同的目的、诚实信用原则等确定该条款的意思。只有在采用通常理解解释原则后,该条款仍然有不同解释,才会采用有利于被保险人的解释原则予以解释。

在本案中,原告威远路桥公司与被告平保青海分公司、人保青海分公司营业部在其签订的《保险合同》第五十五条约定:自然灾害:指地震、海啸、雷击、暴雨、洪水……及其他人力不可抗拒的破坏力强大的自然现象。由此可知两被告承担的保险赔偿责任是自然灾害。原告威远路桥公司的财产由于暴雪的原因而受到损失,属于因自然灾害遭受的损失。但是被告平保青海分公司、人保青海分公司营业部却认为原告发生的损害不符合保险合同约定的事项,不构成保险事故。保险公司的依据为保险合同中对"暴雪"程度的约定,即只有降雪量大于或等于 6 mm 才是暴雪。而根据气象规定,12 小时降雪量超过 4.5 mm 即为大到暴雪天气。根据青海省气象服务中心专业气象台证明,保险标的所在地的降雪量确实达到暴雪的程度。所以,保险公司的拒赔理由与依据不能成立。而且,保险公司对"暴雪"含义的界定在限制自身责任的同时加重了被保险人的责任,不利于保护投保人利益,违背诚实信用原则。因此,应对"暴雪"进行有利于被保险人的解释,这符合立法本意,体现了公平、诚实信用的原则。

湖南省湘平路桥建设有限公司诉中华联合财产保险股份有限公司岳阳中心支公司财产保险合同纠纷案

一、基本案情

2012 年 12 月 14 日,原告湖南省湘平路桥建设有限公司为其承包建设的平江县 S207 平江城区段(秀野大道)建设工程项目,在被告中华联合财产保险股份有限公司岳阳中心支公司投保了"建筑工程一切险"和"第三者财产损失责任险"。保险期限是自 2012 年 12 月 18 日 0 时起至 2014 年 11 月 29 日 24 时止。2013 年 5 月 7 日晚平江县发生特大暴雨,给原告施工工程造成了巨大损失和第三者责任损失。在 2013 年 5 月 9 日和 10 日,原告向被告提供该次保险事故的基本情况说明,并提供原告方损失费用 267.27 万余元的清单及相关资料、证明,要求被告予以理赔。此后,被告向原告送达了"2013.5.7 洪灾 S207 秀野大道水毁损失费用计算清单",该赔偿清单将理赔金额缩减为 155 675.75 元,导致原被告双方发生争议,被告至今未予理赔。[(2014)平民初字第 2099 号]

二、诉讼过程及裁判理由

湖南省平江县人民法院认为:2013 年 5 月 7 日晚上 19 时至 20 时平江县发生特大暴雨。当天强降雨给原告施工工程造成了巨大损失和第三者责任损失。根据保险合同的约定,判决中华联合财产保险股份有限公司岳阳中心支公司赔偿原告湖南省湘平路桥建设有限公司保险金人民币 654 615.7 元。

三、关联法条

1.《保险法》第十七条:订立保险合同,采用保险人提供的格式条款的,保险人向投保人提供的投保单应当附格式条款,保险人应当向投保人说明合同的内容。

对保险合同中免除保险人责任的条款,保险人在订立合同时应当在投保单、保险单或者其他保险凭证上作出足以引起投保人注意的提示，并对该条款的内容以书面或者口头形式向投保人作出明确说明；未作提示或者明确说明的，该条款不产生效力。

2.《最高人民法院关于中华人民共和国保险法司法解释（二）》第九条第一款：保险人提供的格式合同文本中的责任免除条款、免赔额、免赔率、比例赔付或者给付等免除或者减轻保险人责任的条款，可以认定为保险法第十七条第二款规定的"免除保险人责任的条款"。

四、争议问题

本案的争议焦点为：1. 涉案保险标的的范围；2. 关于免责条款的效力问题；3. 关于保险标的损失如何确定的问题。其中，第1、3项争议点由法院结合保险合同条款和相关证据证明的事实都能得到明确。但关于免责条款的效力问题，涉及保险人的提示和明确说明义务，在司法实践中争议颇多，值得探讨。

五、简要评论

本案的争议焦点之一是保险人是否就合同中的免责条款向投保人进行了明确说明。免责条款是指合同中双方当事人在订立合同或格式合同提供者提供格式合同时，为免除或限制一方或者双方当事人责任而设立的条款。在现实生活中，有关免责条款未能进行明确说明而产生纠纷的案例数不胜数。这与当前整个保险行业发展状态有着相当大的关系，保险公司只注重短期利益，而忽视长期关系的经营。保险代理人在向客户推销保险时，总是偏重于解释对投保人和被保险人有利的条款，有时甚至会夸大其词；而针对免责条款，则往往是一带而过。

我国《保险法》第十七条第二款规定：对保险合同中免除保险人责任的条款，保险人在订立合同时应当在投保单、保险单或者其他保险凭证上作出足以引起投保人注意的提示，并对该条款的内容以书面或者口头形式向投保人作出明确说明；未作提示或者明确说明的，该条款不产生效力。对免责条款进行明确说明是有立法依据的，这是保险人的一项法定义务。但是如何认定保险人对免责条款作出了明确说明？明确说明行为是一个相对模糊的概念，而且也不易量化。在我国的保险实务中，一般有下列两个条件，法院就会认定保险人对免责条款履行了明确说明义务：一是保险人在投保单或者保险单等其他保险凭证上，对保险合同中免除保险人责任的条款，以足以引起投保人注意的文字、字体、符号或者其他明显标志作出提示的；二是投保人对保险人履行了明确说明义务在相关文书上签字、盖章或者以其他形式予以确认的。这是在被告保险人不能提供其他证据证明自己履行了明确说明义务，而投保人或者被保险人以保险人未履行明确说明义务为抗辩的情况下的认定条件，二者缺一不可。本案中，原告虽然在投保单中"本人声明"（本人已经仔细阅读保险条款，尤其是字体加粗部分的条款内容，并对保险公司就保险条款内容的说明和提示完全理解,没有异议,申请投保)处加盖了其公章。但被告保险公司只是简单地在保单上附上免责条款,没有将合同中的免责条款及特别约定中关于免赔额的内容进行字体加粗或用足以引起投保人注意的文字、字体、符号或者其他明显标志作出提示。即明确说明义务认定的两个条件,保险公司提供的证据只能证明一个,故可以认定保险公司没有向原告履行明确说明义务,免责条款和免赔额的内容对原告不生效。

刑事篇

第八章 工程事故类犯罪

第一节 重大责任事故罪疑难问题

王建军过失致人死亡案

一、基本案情

烟台德润建筑有限公司(以下简称德润公司)承包了烟台经济技术开发区万隆冶金与大义汽车、重阳机械、厚木袜业间挡土墙工程,后将部分挡土墙工程分包给被害人孙积龙,双方约定由孙积龙联系人员和设备从事作业,该公司按照工程量支付相关费用。孙积龙雇佣王明州自带铲车到工地干活。2013年4月12日17时许,被告人王建军(系王明州之子)在工地驾驶装载机施工,王建军在无驾驶资格,且明知所驾驶装载机存有喇叭不响等安全隐患的情况下,仍驾驶装载机作业,作业过程中因刹车失灵,将工地的孙积龙和雇佣的工人邵洪忠轧伤,后经抢救无效死亡。经鉴定,死者孙积龙系生前躯体遭受巨大钝性暴力作用致严重闭合性腹部损伤后腹腔脏器破裂导致失血性休克死亡。死者邵洪忠系生前躯体遭受巨大钝性暴力作用致严重闭合性颅脑损伤合并胸部损伤死亡。案发后,烟台德润建筑有限公司第十分公司赔偿死者邵洪忠亲属经济损失人民币61万元,赔偿死者孙积龙亲属经济损失人民币60万元。[(2014)烟刑一终字第143号]

二、诉讼过程及裁判理由

一审法院认为,被告人王建军无证驾驶有安全隐患的装载机施工,致二人死亡,其行为已构成过失致人死亡罪。被告人王建军归案后能如实供述自己的犯罪事实,认罪、悔罪,且德润公司已赔偿了死者亲属的经济损失,可对被告人王建军从轻处罚。依照《中华人民共和国刑法》第二百三十三条、第六十七条第三款之规定,以犯过失致人死亡罪,判处被告人王建军有期徒刑四年,与前罪未执行完毕的管制九个月实行并罚,决定执行有期徒刑四年,管制九个月。

一审宣判后,公诉机关不抗诉,原审被告人王建军不服,以其行为应构成重大责任事故罪为由,提出上诉,请求二审法院以重大责任事故罪作出判决。

二审法院认为,上诉人王建军无证驾驶存有安全隐患的装载机施工,致二人死亡,其行为已构成过失致人死亡罪。上诉人王建军归案后能如实供述自己的犯罪事实,认罪、悔罪,可酌情予以从轻处罚。上诉人王建军关于其行为应构成重大责任事故罪的上诉理由,经查,上诉人王建军之父王明洲受雇于被害人孙积龙,在孙积龙承包自德润公司的挡土墙工程中自带装载机施工,王明洲、孙积龙二人与德润公司均无内部管理关系,上诉人王建军在未取得驾驶资格的情况下,临时代替王明洲驾驶存在安全隐患的装载机施工,因装载机刹车失灵而导致被害人孙积龙、邵洪忠死亡,上诉人王建军不具备重大责任事故罪的主体资格,其行为应构成过失致人死亡罪而非重大责任事故罪,其上诉理由没有法律依据,本院不予采纳。原审判决认定事实清楚,证据充分,定罪准确,量刑适当,审判程序合法,依法应予维持。依照《中华人民共和国刑事诉讼法》第二百三十三条第一款第(一)项之规定,裁定如下:驳回上诉,维持原判。

三、关联法条

1.《刑法》第一百三十四条:在生产、作业中违反有关安全管理的规定,因而发生重大伤亡事故或者造成其他严重后果的,处3年以下有期徒刑或拘役;情节特别恶劣的,处3年以上7年以下有期徒刑。

2.《刑法》第二百三十三条:过失致人死亡的,处3年以上7年以下有期徒刑;情节较轻的,处3年以下有期徒刑。本法另有规定的,依照规定。

四、争议问题

本案的争议焦点为:被告人王建军是与德润公司并无内部组织管理关系的施工者,其在生产、作业中导致他人死亡的行为,构成过失致人死亡罪还是重大责任事故罪?

五、简要评论

从构成要件上看,重大责任事故罪与过失致人死亡罪存在很多相似之处:1. 两罪的主观要件相同,都是过失犯罪,行为人对结果的发生都持排斥态度。2. 两罪都是结果犯,都以发生危害结果作为构成要件。3. 两罪都是可能侵害生命安全的犯罪。也正因为如此,实践中容易发生混淆。

但从实质来看,在导致他人死亡的情况下,重大责任事故罪作为业务过失犯罪,是过失致人死亡罪的特殊类型,两罪在构成要件上仍存在一定区别:

(一)两罪的主体资格不完全相同。过失致人死亡罪的主体为一般主体,即年满16周岁具有辨认控制能力的自然人。而重大责任事故罪的主体除具备一般主体的基本条件外,还必须是业务上负有一定注意义务的自然人。1997年《刑法》第一百三十四条规定重大责任事故罪的主体是工厂、矿山、林场、建筑企业或其他企业、事业单位的职工,后司法实践普遍认为本罪的主体范围太过狭窄,因此2006年《刑法修正案(六)》对本罪的主体予以修正,删除了原法条中"工厂、矿山、林场、建筑企业或者其他企业、事业单位的职工"的限定,使重大责任事故罪的犯罪主体范围扩大,包括对生产、作业负有组织、指挥或者管理职责的负责人、管理人员、实际控制人、投资人等人员,以及直接从事生产、作业的人员。这意味着只要是"在生产、作业"的人,都可能成为本罪的主体,而不问其是否与企业、事业单位之间存在正式的雇佣、聘用、委托等关系。因此,本案中王明洲、孙积龙以及王建军虽然与德润公司无内部管理关系,但王建军案发时属于"在生产、作业"的人,可成为本罪的犯罪主体。

(二)两罪发生的客观场合不完全相同。过失致人死亡罪通常表现为行为人在日常生活中违反相关注意义务,漠视他人的生命,导致他人死亡的后果。而重大责任事故罪则通常表现为在生产、作业中,违反安全管理规定而发生重大事故。如果导致他人死亡的重大事故是因为行为人在生产、作业中违反有关安全管理规定,应以重大责任事故罪论处。

就本案而言,被告人王建军虽然与德润公司没有内部管理关系,不是德润公司的正式职工,但根据现行《刑法》规定,只要是"在生产、作业"的人,就可成为本罪的主体。此外,从案件发生的场合来看,王建军无驾驶资格,且明知所驾驶装载机存有喇叭不响等安全隐患的情况下,仍驾驶装载机作业最后导致他人的死亡,属于是在"生产、作业"中违反有关安全管理的规定,致人死亡的情况,符合重大责任事故罪的客观要件。综上,被告人王建军的行为应构成重大责任事故罪而非过失致人死亡罪,法院对王建军案的定性不正确。

蒋某甲重大责任事故案

一、基本案情

2013年2月27日14时许,被告人蒋某甲通过李某的安排,明知自己无焊工作业证的情况下,在重庆市北碚区嘉陵风情步行街菲林酒吧三楼大厅进行加固大厅内钢架焊接工作。被告人蒋某甲在从事焊接工作时,未采取适当的防范措施,导致焊渣掉落到地板下,次日凌晨2时许,菲林酒吧发生火灾,被烧毁物品价值人民币939 200元。后经重庆市北碚区公安消防支队认定、重庆市消防局复核,起火原因为蒋某甲在对大厅西北墙5.2米,距西南墙2.8米相交处地台钢架进行焊接作业过程中,金属熔渣飞溅到周围可燃物内,引燃周围可燃物导致火灾发生。[(2014)碚法刑初字第00089号]

二、诉讼过程及裁判理由

重庆市北碚区法院审理认为:被告人蒋某甲在生产、作业中违反安全管理规定无证从事特种作业,造成直接经济损失939 200元的重大事故,其行为已构成重大责任事故罪。公诉机关指控的罪名成立,对被告人蒋某甲依法应处3年以下有期徒刑。被告人蒋某甲到案后如实供述了犯罪事实,依法可以从轻处罚;对被告人的辩护人的相关辩护意见,本院予以采纳。本院依照《中华人民共和国刑法》第一百三十四条第一款、第六十七条第三款、第六十一条、第七十二条、第七十三条第二、三款的规定,作出判决如下:被告人蒋某甲犯重大责任事故罪,判处有期徒刑1年,缓刑1年。

三、关联法条

1.《刑法》第一百三十四条:在生产、作业中违反有关安全管理的规定,因而发生重大伤亡事故或者造成其他严重后果的,处3年以下有期徒刑或拘役;情节特别恶劣的,处3年以上7年以下有期徒刑。

2.《刑法》第一百一十五条:放火、决水、爆炸以及投放毒害性、放射性、传染病病原体等物质或者以其他危险方法致人重伤、死亡或者使公私财产遭受重大损失的,处10年以上有期徒刑、无期徒刑或者死刑。

过失犯前款罪的,处3年以上7年以下有期徒刑;情节较轻的,处3年以下有期徒刑或者拘役。

四、争议问题

本案的争议焦点为:被告人蒋某甲的行为构成重大责任事故罪还是失火罪?

五、简要评论

重大责任事故罪与失火罪在构成要件上存在很多共同点:1.主观上均表现为过失,犯罪人对危害结果都持排斥态度。2.两罪都是结果犯,都必须以发生危害结果作为构成要件。也正因为如此,在实践中容易发生混淆。

但从实质来看,在导致火灾的情况下,重大责任事故罪作为业务过失犯罪,可谓失火罪的特殊类型,二者在构成要件上仍存在诸多区别:

(一)主体要件不完全相同。失火罪的主体为一般主体,即年满16周岁具有辨认控制能力的人。而重大责任事故罪作为业务犯罪,除具备一般犯罪主体条件外,还必须是对生产、作业负有组织、指挥或者管理职责的负责人、管理人员、实际控制人、投资人等人员,以及直接从事生产、作业的人员。根据相关司法解释,无照施工经营者以及群众合作经营组织或个体经营户的从业人员,无证开采的小煤矿从业人员,在劳改企业中从事生产的在押犯等均可成为本罪的主体。

(二)行为发生的场合不同。失火罪通常表现为行为人在日常生活中,由于违反相关的注意义务,漠视他人的生命、健康、财产安全,缺乏必要的谨慎态度而引发火灾。而重大责任事故罪则通常表现为在生产、作业中,违反安全管理规定而发生重大伤亡事故或其他严重后果。如果严重后果是因为行为人在生产、作业中违反有关安全管理的规章制度,导致火灾的,应以重大责任事故罪论处。

纵观本案,被告人的行为可能构成普通的失火罪。但本案的被告人属于无照从事特种作业的施工人员,且从火灾发生的场合来看,被告人蒋某甲在从事焊接工作时,违反相关规章制度,未采取适当的防范措施,导致酒吧火灾,因此,被告人蒋某甲的行为更符合重大责任事故罪的构成特征。法院以重大责任事故罪对蒋某甲定罪量刑是正确的。

王运波强令违章冒险作业案

一、基本案情

2013年2月25日,被告人王运波到长阳响石高岭土矿任矿长。因该矿爆破员多已离开,只剩一个爆破员而不能正常作业,为了不停产,被告人王运波违反《中华人民共和国安全生产法》的规定,安排不具备爆破作业资格的田某某、侯某某分别带人进行爆破作业,并指使仓库保管员张某某向田某某、侯某某发放民爆物品。2013年6月25日,田某某在井下进行爆破作业时被炸身亡。事故发生后,被告人王运波隐瞒事实真相,伪造交通事故现场而予以上报。2013年6月29日,响石高岭土矿赔偿田某某亲属损失70万元。[(2014)鄂长阳刑初字第00011号]

二、诉讼过程及裁判理由

湖北省长阳土家族自治县人民检察院指控:被告人王运波身为矿长,强令工人违章冒险作业,导致死亡1人的重大伤亡事故,且在事故发生后隐瞒不报,伪造交通事故现场,情节特别恶劣,其行为触犯了《中华人民共和国刑法》第一百三十四条第二款的规定,犯罪事实清楚,证据确实充分,应当以强令违章冒险作业罪追究其刑事责任,并建议对被告人王运波在5年至8年有期徒刑间适用刑罚。被告人王运波的辩护人认为:被告人王运波在客观方面没有实施强令违章冒险作业的行为,不构成强令违章冒险作业罪。其一,"强令"与"令"的含义不同,本案的证据材料中根本没有"强令"行为或情节。其二,本案强令行为所针对的违章冒险作业者,应该是从事无证爆破的工人,而不是保管员,但起诉材料中没有任何证据证明被告人王运波对爆破人员作过指示或命令。

法院审理认为:被告人王运波身为矿长,强令工人违章冒险作业,导致死亡1人的重大伤亡事故,其行为已触犯刑律,构成了强令违章冒险作业罪,依法应予刑罚处罚。公诉机关指控的罪名和犯罪事实成立,本院予以确认。鉴于被告人王运波在事故发生后积极赔偿了被害人亲属的损失,其伪造交通事故现场的行为未造成严重后果,可不认定为情节特别严重。而辩护人关于被告人王运波的行为不构成强令违章冒险作业罪的辩护意见与本案客观事实和相关法律规定不符,本院不予采纳。公诉机关的量刑建议偏重,本院不予采纳。据此,依照《中华人民共和国刑法》第一百三十四条第二款、《最高人民法院、最高人民检察院关于办理危害矿山生产安全刑事案件具体应用法律若干问题的解释》第四条第一款第(一)项和《最高人民法院关于进一步加强危害生产安全刑事案件审判工作的意见》第十五条第(六)项之规定,判决如下:被告人王运波犯强令违章冒险作业罪,判处有期徒刑3年6个月。

三、关联法条

《刑法》第一百三十四条第二款：强令他人违章冒险作业，因而发生重大伤亡事故或者造成其他严重后果的，处 5 年以下有期徒刑或者拘役；情节特别恶劣的，处 5 年以上有期徒刑。

四、争议问题

本案主要争议问题在于，王运波违章指挥不具备爆破作业资格的田某某等人进行井下作业、指挥仓库保管员张某某违章向田某某等发放爆炸物的行为是否构成强令违章冒险作业罪？

五、简要评论

强令违章冒险作业罪是《刑法修正案（六）》从原《刑法》第一百三十四条重大责任事故罪中分离出来单独设立的罪名。其单独设罪的实践背景是，许多重大安全事故发生前，往往都存在一定的危险征兆，生产、作业人员已向有关负责人反映情况，并表示不愿意冒险作业。而有关负责人出于生产利益的考虑，强令他人违章冒险作业，最终导致了事故的发生。这类行为不仅危害严重，而且深受老百姓痛恨，因而《刑法修正案（六）》将"强令他人违章冒险作业"单独设立罪名，并规定了比一般生产、作业安全事故更重的法定刑。

在理解强令违章冒险作业罪时，必须对"强令"的内容做正确理解，即强行命令。通常情况下，生产、作业的管理者、指挥者对从业工人具有职务上的管辖、制约关系，一般表现为雇佣关系或者上下级关系。处于优势地位的前者可以决定后者职务升迁、工资待遇等，后者不得不服从前者的指挥、命令。值得注意的是，"强令"不等于"命令"，不能单纯地理解为必须有说话态度强硬或者大声命令等外在形式，只要强令者所发出的信息内容所产生的影响，达到了使工人不得不违心冒险作业的程度即可。适用本罪应注意：

（一）"强令"针对不同对象可作不同理解。实践中被强令违章冒险作业的工人业务素质参差不齐，因而使其违章冒险作业的"强令"认定标准也不一致。对于那些经验丰富、对事故具有预见能力的熟练工人，往往明知其被命令的作业有危险，通常会明示或暗示拒绝作业。此时，"强令"的内容不仅指一般的指挥、命令，还必须具有明确强势地强迫行为，如扣工资、辞退等，才能促使工人违章冒险作业。而对于那些缺乏从业经验的农民工，往往没有经受系统的安全培训，对安全事故的处理和应付能力不足，不能正常判断违章冒险作业的危险后果，因而也没有对违章冒险作业进行选择的意志自由。此时，行为人只有一般的违章指令、指挥，也能达到强令他人违章冒险作业的目的，当发生重大事故时，通常也会认定为强令违章冒险作业罪。

（二）"强令"无需直接针对直接作业的工人，通过其他部门或者中间管理者转达给工人也能达到"强令"的效果。实践中,生产、作业的管理者、指挥者强令工人违章冒险作业的指挥方式不一,有时需要经过生产部门转达给工人,有时是直接指挥工人作业。无论采取哪种方式,管理者、指挥者都无需出现在生产、作业的现场,因为其依职权对工人提出的要求具有工人必须服从的权威,客观上也能对工人形成压力。如果造成了重大伤亡事故或者造成其他严重后果的,也应以强迫违章冒险作业罪定罪处罚,而不能以其不在现场为由推卸责任。

就本案而言,被告人王运波为了加快生产进度,违章指挥不具备爆破作业资格的田某某等人进行井下作业,因田某某等不具有爆破作业资格,对事故缺乏应有的预判能力,因而王运波即使没有"强令"行为,其一般的违章指挥、指令也能达到强令他人违章冒险作业的目的。此外,虽然强令行为所针对的违章冒险作业者,应该是从事无证爆破的工人,而王运波只指使仓库保管员张某某向田某某、侯某某发放民爆物品,但是王运波身为矿长,其无需直接对具体从业工人下达指令,向保管员张某某下达的指令也可起到命令爆破工人违章冒险作业的效果。因此,王运波的行为完全符合强令违章冒险作业罪的构成要件,法院的定罪量刑是正确的。

第二节　重大劳动安全事故罪疑难问题

唐某重大劳动安全事故案

一、基本案情

泰兴市某公司(以下简称某公司)成立于 2009 年 1 月 12 日,法定代表人唐某。2015 年 6 月 12 日,惠州市某甲公司投资入股并重新登记注册,法定代表人为丁某。被告人唐某任总经理,全面主持生产、经营、财务管理工作。2014 年 2 月 18 日某公司搬迁改造开工,同年 5 月 18 日竣工。改造后的主要产品为三氯化铁,属于危险化学品。同年 7 月 1 日,泰兴市安监局对某公司的三氯化铁试生产方案予以备案,试生产期限:自 2014 年 7 月 2 日至 2015 年 7 月 1 日。2015 年 4 月,某公司改变三氯化铁生产工艺路线,新增一套装置生产氯化亚铁,未向安全生产监督管理部门申请安全审查,亦未组织安全设施竣工验收。现场使用了不防爆的电气设备,未设置自动监测装置,制定的氯化亚铁生产操作规程缺乏可操作性。2015 年 7 月 20 日,泰兴市安监局约谈被告人唐某,要求某公司在试生产到期后不得组织生产,应及时组织安全设施竣工验收并办理安全生产许可手续。2015 年 8 月 22 日,泰兴市安监局突击检查,发现某公司在未经安全设施竣工验收的情况下组织三氯化铁生产,现场存在重大事故隐患,制作了《现场处理措施决定书》,责令某公司从危险区域撤出作业人员,暂时停产停业,通知被告人唐某到泰兴市安监局签收《现场处理措施决定书》。被告人唐某以其不是某公司的法定代表人为由未签收,某公司仍组织三氯化铁生产。2015 年 8 月 27 日 22 时许,氯化亚铁车间操作工人韩某在生产过程中,向反应池中加入过量的盐酸,反应剧烈,产生大量氢气,氢气积聚并和空气混合形成爆炸性混合气体,遇生产现场电气设备产生的电火花发生爆炸,韩某头面、胸腹部等处复合性损伤,经抢救无效死亡。被告人唐某对事故的发生负有领导责任。被告人唐某归案后如实供述了犯罪事实。案发后,某公司赔偿被害人近亲属经济损失计人民币84万元,缴纳罚款人民币35万元。[(2015)泰刑初字第0633号]

二、诉讼过程及裁判理由

法院审理认为,2014年年底,被告人唐某擅自改变生产工艺路线,新增氯化亚铁生产装置1套,并在该装置未按照《爆炸危险环境电力装置设置规范》组织设计,未向安全生产监督管理部门申请安全审查,未组织安全设施竣工验收,未取得危险化学品安全生产许可证,存在安全事故隐患的情况下,仍然直接投入使用。后在明知安全生产监督管理部门责令其暂时停产停业的情况下,仍然安排工人继续生产,发生1人死亡的重大伤亡事故,被告人唐某系直接负责的主管人员,其行为已构成重大劳动安全事故罪,依法应予以惩处;其归案后如实供述自己的罪行,依法可以从轻处罚;所在单位已对被害人亲属作出民事赔偿,可酌情从轻处罚。泰兴市人民检察院对被告人唐某犯重大劳动安全事故罪的指控成立,本院予以支持。鉴于被告人唐某有悔罪表现、对所居住社区没有重大不良影响,宣告缓刑,可给予一定的考验期限。关于辩护人提出"对被告人唐某判处拘役"的辩护意见,经查,被告人唐某对事故的发生负有领导责任,根据本案的具体情节,不宜对其判处拘役。关于辩护人提出的其他辩护意见,经查属实,本院予以采纳。依照《中华人民共和国刑法》第一百三十五条,第六十七条第三款,第七十二条第一款之规定,判决如下:被告人唐某犯重大劳动安全事故罪,判处有期徒刑7个月,缓刑1年。

三、关联法条

《刑法》第一百三十五条:安全生产设施或者安全生产条件不符合国家规定,因而发生重大伤亡事故或者造成其他严重后果的,对直接负责的主管人员和其他直接责任人员,处3年以下有期徒刑或者拘役;情节特别恶劣的,处3年以上7年以下有期徒刑。

四、争议问题

本案并不存在较大争议。但由于重大劳动安全事故罪是因安全生产设施或安全生产条件不符合国家规定所致,因此本案的典型意义在于司法实务中如何准确适用本罪的客观要件和主体要件。

五、简要评论

重大劳动安全事故罪,是指安全生产设施或者安全生产条件不符合国家规定,因而发生重大伤亡事故或者造成其他严重后果的行为。实践中适用本罪应注意:

（一）客观要件中"安全生产设施"和"安全生产条件"的正确理解和适用。"安全生产设施"是指为了防止和消除在生产过程中的各类事故，用以保障劳动者安全的技术设备、装置和各种用品。具体包括：1.预防事故设施。如检测、报警设施；设备安全防护设施；防爆设施；作业场所防护设施；安全警示标志等。2.控制事故设施。如泄压和止逆设施；紧急处理设施等。3.减少与消除事故影响设施。如防止火灾蔓延设施；灭火设施；紧急个体处置设施；应急救援设施；逃生避难设施；劳动防护用品和装备。"安全生产条件"根据《安全生产许可证条例》第六条的规定，包括：1.建立、健全安全生产责任制，制定完备的安全生产规章制度和操作规程；2.安全投入符合安全生产要求；3.设置安全生产管理机构，配备专职安全生产管理人员；4.主要负责人和安全生产管理人员经考核合格；5.特种作业人员经有关业务主管部门考核合格，取得特种作业操作资格证书；6.从业人员经安全生产教育和培训合格；7.依法参加工伤保险，为从业人员缴纳保险费；8.厂房、作业场所和安全设施、设备、工艺符合有关安全生产法律、法规、标准和规程的要求；9.有职业危害防治措施，并为从业人员配备符合国家标准或者行业标准的劳动防护用品；10.依法进行安全评价；有重大危险源检测、评估、监控措施和应急预案；11.有生产安全事故应急救援预案、应急救援组织或者应急救援人员，配备必要的应急救援器材、设备；13法律、法规规定的其他条件。

（二）主体要件的正确理解与适用。重大劳动安全事故罪的主体是对安全生产设施或者安全生产条件不符合国家规定的负有直接责任的主管人员和其他直接责任人员。根据2015年12月14日最高人民法院、最高人民检察院《关于办理危害生产安全刑事案件适用法律若干问题的解释》的规定，刑法第一百三十五条中"直接负责的主管人员和其他直接责任人员"，是指对安全生产设施或者安全生产条件不符合国家规定负有直接责任的生产经营单位负责人、管理人员、实际控制人、投资人，以及其他对安全生产设施或者安全生产条件负有管理、维护职责的人员。其中，"直接负责的主管人员"，是指对安全生产负有直接责任的生产单位的领导，实践中通常是负责安全生产的副厂长、副经理等。如果厂长或经理亲自负责安全生产的，则直接负责的主管领导就是厂长或者经理。"其他直接责任人员"，是指对安全生产负有直接责任的人员，如安全生产管理人员、班长、组长等。需要注意的是，"责任人员"不是指直接造成事故的人员，而是对安全生产设施或安全生产条件负有责任的人员。如因机器设备存在故障而导致重大事故的，对事故负责的人不是使用机器的工人，而是保障该机器安全的人员。

就本案而言，被告人唐某身为该公司负责生产安全的总经理，在生产中擅自改变工艺路线，新增氯化亚铁生产装置1套，并在该装置未按照《爆炸危险环境电力装置设置规范》组织设计，未向安全生产监督管理部门申请安全审查，未组织安全设施竣工验收，未取得危险化学品安全生产许可证，存在安全事故隐患的情况下，仍然直接投入使用。后在明知安全生产监督管理部门责令其暂时停产停业的情况下，仍然安排工人继续生产，导致发生1人死亡的重大伤亡事故，被告人唐某系直接负责的主管人员，其行为已构成重大劳动安全事故罪,法院对其定罪量刑完全正确。

柯永群强令违章冒险作业案

一、基本案情

顺达公司条山铁矿 6 号矿在 2008 年泌阳县人民政府治理整顿矿产资源开发秩序中被整合到顺达公司,柯永群为该矿矿长(兼安全员)。2005 年至 2008 年期间,由于乱挖滥采,该矿井下巷道与顺达公司 5 号、8 号矿井下巷道被打通,柯永群明知上述安全隐患的存在,但没有采取任何措施予以防范或消除。2010 年 3 月 22 日凌晨,顺达公司 5 号矿在爆破作业时引发透水,致使作业巷道相互贯通的顺达公司 5 号、6 号、8 号矿同时被淹,造成 6 号矿正在井下作业的 2 名工人被困,后 2 人因溺水死亡。事发后,柯永群积极赔偿了遇难者家属经济损失共计 50 余万元。另查明,柯永群在得知 5 号矿发生透水殃及 6 号矿,造成 6 号矿正在井下作业的 2 名工人被困后立即向当地派出所报了案,后在矿上组织人员、设备实施抽水,抢救井下被困工人。事发当日公安民警就地进行调查时,柯永群主动配合,如实供述了案件事实。[(2010)泌刑初字第 106 号]

二、诉讼过程及裁判理由

法院审理认为,6 号矿的巷道在多年前已与 5 号、8 号矿巷道打通相连,因此,该矿巷道施工安全早已存在重大事故隐患,安全生产条件不符合国家规定,结果在 5 号矿发生透水后殃及该矿,造成正在矿井下施工的 2 名工人溺水死亡。被告人柯永群作为矿长兼安全员,亦明知事故隐患的存在,仍没有采取任何预防或者消除措施,继续让工人组织生产,致使发生了危害公共安全的后果,对事故的发生主观上存在重大过失,应负主要责任,6 号矿的矿点与 5 号、8 号矿点分别贯通对事故后果扩大负有直接责任,被告人柯永群其行为已构成强令违章冒险作业罪。公诉机关指控被告人柯永群犯重大劳动安全事故罪的罪名不确切,应予纠正。被告人柯永群在案发后主动报案并积极在现场实施救援,在公安机关就地调查时如实供述案件事实,属自首;且考虑事故原因非 6 号矿引发,柯永群在事故发生后,积极组织、参与事故抢救,足额协议赔偿了遇难者家属经济损失,对柯永群应依法从轻处罚。辩护人辩护的本案事实不清,证据不足,指控被告人柯永群犯重大劳动安全事故罪不能成立的辩护意见,不予采纳。被告人及辩护人要求从轻、减轻处罚的理由予以采纳。依照《中华人民共和国刑法》一百三十四条第一款、第一百三十五条、第六十七条第一款、《最高人民法院关于处理自首和立功具体应用法律若干问题的解释》第一条、《最高人民法院、最高人民检察院关于办理危害矿山生产安全刑事案件具体应用法律若干问题的解释》第四条、第十二条的规定,判决如下:被告人柯永群犯强令违章冒险作业罪,判处有期徒刑 3 年。

三、关联法条

1.《刑法》第一百三十四条第二款：强令他人违章冒险作业，因而发生重大伤亡事故或者造成其他严重后果的，处5年以下有期徒刑或者拘役；情节特别恶劣的，处5年以上有期徒刑。

2.《刑法》第一百三十五条：安全生产设施或者安全生产条件不符合国家规定，因而发生重大伤亡事故或者造成其他严重后果的，对直接负责的主管人员和其他直接责任人员，处3年以下有期徒刑或者拘役；情节特别恶劣的，处3年以上7年以下有期徒刑。

四、争议问题

本案的争议问题是，在该矿洞安全生产条件不符合国家规定，且没有明确的证据证明被告人柯永群"强令"工人违章冒险作业时，其行为构成重大劳动安全事故罪还是强令违章冒险作业罪。

五、简要评论

一般认为，安全生产设施或者安全生产条件不符合国家规定，因而发生重大伤亡事故或者造成其他严重后果的，应构成重大劳动安全事故罪。如果违反安全管理规定采用了"强令他人违章冒险作业"的方式，进而造成严重后果的，应构成强令违章冒险作业罪。可见，重大劳动安全事故罪与强令违章冒险作业罪通常不容易发生混淆。

在理解强令违章冒险作业罪时，必须对"强令"的内容做正确理解，是指在他人不愿意服从生产安排时，管理人员利用职权强迫他人服从而不得不违章作业。此时，施工者不是出于其本意，因而不能追究其刑事责任，只能追究指挥、管理人员的刑事责任。值得注意的是，"强令"不等于"命令"，不能单纯理解为必须有说话态度强硬或者大声命令等外在形式，强令者也不要求必须身处生产、作业的现场。只要强令者所发出的信息内容所产生的影响，达到了使工人不得不违心冒险作业的程度即可。尤其是对于那些无法对事故危险作出正确预判的无资质农民工，强令行为不一定需要强迫、威胁，只要明知不可为，包括明知违反有关规定或者不具有安全生产条件而命令他人违章作业即可。根据2015年12月14日《最高人民法院、最高人民检察院关于办理危害生产安全刑事案件具体应用法律若干问题的解释》第五条规定，明知存在事故隐患、继续作业存在危险，仍然违反有关安全管理的规定，实施下列行为之一的，应当认定为刑法第一百三十四条第二款规定的"强令他人违章冒险作业"：（一）利用组织、指挥、管理职权，强制他人违章作业的；（二）采取威逼、胁迫、恐吓等手段，强制他人违章作业的；（三）故意掩盖事故隐患，组织他人违章作业的；（四）其他强令他人违章作业的行为。从本案的案情看，柯永群作为矿长兼安全员，对事故隐患存在明确认识，不但没有采取任何安全措施，反而指挥工人继续生产、作业，因而发生重大事故的，构成强令违章冒险作业罪。

值得注意的是,从导致本案重大事故的原因来看,该矿洞在事发前存在如下隐患:(1)没有建立安全生产管理机构。(2)没有按批准的设计施工。(3)输电线路较乱。(4)没有提供符合国家进行标准的劳动防护用品,因而被泌阳县安监局下发了强制整改的通知书。而柯永群作为负责人,明知上述安全隐患的存在,但没有采取任何措施予以防范或消除,最终导致了事故的发生,其行为也符合重大劳动安全事故罪的构成特征。所谓重大劳动安全事故罪,是指安全生产设施或者安全生产条件不符合国家规定,因而发生重大伤亡事故或者造成其他严重后果的行为。实践中通常表现为两种情形:一是负责生产设施或安全生产条件的人员,没有设置合格的安全生产设施与安全生产条件,因而发生重大伤亡事故或者造成其他严重后果;二是在安全生产设施或者安全生产条件不符合国家规定的情况下,负责人不改善安全生产设施与安全生产条件,因而发生重大事故。

在某些案件中,如果行为人既对安全生产设施或者安全生产条件负有管理责任,又强令他人违章冒险作业进而造成重大事故的,此时造成事故的原因有两个:一个是行为人的不作为,即不改善安全生产设施和安全生产条件;另一个是行为人的作为,即强令他人违章冒险作业。但考虑到只有一个犯罪结果,如果将一个犯罪结果作为两个过失犯罪的构成要件,有违"禁止重复评价原则",因此,应从一重处罚,即适用法定刑更高的强令他人违章冒险作业罪。

就本案而言,被告人柯永群既构成强令违章冒险作业罪,又构成重大劳动安全事故罪,但只有一个犯罪结果,应从一重处罚,法院最终认定被告人柯永群构成强令违章冒险作业罪是正确的。

谈某某、向某某重大劳动安全事故案

一、基本案情

曲沃庆江铁矿成立于2003年12月,被告人谈某某于2004年2月到曲沃庆江铁矿打工,同年10月担任矿长,2013年5月3日被正式任命为矿长。被告人向某某于2005年到曲沃庆江铁矿打工,系包工头,2008年后负责管理李某某等小工头。被害人梅某某于2013年5月到曲沃庆江铁矿打工,与卢某某、张某某等人是一个班组,同属小工头李某某管理。2013年7月30日14时许,卢某某与梅某某到井下打钻、爆破,21时许返回井上,下班前卢某某按了风扇的摁钮,欲排除洞内因爆破形成的有害气体,但因电机烧坏风扇无法工作而未能排除。梅某某上井吃饭、洗澡、换上干净衣服、皮鞋后,约23时后下到井下工作面,欲将钻机气腿卸下扛到洞上修理,因爆破产生的有害气体没有排除,致梅某某中毒死亡。事故发生后,被告人谈某某、向某某与被害人梅某某的家属达成赔偿协议,由曲沃庆江铁矿赔偿梅某某死亡赔偿金等共计880 000元。2013年3月14日,谈某某到曲沃县公安局自动投案,如实供述了其犯罪事实。同时查明,曲沃庆江铁矿井下通风采用抽出式机械通风方式,采用主斜井进风,风井出风,出风口的风洞内安装两台主扇,一台工作,一台备用,主扇型号为 FBCZ—4—N010A 型,电机功率 15 kW。但案发时该工作面只有工作风扇,无备用风扇。曲沃庆江铁矿小型机械设备发生故障后,由向某某负责维修。[(2014)曲刑初字第 73 号]

二、诉讼过程及裁判理由

法院审理认为,被告人谈某某身为曲沃庆江铁矿负直接责任的主管人员,违反"风井口的风洞内安装两台主扇,一台工作,一台备用"的规定,在正常工作的主扇损坏的情况下,无备用主扇,以致爆破后洞内有害气体无法排除,造成他人死亡的后果,其行为侵犯了生产安全,构成重大劳动安全事故罪。被告人向某某虽为包工头,但其负有维修小型机械设备的义务,在井下风扇不工作的情况下,未能及时修理带动风扇的电机,以致造成他人死亡的后果,其行为也侵犯了生产安全,构成重大劳动安全事故罪。公诉机关指控二被告人犯罪的事实清楚,证据确实、充分,但指控罪名以重大劳动安全事故罪为宜。被告人谈某某自动投案,如实供述犯罪事实,构成自首,二被告人当庭认罪,并结合曲沃庆江铁矿赔偿被害人之事实,本院部分采纳辩护人的辩护意见,对二被告人从轻处罚。依照《中华人民共和国刑法》第一百三十五条、第六十七条、第七十二条之规定,判决如下:一、被告人谈某某犯重大劳动安全事故罪,判处有期徒刑 8 个月。二、被告人向某某犯重大劳动安全事故罪,判处有期徒刑 6 个月,缓刑 1 年。

三、关联法条

1.《刑法》第一百三十四条:在生产、作业中违反有关安全管理的规定,因而发生重大伤亡事故或者造成其他严重后果的,处 3 年以下有期徒刑或拘役;情节特别恶劣的,处 3 年以上 7 年以下有期徒刑。

2.《刑法》第一百三十五条:安全生产设施或者安全生产条件不符合国家规定,因而发生重大伤亡事故或者造成其他严重后果的,对直接负责的主管人员和其他直接责任人员,处 3 年以下有期徒刑或者拘役;情节特别恶劣的,处 3 年以上 7 年以下有期徒刑。

四、争议问题

本案的争议焦点为,对本案二被告人的行为如何定性:一种意见认为应构成重大责任事故罪;另一种意见认为应构成重大劳动安全事故罪。

五、简要评论

重大责任事故罪,是指在生产、作业中违反有关安全管理的规定,因而发生重大伤亡事故或者造成其他严重后果的行为。重大劳动安全事故罪,是指安全生产设施或者安全生产条件不符合国家规定,因而发生重大伤亡事故或者造成其他严重后果的行为。虽然两罪都是过失犯罪,但在客观要件上仍存在一定区别:

（一）犯罪表现形式不完全相同。重大责任事故罪的发生原因是在生产、作业中违反安全管理规定，这是一个比较宽泛的范围，实践中本罪多表现为积极的作为犯罪，如擅自移走安全标志、在禁火区明火作业等；也不排除不作为犯罪的情况，如值班时玩手机、睡觉等。而重大劳动安全事故罪则主要是因为安全生产设施或者安全生产条件不符合国家规定而发生严重后果，是典型的不作为犯罪。可以认为，在某些场合，重大责任事故罪与重大劳动安全事故罪是一般法条与特别法条的关系，如果能认定事故发生的原因是因为安全生产设施或者安全生产条件不符合国家规定所致，宜适用作为特别法条的重大劳动安全事故罪。

（二）犯罪主体不完全相同。根据相关司法解释的规定，重大责任事故罪的犯罪主体包括对生产、作业负有组织、指挥或者管理职责的负责人、管理人员、实际控制人、投资人等人员，以及直接从事生产、作业的人员，即包括了管理者与直接施工者。而重大劳动安全事故罪的犯罪主体是直接负责的主管人员和其他直接责任人员，包括对安全生产设施或者安全生产条件不符合国家规定负有直接责任的生产经营单位负责人、管理人员、实际控制人、投资人，以及其他对安全生产设施或者安全生产条件负有管理、维护职责的人员，即包括管理者和维修者，不包括施工者本人。

（三）被害主要群体不完全相同。实践中，在重大责任事故罪中，因违反安全管理规定而发生严重后果时，受害者通常包括直接施工者和无辜群众；而在重大劳动安全事故罪中，因安全生产设施或安全生产条件不符合国家规定而导致严重后果，首当其冲的受害者是直接施工者，当然偶尔也会殃及无辜群众。

就本案而言，当时庆江铁矿的风机已损坏，担任矿长的谈某某以及工头向某某在风机损坏，也没有备用风机的情况下，既没有购买新的风机进行排风，也没有安排对"爆破后禁止工人下洞"这一事项进行专人监管，导致工人梅某某在爆破后下井修理钻机气腿时，因有害气体中毒死亡。可见，正是由于安全生产设施或生产条件不符合国家规定而导致了本次事故的发生，而被告人谈某某、向某某作为该铁矿的矿长和工头，与铁矿形成一种承包生产关系，是铁矿事实上的管理者，对铁矿的安全生产负有注意义务。因此，本案更符合重大劳动安全事故罪的特征，法院认定二人的行为构成重大劳动安全事故罪是正确的。

管某、周某工程重大安全事故案

一、基本案情

2011年1月，古建公司与南京市市政工程建设处签订《施工合同》，由古建公司负责承建城北护城河段景观及绿化工程。2011年5月23日，南京市住建委书面批复，同意在原初步设计基础上进行部分设计调整，新建景观廊桥一座。同年5月28日，被告人周某在宏辉公司未取得相应施工资质的情况下，以该公司名义与古建公司签订工程分包合同,承揽了位于本市鼓楼区金川河上的景观廊桥施工工程。在施工过程中,宏辉公司未严格按照设计图纸和施工规范加工安装廊桥木结构建筑,质量管控缺失,将柱脚直径12毫米对拉螺杆改用3英寸圆钉,施工组织设计缺乏针对木结构的内容及措施,节点榫卯做法不规范,降低了工程质量标准。古建公司未核实分包方的施工资质,被告人管某作为施工方古建公司派驻现场的项目负责人,未履行工程质量监管的职责,导致该廊桥项目工程质量存在重大安全隐患。2012年7月3日晚,该廊桥在暴雨大风中倒塌,造成2死6伤和人民币80余万元直接经济损失的事故。事故发生后,事故调查技术组出具专家意见,认为恶劣天气是导致本次事故的重要因素,是倒塌的诱因;设计单位未针对仿古木结构体系抗侧能力偏弱的特点采取必要的加强措施,施工单位未严格按照设计图纸和规范要求施工是本次事故的主要原因。同年7月21日和30日,被告人管某、周某被抓获归案。案发后,被害人亲属及被害人已经获得赔偿。[(2014)宁刑终字第91号]

二、诉讼过程及裁判理由

一审法院判决认为,古建公司、宏辉公司作为工程建设单位,违反国家规定,降低工程质量标准,造成重大安全事故,被告人周某、管某为直接责任人员,均构成工程重大安全事故罪,依法应予惩处。为维护安全生产、作业的管理制度不受侵犯,惩罚犯罪,根据被告人周某、管某在本案中犯罪的事实、犯罪的性质、情节和对社会的危害程度,依照《中华人民共和国刑法》第一百三十七条、第七十二条第一款、第七十三条第二款、第三款、第五十二条、第五十三条之规定,以工程重大安全事故罪分别判处被告人周某、管某处有期徒刑2年,缓刑2年,罚金人民币1万元。

宣判后,原审被告人管某不服,向南京市中级人民法院提出上诉称:原审判认定案件事实不清,适用法律不当,应该追究其他负有直接责任者的责任,要求依法撤销原审判决,对上诉人作出公正裁判。

南京市中级人民法院经审理查明,古建公司、宏辉公司作为工程建设单位,违反国家规定,降低工程质量标准,造成重大安全事故,上诉人管某以及原审被告人周某作为直接责任人员,均构成工程重大安全事故罪。关于上诉人管某及其辩护人提出,"认定案件事实不清,适用法律不当,应该追究其他负有直接责任者的责任,要求依法撤销原审判决,对上诉人作出公正裁判"的上诉理由和辩护意见。经查,古建公司承接了城北护城河段景观及绿化工程,为加快工程进度,建设方将工程分包给宏辉公司,工程分包不能解除承包人任何责任与义务,承包人应在分包场地派驻相应管理人员,对于分包单位的任何违约行为或疏忽造成工程损害或者给发包人造成其他损失,承包人应承担连带责任,古建公司负有施工管理责任。上诉人管某作为古建公司的项目负责人,负有对现场工程质量和分包单位宏辉公司施工质量的监督管理责任。后工程质量由于存在重大安全隐患,最终出现廊桥倒塌,致人死伤的安全事故,上诉人管某作为直接责任人,应当追究其刑事责任。原审法院认定本案的事实清楚,证据充分,定性准确,审判程序合法,量刑适当,应予维持。据此，依照《中华人民共和国刑事诉讼法》第二百二十五条第一款第（一）项之规定，裁定如下：驳回上诉，维持原判。

三、相关法条

《刑法》第一百三十七条规定：建设单位、设计单位、施工单位、工程监理单位违反国家规定，降低工程质量标准，造成重大安全事故的，对直接责任人员，处5年以下有期徒刑或者拘役，并处罚金；后果特别严重的，处5年以上10年以下有期徒刑，并处罚金。

四、争议问题

本案争议问题是：1. 当建筑工程分包后，发生重大安全事故，哪些责任主体可能被追究刑事责任？2. 当人为因素和自然因素共同造成重大安全事故时，如何认定刑事责任？

五、简要评论

工程重大安全事故罪，是指建设单位、设计单位、施工单位、工程监理单位违反国家规定，降低工程质量标准，造成重大安全事故的行为。实践中适用本罪应注意：

（一）本罪客观要件是"降低工程质量标准"，造成重大安全事故。1. "降低工程质量标准"是指违反国家规定，以低于质量要求的标准进行工程建设、设计、施工、监理。具体表现为：(1) 建设单位违反规定，要求设计单位或者施工单位压缩工程造价、降低工程标准、提供质量不合格的建筑材料等，造成工程质量下降。(2) 设计单位不按照建筑工程质量标准、技术规范以及建设单位的特别质量要求对工程进行设计，导致工程质量下降。(3) 施工单位偷工减料，擅自使用不合格的建筑材料、配件等，或者不按照设计图纸施工，造成工程质量下降。(4) 工程监理单位不认真履行监理职责，对不符合质量标准的设计和施工行为不监督、不制止或不及时提出整改措施等。2. 造成重大安全事故。根据2008年6月25日《最高人民检察院、公安部关于公安机关管辖的刑事案件立案追诉标准的规定（一）》第十三条的规定，建设单位、设计单位、施工单位、工程监理单位违反国家规定，降低工程质量标准，涉嫌下列情形之一的，应予立案追诉：(1) 造成死亡1人以上，或者重伤3人以上；(2) 造成直接经济损失50万元以上的；(3) 其他造成严重后果的情形。可见，重大安全事故不限于人身伤亡，还包括工程质量不合格所导致的经济损失、工程返修所耗费用等。

（二）本罪是典型的单位犯罪，但《刑法》采取了单罚制，即只处罚直接责任人员。此时，不能将单位犯罪主体与单位刑事责任主体混为一谈。"直接责任人员"，是指其行为与工程重大安全事故具有直接关系的人员，包括对是否降低工程质量标准具有决定权的领导人员以及直接从事工程建设事宜的建设单位的有关人员、设计单位的设计人员、施工单位的技术人员和具体施工人员、监理单位的亲临现场的监理人员等。实践中，工程承包人通常会将工程分包给其他施工单位完成，这种工程分包不能解除承包人的任何责任与义务，承包人应在分包场地派驻相应管理人员，对于分包单位的任何违约行为或疏忽造成工程损害或者给发包人造成其他损失，承包人应承担连带责任。

（三）在多个因素共同造成工程重大安全事故时，刑事责任的认定应分情况处理。实践中有些工程重大安全事故往往是由多方面原因共同造成的，包括：1. 多个人为因素共同造成事故的场合，如可能由建设单位、设计单位、施工单位、工程监理单位中的两个或两个以上的单位非法降低工程质量标准共同造成的，此时需追究相关单位责任人的刑事责任。2. 人为因素和自然因素共同造成事故的场合。此时，如果事故完全是由自然灾害引起的，则不追究相关单位人员的刑事责任；如果事故完全或者部分是由于上述单位人员非法降低工程质量标准引起的，自然因素只起次要作用的，仍应追究相关单位人员的刑事责任。

就本案而言，虽然此次事故的发生是人为因素和自然因素同时造成的，但恶劣天气只是导致本次事故的诱因；设计单位未针对仿古木结构体系抗侧能力偏弱的特点采取必要的加强措施，施工单位未严格按照设计图纸和规范要求施工是本次事故的主要原因，因此，仍应追究施工单位责任人的刑事责任。此外，古建公司将工程发包给宏辉公司，这种工程的分包不能解除承包人任何责任与义务，承包人仍应在分包施工现场派驻相关管理人员，对于分包单位因疏忽造成的事故，承包人应承担连带责任。而管某作为古建公司的项目负责人，负有对现场工程质量和分包单位宏辉公司施工质量的监督管理责任，理应对此次事故承担工程重大安全事故罪的刑事责任。

郑某甲教育设施重大安全事故案

一、基本案情

2004年6月30日起，被告人郑某甲与永清县刘街乡徐街村委会在原徐街村小学占用西院14间校舍合办春蕾幼儿园，其间，因所用房屋为铁梁不符合验收标准，春蕾幼儿园将14间房屋的铁梁更换为木质梁。2006年3月起，被告人郑某甲独自经营春蕾幼儿园并任校长，负责幼儿园全面工作。2012年8、9月份和2013年8、9月份，郑某甲又租用原徐街村小学东院的3间房屋，作为春蕾幼儿园开设的小学一年级教室使用。2013年12月1日，郑某甲与徐街村村委会签订了东、西两院共计17间房屋的租赁合同，在使用过程中发现东院的3间房屋出现漏雨、房梁松动、后房山墙下沉等安全隐患。2014年2月份，郑某甲找无资质人员对房屋进行了修缮，修缮过程中在房屋的铁梁下支撑了一根铁管用以加固，将该房屋继续作为一年级教室使用。2014年12月13日下午4时许，该教室坍塌，致教室内学生3人死亡2人受伤。经检验，事故屋架下弦所检碳含量、锰含量不符合GB/T 700—2006碳素结构钢标准要求，其他所检项目符合要求。经鉴定，修缮时进行的不当支顶以及屋架下弦采用塑性、韧性、冲击韧性及冷弯性能极差的钢材是造成该建筑屋架瞬间垮塌的主要原因。事故发生后，被告人郑某甲参与现场抢救，被传唤到案后如实供述了事实经过。另查明,2009年3月,永清县教育局向春蕾幼儿园颁发《中华人民共和国民办学校办学许可证》,核定办学内容为学前教育。被告人郑某甲未将租用东院3间房屋用于办学的情况向教育行政部门报批,也未经相关部门验收、检查。事故发生后,通过校园方责任险的理赔及相关部门垫付,补偿了被害方的损失,部分被害人亲属对郑某甲表示谅解。[(2015)永少刑初字第9号]

二、诉讼过程及裁判理由

河北省永清县人民检察院指控,被告人郑某甲作为春蕾幼儿园园长,明知校舍有危险,而不及时采取有效措施,致使发生重大伤亡事故,其行为已触犯《中华人民共和国刑法》第一百三十八条的规定,构成教育设施重大安全事故罪。被告人郑某甲到案后如实供述了自己的罪行,适用《中华人民共和国刑法》第六十七条第三款的规定,提请本院依法追究被告人郑某甲的刑事责任。

被害人任某甲亲属任某乙认为郑某甲的行为构成犯罪。被害人任某某亲属任某丙认为事故的发生是意外,郑某甲的行为不构成犯罪并对被告人郑某甲表示谅解。被告人郑某甲对公诉机关指控的事实和罪名无异议。辩护人肖林峰的辩护意见称:被告人郑某甲发现春蕾幼儿园校舍存在一定隐患后,及时报告并积极采取了相应措施,校舍意外坍塌与被告人郑某甲之间不具备法律上的因果关系。郑某甲的行为不构成教育设施重大安全事故罪。

后永清县人民法院认为:被告人郑某甲明知自己擅自扩大的3间校舍房屋铁梁不符合安全标准,且在发现房梁松动变形等情况后,雇佣无建筑资质人员进行简单修缮,未采取有效措施,仍将安全性能不达标的房屋继续作为教室使用,致使发生伤亡事故,被告人郑某甲的行为与损害结果之间存在刑法上的因果关系。被告人郑某甲作为幼儿园园长,明知校舍有危险,而不采取有效措施,致使发生重大伤亡事故,后果特别严重,事实清楚,证据充分,公诉机关指控的罪名成立。被告人郑某甲的行为构成教育设施重大安全事故罪。被告人郑某甲到案后如实供述自己的罪行,依法从轻处罚;被告人郑某甲取得了部分被害人亲属的谅解,酌情从轻处罚。依照《中华人民共和国刑法》第一百三十八条、第六十七条第三款的规定,判决如下:被告人郑某甲犯教育设施重大安全事故罪,判处有期徒刑3年6个月。

三、关联法条

《刑法》第一百三十八条规定:明知校舍或者教育教学设施有危险,而不采取措施或者不及时报告,致使发生重大伤亡事故的,对直接责任人员,处3年以下有期徒刑或者拘役;后果特别严重的,处3年以上7年以下有期徒刑。

四、争议问题

本案的争议问题是:1. 春蕾幼儿园校舍坍塌事故,属于意外事件不构成犯罪还是构成工程重大安全事故罪？2. 在校舍坍塌涉及工程质量问题时，如何追究相关人员的刑事责任？

五、简要评论

教育设施重大安全事故罪，是指明知校舍或者教育教学设施有危险，而不采取措施或者不及时报告，致使发生重大伤亡事故的行为。实践中，适用本罪应注意如下问题：

（一）本罪的成立条件以及与意外事件的区别。构成本罪通常需具备如下要件：1. 行为人不采取措施或不及时报告。"不采取措施"是典型的不作为犯罪，包括没有采取任何措施，或者虽然采取一定措施，但只是敷衍了事，根本不足以消除隐患。"不及时报告"是指行为人不及时向有关的主管部门报告校舍或教育教学设施有危险。这里的"有关部门"，既包括本教育机构的主管部门，也包括该教育机构的上级主管部门和其他相关机构，如公安消防部门等。2. 发生重大伤亡事故，造成严重后果。根据2008年6月25日《最高人民检察院、公安部关于公安机关管辖的刑事案件立案追诉标准的规定（一）》第十四条，明知校舍或者教育教学设施有危险，而不采取措施或者不及时报告，涉嫌下列情形之一的，应予立案追诉：（1）造成死亡1人以上、重伤3人以上或者轻伤10人以上的；（2）其他致使发生重大伤亡事故的情形。3. 不采取措施或者不及时报告与重大事故之间存在因果关系，这也是本罪区别于意外事件的关键。如果重大事故不是由于行为人不采取措施或者不及时报告引起，而是由于自然事故或者他人人为事故引起的，则不能认定行为人的行为构成教育设施重大安全事故罪。

（二）本罪与工程重大安全事故罪的区分。实践中，校舍坍塌可能是由多方面原因造成的，在认定中应注意：1. 如果校舍坍塌不涉及工程质量问题，而是由于年久失修或者其他原因导致的，负责校舍安全的责任人明知校舍存在危险，却不采取措施或不及时报告以致发生重大事故的，只能追究校舍安全负责人教育设施重大安全事故罪的刑事责任。2. 如果校舍坍塌是由于工程质量问题所致，即校舍的建设单位、设计单位、施工单位、工程监理单位降低工程质量标准的，则应追究相关单位工程重大安全事故罪的刑事责任。同时，如果校舍安全负责人明知此降低工程质量标准的校舍存在隐患，而不采取措施或不及时报告的，应同时追究其教育设施重大安全事故罪的刑事责任。3. 如果校舍坍塌是工程质量问题，而且一般人难以觉察，校舍安全负责人对此也完全不知情，则只能追究校舍建设单位、施工单位、设计单位或工程监理单位工程重大安全施工罪的刑事责任。

就本案而言，被告人郑某甲明知自己擅自扩大的3间校舍安全存在隐患，虽然采取了一定的修缮措施，但其雇佣无建筑资质人员，采取不符合安全标准的修缮措施，无法从根本上解决消除隐患，并继续将安全性能不达标的房屋继续作为教室使用，致使发生伤亡事故，被告人郑某甲的行为与损害结果之间存在刑法上的因果关系，因而其行为构成教育设施重大安全事故罪，法院的定罪量刑是正确的。

第九章 工程欺诈类犯罪

第一节 串通投标罪疑难问题

在工程招投标过程中,参与招投标者之间串通投标的现象屡见不鲜,对正常的招投标秩序造成了极大的冲击。对此,《招投标法》第五十三条以及《刑法》第二百二十三条都作出了禁止性规定,但是由于实践过程中串通投标形式纷繁复杂,挂靠、围标等现象此起彼伏,极大地增加了犯罪认定的难度。

陈某甲等串通投标案

一、基本案情

2011年12月间,被告人陈某甲在不具备相关建筑资质的情况下,为在晋江市金井镇敬老院一期配套工程施工招标过程中中标,与被告人辛某某、陈某乙联系挂靠、围标事宜,约定无论哪家公司中标,该工程都由被告人陈某甲承包建设,并由被告人陈某甲给予被挂靠的中标公司工程款1.5%的挂靠费。后经被告人辛某某、陈某乙介绍、联系,被告人陈某甲挂靠龙腾建设实业有限公司、福建省金淘建筑工程有限公司、福建省龙洲建筑工程有限公司参与该工程投标,进行围标。最终福建省金淘建筑工程有限公司中标,工程中标价计人民币560 928元,支付中标的挂靠单位工程款1.5%的挂靠费,支付另两家未中标单位介绍费500元,后该工程由被告人陈某甲实际施工。案发后,三被告人先后到公安机关投案。[(2015)泉刑终字第320号]

二、诉讼过程及裁判理由

一审晋江市人民法院认为,被告人陈某甲、辛某某、陈某乙在招标投标过程中,相互串通投标报价,损害招标人利益,情节严重,其行为均已构成串通投标罪。在共同犯罪中,被告人陈某甲起主要作用,是主犯;被告人辛某某、陈某乙起次要作用,是从犯,应当从轻处罚。三被告人主动投案,如实供述自己的罪行,是自首,可以从轻处罚。原审法院据此判决:一、被告人陈某甲犯串通投标罪,判处有期徒刑9个月,并处罚金人民币2万元。二、被告人辛某某犯串通投标罪,判处有期徒刑6个月,缓刑1年,并处罚金人民币1万元。三、被告人陈某乙犯串通投标罪,判处有期徒刑6个月,缓刑1年,并处罚金人民币1万元。陈某甲认为一审判决没有考虑到其自首情节,量刑过重,遂提起上诉。

二审泉州市中级人民法院认为,上诉人陈某甲、陈某乙、原审被告人辛某某在招标投标过程中,相互串通投标报价,损害招标人利益,情节严重,其行为均已构成串通投标罪。在共同犯罪中,上诉人陈某甲起主要作用,是主犯;上诉人陈某乙、原审被告人辛某某起次要作用,是从犯,应当从轻处罚。上诉人陈某甲、陈某乙及原审被告人辛某某主动投案,如实供述自己的罪行,是自首,可以从轻处罚。原审法院认定事实清楚,定罪准确,且根据本案的事实、情节已对上诉人陈某甲、陈某乙及原审被告人辛某某体现较大幅度从轻处罚,量刑适当,审判程序合法。据此,依照《中华人民共和国刑法》第二百二十三条第一款、第二十五条第一款、第二十六条第一、四款、第二十七条、第六十七条第一款、第七十二条第一、三款、第七十三条第二、三款及《中华人民共和国刑事诉讼法》第二百二十五条第一款第(一)项的规定,裁定驳回上诉,维持原判。

三、关联法条

1.《刑法》第二百二十三条:投标人相互串通投标报价,损害招标人或者其他投标人利益,情节严重的,处 3 年以下有期徒刑或者拘役,并处或者单处罚金。

投标人与招标人串通投标,损害国家、集体、公民的合法利益的,依照前款的规定处罚。

2.《招标投标法》第五十三条:投标人相互串通投标或者与招标人串通投标的,投标人以向招标人或者评标委员会成员行贿的手段谋取中标的,中标无效,处中标项目金额 5‰以上 10‰以下的罚款,对单位直接负责的主管人员和其他直接责任人员处单位罚款数额 5%以上 10%以下的罚款;有违法所得的,并处没收违法所得;情节严重的,取消其 1 年至 2 年内参加依法必须进行招标的项目的投标资格并予以公告,直至由工商行政管理机关吊销营业执照;构成犯罪的,依法追究刑事责任。给他人造成损失的,依法承担赔偿责任。

四、争议问题

本案的争议焦点为:"围标"行为是否构成串通投标,以及串通投标罪共犯形态的认定问题,这两个问题关涉到实践中此类行为罪与非罪的标准以及对各个行为人的量刑问题,具有典型意义。

五、简要评论

首先,关于"围标"行为是否构成串通投标的问题。所谓串通投标,是指招标者与投标者之间或者投标者与投标者之间采用不正当手段,对招标投标事项进行串通,以排挤竞争对手或者损害招标者利益的行为。但是实践中,一人或者一个单位挂靠多个单位的情况非常普遍,如果该行为人(或者单位)以多个单位的名义参与竞标,并且给竞争对手造成了实质的利益损害,此种"围标"行为是否符合串通投标罪的行为特征呢?一方面,串通投标要求行为人基于弄虚作假的意思,进而实施相应的行为骗取中标。对此,《招标投标法》第五十四条明确规定:"投标人以他人名义投标或者以其他方式弄虚作假,骗取中标的,中标无效,给招标人造成损失的,依法承担赔偿责任;构成犯罪的,依法追究刑事责任。"具体到本案中,陈某甲等人挂靠在多个公司名下,并且以多个公司的名义参与投标,这一系列行为都是基于弄虚作假的意思而实施的骗取中标行为的一部分。另一方面,串通投标要求行为人之间相互串通。依照《刑法》第二百三十二条的规定,串通投标的串通方式有招标人与招标人串通或者招标人与投标人串通两种形式。在本案中,陈某甲与多家公司联系挂靠适宜,约定无论哪家公司中标,该工程都由被告人陈某甲承包建设,并由陈某甲给予被挂靠的中标公司工程款1.5%的挂靠费。由此可见,认定陈某甲等人与参与竞标的被挂靠公司存在"串通"关系是不存在疑问的。不过,关于被挂靠公司的刑事责任问题,如果被挂靠的公司对于挂靠者的"围标"行为并不知情,则原则上不需要承担刑事责任。

其次,关于串通投标罪中的共同犯罪问题。在本案中,陈某甲支配整个"围标"的过程,陈某乙与辛某某都是依照陈某甲的意思来联系挂靠公司的,由此可见,本案中陈某甲为主犯;陈某乙与辛某某是从犯,可以从轻或者减轻处罚,人民法院在这一问题的认定上是合理的。但是,关于被挂靠公司是否需要承担刑事责任,本案并没有作出处理。依照共犯原理,如果被挂靠的单位明知道挂靠者实施串通投标的行为仍然接受其挂靠的,表明其在主观上具有帮助挂靠者实施犯罪的意思,客观上也存在帮助挂靠者的行为,可以按照共同犯罪来处理。对此,2007年12月28日福建省省高级人民法院、省检察院、省公安厅、省建设厅等部门召开的《办理串通投标犯罪案件有关问题座谈会纪要》(以下简称《串通投标座谈纪要》)可以作为参照,其中规定,被挂靠单位明知挂靠者串通投标而接受其挂靠,为挂靠者实行串通投标犯罪提供便利条件的,按共同犯罪处理。具体到本案中,被挂靠的龙腾建设实业有限公司、福建省金淘建筑工程有限公司、福建省龙洲建筑工程有限公司明知陈某甲串通投标的意图,并且也接受了陈某甲等人的报酬,参照《串通投标座谈纪要》的规定,应当按照共同犯罪来处理。且不论《串通投标座谈纪要》对此种行为依照共同犯罪处理是否合理,上述被挂靠公司在明知道行为人串通投标意图而提供相应便利的情况下,既有串通故意,亦有串通行为,显然是符合串通投标罪的构成要件的,而在本案中,被挂靠的公司并没有被追究刑事责任,显然不妥当。

葛苏闽与葛维泉串通投标案

一、基本案情

2004年下半年,挂靠于新华公司承接水电安装工程的袁孝平,得知其朋友被告人葛维泉的侄子被告人葛苏闽系工程指挥部的主要负责人,为使新华公司顺利承接盐通高速公路南通段如皋服务区等房建工程,要求葛维泉帮忙提供标底。被告人葛维泉遂请求被告人葛苏闽帮忙,并称若葛苏闽帮了他的忙就是帮了他朋友的忙,他会得到朋友的好处。被告人葛苏闽出于亲情,利用担任工程指挥部副总指挥、盐通高速公路南通段总监理工程师和评标委员会主任委员的职务之便,于开标前一天获悉相关工程的标底后,通过公用电话向葛维泉透露了四个标段的标底。被告人葛维泉获悉该标底后当即转告给了袁孝平,致新华公司连夜修改投标书,于2004年10月25日参加投标后,顺利地中标盐通高速公路南通段如皋服务区的房建工程。事后,被告人葛维泉三次收受袁孝平所送的人民币50 000元,其中15 000元系免除债务。[(2012)苏刑二终字第0044号]

二、诉讼过程及裁判理由

一审江苏省南通市中级人民法院认为,依据被告人葛苏闽、葛维泉的供述,证人袁某某、徐某甲、徐某乙的证言,书证盐通高速公路南通段房建施工和监理招标项目评标报告、评标实施细则、招标修改书、标底、新华公司招标书和中标通知书等证据,认定公诉机关指控的被告人葛苏闽、葛维泉犯串通投标罪的证据不足,罪名不能成立。葛苏闽认为其具有自首情节,且其与原审被告人葛维泉串通投标的违法事实客观存在,但该行为不构成串通投标罪,遂提起上诉。

二审江苏省高级人民法院认为,盐通高速公路南通段房建工程项目的评标是采用综合评价法,即综合评价投标人的投标价与技术标,推荐综合分值高的投标人中标,并非仅以投标价作为评价依据。检察机关提交的鉴定报告、报告书等证据材料仅能证明中标候选人新华公司与第一后备中标候选人投标价的差价为人民币61万余元,不能证明综合各投标人的投标价与技术标的总分值间的差异后,本案的直接经济损失数额仍为人民币61万余元,故以上证据材料不能作为本案的定案根据。因此,现有证据不足以证实本案串通投标行为已符合串通投标罪的法定构成要件。综上,江苏省南通市人民检察院的抗诉意见与江苏省人民检察院的支持抗诉意见不能成立,本院不予采纳。据此,依照《中华人民共和国刑事诉讼法》第一百八十九条第(一)项之规定,裁定驳回抗诉,维持原判。

三、关联法条

1.《刑法》第二百二十三条:投标人相互串通投标报价,损害招标人或者其他投标人利益,情节严重的,处3年以下有期徒刑或者拘役,并处或者单处罚金。

投标人与招标人串通投标,损害国家、集体、公民的合法利益的,依照前款的规定处罚。

2.《招标投标法》第五十三条:投标人相互串通投标或者与招标人串通投标的,投标人以向招标人或者评标委员会成员行贿的手段谋取中标的,中标无效,处中标项目金额5‰以上10‰以下的罚款,对单位直接负责的主管人员和其他直接责任人员处单位罚款数额5%以上10%以下的罚款;有违法所得的,并处没收违法所得;情节严重的,取消其1年至2年内参加依法必须进行招标的项目的投标资格并予以公告,直至由工商行政管理机关吊销营业执照;构成犯罪的,依法追究刑事责任。给他人造成损失的,依法承担赔偿责任。

3.《招标投标法实施条例》第三十九条:禁止投标人相互串通投标。

有下列情形之一的,属于投标人相互串通投标:

(一)投标人之间协商投标报价等投标文件的实质性内容;

(二)投标人之间约定中标人;

(三)投标人之间约定部分投标人放弃投标或者中标;

(四)属于同一集团、协会、商会等组织成员的投标人按照该组织要求协同投标;

(五)投标人之间为谋取中标或者排斥特定投标人而采取的其他联合行动。

四、争议问题

本案的争议焦点为:串通投标行为罪与非罪的界限。

五、简要评论

《招标投标法》第五十三条与《刑法》第二百二十三条虽然都对串通投标行为予以规制,但是二者在行为定性与处罚上存在根本性差异。《招标投标法》中的串通投标行为主要是违背行政管理秩序的行为(行政违法行为),对应的是行政制裁措施;而《刑法》第二百二十三条所规定的串通投标是犯罪行为,对应的是刑事制裁措施。由此观之,即使是从客观行为表征上同为串通投标,但也存在定性上的实质差异,明确串通投标行为罪与非罪的界限具有重要的理论与实践价值。

首先,从串通投标罪的主体来看,虽然《刑法》第二百二十三条将该罪的主体限制为投标人与投标人之间或者投标人与招标人之间。但是,在上述人员之间牵线搭桥或者采取其他帮助措施的人,仍然可以依照串通投标罪的共犯论处。据此,在本案中,葛维泉似乎不符合串通投标罪的主体要件,但是其符合《刑法》二十七条规定的从犯的行为方式,如果其构成犯罪,则可以依照共犯原理处罚之。由此,本案中葛苏闽与葛维泉均符合串通投标罪的主体要件。

其次,串通投标未必构成犯罪。依照《招标投标法》第五十三条以及《刑法》第二百二十三条的规定,数个主体串通投标未必构成犯罪,只有情节严重才能够认定为串通投标罪。关于此处的情节严重,2010年5月7日最高人民检察院、公安部联合颁发的《最高人民检察院、公安部关于公安机关管辖的刑事案件立案追诉标准的规定(二)》的通知可以作为参照,其第七十六条的规定:投标人相互串通投标报价,或者投标人与招标人串通投标,涉嫌下列情形之一的,应予立案追诉:(一)损害招标人、投标人或者国家、集体、公民的合法利益,造成直接经济损失数额在50万元以上的;(二)违法所得数额在10万元以上的;(三)中标项目金额在200万元以上的;(四)采取威胁、欺骗或者贿赂等非法手段的;(五)虽未达到上述数额标准,但2年内因串通投标,受过行政处罚2次以上,又串通投标的;(六)其他情节严重的情形。具体到该案中,葛维泉虽然与葛苏闽实施串通投标行为,但是其仅仅获得标底价格,对于此次综合评价投标人的投标价与技术标的中标标准而言并没有实质的影响,或者说并没有给中标人带来明显不当的竞争优势,也没有证据证明带来明显的直接经济损失。故此,葛维泉与葛苏闽实施的串通投标行为不构成犯罪。

本案中,一审法院以证据不足认定葛维泉与葛苏闽不成立犯罪,却没有给出具体的理由。二审法院强调本次招标采取综合评价法的个案差异,并沿着这一思路以现有证据不足以证明检察院认定的61万元直接经济损失的合理性,进而否定犯罪的成立,是合法合理的。

第二节 合同诈骗罪疑难问题

合同诈骗是比较常见的经济犯罪,但是在工程领域,合同诈骗案件具有特殊性。一方面,工程领域的合同诈骗往往涉案金额巨大,案件的判决对于工程责任的承担具有重大影响;另一方面,工程领域的合同诈骗案件存在较多的界限比较模糊的问题(如虚构工程款是否构成合同诈骗),而如何厘清这些问题对于犯罪的认定也具有实质的意义。

刘先国合同诈骗案

一、基本案情

2008年4月至9月期间,被告人刘先国隐瞒其无经济实力等事实与龙仕良签订了在郫县德源镇修建中标价为2500余万元的清江家园四期11、12号楼的合同。在施工过程中,被告人刘先国通过高息借款、高息赊购材料等方式解决工程资金并由此产生巨大债务。2008年9月,被告人刘先国隐瞒其严重资不抵债、已不能将该工程修建下去等事实,骗取到龙仕良按进度拨付的300余万元工程款,仅支付了共计70万余元的工程款后,携余款潜逃,进而将余款据为己有耗用。[(2010)高新刑初字第196号]

二、诉讼过程及裁判理由

成都高新技术产业开发区人民法院认为,被告人刘先国隐瞒其没有实际履行能力的事实,骗取被害人龙仕良的信任,与龙仕良签订工程价款达2580余万元的包工包料建筑工程施工合同;在以高息借款、高息赊购材料等手段履行部分合同后,产生巨大债务的情况下,又采用虚构工程款支付计划等手段诱骗龙仕良继续履行合同支付工程款,在收到工程款231万余元后携款潜逃,其行为已构成合同诈骗罪,且属于数额特别巨大,依法应当判处10年以上有期徒刑或者无期徒刑,并处罚金或者没收财产。在量刑时,本院考虑以下情节:1. 被告人刘先国虽系初犯,但归案后拒不认罪,无悔罪表现,可酌定从重处罚;2.案发后仅追回部分赃款,给被害人造成巨大损失,社会危害较大,可酌定从重处罚。被告人刘先国的违法所得继续追缴。据此,为维护社会主义市场经济秩序,打击犯罪,依照《中华人民共和国刑法》第二百二十四条第(三)项、第五十二条、第五十三条之规定,判决如下:被告人刘先国犯合同诈骗罪,判处有期徒刑12年6个月,并处罚金人民币10万元。

三、关联法条

1.《刑法》第二百二十四条:有下列情形之一,以非法占有为目的,在签订、履行合同过程中,骗取对方当事人财物,数额较大的,处3年以下有期徒刑或者拘役,并处或者单处罚金;数额巨大或者有其他严重情节的,处3年以上10年以下有期徒刑,并处罚金;数额特别巨大或者有其他特别严重情节的,处10年以上有期徒刑或者无期徒刑,并处罚金或者没收财产:

(一)以虚构的单位或者冒用他人名义签订合同的;

(二)以伪造、变造、作废的票据或者其他虚假的产权证明作担保的;

(三)没有实际履行能力,以先履行小额合同或者部分履行合同的方法,诱骗对方当事人继续签订和履行合同的;

(四)收受对方当事人给付的货物、货款、预付款或者担保财产后逃匿的;

(五)以其他方法骗取对方当事人财物的。

2.《合同法》第五十四条:下列合同,当事人一方有权请求人民法院或者仲裁机构变更或者撤销:

(一)因重大误解订立的;

(二)在订立合同时显失公平的。

一方以欺诈、胁迫的手段或者乘人之危,使对方在违背真实意思的情况下订立的合同,受损害方有权请求人民法院或者仲裁机构变更或者撤销。

3.《合同法》第六条:当事人行使权利、履行义务应当遵循诚实信用原则。

4.《人民法院量刑指导意见(试行)》第八十三条:

(一)个人合同诈骗,数额10万元,具有上列情形之一的,基准刑为有期徒刑10年;每增加1万元,刑期增加1个月;每增加情形之一,刑期增加6个月;

(二)个人合同诈骗,数额20万元的,基准刑为有期徒刑10年;每增加1.6万元,刑期增加1个月。

四、争议问题

在本案中,有观点认为虚构工程款的行为不构成合同诈骗罪,仅为一般意义上的合同欺诈。因为行为人最初并没有合同诈骗的目的。因此,本案的争议焦点是刘先国行为的定性,即究竟是普通的合同欺诈还是刑事法意义上的合同诈骗罪。

五、简要评论

民法意义上的合同欺诈与刑法意义上合同诈骗有着一定的共通性,二者都以合同形式,采取虚构事实、隐瞒真相的方式诱导他人签订或者履行合同。但是二者又存在实质的差异:

首先,虚构工程款可以构成合同诈骗罪。虽然1999年震惊全国的四川綦江彩虹桥垮塌案中虚构工程款的承包人并没有以合同诈骗罪论处,但是在该案中,承包人已经完成了施工,只是后续存在工程质量问题而被追究重大责任事故罪。析言之,虚构工程款并不是区分合同诈骗与民法意义上的合同欺诈的关键,其仅仅是一种(实现特定目的)行为的手段,如果行为人虚构工程款,同时也符合合同诈骗的其他条件,则仍然可以成立合同诈骗罪。

其次,从主观上看,虽然二者都存在"欺骗"的意思,但是欺骗的内容却存在极大的差异。合同诈骗者在最初或者合同实施的过程中决定放弃履行合同,但仍然制造履行合同的虚假事实,骗取对方的财物后逃之夭夭。而合同欺诈者通常都是将合同履行完毕或者主给付义务履行完毕之后,以虚构事实、隐瞒真相的方式谋取违反民事法规范的非法利益。由此可见,合同诈骗是对合同义务的根本性破坏,而合同欺诈仅仅是对合同义务的部分违反,二者存在质的差异。具体到本案中,刘先国虽然最初按照合同的约定履行了相应的义务,但是在工程合同主给付义务没有履行完毕的情况下,仍然骗取工程款并携款潜逃,其不履行后续合同主给付义务的主观意思是不言自明的。

最后,从客观上看,是否具备履行义务的能力是区分合同欺诈与合同诈骗的重要特征。在合同欺诈中,行为人虚构事实或者隐瞒真相主要是为了获得额外的利益,行为人履行合同的能力通常都具备。而在合同诈骗中,行为人通常自始没有履行能力或者虽然最初具有履行能力,但是后来由于某种原因而不具备履行能力。在本案中,刘先国最初具备履行合同的能力,但是在施工的过程中其通过高息借款、高息赊购材料等方式解决工程资金并由此产生巨大债务,已经丧失了继续履行合同的能力,并且隐瞒其严重资不抵债、已不能将该工程修建下去等事实。由此可见,刘先国的行为过程符合合同诈骗罪的客观特征。

综上分析,刘先国行为符合合同诈骗罪的主客观特征,人民法院认定刘先国构成合同诈骗罪并且综合考虑刘先国的犯罪情节判处期徒刑12年6个月,并处罚金人民币10万元是合法合理的。

第三节 非法转让、倒卖土地使用权罪疑难问题

工程领域常常涉及土地使用权的变更问题,土地使用权的流转也是工程领域最基本的法律现象之一。但在现实中,就转变土地实际使用人而不变更使用权归属的情况如何

定性存在较大争议,也就是说上述行为是否构成非法转让、倒卖土地使用权罪是当前理论与实务界争议的焦点所在。

邱某非法转让、倒卖土地使用权案

一、基本案情

2010年5月,邱某以古晋世纪控股有限公司的名义与鹰潭市建设委员会办公室(以下简称市建委办)签订《关于华劲国际酒店项目建设协议书》,约定:古晋世纪控股有限公司投资新建华劲国际酒店项目,包括华劲国际酒店和商住开发,其中酒店投资总额约4亿元;市建委办提供位于信江新区约142亩土地,其中42亩土地用于酒店项目建设、100亩土地用于商住开发,土地挂牌出让价格为17.6万元/亩,总价款约为2500万元。2010年12月6日,申请竞买时,邱某等人为证明其符合报名条件向鹰潭市国土局提供了《关于华劲国际酒店项目建设协议书》以及《鹰潭市信江新区投资合作协议》。2010年12月8日,通过挂牌出让,华劲公司以2500万元的价格获得华劲国际酒店项目139.47亩土地使用权,随后与鹰潭市国土局签订国有建设用地使用权出让合同。此后,邱某、戴列骏等人一直未投资开发建设华劲国际酒店项目。2011年7月,邱某、戴列骏等人采取股权转让、法定代表人变更等手段,将华劲公司所属华劲国际酒店项目139.47亩土地使用权转让给洪某、桂又生、徐某甲。杨春、叶某乙与洪某、桂又生、徐某甲约定转让款为1亿元,而邱某、戴列骏等人实际获得转让款6400万元,其中邱某个人按其占有的10%干股获利300万元。[(2015)鹰刑二初字第2号]

二、诉讼过程及裁判理由

鹰潭市中级人民法院认为,被告人邱某伙同他人以牟利为目的,违反土地管理法规,非法转让139.47亩土地使用权,从中非法获利3900万元,情节特别严重,其行为已构成非法转让土地使用权罪。依照《中华人民共和国刑法》第二百二十八条、第二十五条第一款、第六十四条、第六十九条、《最高人民法院关于审理破坏土地资源刑事案件具体应用法律若干问题的解释》(法释〔2000〕14号)第二条第(三)、(四)项之规定,判决邱某犯非法转让土地使用权罪,判处有期徒刑4年,并处罚金人民币45万元。决定执行有期徒刑15年,并处罚金人民币60万元。

三、关联法条

1.《刑法》第二百二十四条:以牟利为目的,违反土地管理法规,非法转让、倒卖土地使用权,情节严重的,处3年以下有期徒刑或者拘役,并处或者单处非法转让、倒卖土地使用权价额5%以上20%以下罚金;情节特别严重的,处3年以上7年以下有期徒刑,并处非法转让、倒卖土地使用权价额5%以上20%以下罚金。

2.《土地管理法》第七十三条：买卖或者以其他形式非法转让土地的，由县级以上人民政府土地行政主管部门没收违法所得；对违反土地利用总体规划擅自将农用地改为建设用地的，限期拆除在非法转让的土地上新建的建筑物和其他设施，恢复土地原状，对符合土地利用总体规划的，没收在非法转让的土地上新建的建设物和其他设施，可以并处罚款；对直接负责的主管人员和其他直接责任人员，依法给予行政处分；构成犯罪的，依法追究刑事责任。

3.《公司法》第七十二条：有限责任公司的股东之间可以相互转让其全部或者部分股权。

股东向股东以外的人转让股权，应当经其他股东过半数同意。股东应就其股权转让事项书面通知其他股东征求同意，其他股东自接到书面通知之日起满30日未答复的，视为同意转让。其他股东半数以上不同意转让的，不同意的股东应当购买该转让的股权，不购买的，视为同意转让。

四、争议问题

实践中，关于以股权转让形式实现土地使用权转让效果的行为是否构成非法转让、倒卖土地使用权罪历来存在不同的见解，这也是本案争议焦点所在。

五、简要评论

司法实践中关于以股权转让形式实现土地使用权转让权效果的行为如何定性一直存在较大的分歧。在本案中，被告人邱某伙同他人以牟利为目的，违反土地管理法规，非法转让139.47亩土地使用权，从中非法获利3 900万元，情节特别严重，其行为已构成非法转让土地使用权罪。但是，同样是这种股权转让的案件，实践中却存在不同的见解。例如，在(2014)豫法民二终字第46号判决中，河南省高级人民法院认为，"本案中，商丘项目所涉土地是以兆隆公司的名义参与竞标并取得土地使用权的，涉案土地的使用权始终登记在兆隆公司名下，土地使用权人是兆隆公司。何文芝只是兆隆公司的实际控制人。《股权转让协议》涉及的只是股权的转让，并没有对土地使用权人进行变更，不是土地使用权的非法转让、倒卖。"因此并不成立非法转让、倒卖土地使用权罪。

在实践中，通过股权转让形式实现土地实际使用权转让效果的行为较为普遍，如何定性也存在较大的分析。对此，需要从犯罪构成要件角度来进行分析。依照《刑法》第二百二十四条，成立该罪需要具备三个条件：第一，主观上以牟利为目的；第二，实施违反土地管理法规的非法转让、倒卖土地使用权的行为；第三，程度上属于情节严重。而在股权转让实现土地使用权转让效果的情况下，通常第一和第三个条件都能够满足，关键问题在于如何认定此处的行为的非法性。依照《城市房地产管理法》第三十九条规定，土地的合法转让通常需要具备两个条件：(1)按照出让合同约定已经支付全部土地使用权出让金，并取得土地使用权证书；(2)按照出让合同约定进行投资开发，属于房屋建设工程的,完成开发投资总额的 25% 以上。满足这两个条件才能够具备土地使用权法律上转让的条件,也就是转变土地使用权的登记主体。但是股权转让并不意味着土地使用权的法律上转让或者变更,依照《公司法》的相关规定,土地使用权可以作为出资对象,出资完成后就成为公司的独立财产,而非股东个人财产。由此,在股东在转让股权时,出资的土地使用权仍然属于公司,只是公司的股权结构发生变化而已。在上述案件中,邱某、戴列骏等人采取股权转让、法定代表人变更等手段,将华劲公司所属华劲国际酒店项目 139.47 亩土地使用权转让给洪某、桂又生、徐某甲,但是土地使用权证上登记的权利人自始都没有改变,纵然本案中有着类似于投机倒把的取巧行为,但也不能认定为违反土地管理法规的规定。从这个角度来看,鹰潭市中级人民法院将邱某认定为非法转让、倒卖土地使用权罪是存在疑问的。

当然,这并非意味着股权转让形式都不可能构成非法转让、倒卖土地使用权罪。如果行为人通过股权转让的方式造成了土地使用权人的实际转让,则仍然可以构成该罪。例如,在(2015)绍越刑初字第 24 号案件中,被告人单某、俞某以牟利为目的,在未经土管部门许可,且不具备土地使用权转让条件的情况下,擅自将本公司(浙江港越汽车销售服务有限公司)的项目以公司股权转让的方式转让给温州开元集团有限公司和温州捷顺汽车技术服务有限公司,据此人民法院认为被告人在不具备土地使用权转让条件的情况下进行土地使用权转让,名为股权转让实为土地使用权的非法转让,符合非法转让、倒卖土地使用权的犯罪构成。该案与上述案例的实质区别在于,虽然同为股权转让实现土地使用权转让的效果,但是本案涉及土地使用权人的变更,而上述案例并不涉及土地使用权的现实变更,土地使用权仍然在原来的公司名下。由此可见,股权转让形式能否构成非法转让、倒卖土地使用权罪不能一概而论,需要从(法律上)形式与(事实上)实质的角度综合考虑土地使用权是否发生变更,才能够对此类行为准确定性。

第十章 工程环境类犯罪

第一节 污染环境罪疑难问题

周某甲、王某甲、王某乙等污染环境案

一、基本案情

2014年1月,被告人王某甲承包山东海科化工集团有限公司新建成品油罐区现场清理及土方回填工程(包括现场存留的化工污水的清理),在明知被告人王某乙没有处理危险废物资质的情况下,将现场存留的化工污水清理工程承包给王某乙。王某乙在明知被告人周某甲没有处理危险废物资质的情况下,又将污水清理事项交给周某甲处理。2014年1月19日至22日,周某甲安排其雇佣的司机王某丙驾驶周某甲的罐车,从山东海科化工集团有限公司新建成品油罐区现场拉出7车共计200余吨污水,违反国家规定,将污水全部倾倒在周某甲事先在其父周某乙所承包土地上挖好的沟内,造成大面积土地污染。经山东省环境保护科学研究设计院环境风险与污染损害鉴定评估中心鉴定,废水含有高浓度的酚类、石油类物质,具有色深、硫臭味和强腐蚀性的特点,符合炼油碱渣废水特征;根据《国家危险废物名录》(2008版),罐车倾倒半固态物质属于252—015—35"石油炼制过程产生的碱渣",为HW35类危险废物;污染场地水面面积2 025 m^2(3.04亩),污染场地内废水量约为3 037.5 m^3,受污染底泥面积为2 025 m^2,侧面积为450 m^2,受污染的污泥体积约为1 148 m^3;本次污染事件环境污染损害费用总计8 981 845元,其中调查评估费用为191 095元,污染环境修复费用为8 790 750元。[(2014)垦刑初字第88号]

二、诉讼过程及裁判理由

山东省垦利县人民法院认为,根据《国家危险废物名录》(2008版),被告人周某甲罐车倾倒的半固态物质属于252—015—35"石油炼制过程产生的碱渣",为HW35类危险废物。被告人周某甲违反国家规定,随意倾倒危险废物污染环境,被告人王某甲、王某乙明知他人无经营许可证而委托其处置危险废物,3名被告人造成8 790 750元的经济损失,系后果特别严重,其行为均已构成污染环境罪,应予惩处。鉴于周某甲、王某乙具有自首情节且系初犯、偶犯,具有犯罪前科的王某甲积极协助劝说王某乙自首成立立功且归案后认罪态度较好,而且3人为其可能判处的罚金刑提供了足额财产保证。因此,根

据3名被告人的犯罪情节和悔罪表现,依法均可对其适用缓刑。依照《中华人民共和国刑法》第三百三十八条、第二十五条第一款、第五十二条、第六十七条第一款、第三款、第七十二条第一款、第六十八条,判决如下:被告人周某甲犯污染环境罪,判处有期徒刑2年,缓刑3年,并处罚金人民币5万元;被告人王某甲犯污染环境罪,判处有期徒刑2年,缓刑3年,并处罚金人民币5万元;被告人王某乙犯污染环境罪,判处有期徒刑2年6个月,缓刑3年,并处罚金人民币5万元。

三、关联法条

1.《刑法》第三百三十八条:违反国家规定,排放、倾倒或者处置有放射性的废物、含传染病病原体的废物、有毒物质或者其他有害物质,严重污染环境的,处3年以下有期徒刑或者拘役,并处或者单处罚金;后果特别严重的,处3年以上7年以下有期徒刑,并处罚金。

2.《最高人民法院、最高人民检察院关于办理环境污染刑事案件适用法律若干问题的解释》第七条:行为人明知他人无经营许可证或者超出经营许可范围,向其提供或者委托其收集、贮存、利用、处置危险废物,严重污染环境的,以污染环境罪的共同犯罪论处。

四、争议问题

本案的争议焦点为:1. 是否有必要在共同犯罪中区分周某甲、王某甲和王某乙的主犯与从犯地位?一种意见认为,王某甲不是污染环境行为的直接实施者,而是在犯罪中所起作用较小的从犯,应对其减轻处罚;另一种意见认为,周某甲与其余被告人系上下线关系,犯罪地位相当,不宜区分主从犯。2. 鉴定意见中的调查评估费是否应计入公私财产损失?一种意见认为,调查评估费与污染环境修复费用都属于本次污染事件环境污染损害费用,应将该总额计为公私财产损失;另一种意见认为,只有污染环境修复费用属于本次污染事件造成的财产损失。

五、简要评论

污染环境罪,是指违反国家规定,排放、倾倒或者处置有放射性的废物、含传染病病原体的废物、有毒物质或者其他有害物质,严重污染环境的行为。污染环境罪条文属于空白刑法规范,是否成立污染环境罪应以违反国家规定为前提,在行为性质上必须同时具备行政违法性和刑事违法性的双重违法属性。《刑法》第九十六条规定:"本法所称违反国家规定,是指违反全国人民代表大会及其常务委员会制定的法律和决定,国务院制定的行政法规、规定的行政措施、发布的决定和命令。"具体而言,本罪之违反国家规定主要是指违反《环境保护法》《大气污染防治法》《固体废物污染环境防治法》《水污染防治法》和《海洋环境保护法》等一系列关于环境保护的法律、法规。

本案中，王某甲、王某乙与周某甲就污染环境行为成立共同犯罪，此三人在共同犯罪中所发挥的作用相当，无须区分主从犯。详言之，在山东海科化工集团有限公司与王某甲签订的建筑安装承包合同中，已明确要求由承包方负责按照国家相关规定外运发包方污油残渣及危险废物并通过具备相应资质的单位进行处理。因此，王某甲因其对相关工程的承包行为而具有了对废水的妥当管理义务。但是，王某甲在明知王某乙不具备处理危险废物资质的情况下与之签订合同，由王某乙负责此工程中的废水处理工作。而王某乙随后采用了与王某甲的行为性质相同的举动，再次将废水处理转交给不具备处理危险废物资质的周某甲。由此可见，在工程施工过程中，王某甲和王某乙都曾是有害物质的管控者，他们的行为也都造成了危险源失控的后果。对于作为间接正犯的周某甲所实施的污染环境的行为及其对环境的损害结果，王某甲和王某乙的行为发挥了实质的支配作用。

对于本案中污染事件所造成的财产损失，应以污染环境修复费用为准，不宜将调查评估费纳入其中。2013年6月17日《最高人民法院、最高人民检察院关于办理环境污染刑事案件适用法律若干问题的解释》第九条规定："本解释所称'公私财产损失'，包括污染环境行为直接造成财产损毁、减少的实际价值，以及为防止污染扩大、消除污染而采取必要合理措施所产生的费用。"在本案中，违法倾倒的污水造成大面积的土地污染，鉴定机构所作鉴定意见中的污染环境修复费用即是消除此次污染从而使土地原有样态和功能得以修整和恢复的费用。虽然2011年5月25日环境保护部《环境污染损害数额计算推荐方法》第三条将调查评估费用纳入环境污染损害评估范围，但调查评估费既非由污染环境行为直接造成的财产损失，亦非防控或者消除污染措施所产生的费用，因此不得将其计入公私财产损失。

第二节　非法占用农用地罪疑难问题

童某非法占用农用地案

一、基本案情

2009年9月，担任某村委会主任的被告人童某，多次组织苏某某和苏某甲等人召开村民委员会、村民代表会议、全体村民会议，决定修筑全长3.4公里、宽7米的村级公路。在未经林业主管部门审批的情况下，2009年10月、2010年10月和2011年4月，童某伙同苏某某等人先后三次组织村民修筑并完成该工程。经林业派出所和林业勘验设计队测量，修路工程改变林地用途面积为95.44亩。此后，童某又多次组织召开"三委"会议和村民代表大会，决定将该路拓宽至20米。经林业派出所和林业勘验设计队测量，扩建工程改变林地用途面积为84.97亩。修建和扩宽该村级公路总共改变林地面积180.41亩。2011年，童某与苏某某等干部多次召开会议，在未经任何政府部门审批的情况下，决定将该村一处土地划作村民宅基地。经测量，住宅建造工程改变林地面积为364.33亩。修路和修建住宅非法占用农用地共计544.74亩。[（2014）榆中刑一终第00018号]

二、诉讼过程及裁判理由

公诉机关榆林市榆阳区人民检察院指控被告单位榆阳区某村、被告人童某犯非法占用农用地罪。一审法院榆阳区人民法院认为，被告单位榆阳区某村违反土地管理法规，明知是林地而非法擅自改变林地用途，数量较大，造成林地大量毁坏，其行为构成非法占用农用地罪，依法应予惩处。被告人童某系榆阳区某村村民委员会主任，组织村干部召开会议，研究部署修路和修建住宅等事宜，明知是林地而非法擅自改变林地用途，数量较大，造成林地大量毁坏，其行为构成非法占用农用地罪，依法应予惩处。依据《刑法》第三百四十二条，判处被告单位榆阳区某村犯非法占用农用地罪，罚金人民币30万元；判处被告人童某犯非法占用农用地罪，有期徒刑2年，宣告缓刑4年，并处罚金人民币15万元。

宣判后，童某以原审认定事实不清为由提出上诉。二审法院榆林市中级人民法院经审理认为，某村修路和建房均系集体行为，童某作为该村主要负责人应当承担责任，但其个人的犯罪情节轻微，可免予刑事处罚。因此，二审人民法院维持原审判决对被告单位榆阳区某村的判罚，撤销原审判决对童某的判罚，最终认定童某犯非法占用农用地罪，免予刑事处罚。

三、关联法条

1.《刑法》第三百四十二条：违反土地管理法规，非法占用耕地、林地等农用地，改变被占用土地用途，数量较大，造成耕地、林地等农用地大量毁坏的，处5年以下有期徒刑或者拘役，并处或者单处罚金。

2.《刑法》第三百四十六条：单位犯本节第三百三十八条至三百四十五条规定之罪的，对单位判处罚金，并对其直接负责的主管人员和其他直接责任人员，依照本节各该条的规定处罚。

四、争议问题

本案的争议焦点为：非法占用大面积林地修路和修建住宅的行为是由村委会、村代表会议或者村民大会集体决定的，"村"是否属于单位犯罪的主体。

五、简要评论

非法占用农地罪，是指自然人或者单位违反土地管理法规，非法占用耕地、林地等农用地，改变被占用土地的用途，数量较大，造成耕地、林地等农用地大量毁坏的行为。"违反土地管理法规"是指违反《土地管理法》《森林法》《草原法》等法律以及有关行政法规中关于土地管理的规定。根据《土地管理法》第四条规定,农用地是指直接用于农业生产的土地,包括耕地、林地、草地、农田水利用地、养殖水面等。根据有关司法解释,非法占用耕地"数量较大"是指非法占用基本农田5亩以上或者非法占用基本农田以外的耕地10亩以上;"造成耕地大量毁坏"是指行为人非法占用耕地建窑、建坟、建房、挖沙、采石、采矿、取土、堆放固体废弃物或者进行其他非农业建设,造成基本农田5亩以上或者基本农田以外的耕地10亩以上种植条件严重毁坏或者严重污染。非法占用并毁坏防护林地、特种用途林地数量分别或者合计达到5亩以上的,非法占用并毁坏其他林地数量达到10亩以上的,非法占用并毁坏防护林地、特种用途林地与其他林地,数量分别达到以上规定的数量标准的50%以上的,以及非法占用并毁坏防护林地、特种用途林地与其他林地,其中一项数量达到以上规定的数量标准的50%以上,且两项数量合计达到该规定的数量标准的,都应当按照非法占用农用地罪定罪处罚。

单位犯罪,一般是指公司、企业、事业单位、机关、团体等单位的决策机构,为本单位谋取非法利益或者以单位的名义为本单位全体成员、多数成员谋取非法利益,按照有关决策程序作出决定,并由单位中的自然人具体负责实施的犯罪。单位犯罪通常应具备以下特征:(1)单位的具体范围仅限于公司、企业、事业单位、机关和团体;(2)行为的目的是为本单位谋取非法利益或者以单位名义为本单位全体成员、多数成员谋取非法利益;(3)行为的决定由单位的决策机构按照决策程序作出,由单位中的自然人负责具体实施;(4)单位犯罪应以《刑法》有明文规定为前提。我国《刑法》对于单位犯罪刑事责任的追究原则上采取双罚制,既处罚单位,又处罚在单位中参与单位犯罪的自然人。根据《刑法》第三百四十六条的规定,单位可以成为非法占用农用地罪的主体。"村"属于《刑法》中的单位,村委员会或者村民会议决定非法占用农用地的,应当对"村"和直接负责的主管人员以及其他直接责任人员予以定罪处罚。

具体而言,根据《村民委员会组织法》的相关规定,村民委员会是村民自我管理、自我教育、自我服务的基层群众性自治组织。因此,在实践中,"村"与"村民委员会"经常在相同意义上被混用。但是,在村民委员会与村民会议的关系上,村民委员会向村民会议、村民代表会议负责并报告工作;村民会议有权或者可以授权村民代表会议审议村民委员会的年度工作报告、评议村民委员会成员的工作、撤销或者变更村民委员会不适当的决定,而且涉及村民利益的重要事项必须经村民会议或者由其授权的村民代表会议讨论决定。由此可见,村民会议或者村民代表会议属于权力机构和决策机构,村民委员会则是代表机构和执行机构。村民委员会和村民会议都是"村"的内部组织构架,"村"是适格的单位犯罪主体。在刑事司法实践中,时常将村民委员会作为单位犯罪的主体,其主要理由在于,村民委员会不仅是依法成立的,而且拥有一定的财产或者经费。但事实上,村民委员会并不拥有独立的财产,其只是对本村集体所有的土地和其他财产具有管理权而已。"村"是集体土地和其他财产的真正所有人。因此,村集体是拥有一定财产或者经费、能以自己的名义承担责任的团体。

结合本案而言,修建和拓宽村级公路的行为都已经过该村村民委员会、村民代表会议和村民会议的表决和同意,因此,"村"才是犯罪主体,不应当让上述三个机构中的任意一个单独承担责任;将林地划为宅基地的行为是该村主要领导干部召开会议所作出的决定,也应认定"村"承担刑事责任,因为即使对该村村民委员会判处罚金刑,其所缴纳的罚金也是其所管理的集体财产。此外,童某作为该村村民委员会的主任,在有关修路和修建住宅的集体决定的产生过程中发挥决定和授意作用,在修路和修建住宅工程的实施中发挥领导和指挥作用,因此应当被认定为直接负责的主管人员,其行为成立非法占用农用地罪。

第十一章 工程腐败类犯罪

第一节 贪污罪疑难问题

刘增荣贪污案

一、基本案情

2011年至2012年间,被告人刘增荣利用担任北京昌水建筑公司第八施工处处长、北京市昌平区水务局辛店河管理处副主任的职务便利,在负责管理北京燕龙实业工程有限公司委托其管理的工程及辛店河管理处的工程施工过程中,多次指使刘某甲、林某、郭某、侯某、马某甲等人虚开工程款发票,后利用刘某甲等人所虚开的工程款发票从燕龙公司、辛店河管理处骗取工程款,并要求刘某甲等人以现金或银行转账的方式,将骗取的工程款共计人民币706.086万元交予其或汇入其及其子刘某乙的银行账户内,非法据为己有。[(2014)高刑终字第398号]

二、诉讼过程及裁判理由

一审法院北京市第一中级人民法院认为,被告人刘增荣身为国家工作人员,在担任昌水公司施工八处处长、昌平区水务局辛店河管理处副主任期间,利用管理燕龙公司、辛店河管理处工程施工的职务便利,在工程尚未竣工结算前虚开发票骗取工程款归个人占有,其行为已构成贪污罪;刘增荣违反国家税收管理法规,虚开发票,情节严重,其行为已构成虚开发票罪,依法均应惩处,并实行数罪并罚。鉴于刘增荣到案后能够主动供述侦查机关尚不掌握的犯罪事实,具有自首情节,并退缴了其所获全部贪污款项,依法对其所犯罪行可予从轻处罚。故依法判决:刘增荣犯贪污罪,判处有期徒刑14年,并处没收个人财产人民币300万元;犯虚开发票罪,判处有期徒刑10个月,并处罚金人民币10万元;决定执行有期徒刑14年6个月,并处没收个人财产人民币300万元,罚金人民币10万元。刘增荣的辩护人提出的辩护意见为:刘增荣在负责燕龙公司与辛店河管理处的工程时,与燕龙公司和管理处形成事实上的内部承包关系,有权占有扣除承包费等费用后的剩余工程款,其行为仅构成虚开发票罪,不构成贪污罪。

二审法院北京市高级人民法院认为,上诉人刘增荣身为国家工作人员,利用职务上的便利,骗取公共财物,数额达706万余元,其行为已构成贪污罪;刘增荣违反国家税收管理法规,虚开发票,情节严重,其行为构成虚开发票罪,应与其所犯贪污罪数罪并罚。鉴于刘增荣到案后能够主动供述侦查机关尚不掌握的犯罪事实,具有自首情节,并退缴了其所获全部贪污款项,结合本案的具体情节,依法对其所犯贪污罪予以减轻处罚,对其所犯虚开发票罪予以从轻处罚。一审法院所作的刑事判决,事实清楚,证据确实、充分,定罪正确,审判程序合法,惟对其所犯贪污罪、虚开发票罪量刑过重,本院予以纠正。

三、关联法条

1.《刑法》第三百八十二条第一款:国家工作人员利用职务上的便利,侵吞、窃取、骗取或者以其他手段非法占有公共财物的,是贪污罪。

2.《刑法》第九十三条:本法所称国家工作人员,是指国家机关中从事公务的人员。

国有公司、企业、事业单位、人民团体中从事公务的人员和国家机关、国有公司、企业、事业单位委派到非国有公司、企业、事业单位、社会团体从事公务的人员,以及其他依照法律从事公务的人员,以国家工作人员论。

四、争议问题

本案的争议焦点在于贪污罪的认定。有观点认为,该案被告人刘增荣犯贪污罪的事实不清,其以虚开发票的形式占有剩余工程款的行为仅构成虚开发票罪,不构成贪污罪。

五、简要评论

贪污罪的主体须为"国家工作人员",刑法理论与实践中关于国家工作人员的范围存在"身份论"与"公务论"的争议。"身份论"认为,国家工作人员犯罪是一种职务型犯罪,作为犯罪主体的国家工作人员必须具有国家工作人员的身份;"公务论"则认为,犯罪主体是否国家工作人员,应以其是否从事公务来决定,而不问其是否具有国家工作人员的身份。

本案中,刘增荣具有国家工作人员的身份,他是北京市昌平区水务局施工总队事业编制正式职工。施工总队是水务局的下属单位,代表水务局从事水利工程的施工,是自收自支的事业单位。为了解决施工资质的问题,施工总队成立了昌水公司,该公司的性质是全民所有制,主要从事工民建施工工程和市政工程的总承包。2000年3月,昌水公司任命刘增荣为昌水公司施工八处处长,他的编制依然是施工总队事业编制。燕龙公司则是1992年由昌平区水务局成立,公司性质是全民所有制,主要从事水利水电工程总承包,成立后由水务局代管,直至2006年,开始由施工总队负责燕龙公司的运营管理。因此,施工总队、昌水公司、燕龙公司这三家单位实际是"三块牌子,一套人马",是同一个法定代表人,昌水公司和燕龙公司的管理人员是以施工总队的事业编制人员为主,工程建设过程中需要的人员不足部分由两个公司采用聘任方式解决。刘增荣同时担任北京昌水建筑公司第八施工处处长、北京市昌平区水务局辛河店管理处副主任,代表昌水建筑公司履行工程管理的职责,其不仅具有国家工作人员的身份,在本案中所从事的也是公务。根据2003年11月13日最高人民法院《全国法院审理经济犯罪案件工作座谈会纪要》第四条的规定,"从事公务,是指代表国家机关、国有公司、企业、事业单位、人民团体等履行组织、领导、监督、管理等职责。公务主要表现为与职权相联系的公共事务以及监督、管理国有财产的职务活动。如国家机关工作人员依法履行职责,国有公司的董事、经理、监事、会计、出纳人员等管理、监督国有财产等活动,属于从事公务。那些不具备职权内容的劳务活动、技术服务工作,如售货员、售票员等所从事的工作,一般不认为是公务。"昌水公司、燕龙公司中标的工程或者施工处长以公司名义个人对外承揽的工程,在工程竣工结算之前对外都是以公司的名义,在工程结算之后由公司对利润或亏损进行分配或承担。刘增荣仅是代表公司履行工程管理的职责,在公司授权委托的框架内对工程进行经营管理,其无权以个人名义承揽工程、自主经营,也无权直接取得利润或决定这些利润的使用、分配,其所辩称的与公司和单位之间形成内部的个人承包关系并不存在。刘增荣利用职务便利,在工程尚未竣工结算之前,通过虚开发票的方式,将本应属于国有公司账上的工程款据为己有,其行为符合贪污罪的犯罪构成。

第二节 受贿罪疑难问题

罗碧忠受贿案

一、基本案情

2005年至2013年,被告人罗碧忠利用担任贵州省六盘水职业技术学院(以下简称职院)基建处处长的职务便利,为请托人谋取利益,非法收受相关工程设计方、监理方、施工方、供货方所送现金共计人民币125 000元。[(2014)黔高刑二终字第42号]

二、诉讼过程及裁判理由

一审法院贵州省六盘水市中级人民法院认为,被告人罗碧忠利用职务便利,为他人谋取利益,非法收受他人贿赂125 000元,其行为构成受贿罪。罗碧忠具有自首情节及一般立功表现,其归案后认罪态度好、退清全部赃款、确有悔罪表现,决定对其减轻处罚。据此,依法作出如下判决:(一)被告人罗碧忠犯受贿罪,判处有期徒刑5年,并处没收个人财产人民币30 000元;(二)赃款人民币125 000元予以没收,由扣押机关上缴国库。被告人罗碧忠及其辩护人上诉称:一审法院认定其受贿所收受的部分财物属于劳务报酬、乔迁礼金、人情往来等,不应认定为受贿;其所收受的财物中有一笔主要用于公务支出,应从受贿数额中扣除;量刑过重。

二审法院贵州省高级人民法院认为,上诉人罗碧忠利用职务便利,为请托人谋取利益,非法收受请托人贿赂共计人民币 125 000 元,其行为构成受贿罪。二审中,罗碧忠检举他人犯罪线索分别具有一般立功表现和重大立功表现,本院依法对其减轻处罚。故罗碧忠及其辩护人所提"量刑过重"的上诉理由及辩护意见成立,本院予以采纳。一审判决认定事实清楚,证据确实、充分,定罪准确,审判程序合法。但对赃款的处理表述不准确,应予纠正。据此,依法作出判决如下:(一)撤销贵州省六盘水市中级人民法院(2014)黔六中刑三初字第 17 号刑事判决主文部分;(二)上诉人罗碧忠犯受贿罪,判处有期徒刑 4 年,并处没收个人财产人民币 2 万元;(三)上诉人罗碧忠受贿所得赃款人民币 125 000 元予以没收,上缴国库。

三、关联法条

1.《刑法》第三百八十五条第一款:国家工作人员利用职务上的便利,索取他人财物的,或者非法收受他人财物,为他人谋取利益的,是受贿罪。

2.《最高人民检察院关于人民检察院直接受理立案侦查案件立案标准的规定(试行)》第三条第三款的规定:索取他人财物的,不论是否"为他人谋取利益",均可构成受贿罪。非法收受他人财物的,必须同时具备"为他人谋取利益"的条件,才能构成受贿罪。但是为他人谋取的利益是否正当,为他人谋取的利益是否实现,不影响受贿罪的认定。

3.《最高人民法院、最高人民检察院关于办理受贿刑事案件适用法律若干问题的意见》第九条规定:国家工作人员收受请托人财物后及时退还或者上交的,不是受贿。国家工作人员受贿后,因自身或者与其自身有关联的人、事被查处,为掩饰犯罪而退还或者上交的,不影响认定受贿罪。

四、争议问题

本案的争议焦点为:受贿罪的司法认定,即如何判断行为人收受贿赂的行为与合法的人情往来、经济往来等行为之间的差别。

五、简要评论

认定受贿罪的前提是确定受贿罪所侵犯的法益。根据我国刑法理论通说,受贿罪所侵犯的法益是职务行为的不可收买性,即国家工作人员除了领取固定薪金以外,不得就其所执行的职务行为收受任何报酬。一旦国家工作人员就其所实施的职务行为从其他公民或单位那里收受报酬,就形成了职务行为与利益之间的对价关系,受利益所驱使的职务行为必然丧失其公正性和合法性,继而导致公民丧失对职务行为公正性和国家机关本身的信赖。因此,受贿罪的本质是职务行为与利益之间的相互交换,也即权钱交易。在受贿罪的司法认定过程中,通常会涉及以下争议问题:

(1)行为人为他人谋取的利益是否正当、是否实现不影响受贿罪的成立。受贿罪的构成要件虽然要求收受型受贿罪须具备"为他人谋取利益"要件,但行为人为他人谋取的利益是否实现、谋取的利益是否正当,并不影响受贿罪的成立。在罗碧忠受贿案中,罗碧忠作为职院基建处的处长,利用职务上的便利,在施工过程中为施工方推荐某公司的锅炉,在施工方与锅炉公司签订采购合同后收受锅炉公司负责人所赠的财物。尽管根据合同规定,锅炉安装费用包含在工程总价款内,由施工方采购安装,但须征得职院基建处同意,故罗碧忠利用职务便利为某锅炉公司谋取的利益并非不正当,但这并不影响罗碧忠以职务行为换取利益这一受贿事实的成立。

(2) 权钱交易与人情往来的区别。本案中被告人辩称其收受设计工程师黄某的16 000元中,有1 000元属于自己帮对方审查图纸所得的劳务报酬,还有6 000元属于对方赠给自己的乔迁礼金。但根据案件事实,罗碧忠与黄某之间的关系往来体现了鲜明的权钱交易特征,即罗碧忠推荐黄某负责职院的建设项目,黄某在取得职院设计项目后分两次送给罗碧忠共计16 000元。被告人辩称的劳务报酬和礼金只是掩盖其受贿事实的借口。一方面,黄某作为专门从事工程设计的工程师,没有理由将自己的设计图纸送给并不具备工程师职称的罗碧忠进行审核把关,罗碧忠也不具有向对方提供审图这种劳务服务的专业资质,图纸的审核是由建设局负责;另一方面,黄某虽然借乔迁礼金之名送给罗碧忠6 000元钱,但二人平素并无人情往来,故只是假借礼金之名,行贿赂之实。

(3) 受贿后行为人主动退赃的处理。依据相关司法解释,国家工作人员受贿后,因自身或者与其自身有关联的人、事被查处,为掩饰犯罪而退还赃款的,不影响受贿罪的认定。本案中,罗碧忠是在行贿人张某洪之妻告知其张某洪被市纪委带走调查的消息后才将收受的贿赂退还给张某洪之妻,属于受贿后为掩盖犯罪而退赃,故将其作为辩护理由并不成立。

(4) 行为人受贿后对赃款的处分行为不影响受贿罪既遂的认定。罗碧忠的辩护人认为,罗碧忠收受的某一笔贿赂大部分用于公务支出,应将这部分数额从受贿数额中扣除,该辩护理由并不成立。因为罗碧忠利用职务上的便利,非法收受他人财物,并为他人谋取利益的行为已经侵害了受贿罪的法益,受贿罪既遂。行为人对赃款的处分行为不会改变职务行为的不可收买性已经被侵害的事实,也不会改变犯罪行为的性质,因此并不影响受贿罪既遂的认定。

第十二章 工程渎职类犯罪

第一节 滥用职权罪疑难问题

黎某某等二人滥用职权案

一、基本案情

2012年10月至2015年3月,被告人黎某某、方某某在分别任荆门市某农业综合开发办公室主任、副主任期间,黎某某负责全面工作,方某某分管农业产业化项目工作,在宗云合作社申报"东宝区3000万尾/年鳝鱼苗种基地项目"、邱湾合作社申报"东宝区3000只肉羊养殖基地建设项目"过程中,不依法履行对申报资料的审查、项目监管及验收等职责,在未核实上述二合作社项目建设资金、报账发票等是否真实的情况下,帮助业主跑关系,违规拨付资金,致使钟某某、黄某某套取国家专项补助资金,造成公共财产直接经济损失119万元。[(2015)鄂东宝刑一初字第00165号]

二、诉讼过程及裁判理由

荆门市东宝区人民检察院指控:被告人黎某某、方某某身为国家机关工作人员,滥用职权,致使他人套取国家专项补助资金,造成公共财产直接经济损失119万元,其行为均触犯了《中华人民共和国刑法》第三百九十七条第一款之规定,应以滥用职权罪追究其刑事责任。被告人黎某某的辩护人提出的辩护意见是:被告人黎某某没有最终决定是否通过项目扶持的权利,本案造成的损失与黎某某的行为之间不存在刑法意义上的因果关系,黎某某不构成滥用职权罪。被告人方某某的辩护人提出的辩护意见是:被告人方某某没有审批职权,亦无法鉴别造假材料,只负责对本案中49万元和70万元财政拨款票据进行审核,公诉机关指控被告人方某某滥用职权证据不足,且本案没有造成国家损失。

后法院审理认为,被告人黎某某、方某某身为国家机关工作人员,滥用职权,致使他人套取国家专项补助资金,造成公共财产直接经济损失119万元,其行为均构成滥用职权罪。二被告人均具有自首情节,可从轻处罚,结合社区矫正机构建议对被告人黎某某适用非监禁刑的意见,宣告缓刑不会对所在社区造成重大不良影响,可适用缓刑。被告人方某某犯罪情节轻微,可免于刑事处罚。根据《中华人民共和国刑法》第三百九十七条第一款判决如下:被告人黎某某犯滥用职权罪,判处有期徒刑6个月,缓刑1年;被告人方某某犯滥用职权罪,免予刑事处罚。

三、关联法条

1.《刑法》第三百九十七条第一款:国家机关工作人员滥用职权或玩忽职守,致使公共财产、国家和人民利益遭受重大损失的,处3年以下有期徒刑或者拘役;情节特别严重的,处3年以上7年以下有期徒刑。

2.《最高人民法院、最高人民检察院关于办理渎职刑事案件适用法律若干问题的解释(一)》第一条:国家机关工作人员滥用职权或者玩忽职守,具有下列情形之一的,应当认定为刑法第三百九十七条规定的"致使公共财物、国家和人民利益遭受重大损失":(一)造成死亡1人以上,或者重伤3人以上,或者轻伤9人以上,或者重伤2人、轻伤3人以上,或者重伤1人、轻伤6人以上的;(二)造成经济损失30万元以上的;(三)造成恶劣社会影响的;(四)其他致使公共财产、国家和人民利益遭受重大损失的情形。

四、争议问题

本案的争议焦点为:没有最终决定权的被告人黎某某的行为与本案中所造成的国家损失之间是否存在刑法意义上的因果关系。

五、简要评论

因果关系是指行为与结果之间决定与被决定、引起与被引起的关系。在刑法中,将某一结果归咎于某人的时候,往往需要查明其行为与结果之间是否存在刑法上的因果关系。如果不管是否有因果关系,只要造成严重后果就追究其责任,会不当地扩大处罚范围,因此,因果关系在定罪中具有重要意义。滥用职权犯罪中的因果关系之所以难以判断,是因为事件中所产生的"严重后果"通常不是滥用职权行为直接导致的,而是通过第三方行为的介入与作用所引起。

学术界关于有介入因素的情况下,刑法上的因果关系是否中断的学说颇多,争议较大。但是在司法实践中的判定较为统一,其判断标准为滥用职权行为人在介入因素情况下对危害结果是否有主观过错。如果滥用职权行为人在有介入因素的情况下,对危害结果的发生不可能预见,则其行为与危害结果的因果关系就中断,没有因果关系。例如,某监狱监管人员李某于2008年5月份违反规定为罪犯韦某办理暂予监外执行。韦某出狱后,在回家乘车途中发生交通事故死亡。对此,某监狱监管人员李某对自己违反监管规定办理暂予监外执行的行为负责,但无法预见罪犯韦某会因交通事故死亡。因此,李某的渎职行为与韦某的死亡结果应当没有因果关系。

反之,如果滥用职权行为人在有介入因素的情况下,对危害结果已经预见或应当预见,那么其行为与危害结果的因果关系不中断,就构成刑法意义上的因果关系。就本案而言,被告人黎某某、方某某在履职范围内应当预见其不依法履行对申报资料的审查、项目监管及验收等职责,在未核实上述二合作社项目建设资金、报账发票等是否真实的情况下,帮助业主跑关系,违规拨付资金,会导致钟某某、黄某某套取国家专项补助资金,造成公共财产的重大损失。所以,即使被告人黎某某和方某某没有最终的决定权,但是其滥用职权的行为与本案中所造成的国家损失之间存在刑法意义上的因果关系。

第二节　玩忽职守罪疑难问题

丛某甲玩忽职守案

一、基本案情

被告人丛某甲自1998年9月至2014年8月任庄河市明阳镇(现花园口经济开发区明阳街道办事处)林业站站长,负责林业站的全面工作。2001年起永胜村村民享受大连市级退耕还林补贴,根据《退耕还林条例》等相关规定,未承包到户的耕地不纳入退耕还林补助范围。2003年,永胜村将已经收归村集体的地块以由宋某甲、于某某、曲某某、丛某乙、宋某乙等个人承包进行退耕还林的名义申报或由大连市级置换为国家级退耕还林,并于2008—2013年度领取补贴款共计人民币463 760元。款项领取后,并未发放到上述个人手中,而由村里进行统一支配使用。在以上申报及补贴款发放过程中,被告人丛某甲作为镇林业站站长,在《退耕还林审批表》上加盖"庄河市明阳镇林业工作站"公章,且永胜村以及明阳镇均未对国家退耕还林补贴款发放情况进行过公示。另查明,案发后,大连花园口经济区社会事业管理局经营管理服务中心于2015年3月27日向庄河市人民检察院上缴涉案款项463 760元;2015年11月2日,庄河市人民检察院又将上述款项退回明阳街道永胜村民委员会。[(2015)庄刑初字第392号]

二、诉讼过程及裁判理由

庄河市人民检察院指控:被告人丛某甲自1998年9月至2014年8月任庄河市明阳镇(现花园口经济开发区明阳街道办事处)林业站站长,负责林业站的全面工作,对退耕还林工作进行全面负责和监督检查。被告人丛某甲在工作中,不履行监管职责,致使永胜村将未承包到户的村集体土地以个人名义办理了退耕还林,并领取了2008—2013年度的国家级退耕还林补助款共计463 760元,给国家造成重大经济损失。案发后,丛某甲向我院退赔了国家的全部损失。公诉机关据此认定应当以玩忽职守罪追究被告人丛某甲的刑事责任,法定刑为三年以下有期徒刑或者拘役,同时建议对被告人丛某甲判处缓刑或免予刑事处罚。被告人丛某甲的辩护人提出的辩护意见是:1. 公诉机关无据证明被告人丛某甲对涉案土地的退耕还林工作全面负责;2. 公诉机关无据证明被告人丛某甲负有对退耕还林进行监督和检查的义务,丛某甲历年自查不是查地块性质而是查退耕还林的树木成活率及面积。被告人丛某甲不构成玩忽职守罪。

后法院审理认为：被告人丛某甲在担任庄河市明阳镇（现大连花园口经济区明阳街道办事处）林业站站长期间，在国家退耕还林工作方面未认真履行其职责，致使永胜村不符合国家退耕还林补助条件的土地于2008—2013年期间共获取补助款人民币463 760元，其行为已构成玩忽职守罪，依法应予惩处。鉴于涉案土地收归集体具有历史背景，涉案款项案发后经被告人协助得以全额上缴国库，后为稳定群众情绪而被检察机关退给永胜村，故综合全案，认定被告人丛某甲犯罪情节轻微且具有一定悔罪表现，不需要判处刑罚。根据《中华人民共和国刑法》第三百九十七条第一款，《最高人民法院、最高人民检察院关于办理渎职刑事案件适用法律若干问题的解释（一）》第一条第一款第（二）项之规定，判决如下：被告人丛某甲犯玩忽职守罪，免予刑事处罚。

三、关联法条

1.《刑法》第三百九十七条第一款：国家机关工作人员滥用职权或玩忽职守，致使公共财产、国家和人民利益遭受重大损失的，处3年以下有期徒刑或者拘役；情节特别严重的，处3年以上7年以下有期徒刑。

2.《最高人民法院、最高人民检察院关于办理渎职刑事案件适用法律若干问题的解释（一）》第一条，国家机关工作人员滥用职权或者玩忽职守，具有下列情形之一的，应当认定为刑法第三百九十七条规定的"致使公共财物、国家和人民利益遭受重大损失"：（一）造成死亡1人以上，或者重伤3人以上，或者轻伤9人以上，或者重伤2人、轻伤3人以上，或者重伤1人、轻伤6人以上的；（二）造成经济损失30万元以上的；（三）造成恶劣社会影响的；（四）其他致使公共财产、国家和人民利益遭受重大损失的情形。

四、争议问题

本案的主要争议焦点为：被告人丛某是否有对退耕还林进行监督和检查的义务，是否符合玩忽职守罪的主体要件。

五、简要评论

玩忽职守罪是我国《刑法》规定的一种渎职犯罪，1979年《刑法》规定玩忽职守罪的主体为国家工作人员，但是后来在理论与实践中出现了将国家工作人员范围扩大化的趋势。1997年修订《刑法》时对玩忽职守罪进行了较大的修改，除单独规定了几种特殊的玩忽职守犯罪以外，将玩忽职守罪的主体也限定为国家机关工作人员。根据我国《刑法》第九十三条："国家工作人员是指在国家机关中从事公务的人员。国有公司、企业、事业单位、人民团体中从事公务和国家机关、国有公司、企业、事业单位委派到非国有公司、企业、事业单位、社会团体中从事公务的人员，以及其他依照法律从事公务的人员，以国家工作人员论。"

尽管我国《刑法》对国家工作人员的范围作出了规定，但是在实际执行中对于某些人员身份的认定仍然存在一定的困难。这是因为我国行政机构的特殊性和复杂性,国家机关中工作人员身份的设置也比较复杂,因此需要进一步详细规定。2002年,第九届全国人民代表大会常务委员会作出解释,进一步明确了渎职罪主体的适用问题,即在依照法律、法规规定行使国家行政管理职权的组织中从事公务的人员,或者在受国家机关委托代表国家机关行使职权的组织中从事公务的人员,或者虽未列入国家机关人员编制但在国家机关中从事公务的人员,在代表国家机关行使职权时,有渎职行为,构成犯罪的,依照《刑法》关于渎职罪的规定追究刑事责任。2003年,最高人民法院印发了《全国法院审理经济犯罪案件工作座谈会纪要》,对国家机关工作人员的认定作出如下规定:刑法所称的国家机关工作人员,是指在国家机关中从事公务的人员,包括在各级国家权力机关、行政机关、司法机关和军事机关中从事公务的人员。根据有关立法解释的规定,在依照法律、法规规定行使国家行政管理职权的组织中从事公务的人员,或者在受国家机关委托代表国家机关行使职权的组织中从事公务的人员,或者虽未列入国家机关编制但在国家机关中从事公务的人员,视为国家机关工作人员。在乡(镇)以上中国共产党机关、人民政协机关中从事公务的人员,司法实践中也应视为国家机关工作人员。

故而,现有立法解释和大量的司法解释、判例基本支持了"职权论"的说法,即注重审查被告人是否享有职权,是否依法履行职责。就本案而言,被告人丛某甲自1998年9月至2014年8月任庄河市明阳镇(现大连花园口经济开发区明阳街道办事处)林业站站长的身份并不能当然认定其符合玩忽职守罪的犯罪主体,需要进一步考察其职权范围。结合具体案情,被告人丛某甲在《退耕还林审批表》内"林业站意见栏"加盖林业站公章的行为以及涉案款项发放过程中并未在村镇进行公示的情况,能够认定丛某甲有履行其在国家退耕还林方面的审批、监管的职责,符合构成要件的主体。

第三节　环境监管失职罪疑难问题

莫思坚环境监管失职案

一、基本案情

2012年10月29日,被告人莫思坚被贺州市环境保护局任命为贺州市环境保护局平桂分局局长,主持平桂分局全面工作。在发现汇威厂有违规后,贺州市环境保护局平桂分局作出贺平环察〔2013〕2号文件要求汇威厂停止建设,未取得环保相关手续前不得擅自开工建设。莫思坚对此事既没有召集本局人员讨论对汇威厂的处理,也没有责成有关部门向上级及当地党委政府汇报。2013年6月23日,莫思坚在明知道汇威厂没有整改、不符合换发排污许可证条件且申请材料不齐全的情况下,在接受了由赵某甲等人出资的吃请、娱乐活动后,授意他人对汇威厂提交的排放污染物许可证发放申请表签署"建议换发排污许可证"的意见。经莫思坚签署"同意"意见后,由贺州市环境保护局平桂分局于同日对该厂换发了排污许可证。赵某甲、龚某某等人新建的铅、铟生产线没有建设任何防污措施,在2013年5月底至7月初投入生产过程中,将产生含高浓度镉、铊的废水直接排入厂区的溶洞,经溶洞流入贺江,造成贺江水污染事件,致使公私财产遭受重大损失。经贺江水污染事件污染原因调查专家组调查认定,汇威厂铟生产线违法排污与贺江水污染事件有直接因果关系,是本次事件的主要责任污染源。[(2013)贺八刑初字第866号]

二、诉讼过程及裁判理由

贺州市八步区人民检察院指控:被告人莫思坚任贺州市环境保护局平桂分局局长期间,严重不负责任,使汇威厂获得了排污许可证,致使龚某某、赵某甲等人非法生产、排放污染物的行为逃脱了环保部门的监管,最终导致贺江水污染事件的发生,造成直接经济损失达1560万元,同时严重威胁贺江下游群众的饮水安全。贺江水污染事件引起社会高度关注,对贺州市乃至广西的形象造成了恶劣的社会影响。被告人莫思坚的行为确已触犯《中华人民共和国刑法》第四百零八条之规定,应以环境监管失职罪追究其刑事责任。被告人莫思坚辩称其没有失职行为,不构成环境监管失职罪。其辩护人提出,被告人莫思坚不存在严重不负责任、不认真履行职责的情况;造成污染后果与平桂环保分局的行为没有刑法上的因果关系。被告人莫思坚不构成环境监管失职罪。辩护人当庭提交了排污证副本、环评工程师证、荣誉证书等证据。

后法院审理认为:被告人莫思坚身为贺州市环境保护局平桂分局局长,依照法律法规规定对环境保护负有监督管理职责。但被告人莫思坚在工作中严重不负责任,不严格履行监督管理职责,导致发生重大环境污染事故,致使公私财产遭受重大损失,其行为确已触犯《中华人民共和国刑法》第四百零八之规定,构成环境监管失职罪。

三、关联法条

《刑法》第四百零八条:负有环境监督管理职责的国家机关工作人员严重不负责任,导致发生重大环境污染事故,致使公私财产遭受重大损失或者造成人身伤亡的严重后果的,处3年以下有期徒刑或者拘役。

四、争议问题

本案的争议焦点为:被告人莫思坚的行为是否构成"严重不负责任",司法实践中,对"严重不负责任"的认定直接影响着渎职类犯罪的成立。

五、简要评论

环境监管失职犯罪构成判断中有一个非常重要的问题,即对"严重不负责任"如何理解。这个问题实际上包括了两个方面内容:第一,"严重不负责任"的性质和地位。易言之,作为构成要件要素的"严重不负责任",究竟是主观要件还是客观要件？第二,"严重不负责任"的判定。

首先,对"严重不负责任"性质的理解,存在主观要件、客观要件和主客观相统一的要件三种学说。就《刑法》第四百零八条来看,若"严重不负责任"属于行为人的主观要件,"导致……"是行为结果的表述,那么该款处罚的犯罪行为为何？而将"严重不负责"认为是主客观的统一体,违反了刑法解释论的基本逻辑,即每一规范要素与事实之间具有一定的对应关系,在一个犯罪构成要件中一个规范要素不可能集主客观表现于一身。故而,"严重不负责任"在此罪名中应为客观要件。

其次,对于"严重不负责任"的认定。环境监管失职罪,是渎职类犯罪中的特殊罪名,"严重不负责"实际是对可处罚的渎职行为的高度概括,包括不履行和不正确履行职责的行为。纵观《刑法》法条的设立,仅有少数条文中以"严重不负责任"进行概括外,还详述了严重不负责任的具体表现形式,如《刑法》第四百一十二条第二款中"前款所列人员严重不负责任,对应当检验的物品不检验,或者延误检验出证、错误出证,致使……",《刑法》第四百一十三条第二款中"前款所列人员严重不负责任,对应当检疫的检疫物不检疫,或者延误检疫出证、错误出证,致使……"。大多数条文均采用了概括的方式,如《刑法》第四百条第二款中"司法工作人员由于严重不负责任,致使……",《刑法》第四百零八条中"负有环境保护监管职责的国家机关工作人员严重不负责任,导致……"等。司法实践中需对"严重不负责"的内涵与外延做个案的实质判断。

就本案而言,被告人莫思坚身为贺州市平桂管理区环境保护分局的局长,本应当带领全局职工严格、认真履行环境监察等职责,却在接受汇威厂出资的吃请、娱乐活动后,丧失原则,非但不采取召集人员讨论对汇威厂的处理和责成有关部门上报等进一步监管措施,还授意本局职工违反规定对汇威厂提出换发排污许可证的建议,并批准换发排污许可证。被告人莫思坚对辖区环境保护未尽到监管职责,引发环境污染事件,符合环境监管失职罪的构成要件。

第四节　非法批准占用土地罪疑难问题

李某某非法批准占用土地案

一、基本案情

被告人李某某系焉耆县国土资源局干部,2011年7月被任命为焉耆县查汗采开乡国土资源所负责人,2012年2月被任命为焉耆县查汗采开乡国土资源所所长,负有对非法开荒行为及时制止以及对辖区内土地审核报批和监督管理职责。

2011年史某某看上良种场一块未开垦的荒地,按照李某某的要求完成土地平整。2012年,李某某依史某某的要求将该块地以杨某的名义按照水土清理漏报程序上报国土局。国土局直接报县国土资源开发管理工作领导小组会议,通过后再在国土局补开局务会议,然后通过,最终取得良种场67.1亩土地的国有土地使用证。随后,李某某帮助史某某以蔡某某的名义获取县人民政府对159亩土地同意办理国有土地使用证的批复,使国家利益遭受特别重大的损失。[(2015)焉刑初字第80号]

二、诉讼过程及裁判理由

焉耆县人民检察院指控:2011年冬至2012年3月,被告人李某某身为焉耆县查汗采开乡国土所负责人、所长,徇私舞弊,违反土地管理法规,滥用职权,隐瞒真相积极帮助史某某以杨某的名义办理了良种场67.1亩土地的国有土地使用证,帮助史某某以蔡某某的名义获取县人民政府对159亩土地同意办理国有土地使用证的批复。其中被告人李某某上报蔡某某159亩土地仅获取办证批复,未实际办理国有土地使用证,属未遂,致使国家利益遭受特别重大损失,其行为触犯了《中华人民共和国刑法》第四百一十条之规定,已构成非法批准占用土地罪。李某某辩称,其只是把村民提供的申请资料申报到相应科室,并没有审批的权利,上报完了,其任务就完了,所以不构成非法批准占用土地罪。

后法院审理认为:被告人李某某身为国家工作人员,在担任国土所负责人、所长期间,负有对非法开荒行为及时制止以及对辖区内土地审核报批和监督管理职责,但其碍于朋友情面,在明知他人不符合办理国有土地使用证的条件,属于非法开荒的行为,却违反土地管理法规,帮助他人隐瞒真相,提供虚假证明,签署与事实不符的审核意见,致使他人获取县人民政府对226.1亩土地同意办理国有土地使用证的批复,并获取其中67.1亩土地的国有土地使用证,使国家利益遭受特别重大损失,其行为已构成非法批准占用土地罪。被告人李某某提出其没有造成危害,其不具有土地审批权,为他人办证过程中未违反土地管理法规,其行为不构成非法批准占用土地罪的辩护意见与事实不符,本院不予采纳。被告人李某某以蔡某某名义上报159亩土地仅获取县人民政府同意办理土地使用证的批复,并未实际办理国有土地使用权证,属未遂,可以比照既遂犯从轻或减轻处罚;被告人李某某系初犯,可酌情予以从轻处罚。故依据《中华人民共和国刑法》第四百一十条、第二十三条、第七十二条第一款之规定,判决如下:被告人李某某犯非法批准占用土地罪,判处有期徒刑3年,缓刑3年。

三、关联法条

1.《刑法》第四百一十条:国家机关工作人员徇私舞弊,违反土地管理法规,滥用职权,非法批准征收、征用、占用土地,或者非法低价出让国有土地使用权,情节严重的,处3年以下有期徒刑或者拘役;致使国家或者集体利益遭受特别重大损失的,处3年以上7年以下有期徒刑。

2.《最高人民法院关于审理破坏土地资源刑事案件具体应用法律若干问题的解释》第四条:国家机关工作人员徇私舞弊,违反土地管理法规,滥用职权,非法批准征用、占用土地,具有下列情形之一的,属于非法批准征用、占用土地"情节严重",依照刑法第四百一十条的规定,以非法批准征用、占用土地定罪处罚:(一)非法批准征用、占用基本农田 10 亩以上的;(二)非法批准征用、占用基本农田以外的耕地 30 亩以上的;(三)非法批准征用、占用其他土地 50 亩以上的;(四)虽未达到上述数量标准,但非法批准征用、占用土地造成直接经济损失 30 万元以上;造成耕地大量毁坏等恶劣情节的。

3.《土地管理法》第七十八条:无权批准征收、使用土地的单位或者个人非法批准占用土地的,超越批准权限非法批准占用土地的,不按照土地利用总体规划确定的用途批准用地的,或者违反法律规定的程序批准占用、征收土地的,其批准文件无效,对非法批准征收、使用土地的直接负责的主管人员和其他直接责任人员,依法给予行政处分;构成犯罪的,依法追究刑事责任。

非法批准、使用的土地应当收回,有关当事人拒不归还的,以非法占用土地论处。

非法批准征用、使用土地,对当事人造成损失的,依法应当承担赔偿责任。

四、争议问题

本案的争议焦点为:没有批准权的被告人李某某,上报土地相关申报材料后,土地得到审批,其是否构成非法批准占用土地罪?

五、简要评论

为了保护珍贵的土地资源,1997 年修正后的《刑法》规定了直接针对土地制度的犯罪。1998 年全国人大对《土地管理法》进行了第二次修正,以立法的形式确定了"十分珍惜、合理利用土地和切实保护耕地是中国的基本国策"。《刑法》作为最严厉的法律、最后的保障法,其惩治力度较之于其他手段具有绝对优势。

为了保障土地的合理、有效使用,国家土地管理法律、法规对土地的征用、占用规定了一定的条件,并且需要经过合法批准。土地管理部门在办理征用或占用批准手续时,根据《土地管理法》的有关规定,各级土地管理部门或地方人民政府有一定的权限限制。故而,非法批准占用土地罪的客观方面表现为徇私舞弊,违反土地管理法规,滥用职权,非法批准征收、征用、占用土地,情节严重的行为。根据司法实践,可以总结出违反法律规定批准土地的占用的情况,主要有以下四种:(1)行为人没有批准权限而违反法律规定加以批准的;(2)行为人虽有批准权限,而不经过必需的程序违法批准的;(3)虽有批准程序,但是违反国家禁止批准的规定而批准的;(4)对不符合用地条件而故意违法加以批准的。可以得出,若要构成本罪,行为人必须有一定的批准权。

就本案而言,被告人李某某不具有批准权,不构成非法批准占用土地罪,而构成滥用职权罪。理由如下:被告人李某某身为国家工作人员,在担任国土所负责人、所长期间,负有对辖区内土地审核报批和监督管理职责。在其职权责任范围内,违反土地管理法规,帮助他人隐瞒真相,提供虚假证明,签署与事实不符的审核意见,明知上报该材料后会给国家带来严重损失,故而其滥用职权的行为与国家利益损失结果之间有刑法上的因果关系,构成滥用职权罪。

第五节　非法低价出让国有土地罪疑难问题

韦连茂非法低价出让国有土地使用权案

一、基本案情

2006年至2007年,被告人韦连茂在任上林县国土资源局局长期间,伙同李某(任该局副局长)、黄某(任该局规划利用股股长兼负责招拍挂工作)徇私舞弊,在对上林县大丰镇皇周社区寨柳庄SL2006—01号地块国有土地使用权招标拍卖挂牌出让的过程中,违反规定由开发商覃某甲代行政府职责对该宗地进行征地拆迁、土地平整及土地评估。在明知该宗地非净地且土地利用条件的容积率为≤2.0的情况下,被告人韦连茂及李某、黄某违反规定,在出让方案中将覃某甲提供的容积率为1.43条件下的土地估价结果虚报为该宗地的土地估价即2 797.86万元,导致SL2006—01号地块的国有土地使用权以3 088万元的低价出让给××公司,造成国家利益遭受570.23万元的特别重大损失。经鉴定:SL2006—01号地块出让底价为36 582 300元。[(2014)上刑初字第16号]

二、诉讼过程及裁判理由

被告人韦连茂身为国家机关工作人员,伙同他人徇私舞弊,违反规定滥用职权非法低价出让国有土地使用权,情节严重,致使国家利益遭受重大损失,其行为触犯了《中华人民共和国刑法》第四百一十条,犯罪事实清楚,证据确实充分,应当以非法低价出让国有土地使用权罪追究其刑事责任。被告人韦连茂认为其行为不构成非法低价出让国有土地使用权罪,辩护意见是:第一,广西科桂司法鉴定中心与广西开元行土地评估有限公司的评估资质是一样,没有证据证明后者违反相关规定,其所作出的鉴定意见合法有效,前者的鉴定意见系事后多年作出,其意见不具有客观性;第二,被告人韦连茂没有犯罪的主观故意,亦没有造成严重损失,指控其犯非法低价出让国有土地使用权罪罪名不成立。

后法院审理认为:被告人韦连茂身为机关国家工作人员,徇私舞弊,伙同他人违反土地管理法规,滥用职权,导致国有土地使用权被非法低价出让,致使国家利益遭受特别重大损失,其行为已构成非法低价出让国有土地使用权罪。针对被告人韦连茂及其辩护人提出韦连茂没有犯罪的主观故意,亦没有造成严重损失,指控其犯非法低价出让国有土地使用权罪罪名不成立的辩解及辩护意见,经查,被告人韦连茂利用职务上的便利,非法收受××公司财物,明显具有徇私利的主观故意,故此辩解意见本院不予采纳。依照《中华人民共和国刑法》第四百一十条,判决如下:被告人韦连茂犯非法低价出让国有土地使用权罪,判处有期徒刑四年。

三、关联法条

1. 《刑法》第四百一十条:国家机关工作人员徇私舞弊,违反土地管理法规,滥用职权,非法批准征收、征用、占用土地,或者非法低价出让国有土地使用权,情节严重的,处 3 年以下有期徒刑或者拘役;致使国家或者集体利益遭受特别重大损失的,处 3 年以上 7 年以下有期徒刑。

2. 《最高人民法院关于审理破坏土地资源刑事案件具体应用法律若干问题的解释》第七条:具有下列情形之一的,属于非法低价出让国有土地使用权,"致使国家和集体利益遭受特别重大损失":(一)非法低价出让国有土地使用权面积在 60 亩以上,并且出让价额低于国家规定的最低价额标准的 40% 的;(二)造成国有土地资产流失价额在 50 万元以上的。

3. 《土地管理法》第七十三条:买卖或者以其他形式非法转让土地的,由县级以上人民政府土地行政主管部门没收违法所得;对违反土地利用总体规划擅自将农用地改为建设用地的,限期拆除在非法转让的土地上新建的建筑物和其他设施,恢复土地原状,对符合土地利用总体规划的,没收在非法转让的土地上新建的建筑物和其他设施;可以并处罚款;对直接负责的主管人员和其他直接责任人员,依法给予行政处分,构成犯罪的,依法追究刑事责任。

四、争议问题

本案主要争议焦点为:被告人韦连茂是否存在犯罪的主观故意。犯罪故意是刑法学中重要的基础理论问题,亦是司法实践中许多案件争论的焦点。

五、简要评论

在高度追逐经济发展与追求漂亮政绩的当下,可以牵动大量资金的土地无疑是国家机关工作人员最好的突破口。为防止打着"发展观"的旗号非法越权批地,继而造成国家损失或寻租腐败等问题,同时防止个人徇私枉法的行为转嫁于集体决策机制逃避法律的制裁,规定了非法低价出让国有土地使用权罪这一渎职类犯罪中的特殊犯罪,规制违反土地基准价,滥用职权,以明显低于基准地价的价格出让国有土地使用权等情节严重的行为,其犯罪的主观方面表现为故意。

根据《刑法》第十四条规定:"明知自己的行为会发生危害社会的结果,并且希望或者放任这种结果发生,因而构成犯罪的,是故意犯罪。"据此,犯罪故意,是指行为人明知自己的行为会发生危害社会的结果,并且希望或防止这种结果发生的主观心理态度。进一步分析何为"明知"?"明知"的认识内容大体上分为两个层次:一个是行为人对犯罪构成事实的认识,即事实层面的认识,包括对行为、行为的后果、行为与后果的因果关系等因素的认识;另一个则是对犯罪构成事实规范评价层面的认识,即牵涉到对社会危害性的认识或者违法性的认识。

就本案来言,被告人韦连茂其身为上林县国土资源局局长,亦是审核小组成员,知道容积率应由政府的职能部门设定并在建设部门明确 SL2006—01 号地块的容积率为≤2.0的情况下,所采取的行为是未按规定对该地块进行重新评估,且同意将容积率为1.43 的土地估价虚报为容积率≤2.0 的土地估价,对所呈报上林县政府审批的方案中亦未作出相应说明。同时,被告人韦连茂可以认识到其所呈报的方案会误导政府对地价的决策,导致 SL2006—01 号地块的国有土地使用权被低价出让,造成国家利益遭受特别重大损失,故而达到"明知"标准,其行为符合非法低价出让国有土地使用权罪的犯罪主观要件,应以非法低价出让国有土地使用权罪定罪处罚。行为人的主观认定往往会影响罪与非罪、此罪与彼罪以及刑罚的轻重,应极为谨慎地考察。